KB138051

소크라테스의 변명

크리톤·파이돈·향연

옮긴이 **박문재**

서울대학교 법과대학 법학과와 장로회신학대학교 신대원 및 동 대학원을 졸업하였으며, 신학과 사회
과학을 좀 더 깊이 연구하기 위해 독일 보쿰Bochum 대학교에서 공부하였다. 또한 고전어 연구 기관인
Biblica Academia에서 오랫동안 고대 그리스어(헬라어)와 라틴어를 익히고, 고대 그리스어와 라틴어로 쓰
여진 저서들을 공부하였다. 대학 시절에는 역사와 철학을 두루 공부하였으며, 전문 번역가로 30년 이상
신학과 인문학 도서를 번역해왔다. 역서로는 『자유론』, 『프로테스탄트 윤리와 자본주의 정신』, 『실낙원』,
『톨스토이 고백록』 등이 있고, 라틴어 원전 번역한 책으로 『고백록』, 『철학의 위안』 등이 있다. 그리스어
원전에서 번역한 아우렐리우스의 『명상록』은 매끄러운 번역으로 독자들의 호평을 받고 있다.

현대지성 클래식 28

소크라테스의 변명·크리톤·파이돈·향연

1판 1쇄 발행 2019년 11월 15일
1판 10쇄 발행 2024년 12월 6일

지은이 플라톤
옮긴이 박문재
발행인 박명곤 **CEO** 박지성 **CFO** 김영은
기획편집1팀 채대광, 김준원, 이승미, 김윤아, 백환희, 이상지
기획편집2팀 박일귀, 이은빈, 강민형, 이지은, 박고은
디자인팀 구경표, 유채민, 윤신혜, 임지선
마케팅팀 임우열, 김은지, 전상미, 이호, 최고은

펴낸곳 (주)현대지성
출판등록 제406-2014-000124호
전화 070-7791-2136 **팩스** 0303-3444-2136
주소 서울시 강서구 마곡중앙6로 40, 장흥빌딩 10층
홈페이지 www.hdjisung.com **이메일** support@hdjisung.com
제작처 영신사

ⓒ 현대지성 2019

"Curious and Creative people make Inspiring Contents"
현대지성은 여러분의 의견 하나하나를 소중히 받고 있습니다.
원고 투고, 오탈자 제보, 제휴 제안은 support@hdjisung.com으로 보내 주세요.

현대지성 홈페이지

현대지성 클래식 28

플라톤의 대화편

소크라테스의 변명
크리톤·파이돈·향연

APOLOGIA SOKRATOUS,
KRITON, PHAIDON, SYMPOSION

플라톤 | 박문재 옮김

현대
지성

일러두기

- 『소크라테스의 변명』은 '변명'이란 단어에 담긴 부정적 뉘앙스로 '변론'으로 옮길 때가 많다. 어떤 역자는 "소크라테스는 단순히 고발된 혐의 내용을 반박하면서 무죄 판결을 받아내려 '변론'하는 것이 아니라, 그 고발에 함축된 자기 삶 전체를 향한 물음과 도전에 '항변'하고 있다. 소크라테스로 대변되는 삶의 방식, 그러니까 철학과 철학적 삶 자체에 관한 '변명'인 셈이다"라고 주장한다. '변명'이나 '변론' 둘 다 일리가 있으나 역자는 오랫동안 다수의 독자에게 익숙한 『소크라테스의 변명』으로 제목을 정했다.

- 본문의 난외에 표시된 아라비아 숫자와 로마자는 스테파누스Stephanus 표기이다. 출판업자였던 스테파누스는 1578년에 제네바에서 요안네스 세르라누스Joannes Serranus가 번역한 세 권짜리 플라톤 전집을 발행했는데, 그 후에 플라톤의 저작들을 번역하고 연구하는 사람들이 쉽게 참조할 수 있도록 그 판본의 쪽수는 아라비아 숫자로, 판본의 단락은 로마자로 표기했다. 『소크라테스의 변명』은 그 판본의 제1권 17a-42a에, 『크리톤』은 43a-54e에, 『파이돈』은 57a-118a에, 『향연』은 제3권 172a-223d에 수록되어 있다.

- 그리스어 인명, 지명은 외래어 표기법을 따랐다.

- 본문 하단의 각주는 모두 역자가 붙인 것이다.

차 례

소크라테스상
(루브르 박물관 소장)

소크라테스의 변명

1. 소크라테스의 1차 변론

아테네[1] 사람들이여, 나를 모함한 사람들에게 여러분이 어떤 영향을 받
았는지는 내가 잘 모릅니다. 하지만 나로 말하자면 그들 때문에 내가 대
체 누구인지를 잊어버릴 뻔했습니다. 그 정도로 그들의 말에는 설득력이
있었습니다. 하지만 그들이 한 말 중에서 진실은 한 마디도 없었습니다.
그들이 한 많은 거짓말 중에서 특히 나를 경악하게 만든 것이 하나 있었
는데, 내가 말을 아주 잘하기 때문에 여러분이 거기에 속아 넘어가지 않
도록 조심해야 한다는 말이었습니다. 내가 말을 잘하는 사람이 아니라는
것은 금방 드러날 테고, 그러면 그들의 말이 거짓임이 사실로 즉시 증명
될 것인데도, 그들이 아무런 부끄러움도 없이 그런 말을 할 수 있다는 점
이 내게는 너무나 후안무치한 일로 생각되었습니다.

설마 그들이 진실을 말하는 사람을 말 잘하는 사람이라고 표현한 것
은 아니겠지요. 그들이 그런 의미로 말한 것이라면, 나는 내가 말 잘하는
웅변가라는 것에 동의합니다. 그러나 그들은 그런 뜻으로 말한 것이 결
코 아닙니다. 앞에서 이미 말했듯이, 그들이 말한 것 중에서 진실은 거의
없거나, 실질적으로 전무하기 때문입니다. 반면, 여러분은 나에게서 오
직 진실만을 듣게 될 것입니다.

아테네 사람들이여, 제우스를 걸고 맹세하건대, 그 진실은 그들처럼
미사여구와 노련한 수사법을 사용한 어구들로 표현한 것이 아니라, 내
마음에서 그때그때 떠오르는 것을 그대로 표현한 데 있을 것입니다. 나

---

1 고대 그리스어에서 "아테나이"는 우리가 일반적으로 "아테네"라고 부르는 고대 그리
스의 도시국가이자 그 수도를 가리키는 데 사용한 명칭이었다. 현대 그리스어로는 "아
티나이"라 불린다. 아테네는 고대 그리스의 중남부에 걸쳐 있던 아티케 지방의 중심도
시였다. 여기에서 "아테네 사람들"은 소크라테스를 피고로 하여 열린 법정에서 배심원
을 맡은 500명의 아테네 사람과 방청객을 지칭하는 말이다. 소크라테스는 나중에 그
들을 "배심원 여러분"이라고 부르지만, 여기에서 이런 식으로 부르는 이유는 단순히
배심원이 아니라 아테네 사람 전체를 향한 변론이라는 의미를 둔 것으로 보인다.

는 내가 말하는 것들이 옳다고 믿기 때문입니다. 그러니 여러분 중에서 내게 다른 어떤 것을 기대하는 사람이 없기를 바랍니다. 내가 이 나이에 여러분 앞에 나와서 마치 청년 웅변가처럼 그럴 듯한 말을 꾸며내어 장황하게 늘어놓는 것은 어울리지 않습니다.

아테네 사람들이여, 나는 여러분에게 이 한 가지를 간곡히 청하고 부탁하고자 합니다. 여러분 다수가 거리에 있는 환전상의 좌판 옆에서 내가 말하는 것을 들었겠지만, 이제 내가 거기서 사용하던 것과 똑같은 말들로 자신을 변론하는 것을 듣더라도, 이상하게 생각하거나 소란을 피우고 야유하지 말아달라는 것입니다.

d 내가 이렇게 말하는 데는 그럴 만한 이유가 있습니다. 내 나이가 일흔이 되었지만, 법정에 서는 것은 이번이 처음이기 때문입니다. 그래서 법정에서 말하는 어투에서 나는 완전히 외국인입니다. 내가 정말 외국인이라면, 여러분은 내가 자란 곳의 방언과 어투로 말한다고 할지라도 나
18a 를 용납해줄 것이 분명합니다. 그러므로 이제 여러분에게 말하는 방식이 훌륭하든 형편없든 거기에 신경 쓰지 말고, 내가 하는 말이 옳은 것인지 틀린 것인지에만 집중하고 주목해주기를 요청하는 것은 정당하다고 생각합니다. 웅변가의 미덕이 진실을 말하는 데 있듯이, 재판관과 배심원의 미덕도 거기에 있기 때문입니다.

아테네 사람들이여, 나에 대해 오래전부터 제기된 거짓 모함 및 그런 모함을 한 사람들과 관련해 먼저 자신을 변호하고, 그런 후에 지금 나에 대해 제기된 모함 및 그런 모함을 한 사람들과 관련해서 나 자신을 변호하는 것이 순서일 것입니다.[2] 많은 사람이 이미 오래전부터 오랜 세월 여

---

2 소크라테스는 자신에 대한 거짓 모함을 둘로 구분해서 변론하겠다고 밝힌다. 즉, 오랜 세월 그에 대하여 제기되어 왔던 모함과 이제 그를 고발하여 재판정에 세운 자들이 고발장에서 제시한 모함이 바로 그것이다. 그를 고발한 명목상의 대표자는 당시에 아주 젊은 청년이었던 멜레토스였고, 그 뒤에서 그를 조종한 인물이 바로 "아니토스"와 리콘이었다. 아니토스는 무두장이로 부자가 된 후 민주정 체제에서 상당한 정치적 영향력을 얻은 인물이었다. 그는 세 명의 고발자 중에서 장인과 정치인 세력을 대변하는 인물

러분에게 나를 모함해왔지만, 그런 모함 중에서 참된 것은 단 하나도 없었습니다. 나는 아니토스와 그의 패거리들보다도 그들이 더 염려됩니다. 물론, 후자도 그렇지만 전자가 더 염려됩니다.

아테네 사람들이여, 그들은 여러분 중에서 다수를 제자로 삼아, "소크라테스라는 현자[3]가 있는데, 그는 위로는 하늘에 있는 것과 아래로는 땅 밑에 있는 것을 연구해서 궤변을 정설로 만드는 자"라고 말함으로써, 전혀 진실이 아닌 것으로 여러분을 설득해서 나를 모함해온 자들입니다.

아테네 사람들이여, 그런 소문을 퍼뜨려온 자들이 바로 나를 모함한 자들이고, 내가 염려한 자들입니다. 그들이 하는 말들을 들은 사람이라면, 그런 것을 연구하는 자는 신들을 믿지 않을 것이라고 쉽게 지레짐작할 것이기 때문입니다. 게다가, 나를 모함한 자들은 수가 많고, 이미 오래전부터 그렇게 해왔습니다. 또한 그들은 그런 말들을 아주 쉽게 믿어버리는 어린 나이나 청년 시절부터 여러분에게 그렇게 말해왔기 때문에, 내가 참석하지 않은 상태로 재판을 진행해서 내게 변호할 기회도 주지 않은 채로 판결을 내렸습니다.

이 모든 일과 관련해서 가장 황당하고 곤혹스러운 일은 그들 중 한 사람이 희극작가[4]라는 사실 외에는 이름도 알 수 없어서 그들이 누구인지를 밝힐 수조차 없다는 것입니다. 그들은 나를 악의적으로 비방해온 자들이었고, 그중에는 나에 대한 거짓을 진실로 믿고서 다른 사람에게도

로 묘사된다.

3 '현자'는 "지혜로운 자"라는 뜻인데, 이때 사용된 그리스어는 '소포스'이다. '소포스'는 '지혜'를 뜻하는 명사 '소피아'의 형용사다. 당시에 '소피아'는 기본적으로 현실 세계와 관련된 전문 지식을 뜻하는 말이었고, 이러한 '소피아'(지혜)를 연구하고 가르치는 사람들은 '소피스트'로 불렸다. 그러니까 사람들은 소크라테스를 '소피스트'로 본 것이다. 소피스트들은 천문지리를 비롯해서 온갖 전문 분야를 연구해서 가르쳤고, 특히 수사학에 뛰어났다. 조금 후에 소크라테스는 자신이 소피스트라는 주장을 반박한다.

4 여기에 언급된 '희극작가'는 아리스토파네스를 가리키는 것으로 보인다. 그는 소크라테스에 대한 재판이 열리기 24년 전인 기원전 423년에 희극 『구름』을 써서 소크라테스를 풍자하고 조롱하였다.

그것을 믿도록 애써 설득해온 자들도 있습니다. 어쨌거나 그들 모두는 상대하기가 대단히 어렵습니다. 그들을 법정으로 호출할 수도 없고, 그들이 하는 말을 직접 듣고 반박할 수도 없기 때문입니다. 나는 단지 그림자를 상대로 싸우며 나 자신을 변호해야 하고, 답변할 당사자들이 한 사람도 없는데, 그들을 상대로 반대 심문을 해야 합니다.

그러므로 나를 모함한 사람들이 두 부류라는 나의 말을 여러분이 알아주었으면 합니다. 한 부류는 최근에 나를 모함한 자들이고, 다른 한 부류는 내가 방금 말한 것같이 오래전부터 나를 비방하고 모함해온 자들입니다. 내가 먼저 후자를 상대로 나 자신을 변호하는 것이 적절하다는 것도 알아주었으면 합니다. 여러분도 최근 모함보다는 오래된 모함을 먼저 그리고 더 많이 들었을 것이기 때문입니다.

19a　그건 그렇고, 아테네 사람들이여, 이제 나는 변론을 시작해서 여러분의 마음과 생각 속에 아주 오랫동안 자리 잡아온 나에 대한 나쁜 편견을 아주 짧은 시간 내에 제거하려고 시도할 것입니다. 그렇게 하는 것이 어떤 식으로든 여러분과 내게 더 좋은 일이라면, 나는 이 변론이 성공하게 되기를 바랍니다. 하지만 그것이 얼마나 어려운지를 알고 있고, 그런 변론을 해내는 일도 정말 어렵다는 것을 잘 압니다. 그렇다고 할지라도 그 결과는 신의 뜻에 맡기고, 나는 법에 복종해서 변론을 행할 뿐입니다.

그렇다면 이 문제의 발단으로 돌아가봅시다. 도대체 나에 대한 모함이 무엇이었기에, 거기로부터 사람들의 편견이 생겨났고, 멜레토스가 그 모함을 믿고서 고발장을 썼던 것입니까? 좋습니다. 그들은 나를 어떻게 모함했습니까? 실질적으로 나를 고발한 그들이 거짓 없이 진술하겠다고 선서하고 쓴 고발장을 읽어보겠습니다. "소크라테스는 하늘에 있는 것과 땅 아래 있는 것을 연구하는 데 몰두하여, 궤변을 정설로 만들어서, 그것을 다른 사람들에게 가르치는 불법을 자행하고 있다." 나에 대한 고발의 내용은 대체로 그런 것들입니다.

여러분도 아리스토파네스의 희극에서 그런 고발을 직접 본 적이 있을 것입니다. 거기에 등장하는 소크라테스라는 인물은 해먹[5] 속에서 좌우로 흔들흔들하면서, 자기가 공중에서 걷고 있다고 말하거나 내가 전혀 알지 못하는 것에 관해 이런저런 말도 안 되는 것들을 많이 늘어놓습니다. 나는 그런 지식을 경멸하기 때문에 이렇게 말하는 것이 아닙니다. 어떤 사람이 그런 지식에 정통했다면, 나는 그 사람이 지닌 그런 지식을 절대로 경멸하지 않습니다. 그러므로 멜레토스도 내가 지식을 경멸했다는 죄목으로 나를 고발하지 못할 것입니다.

하지만 아테네 사람들이여, 나는 그런 지식과는 아무런 상관이 없습니다. 거기에 대해서는 여러분 다수가 증인입니다. 여러분은 전에 내가 사람들과 토론하고 대화하는 것을 들었을 것입니다. 내가 그런 주제들에 관해 단 한 번이라도 토론하거나 대화하는 것을 들어보았다면, 서로에게 가르쳐주고 지적해주십시오. 그렇게 한다면, 여러분은 많은 사람이 나에 대해 말한 다른 비방이나 모함들도 그런 부류임을 알게 될 것입니다.

나에 대한 비방이나 모함 중에서 사실인 것은 단 하나도 없습니다. 내가 사람들을 가르치려고 하고, 또한 그에 대한 수업료를 받고자 한다는 말을 누군가로부터 들었다면, 그 말도 사실이 아닙니다. 레온티노이 e 의 고르기아스, 케오스의 프로디코스, 엘리스의 히피아스처럼[6] 사람들을

---

5   '해먹'은 공중에 달아맨 그물 침대로, 보통 양쪽 끝을 나무에 묶어 사용한다. 여기에서 "그런 지식"이라고 표현한 것은 소피스트들이 연구하고 가르치는 현실적인 전문 지식을 가리킨다.

6   여기에 언급된 세 사람은 당시에 이름을 날렸던 소피스트들이었다. 가장 유명한 소피스트였던 "프로타고라스"가 언급되지 않은 것은 그가 이미 죽었기 때문일 것이다. "고르기아스"는 기원전 483년경에 시칠리아 섬의 레온티노이에서 태어났다. 웅변술로 유명했던 그는 427년 아테네에 외교사절로 와서 탁월한 연설로 아테네 의회와 대중을 감동하게 했다. 그리스 전역을 순회하며 자신의 철학과 웅변술을 전수하다가 100세가 넘어 죽었다. "프로디코스"는 기원전 465-415년경에 케오스 섬에서 태어나 활동한 소피스트로서 언어학에 특히 뛰어났다. "히피아스"는 박학다식하여 모든 분야의 지식에서 권위자로 여겨졌다. 학생들에게 논쟁하는 법을 가르쳐 모든 주제의 토론에서 능력을 발휘할 수 있게 하려고 시, 천문학, 수학, 고고학, 정치, 역사, 문법 등 모든 분야를 강의하였다고 한다. 플라톤은 그에 관한 대화편인 『대大히피아스』와 『소小히피아스』를 썼다.

가르칠 수 있다면, 그것은 좋은 일이라고 나는 생각합니다. 아테네 사람들이여, 이들은 어느 도시로 가서는 젊은이들을 설득해서, 동일한 시민에 속했다면 아무나 스승으로 삼아도 수업료를 내지 않고 배울 수 있는데도, 도리어 그런 스승을 떠나 자기에게 오게 합니다. 그러고는 수업료를 받고 가르칠 뿐만 아니라, 자신들에게 감사하는 마음을 갖게까지 합니다.

20a   실제로 지금 이곳에는 파로스 출신인 또 한 명의 소피스트가 와 있습니다. 그 사실을 알게 된 것은, 다른 모든 사람이 낸 수업료를 모두 합한 것보다도 더 많은 수업료를 소피스트들에게 낸 사람 하나를 내가 만났기 때문인데, 그는 히포니코스의 아들 칼리아스[7]입니다. 그에게는 두 아들이 있어서, 나는 그에게 이렇게 말했습니다.

"칼리아스여, 만일 당신의 아들들이 망아지나 송아지였다면, 당신은 아들들의 고유한 덕목이나 자질을 훌륭하게 빛내줄 사람을 찾아 고

b   용했을 것이고, 그는 말 조련사나 농부였겠지요. 하지만 그들이 사람으로 태어났으니, 당신은 그들을 누구에게 맡길 생각이십니까? 인간의 덕목과 시민의 덕목을 잘 갈고닦게 해줄 사람은 대체 누구입니까? 당신은 이 일을 깊이 생각해보았을 것이 틀림없습니다. 그런 사람이 있는 것입니까, 없는 것입니까?"

내가 이렇게 물었더니, 그는 "당연히 그런 사람이 있지요"라고 말했습니다. "그가 누구며, 그의 이름이 무엇이고, 어디 출신이며, 수업료는 얼마나 받나요"라고 내가 묻자, "소크라테스여, 그의 이름은 에우에노스[8]

---

7 "칼리아스"는 방탕하게 산 것으로 이름난 아테네의 부자로서 소피스트들의 후원자였다. 플라톤이 쓴 『프로타고라스』에서는 그가 프로디코스와 히피아스와 프로타고라스를 자기 집에 묵게 했던 것으로 묘사했고, 크세노폰이 쓴 『향연』이라는 글의 무대도 그의 집이다.

8 "에우에노스"는 비가 시인으로서, 그가 쓴 약간의 단편이 남아 있다. 당시에 장정의 하루 일당이 1드라크메였고, 1므나는 100드라크메였기 때문에, 그는 장정의 500일 임금을 수업료로 받은 셈이다.

이고, 파로스 출신이며, 수업료는 5므나를 받지요"라고 대답했습니다.

나는 에우에노스에게 정말 그런 전문 기술이 있어서, 그 정도의 수업료를 받고 가르치는 것이라면, 그는 행복한 사람이라고 생각했습니다. 만일 내게 그런 지식이 있었다면, 분명히 나는 자부심을 가지고 자랑스러워했을 것입니다. 하지만 아테네 사람들이여, 나에게는 그런 지식이 없습니다.

여러분 중의 누군가는 아마도 이런 나의 말에 대해 이렇게 이의를 제기할지도 모르겠습니다. "소크라테스여, 그렇다면 당신은 지금까지 무슨 일을 해온 것이고, 당신에 대한 이러한 비방과 중상모략은 도대체 어디로부터 생겨난 것입니까? 만일 당신이 다른 사람들과 조금도 다름없이 행해왔고, 대다수 사람과 다르게 행한 것이 아니었다면, 이런 좋지 않은 소문이 널리 퍼져서 당신이 구설수에 오르는 일은 없었을 것입니다. 그러므로 우리가 당신에 대해 경솔한 판단을 내리지 않도록, 당신이 하고 있는 것이 무엇인지 우리에게 말해주시오."

이렇게 말하는 사람은 내가 보기에 바른 말을 하는 것으로 생각하므로 나는 어떻게 해서 명성을 얻게 되었고 아울러 비방과 모함을 받게 된 것인지를 여러분에게 밝히고자 합니다. 그러니 내 말을 주의 깊게 경청해주십시오. 어떤 분에게는 나의 말이 놀리는 것처럼 들릴 수도 있을 것입니다. 하지만 지금부터 내가 말하는 것들은 오직 진실뿐이라는 것을 믿어주십시오.

아테네 사람들이여, 나는 다름 아닌 모종의 지혜[9] 덕분에 명성을 얻

---

9 앞에서 '전문 기술'로 번역한 그리스어는 '테크네'이고, 여기에서 소크라테스가 자신에게 있다고 말한 '지혜'는 그리스어로 '소피아'이다. 의술, 수사학, 웅변술, 작곡이나 작시 등은 '테크네'이고, 당시에는 그런 기술들을 아는 지식을 '소피아'(지혜)로 칭했다. 하지만 소크라테스는 자신의 지혜를 "단지 인간적인 지혜"라고 규정함으로써, 그런 지혜와 구별한다. 즉, 자신이 추구한 것은 이성에 의거한 추론과 변증을 통해서 알아낸 보편적인 지혜인 반면에, 소피스트들이 추구했던 상대적이고 현실적인 지혜는 자신에게 천부적으로 주어진 어떤 특정한 재능이나 영감을 통해 얻어진 단편적인 것이라고 말한 것이다.

게 되었습니다. 그 지혜라는 것이 도대체 어떤 것이냐고요? 아마도 인간
적인 지혜인 것 같습니다. 사실 나는 인간적인 지혜에서 지혜로운 것 같
e 습니다. 반면, 내가 앞에서 언급한 사람들은 인간적인 지혜를 뛰어넘는
어떤 지혜를 소유한 것으로 보입니다. 그들의 지혜에 관해 나는 달리 설
명할 방법을 알지 못합니다. 내게는 그런 지혜가 없기 때문입니다. 그러
므로 내게 그런 지혜가 있다고 말하는 사람은 누구든지 거짓말을 하는
것이고, 나를 비방하고 모함하려고 그렇게 말하는 것입니다.

아테네 사람들이여, 내가 하는 말이 여러분에게 오만방자하게 들리
더라도, 내게 야유를 보내지 말아주십시오. 내가 지금 여러분에게 들려
드리는 말은 나 자신이 스스로 생각해낸 말이 아니라, 여러분이 신뢰할
만하다고 여길 분이 한 말이기 때문입니다. 내 지혜와 관련해서, 즉 과연
내게 지혜가 있는가와 그 지혜는 어떤 것인지와 관련해서 나는 델포이
의 신[10]을 증인으로 신청하고자 합니다.

21a 여러분은 카이레폰[11]을 압니다. 그는 어릴 적부터 나의 친구였고, 여
러분 대다수의 친구이기도 합니다. 그는 최근에 여러분과 함께 돌아왔습
니다. 그렇기 때문에, 여러분은 카이레폰이 어떤 사람인지, 즉 자신이 시
작한 일에 얼마나 진지하고 열정적인지를 압니다.

그런데 그가 한번은 델포이 신전으로 가서는 신탁을 구했답니다. 이
미 앞에서도 말했듯이, 오 아테네 사람들이여, 내가 이렇게 말한다고 야
유하지 말아주십시오. 그가 신탁을 얻기 위해 물은 것은, 소크라테스보

---

10 "델포이의 신"은 아폴론을 가리킨다. '델포이'는 신탁으로 유명한 아폴론의 신전이 있
던 고대 그리스의 도시였다. 델포이의 아폴론 신전은 그리스는 물론이고 주변 국가에
게도 거룩한 장소로 여겨졌다. 일반인은 물론이고 유명한 철학자와 사상가들조차도 델
포이의 신탁을 중시했다. 이 신탁을 주관한 것은 '피티아'라 불린 여사제였고, '펠리노
스'라는 세금을 바치면 신탁을 받을 수 있었다.

11 "카이레폰"은 소크라테스의 친구이자 열렬한 추종자였다. 그는 민주정을 지지하던
정치인으로서, 기원전 404년에 30인 참주정이 아테네에 수립되자 민주정을 지지했
던 다른 정치인들과 함께 망명했다가, 그다음 해에 민주정이 회복되자 돌아왔다.

다 더 지혜로운 사람이 있는가 하는 것이었습니다. 그러자 여사제는 더 지혜로운 사람은 없다고 대답했답니다. 카이레폰은 이미 죽었기 때문에, 이 일에 대해서는 지금 여기에 와 있는 그의 동생이 여러분에게 증언해 줄 것입니다.

내가 왜 이런 말을 하는 것인지, 그 이유를 여러분이 한번 곰곰이 생 b 각해보십시오. 그것은 나에 대한 비방과 모함이 어디로부터 생겨났는지 를 여러분에게 보여 드리기 위해서입니다. 나는 그런 이야기를 듣고는 속으로 이렇게 생각했습니다.

'신께서는 무슨 의미로 그렇게 말씀하신 것인가? 이 무슨 수수께끼 같은 말씀이란 말인가? 나는 내게 큰 지혜가 없다는 것은 물론이고, 작 은 지혜조차 발휘하지 못하는 것을 아주 잘 알고 있다. 그런데 그런 나 를 보고 신께서 가장 지혜롭다고 말씀한 것은 도대체 무슨 의미란 말인 가? 신께서는 거짓말을 할 수 없는 분이기 때문에, 거짓일 리는 없는데.'

그때부터 한동안 나는 그 신탁이 무엇을 의미하는지를 몰라서 혼란 스러웠습니다. 그러다가 많이 주저하고 망설인 끝에 신이 무슨 의미로 그런 신탁을 내리셨는지를 알아보고자 한 가지 방법을 시도하기로 했습 니다. 나는 지혜롭다고 소문이 자자한 사람들 중 한 사람을 찾아갔습니 c 다. 그 사람을 만나서 얘기해보면, '신께서는 내가 가장 지혜로운 자라고 단언하셨지만, 당신이 나보다 더 지혜로운 것이 분명하지 않느냐'고 자 신 있게 말함으로써 그 신탁을 반박할 수 있겠다는 생각이 들었기 때문 이었습니다. 이렇게 해서 나는 그 사람을 시험하려고 함께 만나 깊이 대 화를 해보았습니다. 여기에서 굳이 그 사람의 이름을 밝힐 필요는 없겠 지만, 그는 정치가였습니다.

아테네 사람들이여, 내가 그와 대화하며 그를 시험하면서 느낀 것이 있습니다. 그것은 다른 많은 사람이 그를 지혜롭다고 생각하고, 특히 자 기 자신이 스스로 그렇게 생각하지만, 실제로는 그렇지 않다는 것이었습 니다. 그래서 나는 그가 자신을 지혜롭다고 생각하지만, 사실은 그렇지 d

않다는 것을 보여주고자 했습니다. 나의 그런 행동은 그와 그 자리에 함께 있던 많은 사람에게 미움을 샀습니다.

나는 그 자리를 떠나면서 속으로 이렇게 생각했습니다. '우리 두 사람 모두 대단하고 고상한 무엇에 관해 아는 것이 전혀 없는 것은 동일하다. 하지만 그는 아무것도 모르면서도 자기가 무엇인가를 안다고 착각하는 반면에, 나는 그와 마찬가지로 아무것도 모르지만 내가 무엇인가를 안다고 착각하지는 않는 것을 보니, 내가 그 사람보다 더 지혜롭기는 하구나. 나는 내가 알지 못하는 것을 안다고 착각하고 있지는 않기 때문에, 적어도 이 작은 것 한 가지에서는 내가 그 사람보다 더 지혜로운 것 같아 보이는군.'

e 그런 일이 있은 후에, 나는 앞서 만난 사람보다 더 지혜롭다고 생각되는 또 다른 사람을 찾아가서 만났지만, 똑같은 생각이 들었습니다. 그래서 이번에도 나는 그 사람을 비롯해서 거기에 있던 다른 많은 사람에게 미움을 사게 되었습니다.

그 후에도 나는 계속해서 다른 사람들을 찾아가 대화를 나누었습니다. 내가 사람들에게 미움을 사고 있다는 것을 알고서 슬프기도 하고 놀라기도 했습니다. 하지만 신께서 주신 신탁의 의미를 푸는 것이야말로 가장 중요하다고 여겼기 때문에, 그 의미를 찾아내려면 지식으로 명성이 자자한 모든 사람을 찾아가서 만나는 것이 꼭 필요해 보였습니다.

22a 아테네 사람들이여, 나는 여러분에게 진실만을 말해야 하기 때문에, 개를 걸고 맹세합니다.[12] 신께서 주신 신탁의 의미를 풀기 위해 많은 사람을 찾아다니고 만나면서 내가 느낀 것은 대략 이런 것이었습니다. 최

---

12 플라톤의 『고르기아스』에 "이집트인의 신인 개를 걸고 맹세하건대"라는 표현이 나오는 것으로 보아, 여기에서 '개'는 개의 머리를 한 이집트의 신 "아누비스"를 가리키는 것으로 볼 수 있다. "아누비스"는 사람이 죽은 후에 재판을 받는 오시리스의 법정에서 죽은 자의 심장을 진리의 저울에 달아 측정해서, 그 죽은 자가 천국에서 다시 살아날 수 있는지의 여부를 결정하는 아주 중요한 역할을 맡은 신이다.

고의 명성을 지닌 사람들은 대체로 결함이 아주 많아 보였고, 그들보다 못나고 부족하다고 여긴 사람들이 더 나은 분별력을 지니고 있었습니다. 나는 그 신탁이 과연 그 누구도 이의를 제기할 수 없을 정도로 틀림없는 것인지를 확인하기 위해 내가 걸어야 했던 고된 여정을 여러분에게 설명하지 않을 수 없습니다.

정치가들을 만나본 후에, 이번에는 시인들, 즉 비극시와 주신酒神 찬가[13] 같은 것을 쓰는 시인들을 찾아갔습니다. 그들 앞에서는 내가 그들보다 더 무지하다는 것이 저절로 드러나게 될 것이라고 기대했기 때문이었습니다. 그래서 내가 보기에 그들이 가장 공을 들여 완성했다고 여긴 몇 편의 시들을 들고 가서, 그들로부터 뭔가를 배우려고 그 시들이 어떤 의미인지를 그들에게 물었습니다.

아테네 사람들이여, 여러분에게 진실을 말하는 것이 민망한 일이기는 하지만, 나는 진실을 말하지 않을 수 없습니다. 한마디로 말해서, 그 자리에 있던 다른 모든 사람이 그 시들을 직접 쓴 시인보다도 그 시들에 대해 더 잘 설명할 수 있었습니다. 그래서 나는 시인들과 관련해서도 이내 한 가지 사실을 깨달았습니다. 그것은 예언자들이나 선견자들[14]이 훌륭한 것들을 많이 말하기는 하지만, 자신이 말하는 것을 전혀 이해하지 못하는 것처럼, 시인들도 지혜가 아니라 어떤 타고난 본능과 외부로부터 주어지는 영감을 이용해서 자신의 작품을 만들어낸다는 것이었습니다.

따라서 내게는 시인들도 예언자나 선견자와 다를 바가 없어 보였습

---

13 "주신 찬가"는 술의 신 디오니소스를 찬양하는 서정적인 내용을 담은 합창곡이었다.

14 '예언자들'은 예언의 능력을 통해 어떤 것을 말해주는 자들이고, '선견자들'은 어떤 미지의 것들을 환상을 통해서 보고 말로 표현하는 자들이다. 소크라테스는 예언자와 선견자, 시인들 모두 인간적인 지혜를 통해 안 것을 말로 표현하는 자들이 아니라, 자신에게 주어져 있는 어떤 다른 능력과 본능, 또는 그때그때 주어지는 영감을 통해 표현하는 자들이기 때문에, 자신이 표현해 놓고도 그것의 의미를 알지는 못한다고 말한다. 그런 것들은 소크라테스가 추구한 지혜, 즉 철학적 변증을 통해 진리를 아는 것과 판이하게 달랐다.

니다. 시인들은 자신이 지은 훌륭한 시들 덕분에 자신이 다른 일에서도 지혜롭다고 여기지만, 나는 그들이 지혜롭지 못하다는 것을 알았습니다. 그래서 나는 그 자리를 떠나면서, 내가 정치인보다 나은 바로 그 점에서 동일하게 시인들보다 더 낫다고 생각하게 되었습니다.

d 마지막으로 장인匠人들을 찾아갔습니다. 나는 내가 아는 것이 거의 없음을 잘 알고 있었습니다. 그래서 나와는 달리 그들은 훌륭한 지식을 많이 소유하고 있다는 것을 발견할 수 있으리라고 확신했습니다. 그 점에서 그들은 나를 실망시키지 않았습니다. 그들은 내가 알지 못하는 것들을 알고 있었고, 그 점에서 나보다 더 지혜로운 사람들이었습니다.

그러나 아테네 사람들이여, 훌륭한 장인들조차도 시인들과 똑같은 오류 속에 빠져 있는 것이 내 눈에 보였습니다. 그들은 하나같이 자신의 뛰어난 기술 덕분에 다른 중요한 일들에서도 매우 지혜롭다고 생각했고, 그러한 오류는 그들에게 있던 지혜마저도 가려버렸습니다.[15]

e 그래서 나는 그들의 지혜와 무지 그 어느 것도 가지지 않은 현재의 모습으로 계속 살아가는 쪽을 선택할지, 아니면 그 둘 모두를 가진 모습으로 살아가는 쪽을 선택할지를 놓고 신탁을 구하기 위하여 자문해보았습니다. 신탁이 준 대답은 현재의 나의 모습으로 계속해서 살아가는 쪽이 더 낫다는 것이었습니다.

아테네 사람들이여, 내가 이렇게 그 신탁의 의미를 풀기 위해 사람들을

23a 을 찾아가서 꼬치꼬치 묻고 다니자, 나로서는 도저히 감당하기 어려울 정도로 반감과 미움이 많이 생겨났습니다. 나에 대한 많은 비방이나 모함 그리고 "지혜롭다"고 말하는 것도 모두 그 자리에서 나를 지켜본 사람들에게서 생겨난 것입니다. 내가 어떤 문제에서 다른 사람들이 말하는 것이 잘못된 것임을 드러냈을 때, 그 상황을 지켜보던 사람들은 내가 그

---

15 '장인들'은 전문 기술에 대한 지식을 가진 자들이었고, 사람들은 그런 실용적인 지식들을 '지혜'라고 불렀다. 하지만 소크라테스는 그런 지식들은 보편성을 지닌 참된 지혜가 아니라고 말한다. 그런 의미에서 그에게 소피스트는 지혜로운 자들이 아니다.

문제와 관련해 지혜롭다고 생각했기 때문입니다.

하지만 아테네 사람들이여, 내 생각에는 오직 신만이 진정으로 지혜롭습니다. 그리고 신께서 우리에게 신탁을 주시는 이유도 인간의 지혜라는 것에는 가치가 거의 또는 전혀 없음을 보여주시는 것이 아니겠습니까? 신께서 소크라테스라는 나의 이름을 언급한 것은 나에 대해서 말씀하신 것이 아닙니다. 단지 나를 하나의 본보기로 사용해서, 이렇게 말씀하신 것과 같습니다. "인간들아, 소크라테스처럼 자기가 지혜에 관해서 b 는 실제로 아무것도 모른다는 것을 아는 자가 너희 중에서 가장 지혜로운 자이다."

그래서 지금도 여전히 나는 이 나라 시민이든 외국인이든 누구라도 지혜롭다고 생각하는 사람들이 있으면, 신의 그러한 뜻을 따라서 그들을 찾아다닙니다. 그리고 그들이 내게 지혜로운 자들로 보이지 않으면, 신께서 원하는 대로 그들이 지혜롭지 않다는 것을 그들에게 드러냅니다. 그런 일에 몰두하다 보니, 내게는 나랏일이나 내 가정사를 돌볼 시간이 없었습니다. 내가 이렇게 극도로 빈곤한 것도 오로지 신을 섬기며 살아 c 가기 때문입니다.

그러자 청년들이 자발적으로 나를 따라다니기 시작했습니다. 그들은 아주 부유한 가문의 자제들이어서 시간적인 여유가 많은 청년들입니다. 그들은 내가 사람들에게 질문을 던지며 대화하는 것을 옆에서 듣는 것을 아주 좋아하고, 종종 나를 흉내 내면서 자신도 사람들에게 질문을 던지며 대화하곤 합니다. 그런데 내가 생각하기에, 그런 과정에서 무엇인가를 안다고 착각했던 수많은 사람이 사실은 거의 또는 전혀 모른다는 것이 드러나는가 봅니다. 그래서 그런 질문을 받은 사람들은 자신에게 d 화를 내지 않고, 소크라테스라는 아주 무서운 전염병 같은 자가 있는데, 그자가 청년들을 타락시키고 있다고 말하며 내게 화풀이를 합니다.

누군가가 그들에게 소크라테스가 어떤 행동을 하고 무엇을 가르쳐서 청년들을 타락시키는 것이냐고 물으면, 그들은 나에 관해 아무것도 알지 못하기 때문에 할 말이 없습니다. 하지만 그들은 그 곤란한 상황을 모면하려고, 모든 철학자를 싸잡아 비난할 때 사람들이 늘 써먹었던 그런 중상모략들을 나에게도 써먹습니다. 그래서 "소크라테스는 위로 하늘에 있는 것과 아래로 땅 아래에 있는 것을 탐구하고, 신들을 믿지 않으며, 궤변을 정설로 둔갑시키는" 자라고 말합니다. 그들은 사실 아무것도 알지 못하면서도, 자신들이 무엇인가를 아는 척하다가 무식이 탄로났다는

e 진실을 솔직하게 인정하고 싶지 않은 것입니다.

그들은 야심도 많고 대단히 활동적이며 수도 많습니다. 그런 자들이 그럴 듯한 논리를 동원해서 아주 설득력 있게 나를 비방하고 모함한 말들이 오랫동안 여러분의 귀를 채워왔고, 그런 비방과 모함들을 근거 삼아 멜레토스와 아니토스와 리콘이 나를 공격했습니다. 멜레토스는 시인을 대표해서, 아니토스는 장인과 정치가를 대표해서, 리콘은 웅변가를 대표해서 나에 대한 분노를 쏟아냈습니다.

그러므로 이 변론의 서두에서 이미 말했듯이, 여러분의 마음과 생각

24a 을 그토록 오랫동안 지배해온, 나에 대한 편견을 내가 과연 이렇게 짧은 시간 안에 제거할 수 있을지는 의문입니다. 하지만 아테네 사람들이여, 이것은 진실이고, 나는 큰일이든 작은 일이든 무엇이든지 여러분에게 숨기거나 속이는 것이 없이 다 그대로 말하고 있습니다. 그리고 나는 내가 그렇게 하기 때문에 사람들로부터 미움을 산다는 것을 너무나 잘 압니다. 하지만 바로 그것이 내가 진실을 말하고 있다는 증거이고, 바로 그것

b 이 나에 대한 모함의 본질이며, 사람들이 나를 모함하는 이유입니다. 여러분이 이 일을 지금이나 나중에 자세히 조사해본다면, 내가 말한 것이 모두 사실임을 알게 될 것입니다.

첫 번째 고발인들이 나에 대해서 고발한 내용과 관련해서 여러분에게 제시한 나의 변론은 지금까지 말한 것으로 충분할 것입니다. 다음으로 나는 훌륭한 애국자로 자처하는 멜레토스를 비롯해서 나중에 나를 고발한 사람들의 주장에 대항해서 자신을 변호하고자 합니다. 그들은 처

음에 나를 고발했던 사람들과는 다른 무리이기 때문에, 그들이 선서하고 나서 제출한 진술서를 다시 살펴보겠습니다.

거기에는 대략 다음과 같은 내용이 적혀 있습니다. "소크라테스는 청년들을 타락시키고, 이 도시가 믿고 있는 신들이 아니라 다른 잡신들을 믿는 불법을 자행하고 있다." 이것이 나를 고발하는 죄목들입니다. 이 죄목을 하나하나 살펴보기로 합시다.

이 진술서에서는 내가 청년들을 타락시키는 불법을 저질렀다고 말합니다. 하지만 아테네 사람들이여, 불법을 저지르는 자는 내가 아니라 멜레토스라고 나는 말합니다. 그는 자신이 지금까지 단 한번도 관심을 기울인 적이 없는 일들에 대하여 마치 대단한 열정과 우려하는 마음을 가진 듯이 가장하여, 그 일들과 관련하여 무책임하게 사람들을 법정에 세우는 등, 중차대한 일들을 농락하고 있기 때문입니다. 지금부터 나는 그것이 사실이라는 것을 증명해 보이고자 합니다.

소크라테스: "멜레토스여, 앞으로 나와서 말해보십시오. 청년들을 훌륭한 사람들로 자라나게 하는 것이 당신의 지대한 관심사인가요?"

멜레토스: "그렇습니다."

소크라테스: "이제 청년들을 더 훌륭하게 만드는 것이 누구인지를 이 자리에 있는 배심원들에게 말해보십시오. 당신은 그 일에 지대한 관심을 갖고 있는데다가, 내가 청년들을 타락시킨다는 것을 알아냈다고 말합니다. 게다가 나를 이 법정에 세우고, 배심원 앞에서 나를 고발까지 했으니, 당신은 분명히 그 일을 알고 있을 것입니다. 그러니 자, 이제 청년들을 더 훌륭하게 만드는 것이 누구인지를 배심원들에게 알려주십시오.

멜레토스여, 당신이 침묵하고 아무 말도 하지 않고 있다는 것을 압니까? 그렇게 침묵을 지키고 있는 것은 부끄러운 일이고, 당신이 지금까지 이 일에 아무런 관심이 없었다고 한 내 말이 옳다는 것을 보여주는 충분한 증거가 된다고 생각하지 않습니까? 그러니, 훌륭한 사람이여, 청년들을 더 훌륭하게 만드는 것이 누구인지를 말해보십시오."

멜레토스: "법률입니다."

소크라테스: "내가 물은 것은 그런 것이 아니라, 바로 그것, 즉 법률을 누구보다도 먼저 알아야 할 사람이 누구냐는 것이지 않습니까, 아주 훌륭한 사람이여."

멜레토스: "소크라테스여, 그야 배심원들이지요."

소크라테스: "멜레토스여, 무슨 말이십니까? 이 배심원들이 청년들을 교육해서 더 훌륭한 사람으로 만들 수 있다는 것입니까?"

멜레토스: "물론입니다."

소크라테스: "이 배심원 전부가 그렇다는 것입니까, 아니면 이들 중에서 일부는 그렇고, 일부는 그렇지 않다는 것입니까?"

멜레토스: "전부가 그렇습니다."

소크라테스: "당신이 말했듯이, 청년들을 도울 수 있는 사람이 그렇게 많다는 것은, 헤라[16]를 걸고 맹세하건대, 참으로 좋은 일입니다. 그렇다면, 이 자리에 있는 방청객들은 어떻습니까? 그들도 청년들을 더 훌륭하게 만들 수 있지 않겠습니까? 그렇지 않습니까?"

멜레토스: "그들도 그렇게 할 수 있지요."

소크라테스: "그렇다면, 평의회 의원들[17]은 어떻습니까?"

멜레토스: "평의회 의원들도 마찬가지지요."

---

16 "헤라"는 그리스 신화에 나오는 올림포스 열두 신 중 한 명으로서, 최고신인 제우스의 본처이고 결혼생활의 수호신이다. 이 여신은 결혼과 여성의 삶을 관장했기 때문에 여자들이 맹세할 때에 자주 사용했다. 아이들을 낳아서 양육하고 교육하는 것이 헤라 여신이 관장하는 일이었다는 점에서, 여기에서 이 여신을 걸고 맹세한 것은 적절하다.

17 '평의회'는 아테네 도시국가의 의회였다. 국가를 구성하고 있던 10개 부족('퓔레')에서 각각 50명씩 임명되어 모두 500명으로 이루어졌다. 의원의 임기는 1년이었고, 한 번의 중임이 허용되었다. 각 부족은 돌아가면서 1년의 십분의 일 기간 동안 집행부를 담당하였다. 평의회는 매일 모였다.

소크라테스: "그렇다면, 멜레토스여, 민회[18]에 참여하는 사람은 청년을 타락시킵니까, 아니면 그들도 모두 청년을 더 훌륭하게 만듭니까?"

멜레토스: "그들도 청년들을 더 훌륭하게 만들지요."

소크라테스: "그러니까 나를 제외한 모든 아테네 사람들은 청년들을 훌륭하고 선하게 만들고, 오직 나만이 그들을 타락시킨다는 말로 들리는데, 정말 당신은 그런 뜻으로 말하는 것입니까?"

멜레토스: "내가 강력하게 주장하는 것이 바로 그것입니다."

소크라테스: "당신이 그런 식으로 말하는 것은 나를 정말 운이 나쁜 사람이라고 말하는 것입니다. 어디 한번 내 질문에 대답해보십시오. 당신은 말馬들의 경우에도 동일하게 말할 수 있다고 보십니까? 그러니까 모든 사람이 말들을 더 훌륭하게 만드는데, 오직 어느 한 사람만이 말들을 완전히 망쳐놓는 것입니까? 아니면, 그런 것과는 정반대로, 말들을 훌륭하게 키울 수 있는 것은 어느 한 사람이거나 소수, 즉 조련사들이고, 대부분은 어설프게 말을 다루거나 도리어 말들을 망쳐놓는 것입니까?

멜레토스여, 이것은 말만이 아니라 다른 모든 동물에게도 그렇지 않습니까? 당신과 아니토스가 그렇다고 말하든 그렇지 않다고 말하든, 그것은 틀림없는 사실입니다. 오직 한 사람만이 청년들을 타락시키고 있고, 나머지 모든 사람은 청년들에게 도움을 주고 있는 것이 정말 사실이라면, 청년들에게는 얼마나 큰 행운이겠습니까. 하지만 그것은 사실이 아닙니다. 멜레토스여, 당신이 청년들에게 관심이 없다는 것이 충분히 드러났습니다. 그리고 아무런 관심도 없었던 일과 관련해서 나를 고발했다는 점에서 당신의 무책임함도 명백하게 밝혀졌습니다.

---

18 '민회'는 입법, 전쟁, 고위공직자의 임명 등과 같이 국가의 중요한 일들에 대한 최종 결정권을 지닌 최고 의결기구였다. 시민권을 가진 18세 이상의 성인 남자들로 구성되었다. 처음에는 아고라에서 모였고, 나중에는 아크로폴리스 남서쪽의 작은 바위 언덕인 '프닉스'에서 모였으며, 기원전 4세기 이후에는 디오니소스 극장에서 모였다. 민회는 매월 한 차례 또는 서너 차례 소집되었다.

멜레토스여, 선량한 시민들과 함께 사는 것이 더 나은지, 아니면 사악한 시민들과 함께 사는 것이 더 나은지에 관해서도 제우스의 이름을 걸고 말해보십시오. 내 질문은 대답하기 어려운 것이 전혀 아니니, 어디 대답해보십시오, 놀라운 사람이여. 사악한 자들은 자기와 아주 가까운 이들에게조차 해악을 끼치는 반면에, 선량한 사람들은 좋은 일을 하지 않습니까?"

멜레토스: "물론입니다."

d   **소크라테스**: "함께 사는 사람들로부터 도움을 받기보다 해악을 당하기를 바라는 사람이 있습니까? 대답해보십시오, 훌륭한 사람이여. 이런 질문에 대답하는 것은 법이 정한 당신의 의무입니다. 해악을 당하기를 바라는 사람이 있습니까?"

멜레토스: "당연히 없지요."

소크라테스: "그렇다면, 당신은 청년들을 타락시키고 더 악하게 만든다는 죄목으로 나를 고발했는데, 내가 의도적으로 그렇게 한다는 것입니까, 아니면 의도적인 것은 아니라는 것입니까?"

멜레토스: "나는 의도적인 것이라고 말합니다."

소크라테스: "멜레토스여, 그러니까 당신의 말은 이런 것입니까? 당신은 훨씬 더 나이가 많은 나보다 훨씬 지혜로워서, 사악한 자들은 언제나 가장 가까운 이들에게조차 어떤 해악을 입히고 선량한 자들은 선을 행한

e   다는 것을 알고 있는데, 나는 무지하기 짝이 없어서 나와 함께 살아가는 사람 중 누군가를 악하게 만들면 내가 그에게서 해악을 입을 위험이 있음에도, 그토록 큰 위험을 의도적으로 자초하고 있다. 이 말입니까?

멜레토스여, 그래서 나는 당신의 말이 도무지 납득이 가지 않습니다.

26a   그리고 당신의 말을 수긍할 사람은 한 사람도 없을 것이라고 생각합니다. 따라서 이것은 내가 청년들을 타락시키지 않고 있거나, 설령 그렇다고 할지라도 의도적인 것은 아니라는 뜻 아니겠습니까? 어느 경우이든, 당신은 거짓말을 하고 있습니다.

그리고 내가 그들을 의도적이지 않게 타락시키고 있더라도, 그런 의도적이지 않은 잘못을 저지른 사람을 법정에 세우지는 않습니다. 그러니 그를 따로 불러서 무엇을 잘못했는지를 가르쳐주고 경고하며 주의를 주는 것이 도리입니다. 만약 내가 그런 경고를 받고서 잘못을 알았다면, 의도적으로 그렇게 한 것이 아니니 반드시 그 일을 그만둘 것이기 때문입니다. 그런데도 당신은 나를 만나서 가르쳐주고자 하지도 않고 도리어 나를 피하다가, 나를 이 법정에 세웠습니다. 법정은 가르침을 주는 곳이 아니라 벌을 받을 사람들을 세우는 곳 아닙니까.

아테네 사람들이여, 이렇게 해서 이제 내가 앞에서 말했듯이, 멜레토 ᵇ 스가 이런 문제들에 대해서는 크든 작든 아무런 관심도 없었다는 것이 드러났습니다. 그런데도 멜레토스여, 당신은 내가 청년들을 타락시킨다고 말합니다. 그러니 도대체 내가 어떻게 청년들을 타락시키고 있다는 것인지 어디 한번 말해보십시오. 당신이 쓴 고발장에 따르면, 이 나라가 믿는 신들을 믿지 말고 다른 새로운 잡신들을 믿으라고 내가 청년들에게 가르침으로써 그들을 타락시키고 있다고 했습니다. 정말 그렇게 말했습니까? 당신의 말은 내가 그런 것들을 가르쳐서 청년들을 타락시키고 있다는 것 아닙니까?"

멜레토스: "나는 분명히 그렇게 말했습니다."

소크라테스: "그렇다면 멜레토스여, 우리가 지금 말하는 바로 그 신들에게 맹세하고서, 나와 이 사람들에게 좀 더 명확하게 말해주십시오. 당 ᶜ 신의 말이 무슨 뜻인지를 내가 이해할 수 없기 때문입니다. 그러니까 당신은 내가 청년들에게 다른 신들, 즉 이 나라가 믿는 신들이 아닌 다른 신들을 믿으라고 가르친다는 것입니까? 내가 그들에게 그런 다른 신들을 믿으라고 하기 때문에, 그런 이유로 나를 고발하는 것입니까?

그런 것이라면, 나는 신들이 존재한다는 것을 믿는 것이니, 완전히 무신론자도 아니고, 그런 점에서 불법을 저지른 것도 아닙니다. 아니면, 당신은 내가 신들이 존재한다는 것을 전혀 믿지 않으며, 다른 사람들에게도 그렇게 가르친다는 것입니까?"

멜레토스: "내 말은 당신이 신 자체를 전혀 믿지 않는다는 뜻입니다."

d　소크라테스: "멜레토스여, 당신이 어째서 그렇게 말하는 것인지 정말 의아합니다. 그러니까 내가 다른 모든 사람과 달리 해와 달이 신들이라 는 것을 믿지 않는다는 것입니까?"

멜레토스: "배심원들이여, 제우스를 걸고 맹세하건대, 그는 해는 돌이 고, 달은 흙이라고 말하는 사람이기 때문에, 신들의 존재를 결코 믿지 않 습니다."

소크라테스: "친애하는 멜레토스여, 지금 당신은 아낙사고라스[19]를 고발 하고 있다고 착각하고 있군요. 당신은 그런 식으로 배심원들을 무시하 여, 그들은 글자도 읽을 줄 모를 정도로 무식해서, 클라조메나이 사람인 아낙사고라스가 쓴 책들이 그런 주장들로 가득하다는 것을 모른다고 생
e　각하는 것입니까? 그리고 그런 책들은 서점에서 1드라크메만 주면 살 수 있습니다. 게다가 만일 소크라테스가 그토록 이상하고 말도 안 되는 주 장들을 마치 자신의 것인 양 가르친다면, 사람들의 웃음거리밖에 되지 않을 것이 뻔하지 않겠습니까? 그런데도 내가 청년들에게 그런 것들을 가르쳤고, 청년들이 내게서 그런 것들을 배웠을 것이라고 생각합니까? 제우스를 걸고 묻겠습니다. 당신은 정말 내가 신의 존재를 믿지 않는다 고 생각합니까?"

멜레토스: "그렇습니다. 제우스를 걸고 맹세하건대, 당신은 신의 존재 를 결코 믿지 않습니다."

소크라테스: "멜레토스여, 당신은 자신도 믿을 수 없는 말을 하는군요.

---

19 "아낙사고라스"는 기원전 5세기경에 활동한 고대 그리스의 철학자이다. 소아시아의 이 오니아 해안에 있던 그리스의 식민지 클라조메나이의 명문가에서 태어나, 아테네에서 활동했다. 자연철학의 시조인 밀레토스 학파의 아낙시메네스의 영향으로 천체 현상을 신의 작용이 아닌 자연적인 원리에 의거해 설명하려고 했다. 이 때문에 그리스인들의 반감을 사서 무신론자로 고발되어 신성모독죄로 재판을 받아 사형을 당했다.

내게 그렇게 보이니, 당신 자신에게야 오죽하겠습니까. 아테네 사람들이여, 이 사람이 이토록 오만하고 방자하여 제멋대로인 걸 보니, 그런 오만 방자함으로 자기감정을 참지 못하고 막무가내로 나에 대한 고발장을 제출한 것 같습니다.

말하자면, 그는 사람들이 어떤 반응을 보이는지를 시험해보려고 수 27a 수께끼 하나를 지어서 내놓은 사람 같습니다. '내가 서로 모순되는 이런 저런 말들을 조합해서 그럴 듯한 논리를 편다면, 사람들이 현자라고 하는 소크라테스가 과연 그것을 알아차릴까, 아니면 그를 비롯해서 내 말을 듣는 모든 사람이 다 속아 넘어가게 될까'라고 생각하면서 말입니다.

이 사람은 나에 대한 고발장에서 서로 모순되는 말들을 진술함으로써, 한편으로 소크라테스는 신들의 존재를 믿는다고 말하면서도 다른 한편으로는 신들의 존재를 믿지 않는 불법을 저지르고 있다고 말하는 것이 분명합니다. 하지만 이런 것은 분명히 말장난일 뿐입니다.

아테네 사람들이여, 도대체 무슨 근거로 내가 그렇게 말한다고 그가 생각하는지를 이제 나와 함께 꼼꼼하게 살펴봅시다. 멜레토스여, 우리에게 대답해주십시오. 그리고 이미 서두에서 요청했듯이, 내가 평소처럼 b 말하더라도, 야유를 보내지 말아달라는 나의 부탁을 여러분은 기억해주십시오.

멜레토스여, 사람들이 한 일들은 존재한다고 믿으면서도, 그 일을 한 사람은 존재한다는 것은 믿지 않는 그런 사람이 있습니까? 아테네 사람들이여, 그가 이 질문에 대답하게 해주시고, 자꾸 이런저런 소란을 피우지 않게 해주십시오. 말馬들이 존재한다는 것은 믿지 않으면서도, 말과 관련된 것은 존재한다고 믿는 사람이 있습니까? 피리 부는 자들이 존재한다는 것은 믿지 않으면서도, 피리와 관련된 것은 존재한다고 믿는 사람이 있습니까?

존경하는 아테네 사람들이여, 그런 사람은 없습니다. 당신이 대답하려고 하지 않기 때문에, 내가 당신과 이 자리에 계시는 모든 분께 그것을 대신 대답하는 것입니다. 그러나 이 질문에는 반드시 대답하십시오.

c '다이몬들'[20]과 관련된 것들이 존재함을 믿으면서도, '다이몬들'이 있음을 믿지 않는 사람이 있습니까?"

멜레토스: "없습니다."

소크라테스: "여기 계시는 배심원들 때문에 어쩔 수 없이 대답한 것이긴 하지만, 그렇게 대답해주어 고맙습니다. 그런데 당신은 내가 '다이몬들'과 관련된 것을 나 자신이 믿고 남들에게도 그렇게 가르친다고 주장하고 있습니다. 그 다이몬들이 새로운 존재든 옛부터 있던 존재든, 그런 것과는 상관없이 말입니다. 당신이 한 말에 따르면, 나는 다이몬들과 관련된 것을 믿고 있고, 이것은 당신이 엄숙한 맹세로 쓴 나에 대한 고발장에서 진술한 것입니다. 그런데 내가 다이몬들과 관련된 것들을 믿는다면, 거기로부터 절대적이고 필연적인 결론이 도출되는데 이는 내가 다이몬들의 존재도 믿는다는 것입니다. 그렇지 않습니까? 확실히 그렇습니다. 당신이 대답을 하지 않기 때문에, 나는 당신이 이 주장에 동의한 것

d 으로 여기고 그렇게 말합니다. 그리고 우리는 분명히 다이몬들이 신들, 또는 신들의 자녀들이라고 믿고 있지 않습니까? 인정합니까, 인정하지 않습니까?"

멜레토스: "분명히 그렇습니다."

소크라테스: "당신이 인정했듯이, 나는 다이몬들이 존재한다는 것을 믿고 있습니다. 그런데 그 '다이몬들'이 일종의 신들이라면, 당신은 한편으로 내가 신들의 존재를 믿지 않는다고 말하면서도, 다른 한편으로는 내가 그 다이몬들의 존재를 믿는다는 점에서 신들의 존재를 믿고 있다

---

20 그리스어에서 '다이몬'은 영원히 죽지 않는 불사의 신은 아니지만, 신과 인간의 중간에서 둘을 이어주는 역할을 하는 존재를 의미한다. 나중에 『향연』에서 소크라테스는 '다이몬들'은 죽을 수밖에 없는 필멸의 존재인 인간과 생물 그리고 영원히 죽지 않는 불사의 존재인 신 사이에 있는 존재라고 말한다. '요정'으로 번역하는 '님프'도 다이몬에 속한다. 다이몬은 '정령'이나 동양에서 말하는 '신령'과 같은 존재라고 할 수 있다. 고대 그리스인들은 '다이몬들'도 신들로 여겼다.

고 말하고 있습니다. 그렇다면 내가 앞에서 지적했듯이, 당신은 이런 식으로 수수께끼같이 알쏭달쏭한 말을 사용해서 사람들을 놀리려는 것이 분명합니다.

전설에서 말하듯이, 다이몬들이 요정이나 다른 어떤 것에서 태어난 신들의 서자라면, 신들의 자녀는 존재하지만 신들은 존재하지 않는다고 생각할 사람이 누가 있겠소? 그것은 말과 당나귀가 교배해서 태어난 노 e 새는 존재하지만, 말과 당나귀는 존재하지 않는다고 생각하는 것처럼 황당하고 터무니없는 주장입니다.

그러니 멜레토스여, 당신은 우리를 시험하려고, 또는 나를 고발할 만한 진정한 불법을 내게서 찾아낼 수 없어 이런 고발장을 쓴 것이라고 밖에 생각할 수 없습니다. 다이몬들이나 신들과 관련된 것은 존재한다고 믿으면서도, 다이몬들이나 신들이나 영웅들은 존재하지 않는다고 하는 생각이 가능함을 당신이 아무리 설득하려고 해도, 조금이라도 이성 28a 을 지닌 사람이라면 아무도 그것을 믿지 않을 것입니다."

따라서 아테네 사람들이여, 나는 멜레토스가 고발장에 쓴 그런 불법들을 저지르지 않았기 때문에, 자신에 대해 길게 변론할 필요가 없고, 지금까지 말한 것으로 이미 충분해 보입니다.

하지만 내가 서두에서 밝혔듯이, 나는 그동안 많은 사람에게 미움을 많이 샀고, 그 사실을 여러분도 잘 알고 있습니다. 그리고 바로 그것이 내게 유죄판결을 내릴 것입니다. 내가 유죄판결을 받는다면, 그것은 멜레토스나 아니토스 때문이 아니라, 많은 사람의 모함과 시기 때문일 것입니다. 지금까지 수많은 선한 사람이 그런 모함과 시기로 유죄판결을 받았고, 앞으로도 그럴 것이라고 생각합니다. 그런 일이 나를 마지막으 b 로 사라지는 놀라운 일이 벌어지지는 않을 것이기 때문이지요.

나에 대해 이렇게 말하는 사람이 있을지도 모르겠습니다. "소크라테스여, 당신은 자신을 죽음의 위험에 빠뜨린 그런 일에 지금껏 몰두한 것이 부끄럽지 않습니까?"

그런 사람에게는 이렇게 반박하겠습니다. "이보세요, 당신이 말하려는 것이 이런 것입니까? '조금이라도 쓸모 있는 사람이라면, 어떤 행동을 할 때에는 그 행동이 정의로운 것인지 그렇지 않은지, 그리고 선한 자가 할 일인지 악인이 할 짓인지만 고려해서는 안 된다. 죽을 위험은 없는지도 반드시 고려해야 한다.' 그런 것이라면, 당신은 잘못 말한 것입니다.

당신의 논리를 따르면, 트로이아에서 죽은 저 반신半神적인 존재들,[21] 그중에서도 특히 여신 테티스의 아들(아킬레우스)은 정말 쓸모 없는 인물이 되고 맙니다. 그는 치욕스러운 삶을 사느니 아주 기꺼이 죽을 위험을 감수하는 쪽을 택한 인물이기 때문이지요.

그가 헥토르를 반드시 죽이고 말겠다고 결심하자, 여신이었던 그의 어머니가 이런 식으로 말한 것으로 나는 기억합니다. "아들아, 네가 너의 동료 파트로클로스의 죽음에 대해 복수하겠다고 헥토르를 죽인다면, 너도 죽게 될 것이다. 헥토르가 죽고 나면, 그다음으로는 네 차례이기 때문이다."

하지만 동료의 원수를 갚지도 못한 채로 비겁하게 살아가는 것이 그에게는 훨씬 더 두려운 일이었기 때문에, 그는 그런 말을 듣고도 죽음이나 위험 같은 것을 경멸하면서 이렇게 말했습니다. "이곳에 남아서 저 곡선으로 휜 함선들 옆에서 사람들의 웃음거리가 되고 대지에 거추장스러운 짐이 되느니, 차라리 저 악인을 응징한 후에 나도 그 자리에서 죽을 작정입니다." 당신은 그가 죽음이나 위험 따위를 고려했다고 생각하십

---

21 소크라테스는 앞에서 자기가 신들의 존재를 믿는다는 것을 증명하면서, 신들과 다이몬들과 영웅들의 존재를 믿는다고 말했다. 여기에 언급된 "반(半)신적인 존재들"은 그중에서 '영웅들'을 가리킨다. "테티스의 아들"은 바다의 여신 테티스와 프티아의 왕 펠레우스에서 태어난 아킬레우스이다. 그는 트로이아 전쟁에서 그리스군의 가장 위대한 영웅이었다. "파트로클로스"는 그의 동료이자 연인이었는데, 트로이아군의 총사령관인 헥토르에게 죽임을 당했다. 그러자 그는 어머니인 테티스 여신의 경고에도 불구하고, 헥토르를 죽여 원수를 갚고 결국 자신도 죽는다.

니까?

아테네 사람들이여, 이 일과 관련한 진실은 내 생각에는 이와 같습니다. 즉, 어떤 사람이 스스로 좋다고 생각해서든, 아니면 지휘관의 명령을 따른 것이든 어느 자리에 있게 되었다면, 그는 죽음이나 다른 어떤 것보다도 치욕을 가장 중시해서, 죽음을 비롯해 온갖 위험에 맞서 그 자리를 지켜야 한다는 것입니다.

아테네 사람들이여, 만일 그런 것이 아니라면, 여러분이 나를 지휘하도록 선출한 지휘관들이 포테이다이아, 암피폴리스, 델리온에서 내게 어느 곳을 지키라고 정해주었을 때,[22] 내가 그곳을 지켜내기 위해 다른 사람과 똑같이 죽음도 불사한 것은 잘못돼도 한참 잘못된 일일 것입니다. 그러다가 내가 철학을 하며 나 자신과 사람들을 면밀하게 탐구하는 삶을 살아야 한다고 신께서 정해주셨다고 생각해서, 나는 그것을 천직으로 받아들이게 되었습니다.

그런데 만일 내가 죽음이나 그 밖의 다른 것이 두려워서 신께서 정해주신 천직을 버리고 이탈해버린다면, 그것은 정말 두렵고 끔찍한 일입니다. 그리고 내가 죽음이 두려워 신탁에 복종하지 않는 것을 보고서, 누군가가 그런 나를, 신들을 믿지도 않고 지혜롭지도 않으면서 스스로 지혜를 뽐내는 자라고 고발하여 법정에 세운다면, 그것은 지극히 옳은 일이 될 것입니다.

아테네 사람들이여, 어떤 사람이 죽음을 두려워한다면, 그는 지혜로운 것처럼 보여도 실제로는 지혜롭지 않으며, 무엇을 아는 것처럼 보여도 실제로는 알지 못하기 때문입니다. 인간에게 허락된 모든 복 중에서 죽음이 최고의 복일지도 모르는데, 사람들은 마치 죽음이 최악의 재앙

c

29a

---

22 소크라테스는 기원전 431-404년에 걸쳐 아테네와 스파르타 간에 벌어진 펠로폰네소스 전쟁에 참전했다. 432년에는 포테이다이아 전투, 424년에는 델리온 전투, 422년에는 암피폴리스 전투에 보병으로 참여했다. 『향연』에는 그와 함께 참전했던 알키비아데스의 증언이 나온다.

임이 확실한 것처럼 죽음을 두려워합니다. 그런데 자기가 알지도 못하는 것을 안다고 생각하는 것이야말로 가장 비난받아야 할 무지가 아닐까요?

하지만 아테네 사람들이여, 그 점에서 나는 아마도 다른 많은 사람과 다를 것입니다. 내가 어떤 면에서 다른 사람보다 더 지혜롭다고 할 수 있다면, 그것은 내가 저승과 관련된 일들에 대해 무엇이라고 말할 만한 정도로 알지 못하기 때문에, 거기에 관해 모른다고 생각하기 때문일 것입니다.

반면, 신에게나 사람에게나 불법을 저지르고, 자기보다 더 나은 이에게 복종하지 않는 것은 악하고 부끄러운 짓임을 나는 알고 있습니다. 그렇기 때문에, 나는 죽음이나 다른 어떤 것이 두려워서, 내가 아는 한 선한 어떤 것을 포기하고서, 분명하게 악한 것으로 알고 있는 그런 악을 행하는 일은 결코 없을 것입니다.

아니토스는 만일 나를 법정에 세우지 않거나, 법정에 세우더라도 내게 사형을 선고하지 않고 풀어준다면, 여러분의 아들들은 소크라테스에 게서 가르침받은 것을 실천하게 될 것이고, 그러면 그들은 모두 완전히 타락할 것이라고 말했습니다. 하지만 여러분이 아니토스의 말을 믿지 않고 나를 무죄로 평결해 방면한다고 해도, 나는 그런 악들을 행하지 않을 것입니다.

여러분은 내게 이런 식으로 말할 수도 있습니다. "소크라테스여, 우리는 이제 아니토스의 말을 받아들이지 않고 당신을 방면하겠지만, 한 가지 조건이 있는데, 그것은 당신이 지금까지 해왔던 탐구와 철학을 앞으로는 더 이상 하지 말라는 것입니다. 만일 이후에도 그런 일들을 계속 하다가 체포되면, 당신은 죽을 것입니다."

만일 여러분이 방금 내가 말한 대로 그러한 조건으로 나를 방면하려 한다면, 나는 여러분에게 이렇게 말할 것입니다.

"아테네 사람들이여, 나는 여러분을 정말 좋아하고 사랑합니다. 하지만 나는 여러분보다는 신께 복종할 것입니다. 내게 숨이 붙어 있고 그럴 힘이 있는 동안에는, 철학을 하고 여러분에게 조언하며, 어쩌다가 만나는 누구에게든지 경고하면서, 내가 지금까지 해왔던 식으로 말하는 것을 그만두지 않겠습니다. '경애하는 여러분, 당신은 지혜와 힘으로 명성이 드높은 가장 위대한 나라 아테네의 사람입니다. 그런 당신이 부귀영화에 지대한 관심을 갖고 어떻게 하면 최대한으로 그런 것을 많이 얻을 수 있을까 노심초사하면서도, 지혜와 진리에 관심을 갖고 어떻게 하면 자기 e 영혼을 선하게 만들 수 있을까에 대해서는 생각조차 하지 않으니 부끄럽지도 않습니까?'

그리고 여러분 중에 누군가가 내가 방금 한 말에 이의를 제기하면서, 자기는 그런 것에 관심을 쏟고 있다고 말한다면, 나는 즉시 그에게서 떠나지 않고 그를 붙잡고 질문을 던져서 면밀하게 조사하여 그의 말이 사실이 아님을 증명할 것입니다. 그래서 자신에게 그런 미덕이 없으면서도 마치 그런 것처럼 행했음이 밝혀진다면, 나는 그가 더 가치 있는 것에는 $30a$ 별 가치를 두지 않고 덜 가치 있는 것에는 최고의 가치를 두고 있다고 책망할 것입니다.

내가 만나는 사람이 청년이든 노인이든, 외국인이든 이 나라 시민이든, 누구에게나 그렇게 하겠지만, 특히 여러분처럼 동포 시민에게는 더욱 그렇게 할 것입니다. 여러분은 누구보다도 나와 더 가까운 동포이기 때문이지요.

내가 이렇게 하는 것은 신의 명령 때문이라는 것을 명심하십시오. 신께서 지금까지 이 나라와 여러분에게 주신 모든 축복 중에서, 신을 섬기고자 하는 나의 열심보다 더 큰 축복은 없었다고 생각합니다. 내가 하는 일은 오로지 여기저기 돌아다니면서 청년이든 노인이든 만나는 모든 이들에게, 미덕은 재물로부터 생겨나지 않지만 재물을 비롯한 인간의 모든 사적이고 공적인 축복들은 미덕에서 생겨난다고 말하는 것이기 때문이지요. 또한 육신이나 재물보다도 어떻게 하면 영혼을 가장 선하게 만들 b

수 있는가에 더 큰 관심을 쏟아야 한다고 설득하는 일만 하기 때문이기도 합니다. 만일 내가 그런 말을 해서 청년들이 타락하는 것이라면, 그것이 해로운 것이어야 하겠지요. 하지만 내가 그런 말 이외의 다른 말들을 하고 다닌다고 누군가가 말한다면, 그는 내가 하지도 않은 말을 했다고 하는 것일 뿐입니다."

그러므로 아테네 사람들이여, 나는 여러분을 향해 이렇게 말할 수밖에 없습니다. "여러분이 아니토스의 말을 받아들이든지 받아들이지 않든지, 나를 무죄로 방면하든지 방면하지 않든지, 그리고 여러분이 나를 죽이겠다고 백 번이나 경고할지라도, 나는 앞에서 내가 말한 것과 다르게 행동하지 않을 것입니다."

아테네 사람들이여, 야유를 보내지 말아주십시오. 서두에서 이미 부탁한 대로, 내가 하는 말에 야유를 보내지 말고, 경청해주십시오. 내 생각에는 그렇게 하는 것이 여러분에게 유익이기 때문입니다. 이제 나는 여러분에게 다른 것을 말하고자 합니다. 아마도 야유를 보내고 고함을 지르고 싶겠지만, 그렇게 하는 사람이 한 사람도 없기를 바랍니다.

나는 내가 어떤 사람인지를 이미 말했기 때문에, 여러분이 나를 사형에 처하도록 한다면, 그것은 나보다도 여러분 자신에게 해악을 입히는 일이 될 것임을 명심하십시오. 멜레토스나 아니토스는 내게 해악을 입히지 못할 것입니다. 그들에게는 그럴 힘이 없기 때문입니다. 나는 도덕적으로 열등한 사람이 우월한 사람에게 해악을 입히는 일이 신의 법으로나 인간의 법에서 가능하다고 생각하지 않습니다. 물론, 그들이 나에게 사형을 받게 하거나 추방하거나 시민권을 박탈할 수도 있습니다. 그리고 그들을 비롯해서 많은 사람은 그런 것이 나에게 큰 해악이라고 생각할 것입니다. 하지만 나는 그렇게 생각하지 않고, 그들이 지금 하고 있는 일, 그러니까 한 사람을 불의하게 사형당하게 하여 죽이려는 것이야말로 훨씬 더 큰 해악이라고 생각합니다.

그래서 아테네 사람들이여, 누군가가 생각하는 것과는 달리, 나는 나 자신을 위해서가 아니라 여러분을 위해, 곧 여러분이 내게 사형을 평결함으로써, 신께서 여러분에게 주신 선물에 죄를 짓지 않게 하려고 변론하고 있는 것입니다. 내가 이런 말을 하면 비웃겠지만, 만일 여러분이 e 나를 사형에 이르게 한다면, 그런 후에는 내 역할을 대신할 다른 사람을 찾기가 쉽지 않을 것입니다. 이 나라는, 고귀한 혈통을 지닌 데다가 힘이 있긴 하지만 몸집이 크고 다소 둔하고 느려서 등에[23]를 붙여 정신이 번쩍 나게 해야 하는 말馬 같기 때문입니다. 신께서는 나 같은 사람에게 등에의 역할을 하라고 이 나라에 꼭 붙여놓으시고는, 여러분 한 사람 한 31a 사람 옆에 꼭 붙어서 종일 끊임없이 설득하고 책망하여 정신이 번쩍 나게 하라고 하신 것입니다.

아테네 사람들이여, 여러분이 나를 대신할 그런 사람을 찾기는 쉽지 않을 것입니다. 그러니 여러분이 나의 충고를 받아들인다면, 나를 살려두겠지요. 하지만 아마도 여러분은 졸려 죽겠는데 등에가 성가시게 하는 바람에 편안하게 잠들지를 못해서 짜증이 난 사람처럼, 아니토스의 말을 받아들여 무심코 내게 사형을 평결하여, 마치 등에를 손바닥으로 쳐서 죽이듯이 나를 죽일 것입니다. 그런 후에는, 신께서 여러분을 걱정해서 나를 대신할 다른 사람을 보내지 않으신다면, 여러분은 일생을 잠에 빠져 살아가게 될 것입니다.

신께서 나를 이 나라에 주셨다는 것은 다음과 같은 사실을 통해 알 수 있습니다. 나는 아주 오랜 세월 나 자신의 일은 물론이고 가족을 돌보 b 는 일조차 다 내팽개친 채로, 늘 끊임없이 여러분의 일에만 마음을 써왔습니다. 여러분 한 사람 한 사람을 붙잡고서 미덕에 관심을 가지라고 마치 친아버지나 친형처럼 설득하는 일에 매달려왔는데, 이것은 인간이 할 수 있는 일이 아닙니다.

---

23 '등에'는 얼핏 보면 벌처럼 보인다. 그중에는 동물의 몸에 달라붙어 피를 빨아먹고 살아가는 종류가 있다. 모기처럼 암컷만 피를 빠는데, 주로 소나 말이나 양 등 초식동물의 피를 빨아먹고 살아간다.

만일 내가 그런 일을 하면서 이득을 취하고, 그런 조언을 하고선 보수를 받았다면, 내가 왜 그렇게 했는지가 설명이 될 것입니다. 하지만 나는 지금까지 그런 일을 하고서 이득을 얻거나 보수를 받은 적이 없습니다. 여러분도 보듯이, 나를 고발한 자들은 다른 모든 것에 대해서는 지독할 만큼 후안무치하게 나를 비방하고 모함해왔습니다. 하지만 내가 이득을 취했다거나 보수를 받았다는 죄목으로 나를 고발하고, 그것을 증언해 줄 증인들을 세우는 뻔뻔함까지 보일 엄두는 내지 못했지요. 반면에, 내게는 내가 진실을 말하고 있음을 보여주는 충분한 증거가 있다고 생각하는데, 그것은 다름 아닌 나의 가난과 궁핍입니다.

하지만 내가 이리저리 돌아다니면서 여러분 한 사람 한 사람의 일에 간섭하면서 개인적으로 조언하는 일에는 바쁘게 움직이면서도, 집회에 공적으로 참석해서 나라와 관련한 조언을 하지 않은 것은 이상해 보일 것입니다. 내가 그렇게 하는 이유에 관해선 여러 곳에서 자주 말해왔기 때문에, 여러분도 들었을 것입니다. 그것은 내가 어떤 신의 음성 또는 신적인 음성을 듣고 거기에 따라 움직이기 때문입니다.

멜레토스는 나에 대한 고발장에서 내가 그렇게 하는 것을 우스꽝스럽게 풍자해 써놓았지만, 그런 일은 어릴 적부터 시작되었습니다. 그것은 어떤 음성으로 내게 들려와서, 언제나 막 하려는 일을 하지 못하게 가로막으면서도, 어떤 것을 하라고 강요한 적은 단 한 번도 없었습니다. 바로 그 음성이 내가 이 나라의 정치에 관여하지 않게 가로막았습니다. 그리고 그 음성이 나를 그렇게 가로막은 것은 참으로 잘된 일이라고 생각하고 있습니다.

아테네 사람들이여, 명심하십시오. 내가 만일 오래전에 정치에 관여했더라면, 나는 이미 오래전에 죽었을 것이고, 그러면 여러분에게나 나 자신에게 아무런 유익도 끼치지 못했을 것입니다. 내가 진실을 말한다고 해서 화내지 마십시오. 누구라도 이 나라에서 수없이 자행되는 불법과 불의를 막기 위해 여러분이나 다른 어떤 무리에게 진정으로 대항한다면,

그는 목숨을 부지할 수 없습니다. 그러므로 얼마 동안이나마 목숨을 부
지한 채로 진정으로 정의를 위해 싸우려는 사람은 공적인 일에 관여하지
말고, 반드시 사적으로 활동하는 수밖에 없습니다.

거기에 대한 강력한 증거를 여러분 앞에 제시하겠습니다. 말이 아니
라, 여러분이 중요하게 여기는 행동이 그 증거가 됩니다. 이제 내게 일어
났던 일을 한번 들어보십시오. 그러면 여러분은 내가 죽음을 두려워해
정의롭지 않은 일인 줄 알면서도 누군가에게 굴복하는 일은 없었음을
알게 될 것입니다. 또한 굴복하지 않으면 죽는다는 것을 알더라도 절대
로 굴복하지 않으리라는 사실을 알 것입니다. 이제 나는 법정에서 흔히
일어나는 일을 여러분에게 들려주고자 합니다.

아테네 사람들이여, 나는 이 나라에서 다른 공직은 맡은 적이 없지
만, 평의회 의원이 된 적은 있습니다. 여러분이 해전에서 생존한 병사들 b
을 구출하지 못한 열 명의 장군을 집단으로 재판에 회부하기로 결정했
을 때,[24] 어쩌다 보니 우리 안티오키스 부족이 그 안건을 다루는 집행위
원회 회의를 주재하게 되었습니다. 나중에 여러분 모두가 인정했듯이,
그런 식으로 재판에 회부하는 것은 불법이었습니다. 그때 집행위원회에
속한 의원들 중에서 오직 나만 그런 위법행위에 반대해서, 제출된 안건
에 반대표를 던졌습니다.

그러자 거기에 있던 사람들은 나를 성토하며 법정으로 끌고 가려고
했고, 여러분은 거기에 동조하여 고함을 질러댔습니다. 나는 투옥이나 c
죽음이 두려워 여러분의 부당한 결정에 동조하느니 차라리 법과 정의

---

24 펠로폰네소스 전쟁이 거의 끝나갈 무렵인 기원전 406년에 소아시아 이오니아 연안인
아르기누사이에서 벌어진 해전에서 아테네 해군은 스파르타 해군을 격파하고 승리한
다. 하지만 장군들은 폭풍우로 인해, 난파선에 생존해 있던 병사들을 구출하지 못한다.
그런데 그리스인에게는 이런 식으로 죽은 사람은 안식을 얻지 못하고 방황하는 영혼이
된다고 믿었기 때문에, 이 장군들은 재판에 회부되었다. 대중 선동가였던 테라메네스의
선동으로 민회는 단 한 번의 투표로 일사천리로 이들에게 사형을 평결하고 집행해버렸
다.

편에 서서 위험을 감수해야 한다고 생각했습니다. 이것은 이 나라가 민주정 체제였을 때에 일어난 일이지요.

하지만 이 나라가 과두정 체제가 되자, 30인의 참주들은 나와 네 명의 사람들을 정부 청사로 사용 중이던 원형 건물[25]로 소환해서는, 살라미스 사람 레온[26]을 처형하려고 하니 살라미스로 가서 그를 데려오라는 명령을 내렸습니다. 이 참주들은 다른 사람에게도 비슷한 명령을 많이 내렸는데, 그것은 가능한 한 많은 사람을 범죄에 연루시키기 위한 것이었습니다.

하지만 그때도 나는 죽음을 개의치 않는다는 것, 조금 거칠게 표현하자면 죽음 같은 것은 나에겐 일말의 관심사도 아니고, 내 관심사는 온통 정의롭지 못하거나 불경스러운 짓을 절대로 하지 않는 것에 있음을 말이 아니라 행동으로 보여주었습니다. 그 정부는 강력했지만, 나를 위협하고 겁주어 정의롭지 못한 행동을 하게 하지는 못했습니다.

우리는 정부 청사에서 나왔고, 다른 네 사람은 살라미스로 가서 레온을 데려왔지만, 나는 집으로 돌아왔습니다. 만일 그 후에 그 정부가 신속하게 무너지지 않았더라면, 아마도 나는 그 일로 틀림없이 사형당했을 것입니다. 여러분 중에 이 일을 증언해줄 목격자가 많이 있습니다.

사정이 이러한데, 만일 내가 공적인 일에 관여해서 선량한 사람이 마땅히 그래야 하는 것처럼 정의 편에 서서 행동하면서 그렇게 행하는 것을 가장 중요한 일로 여겼다면, 이토록 오랜 세월 살아남았을 것이라고

---

25 기원전 404년에 펠로폰네소스 전쟁이 끝나고, 스파르타에게 패한 아테네에는 민주정이 붕괴되고, 30인의 참주를 중심으로 한 과두정이 들어선다. '원형 건물'은 민주정이었을 때에 평의회 집행위원회가 집무를 보던 건물로 그리스어로는 '톨로스'라 하였다. 30인의 참주도 이 건물을 집무실로 사용했던 것 같다. 비록 8개월 동안 지속되긴 했지만, 이 기간에 무려 1,500여 명이 처형당했다.

26 '레온'은 살라미스섬 출신으로서 장군이자 민주정 지지자였다. 올곧고 정의로운 사람이었다고 한다. 여기서도 그가 무고하게 처형당했음을 전제하고 있다. 살라미스는 좁은 해협을 사이에 두고 아티케 해안을 마주보고 있는 섬이다. 기원전 480년에 아테네 해군이 페르시아를 격파한 살라미스 해전으로 유명하다.

생각하십니까? 아테네 사람들이여, 절대로 그럴 수 없었을 것입니다. 물론, 이런 말은 다른 사람에게는 적용되지 않을 것입니다. 반면에, 내가 공적으로 어떤 일들을 해왔다고 하더라도, 그때도 사적으로 활동하는 때 33a 와 똑같은 지금의 모습으로 일생을 보냈을 것입니다. 따라서 나를 모함하는 자들이 내 제자라고 지목하는 사람은 말할 것도 없고, 그 누구라도 정의에 어긋나는 일을 한다면 나는 결코 용납하지 않았을 것입니다.

나는 지금까지 그 누구의 스승도 된 적이 없었습니다. 하지만 내게 주어진 일을 행하기 위해 사람들과 대화하고 말하는 것을 누군가가 듣고 싶어 한다면, 청년이든 노인이든, 그의 청을 거절한 적은 단 한 번도 없습니다. 또한 나는 보수를 받고 대화하지도 않았고, 보수를 받지 않았다고 해서 대화를 거부한 적도 없습니다. 부자든 가난한 사람이든 내게 b 똑같이 질문할 수 있었을 뿐만 아니라, 원하는 사람에게는 나의 질문에 대답하게 하고, 거기에 대해 내가 말해주기도 했습니다.

이렇게 나는 그들에게 어떤 교훈이나 지식을 가르쳐주겠다고 약속한 적도 없을 뿐만 아니라, 그들에게 무엇인가를 가르친 적이 전혀 없기 때문에, 그들이 선량한 사람이 되든 되지 않든, 그 책임을 내게 묻는 것은 부당한 일입니다. 만약 누군가가 다른 모든 사람이 내게서 배웠거나 듣지 않은 것을 나에게 사적으로 배우거나 들었다고 한다면, 그는 사실을 말하는 것이 아님을 명심하십시오.

그런데도 오랜 시간을 나와 함께 보내는 것을 즐거워하는 사람이 있는 것은 무슨 까닭이겠습니까? 아테네 사람들이여, 지금까지 모든 진실 c 을 다 말했기 때문에, 여러분은 이미 그 이유를 알고 있습니다. 지혜롭지도 않으면서 스스로 지혜롭다고 생각하는 사람들에게 내가 집요하게 질문하여 그것이 과연 사실인지를 밝혀나가는 것은 그들에게 즐거운 일입니다. 그런 대화가 재미 없지는 않겠지요. 하지만 앞에서 말했듯이, 그 일은 신께서 신탁과 꿈을 비롯해서 인간에게 어떤 일을 행하라고 명령할 때 사용해온 온갖 방법을 통해 내게 명령한 데 따른 것입니다.

아테네 사람들이여, 내가 지금까지 한 말은 모두 사실입니다. 그것이 d 사실인지 아닌지는 쉽게 검증할 수도 있습니다. 만일 지금 내가 청년을 타락시키고 있을 뿐만 아니라, 이미 상당수의 청년들을 타락시킨 게 사실이라면, 후자에 속한 자들은 이제 꽤 나이를 먹었을 것입니다. 그들 중에 누군가가 젊은 시절에 내게서 나쁘고 해로운 조언을 받았음을 깨달았다면, 이제 앞으로 나와 나를 처벌해달라고 고발하는 것이 당연합니다. 하지만 그런 일은 일어나지 않고 있습니다. 만약 당사자인 그들이 그것을 내켜 하지 않는다면, 친척이나 아버지나 형제나 친지 중 누군가가 나에게서 해악을 입었음을 여러분에게 호소하며 나를 처벌해달라고 청원하는 것이 마땅하지 않겠습니까?

e   그들 중에서 다수가 여기에 와 있는 것으로 보입니다. 먼저 저기 있는 크리톤[27]은 나와 같은 구역 사람으로서 나이도 같은데, 여기 있는 크리스토불로스의 아버지입니다. 다음으로는 스펫토스 구역에 속한 리사니아스도 보이는데, 그는 여기 있는 아이스키네스의 아버지입니다. 또 케피시아 구역에 속한 안티폰도 있는데, 그는 에피게네스의 아버지입니다. 나와 오랜 시간 친밀하게 지내온 니코스트라토스도 와 있습니다. 니코스트라토스는 테오조티데스의 아들이자 테오도토스의 형제인데, 테오도토스는 이미 죽었으니, 그에게 나에 대해서 어떻게 해달라고 청하는 것은 불가능하게 되었습니다. 파랄리오스도 보이는군요. 그는 데모도코 34a 스의 아들인데, 테아게스가 그의 형제입니다. 아리스톤의 아들인 아데이만토스[28]도 보이는데, 여기 플라톤이 그의 형제입니다. 여기 아폴로도로스의 형제인 아이안토도로스도 와 있군요. 이 사람들 외에도 젊은 시절

---

27 "크리톤"은 알로페케에서 어린 시절부터 소크라테스와 함께 자란 죽마고우였다. 늘 소크라테스와 함께하며 그를 물심양면으로 도왔고, 『크리톤』에서는 소크라테스를 탈옥시킬 계획을 주도한 인물로 나온다. 그의 아들이었던 "크리스토불로스," 그리고 "아이스키네스"와 "에피게네스"는 소크라테스의 임종을 지켰던 사람들이다.

28 "아데이만토스"는 플라톤의 큰형이었다. "글라우콘"은 플라톤의 작은형으로서, 『향연』에서 "아폴로도로스"에게 아가톤이 베풀고 소크라테스가 참석한 연회에서 '에로스'에

에 나와 함께 많은 시간을 보냈던 사람들을 여러분에게 많이 말할 수 있습니다.

멜레토스는 이 자리에서 나를 고발하는 말을 할 때에 분명히 그들 중의 누군가를 증인으로 언급했어야 했습니다. 만일 그가 잊어버린 것이라면, 지금이라도 증인을 언급하기를 바랍니다. 그에게 증인과 관련해서 할 말이 있다면, 이 자리를 내어줄 터이니 앞으로 나와서 말하도록 하십시오.

하지만 아테네 사람들이여, 그와 정반대의 일이 일어났습니다. 멜레토스와 아니토스는 나 때문에 가족이나 친척이 타락하고 해악을 입었다는 사람들이 있다고 했지만, 그들이 도리어 나를 기꺼이 돕겠다고 나서는 것을 여러분은 똑똑히 볼 수 있습니다. 나 때문에 타락했다고 하는 사람들이 나를 돕겠다고 나서는 것이야 그럴 수도 있다고 할 수 있겠지요. 하지만 나 때문에 타락하지 않은 사람들, 곧 지금은 나이가 지긋한 그들의 가족이나 친척들이 나를 돕겠다고 나서는 것은, 멜레토스는 거짓말을 하는 반면, 나는 진실을 말하고 있음을 그들이 안다는 것 외에 다른 이유가 있겠습니까?

좋습니다, 아테네 사람들이여. 내가 나를 위해 변호해야 할 말들은 이 정도로 된 것 같고, 다른 말을 해보았자 아마도 그 말이 그 말일 것 같습니다. 그런데 여러분 중에서 어떤 분은 이보다 작은 잘못으로 법정에 섰을 때에도, 배심원의 동정을 최대한 끌어내려고, 자녀는 말할 것도 없고 많은 친척과 친구들을 데리고 나와서, 많은 눈물을 흘리며 한 번만 사정을 봐달라며 애걸했던 사람을 떠올릴 수 있을 것입니다. 거기에 비추어, 내 상황은 극히 위험한 결과를 초래할 수 있는데도, 전혀 그렇게 하지 않는 것에 화가 날지도 모릅니다. 그래서 어떤 분은 그런 생각 때문에

관해 어떤 대화가 오갔는지를 묻고서 그 이야기를 자세하게 듣는 인물로 등장한다. "아폴로도로스"는 『파이돈』에서 소크라테스의 임종을 지키며, 그가 죽자 통곡하며 크게 슬퍼하는 모습으로 묘사되고, 『향연』에서는 전체 이야기를 들려주는 화자로 등장한다.

나를 더 단호하고 냉정하게 대하고, 나의 그런 태도에 화가 나 홧김에 투표를 할지도 모르겠습니다. 나는 그런 분이 있으리라고 생각하지 않지
d 만, 혹시라도 여러분 중에 그런 분이 있을까 해서 이렇게 말해두는 편이 좋겠습니다.

"경애하는 여러분, 내게도 가족과 친척이 있습니다. 호메로스가 '나는 나무나 바위가 아니라 사람에게서 태어났소'라고 말한 것처럼, 나도 그렇습니다. 아테네 사람들이여, 내게는 가족과 친척이 있고, 아들도 셋이 있습니다. 하나는 청년이고, 둘은 소년이지요. 하지만 나는 그들 중 누구도 여기로 데려와서 나를 무죄로 방면되게 해달라고 탄원하며 애걸하게 하지 않을 것입니다."

그렇다면, 내가 왜 그렇게 하지 않을까요? 아테네 사람들이여, 내가 고집이 세서 그런 것도 아니고, 여러분을 존중하는 마음이 없어서도 아닙니다. 내가 죽음 앞에서 담대한지 아닌지와는 별개의 문제입니다. 내
e 가 그렇게 하는 것이 나와 여러분과 이 나라 전체를 생각할 때, 이 나이가 되어서 그런 짓을 하는 것이 내게는 추하게 생각되기 때문이지요. 내게 주어진 명성이 옳은 것이든 잘못된 것이든, 사람들은 소크라테스가
35a 여러 면에서 많은 사람과 다르다고 생각합니다. 그런데 여러분 중에서 지혜나 용기나 그 밖의 다른 미덕을 지니고 있다고 여겼던 사람들이 그런 짓을 한다면, 수치일 것입니다.

그런데도 법정에 나와서 그런 짓을 자행하는 자들을 나는 자주 보아 왔습니다. 자신이 죽으면 무시무시한 일을 겪게 되고, 사형당하지만 않는다면 마치 영원히 살게 될 것처럼 생각했기 때문이겠지요. 나는 그들이 이 나라에 수치를 안겨주는 자들이라고 생각합니다. 다른 나라 사람이 그런 모습을 보면, 아테네인이 자신들 중에서 미덕이 뛰어나다고 여겨 자기 손으로 선출하여 관직과 명예를 수여한 사람들인데도, 여인네들
b 보다 나은 점이 하나도 없다고 여길 것이기 때문이지요.

아테네 사람들이여, 약간의 명성이라도 있는 사람이라면 스스로도

그런 짓을 해서는 안 되지만, 그런 짓을 하도록 내버려두어서도 안 됩니다. 그러므로 여러분의 동정을 사려고 연극을 하여 이 나라를 조롱거리로 만드는 사람은 묵묵히 평결을 기다리는 사람보다 더 엄한 평결을 받게 된다는 것을 분명하게 보여주어야 합니다.

하지만 아테네 사람들이여, 명성이 있든 없든, 누구든지 배심원에게 통사정을 하거나, 그렇게 통사정을 해서 죄를 모면하려는 것 자체가 잘못된 일이라고 생각합니다. 배심원에게 정확한 사실을 말하고 설득하는 것이 옳습니다. 배심원이 그 자리에 앉아 있는 것은 마치 인심 쓰듯이 정의를 나누어주려는 것이 아니라, 정의를 따라 재판하기 위한 것이기 때문이지요. 배심원은 자기 마음에 드는 사람이라고 해서 그에게 인심을 써서 편파적으로 재판하는 사람이 아니라, 오직 법률에 따라 재판하겠다고 맹세한 사람이 아닙니까? 그러므로 여러분에게 자신이 한 맹세를 저버리도록 하는 것도 옳지 않고, 여러분 스스로 맹세를 저버리는 것도 옳지 않습니다. 어느 쪽이나 불경스럽게 행하는 것이기 때문입니다.

따라서 아테네 사람들이여, 내가 명예롭지도 않고 정의롭지도 않으며 경건하지도 않다고 여기는 방식으로 여러분 앞에서 행동하기를 바라지 마십시오. 제우스를 걸고 맹세하건대, 그런 일은 결코 없을 것입니다. 게다가, 저기 있는 멜레토스는 지금 나를 불경죄로 고발한 상태이니, 내가 어떻게 불경스러운 일을 하겠습니까. 만일 내가 여러분을 설득하고 애걸해서, 여러분이 맹세를 깨뜨리도록 압박을 가한다고 합시다. 그러면 나는 여러분에게 신들이 존재한다는 생각을 하지 말라고 가르치는 것과 같고, 자신을 변론한답시고 하는 말은 실제로는 신들의 존재를 믿지 않는 자로 나를 고발하는 꼴이 되고 말 것입니다.

하지만 내가 신들의 존재를 믿지 않는다는 것은 전혀 사실이 아닙니다. 아테네 사람들이여, 나는 나를 고발한 모든 사람만큼이나 신들의 존재를 믿습니다. 그러므로 나는 이제 나에 대해 평결을 내리는 일을 여러분과 신께 맡기겠습니다. 나와 여러분에게 최선이 될 평결을 내려줄 것

으로 믿습니다.[29]

2. 소크라테스의 2차 변론

아테네 사람들이여, 내가 표결 결과에 대해, 그러니까 여러분이 나를 유
e 죄로 평결한 것에 분노를 느끼지 않는 것은 여러 다른 이유도 많지만, 무
36a 엇보다도 특히 그런 결과가 나의 예상을 빗나가지 않았기 때문입니다.
오히려 나는 유죄를 지지하는 쪽과 무죄를 지지하는 쪽의 득표수가 이
렇게 나온 것에 깜짝 놀랐습니다. 나는 이렇게 적은 표차가 아니라 큰 표
차로 유죄 평결을 받을 것이라고 예상했기 때문입니다. 지금 그 결과를
보니, 삼십 표만 무죄를 지지하는 쪽으로 돌아섰다면 나는 무죄로 석방
되었을 것입니다.[30]

멜레토스와 관련해서는 나는 이미 무죄로 석방된 것과 같습니다. 만
일 아니토스와 리콘이 그와 힘을 합쳐 나를 고발하지 않았더라면 내가
무죄로 석방되었을 것은 물론이고, 그는 5분의 1의 유죄 득표를 얻지 못
해, 1,000드라크메의 벌금을 확실히 물어야 했을 것이기 때문입니다.[31]
b 그런데도 저 사람은 내가 사형에 처해지는 것이 마땅하다고 제시하

---

29 여기에서 소크라테스의 제1차 변론이 끝나고, 유무죄를 결정하는 배심원들의 투표가
진행되었다. 그 결과 소크라테스에게 유죄 평결이 내려진다. 아테네의 재판 절차에 따
라, 그다음으로는 원고의 형량 제안이 있었는데, 소크라테스의 형량인 사형은 거기서
제안되었다. 그런 후에 피고는 자신의 형량에 관한 변론을 할 수 있었는데, 아래에 그
내용으로 이어진다.

30 배심원이 500명이었다고 한다면, 찬성표는 280표였고, 반대표는 220표였다는 것이 된
다. 찬성과 반대가 동수인 경우에는 무죄로 간주되어 석방되었기 때문이다.

31 아테네에서는 고발이나 고소의 남발을 막기 위해서 배심원단 투표에서 5분의 1의 찬성
표를 얻지 못했을 때 1,000드라크메의 벌금을 물게 하는 법이 시행되었다. 1드라크메
가 장정 한 사람의 하루 일당이었다는 것을 고려하면, 이 정도의 벌금은 거액이었다. 소
크라테스를 고발한 사람은 세 사람이었기 때문에, 그들이 얻은 찬성표가 280표였다고
할지라도, 한 사람 당 얻은 표수는 93표 남짓이라고 할 수 있다. 따라서 멜레토스가 혼

고 있습니다. 좋습니다. 그렇다면, 아테네 사람들이여, 나 자신에게 어떤 형벌이 적절한지를 제시해보겠습니다.[32] 이는 내가 마땅히 받아야 할 형벌이겠지요? 그렇다면, 어떤 형벌이어야 할까요? 내가 평생에 걸쳐 한 일에 나는 어떤 형벌을 받거나, 얼마의 벌금을 물어야 마땅하겠습니까?

나는 일생 동안 남들과 같은 평범한 삶을 살지 않았고, 돈 버는 일, 가정을 돌보는 일, 장군이 되는 일, 인기 있는 웅변가가 되는 일처럼 많은 사람이 추구하는 일에는 관심을 두지 않았습니다. 게다가 나는 모든 공직은 물론이고, 이 나라에서 벌어지는 정치적인 음모나 결사에도 관심이 없었습니다. 나는 자신이 실제로 정직하고 올곧아서, 그런 일들에 관여 c했다가는 살아남을 수 없으리라 생각했습니다. 그러니까 내가 그런 일들에 관여했다가 죽는다면 여러분이나 나 자신에게 도움이 되는 삶을 살지 못할 것으로 생각했기 때문에, 그런 일들에 관여하지 않았습니다.

그래서 나는 여러분 각자에게 최대한 도움을 주려고, 여러분을 일일이 개인적으로 만났습니다. 그리고 여러분이 자기 일들에 관심을 갖기 전에 먼저 스스로 돌아보아 가장 선량하고 지혜로운 사람이 되는 일에 관심을 가져야 하고, 이 나라의 일들에 관심을 갖기 전에 먼저 이 나라 자체에 관심을 가져야 하며, 다른 일과 관련해서도 동일한 방식으로 관심 d을 가져야 한다는 것을 집요하게 설득해왔습니다.

나는 그런 사람인데, 도대체 어떤 대접을 받아야 하겠습니까? 아테네 사람들이여, 내가 실제로 한 일들에 근거해서 판단을 받는다면, 그것은 상賞이어야 하고, 내 수고에 합당한 상이어야 합니다. 여러분에게 조언하는 일을 하느라고 쉬지도 못해 휴식이 필요한 가난한 은인에게 어떤 상이 합당할까요?

자서 고발했다면, 그는 5분의 1의 찬성표인 100표를 얻지 못했을 것이라는 뜻이다.

32 아테네 법에서는 형량을 법으로 정한 죄들이 있었고, 원고와 피고가 제안한 두 가지 형량 가운데 배심원단이 하나를 선택해야 하는 죄들이 있었다.

아테네 사람들이여, 그런 사람에게는 정부 청사[33]에서 무료로 식사를 대접하는 것보다 더 합당한 상은 없습니다. 올림피아 대회에서 말 한 필이나 두 필, 혹은 네 필의 전차 경주에서 우승한 사람보다도 그런 사람에게 식사를 대접하는 쪽이 훨씬 더 합당할 것입니다. 그 우승자가 여러

e 분에게 행복을 느끼게 해준다면, 나도 마찬가지입니다. 음식을 제공하는 것은 그에게는 필요하지 않지만, 내게는 필요하지요. 그러므로 내가

37a 실제로 한 일에 근거해서 나에 대한 평결을 제시해야 한다면, 그것은 정부 청사에서 무료로 식사 대접을 받는 것입니다. 내가 이렇게 말한다면 여러분에게는 앞에서 내가 동정과 애원에 대해 말했던 때와 마찬가지로 고집스럽고 완고한 모습으로 보일지 모릅니다.

하지만 아테네 사람들이여, 사실은 이렇습니다. 나는 의도적으로 다른 사람에게 해악을 입힌 일이 결코 없지만, 우리가 대화를 나눈 시간이 짧았기 때문에, 그것을 여러분에게 설득할 수 없었습니다. 만일 다른 나라에서와 마찬가지로 우리에게도, 사형에 해당하는 사건에 대한 심리를 단지 하루에 끝내지 않고 여러 날에 걸쳐 진행해야 한다는 법률이 있었다면, 나는 여러분을 설득할 수 있었을 것입니다. 그러나 오랜 세월 비방

b 과 모함으로 깊게 뿌리 박힌 편견을 이렇게 짧은 시간 안에 해결하는 것은 쉽지 않습니다.

그럼에도, 나는 그 누구에게도 해악을 입힌 일이 없다고 확신하기 때문에, 내가 죄를 지어 형벌을 받는 것이 마땅함을 인정하고 자신이 받아야 할 형벌을 스스로 제시함으로써 자신을 부당하게 대하고 단죄하는 일은 하지 않을 것입니다.

내가 무엇이 두려워 그렇게 하겠습니까? 죽는 것이 복인지 화인지도

---

33 여기에서 '정부 청사'는 '프리타네이온'이라 불린 건물이다. '프리타네이스,' 즉 평의회 집행위원회의 건물이라는 뜻이다. 그리스 신화에 나오는 불과 화덕의 여신인 '헤스티아'를 모신 방을 중심으로 공문서관, 연회실 등이 갖추어져 있었다. 평의회 의원들이나 국빈이나 국가 유공자들에게 국비로 식사를 제공하는 영빈관이나 연회장의 역할을 했다.

알지 못한다고 이미 말했는데, 설마 내가 멜레토스가 나에 대한 형벌로 제시한 사형을 당할 것이 두려워서 그렇게 하겠습니까? 그런데도 내게 복이 아니라 화가 될 것임을 뻔히 알 수 있는 형벌을 사형 대신에 선택해서 나에 대한 형벌로 제시할 것 같습니까? 징역형을 제시할까요? 왜 내가 감옥에 있으면서, 해마다 임명된 열한 명의 간수들[34]의 노예로 살아가야 하지요? 벌금형을 선택해서, 벌금에 해당되는 기간만큼 감옥살이를 할까요? 이미 앞에서 말한 대로, 나는 가난해서 벌금을 낼 돈이 없기 때문에, 내게 벌금형은 징역형이나 동일합니다.

그렇다면, 추방형을 제시할까요? 그렇게 하면 아마도 여러분이 동의할 것 같기도 합니다. 그러면 아테네 사람들이여, 나는 살고 싶어 안달이 난 사람이 되고 말겠지요. 하지만 내가 살아가는 방식과 내가 하는 말들이 그동안 여러분에게 너무나 부담스럽고 싫었고, 결국에는 감내할 수 없는 지경에 이르러서, 그런 것들에서 벗어나고자 한다는 것을 알아차리지 못할 정도로 내게 생각이 없진 않습니다. 사정이 그러한데, 다른 나라 사람이라고 해서 그런 것을 기꺼이 감내할까요? 아테네 사람들이여, 결코 그런 일은 없습니다.

내가 이 나이에 이 나라에서 추방당하여 다른 나라로 갔다가 거기에서도 추방되어 이곳저곳으로 떠도는 삶을 산다면, 그런 나의 삶은 아주 멋진 삶이겠군요! 내가 어디를 가든, 그곳 청년들도 여기서와 마찬가지로 내 말에 귀를 기울일 것임을 나는 잘 압니다. 그리고 내가 그 청년들을 쫓아내면, 그들은 어른들을 설득해서 나를 그곳에서 쫓아내버릴 것입니다. 반면에, 내가 그 청년들을 쫓아내지 않는다면, 그들의 아버지와 친척이 그들로 인해 나를 쫓아낼 것입니다.

아마도 누군가는 이렇게 말하겠지요. "소크라테스여, 우리에게서 떠

---

34 "열한 명의 간수들"이란 매년 아테네를 구성하고 있던 10개의 부족에서 각각 1명씩 선발된 10명의 위원과 1명의 서기로 구성된 위원회를 의미하며, 감옥의 관리와 형벌의 집행을 관장하였다.

나 조용히 편안한 삶을 살면 되지 않겠습니까?" 내가 그렇게 살 수 없다고 하면 납득하지 못할 분도 있을 것입니다. 그렇게 살아가는 것은 신께 불복종하는 것이기 때문에, 그런 식으로 조용히 살아가는 것은 불가능하다고 나는 말합니다. 그러면 여러분은 내가 그럴 듯한 말로 속이고 있다고 생각하며 내 말을 믿어주지 않을 것입니다.

또한 여러분이 지금껏 들어왔듯이, 미덕을 비롯한 여러 주제를 놓고 사람들과 매일 대화하면서 나 자신 및 다른 사람을 성찰하는 일은 인간에게 최고선이기 때문에, 그런 식의 성찰이 없는 삶은 아무런 가치가 없는 무의미한 삶이라고 나는 말합니다. 그러면 여러분은 더더욱 믿지 않겠지요. 아테네 사람들이여, 나의 이런 말은 사실인데도, 그것을 설득하는 것이 쉽지 않습니다.

게다가, 그것이 어떤 식의 해악이든, 나 스스로 어떤 해악을 받아 마땅하다는 것을 받아들이기도 쉽지 않습니다. 만일 내게 돈이 있다면, 낼 수 있을 만한 정도로 벌금형을 선고해달라고 제시할 것입니다. 벌금을 낸다고 해서 내가 해악을 입는 것은 아니기 때문입니다. 하지만 내가 낼 수 있을 정도가 아니라면, 지금으로서는 벌금으로 낼 돈이 없습니다. 아마도 은화로 1므나[35]는 낼 수 있을 것 같으니, 나는 그 정도의 벌금형을 제시합니다.

그런데 여기 있는 플라톤과 크리톤, 크리스토불로스와 아폴로도로스가 내게 30므나의 벌금형을 제시하라고 시키는군요. 자신들이 보증을 서겠다고 하네요. 그렇다면, 나는 그 금액으로 벌금형을 제시하겠습니다. 그들이 그 벌금에 대한 보증을 서면, 그것으로 충분할 것입니다.

---

35 '1므나'는 100드라크메, 즉 장정의 100일치 임금에 해당하는 액수이다. 이는 결코 적은 금액은 아니었지만 사형을 면제해주는 속전으로 제시할 수 있는 금액은 아니었다. 대안으로 제시할 수 있는 통상적인 벌금 액수는 그것보다 훨씬 많은 30므나 정도였는데, 이는 거의 10년치 임금에 해당한다.

3. 소크라테스의 3차 변론[36]

아테네 사람들이여, 여러분은 시간에 쫓겨서 서둘러 판결하는 바람에, c
이 나라를 욕하고자 하는 사람들로부터 현자 소크라테스를 죽였다는 오
명과 비난을 듣게 생겼습니다. 나는 현자가 아니지만, 여러분을 비방하
고자 하는 자들은 나를 현자라고 말할 것이기 때문에 드리는 말씀입니
다. 그런데 여러분이 얼마 동안이라도 기다려주었다면, 방금 결정한 일
은 저절로 일어났을 것입니다. 내 나이를 보아 알겠지만, 나는 이제 살
만큼 살아서 죽을 날이 머지않았습니다. 물론 이 말은 여러분 모두에게 d
하는 말이 아니라, 내게 사형을 선고하는 것을 찬성한 사람들에게만 하
는 말입니다. 그리고 나는 그들에게 할 말이 한 가지 더 있습니다.

아테네 사람들이여, 내가 형벌을 피하기 위해 무슨 짓이라도 하고 어
떤 말이라도 해야 한다고 여러분이 생각했다면, 지금 내가 이렇게 된 것
이 여러분을 설득시킬 정도의 변론을 제시하지 못해 유죄 판결을 받은
것이라고 하셔도 내게는 변명의 여지가 없을 겁니다. 하지만 실상은 그
것과 전혀 다릅니다. 나는 나 자신을 변론하는 말을 제대로 해내지 못해
서가 아니라, 여러분이 가장 듣고 싶어하고, 법정에 선 다른 사람들로부 e
터 늘 들어왔던 것들, 즉 눈물을 흘리며 내게 어울리지 않는 짓들을 해가
며 그런 말들로 통사정하고 애걸복걸할 정도의 뻔뻔함과 후안무치함이
없었고, 또한 그렇게 하고자 하는 마음이 없어서 이렇게 된 것이기 때문
입니다.

나는 자신에 대한 변론을 행하는 동안에도 위험을 피할 요량으로 자
유민에게 합당하지 못한 짓은 해서는 안 된다고 생각했고, 지금도 그런
식으로 변론한 것을 후회하지 않습니다. 내가 무슨 짓이든지 해서 목숨

---

36 선고 절차가 진행되고 소크라테스에게 사형이 언도되자, 소크라테스는 계속해서 자신
의 최후변론을 이어갔다.

을 부지하는 것보다, 그런 식으로 자신을 변론하다가 죽는 쪽을 택한 것이 내게는 너무나 당연한 일입니다. 법정에서든 전쟁터에서든 나를 비롯한 어느 누구라도 어떻게든 살아남으려는 일념으로 수단과 방법을 가리지 않는 일은 옳지 않기 때문입니다.

실제로 전쟁터에서 패잔병이 자신을 추격해온 적병 앞에서 가지고 있던 무기를 버리고 땅에 엎드려 살려달라고 애원함으로써 목숨을 건지는 경우를 자주 볼 수 있습니다. 그런 것 외에도, 어떤 위험에 처했을 때 무슨 짓이라도 하고 어떤 말이라도 할 준비가 되어 있는 사람에게는, 죽음을 피할 방법은 많습니다.

아테네 사람들이여, 죽음을 피하는 것은 어렵지 않습니다. 정말 어려운 것은 비겁함을 피하는 것입니다. 비겁함은 죽음보다 더 빨리 달려오기 때문이지요. 나는 나이가 많아 둔하고 느려서 이 둘 중에서 더 느리게 달려오는 죽음에게 이제야 붙잡혔지만, 나를 고발한 자들은 영리하고 재빨랐기에 더 빠르게 달려온 사악함에 이미 붙잡혀버렸습니다. 이제 나는 여러분에게 사형을 선고받고 떠나지만, 그들은 진리에 의해 사악함과 불의함이라는 불법을 저질렀다는 확정 판결을 받았습니다. 내게 내려진 판결은 내게 집행되고, 그들에게 내려진 판결은 그들에게 집행될 것입니다. 아마도 이 일들은 처음부터 이렇게 되도록 되어 있었던 것 같고, 나는 이렇게 된 것이 적정하다고 생각합니다.

다음으로, 나는 내게 사형을 선고한 여러분이 앞으로 어떻게 될지를 예언하고자 합니다. 사람들은 죽을 때가 가까워지면 예언을 하곤 하는데, 지금 내가 마침 그런 위치에 있습니다.

내게 사형을 선고한 아테네 사람들이여, 제우스를 걸고 맹세하건대, 내가 죽자마자, 여러분이 내게 가했던 것보다 훨씬 더 가혹한 형벌이 여러분을 덮칠 것임을 나는 분명히 말해두는 바입니다. 여러분이 지금 내게 이렇게 한 것은, 나를 죽이면 여러분의 삶이 비판받지 않을 것이라고 생각했기 때문입니다. 하지만 단언하건대, 그런 것과는 정반대되는 일이

일어날 것입니다. 여러분을 비판하고 고발하는 사람들이 지금보다 더 많 d
이 생길 것입니다. 여러분은 알아차리지 못했지만, 지금까지는 내가 그런 사람들을 억제해왔습니다. 이제 그들은 나이가 젊기 때문에 더 가혹하게 비판할 것이고, 여러분은 더 분노하게 될 것입니다.

여러분을 비판하는 자들을 사형에 처해서, 자기 삶이 올바르지 않다고 누군가가 비판하는 것을 막으려고 한다면 크게 잘못 생각하는 것입니다. 그런 식으로 비판을 모면하려는 시도는 가능하지도 않고 고상하지도 않습니다. 가장 고상하고 쉬운 길은 여러분을 비판하는 사람들의 입을 막는 것이 아니라, 어떻게 하면 가장 선량한 사람이 될 수 있을지 직접 관심을 갖고 스스로 그렇게 되려고 하는 것입니다. 이곳을 떠나기 전에 내게 사형을 선고한 여러분에게 해주는 예언이 바로 이것입니다.

반면, 나를 무죄로 석방하는 쪽을 지지하는 표결을 해준 사람들과는 e
이번에 일어난 일과 관련해서 기꺼이 대화를 나누고 싶습니다. 관리들이 일에 바빠서, 아직 나를 데리고 가지 못하고 있으니, 아테네 사람들이여, 그동안이라도 나와 함께 있어 주십시오. 법률이 허용하는 한, 우리의 대화를 방해할 수 있는 것은 아무것도 없으니 나는 친구들인 여러분에게 40a
방금 내게 일어난 일이 무슨 의미인지를 보여주고 싶습니다.

재판관 여러분—여러분이야말로 재판관으로 불릴 자격을 갖춘 분들이기 때문에 내가 그렇게 부르는 것이 마땅합니다— 내게 기이한 일이 일어났습니다. 이전에는 아주 작은 일이라도 내가 잘못된 일을 하려고 하면, 언제나 어김없이 신의 예언의 음성이 그 일을 하지 말라고 내게 알려주곤 했습니다. 그런데 여러분이 직접 보고 계시듯이, 누가 보아도 최악의 재앙이라고 할 만한 일이 지금 내게 일어났는데도, 오늘 새벽에 집 b
을 나설 때도, 여기 법정에 출두하여 이 자리에 섰을 때도, 변론하려고 어떤 내용을 말할 때도, 신께서는 나의 그런 행동을 반대하신다는 신호를 단 한 번도 보내지 않으셨습니다. 전에는 내가 사람들과 대화하며 말을 하는 중에도 어떤 말을 하려고 하면 그것을 막는 일이 비일비재했었는데, 이번에 이 일과 관련해서는 내가 무엇을 행하든 무슨 말을 하든, 신께서 그것을 반대해서 나를 가로막은 적이 단 한 번도 없었습니다.

여러분은 그 이유가 무엇이라고 생각하는지 나에게 물으실 것입니다. 분명하게 말하겠습니다. 방금 내게 일어난 일이 좋은 일이기 때문인 것 같습니다. 우리는 평소에 죽음을 나쁜 일이라고 여기지만, 그것은 틀린 생각이었습니다. 그것을 증명해줄 강력한 증거가 있습니다. 선한 일이 아니었다면, 평소에 내게 들려오곤 했던 그 신호는 나의 말이나 행동을 반대하여 반드시 나를 막았을 것인데, 이번에는 그런 일이 전혀 없었습니다.

따라서 죽음이 좋은 일일 가능성이 크다는 것을 우리는 알아야 합니다. 죽음이라는 것은 둘 중 하나이기 때문이지요. 즉, 죽음은 소멸해버리는 것이어서, 죽은 자들이 지각할 수 없게 되는 것이거나, 어떤 변화가 일어나서 영혼이 이승에서 저승으로 장소를 옮겨 살아가는 것이거나, 둘 중 하나라는 것입니다.

전자에서 말하는 것처럼, 사람이 죽으면 모든 지각이 없어져서 잠자는 것, 곧 꿈 없는 잠을 자는 것과 같다면, 그야말로 죽음은 놀라운 이득입니다. 여러분이 누구라도 붙잡고서, 그 사람이 꿈을 꾸지 않았을 정도로 아주 푹 잔 어느 밤을 골라서, 자신이 살아온 다른 모든 밤이나 낮과 비교한 뒤, 일생 동안에 그 밤보다 더 잘, 그리고 더 달콤하게 보낸 낮과 밤이 얼마나 되는지를 곰곰이 생각해보라고 해보십시오. 그러면 평범한 사람뿐만 아니라 위대한 왕조차도 그렇지 않은 낮과 밤이 얼마나 많았는지는 셀 수 없어도, 그런 낮과 밤이 몇 날이었는지는 금방 셀 수 있을 것이라고 생각합니다. 그러므로 죽음이 그런 것이라면, 나는 죽음은 이득이라고 할 것입니다. 죽음이 그런 것이라면, 죽은 사람에게는 헤아릴 수 없이 많은 날이 하룻밤도 되지 않아 보이기 때문이지요.

또한 후자에서 말하는 것처럼, 죽음이라는 것이 여기 이승에서 저기 저승으로 옮겨가 살아가는 것이고, 죽은 사람은 모두 저승에 있다는 말

이 사실이라면, 재판관 여러분이여, 그것보다 더 좋은 일이 어디 있겠
습니까? 누군가가 이승에서 재판관 행세를 하는 이 사람들로부터 놓여　41a
나 저승에 당도하여, 거기에서 재판을 담당한다고 하는 미노스와 라다
만티스와 아이아코스와 트리프톨레모스 같은 진정한 재판관들[37]을 만나
고, 이승에 있는 동안에 정의롭게 살아갔던, 절반은 신이고 절반은 인간
인 여러 영웅을 만나게 된다면, 그것이 어떻게 서글프고 안타까운 이주
일 수 있겠습니까? 그리고 거기에 가서 오르페우스와 무사이오스, 헤시
오도스와 호메로스[38]를 만나 함께 얘기를 나눌 수 있다면, 그것을 값으로
따질 수 있는 사람이 있겠습니까?

　그것이 사실이라면, 나는 몇 번이라도 기꺼이 죽고 싶습니다. 내가　b
팔라메데스와 텔라몬의 아들 아이아스[39]를 비롯해서 부당한 판결을 받
고 죽은 옛 사람들 중 누군가를 만나, 내가 겪은 일과 그들이 겪은 일을
서로 비교해본다면, 결코 재미 없지는 않을 것입니다. 그러니 저승에 머
물러 살아가는 것이 내게는 놀라운 일이 될 것이 분명합니다.

　하지만 거기에서 내게 가장 큰 즐거움을 주는 일은 역시 내가 여기에

37　크레타의 왕 "미노스"의 아버지 제우스는 9년마다 미노스를 이데산으로 불러 통치술
　　을 가르쳤다. 덕분에 그 누구보다 지혜로운 군주이자 입법자로 이름을 떨친 미노스는
　　저승에 가서도 죽은 자들을 심판하는 재판관이 되었다. 그의 동생 "라다만티스"도 크레
　　타의 왕이 된 후 공정하고 정의롭게 다스렸다. 훌륭한 법전까지 만들어 여러 도시 국가
　　의 모범이 되었기 때문에 죽어서도 저승의 재판관이 되었다. "아이아코스"는 아이기나
　　의 전설적인 왕으로서, 모든 그리스인 중에서 가장 경건한 사람으로 칭송받아 죽은 후
　　에 저승의 재판관이 되었다. "트리프톨레모스"는 대지와 곡물의 여신 데메테르에게서
　　농업과 경작술을 전수받아 인간에게 전해주어 농업의 신으로 추앙받았다. 그도 사후에
　　저승의 재판관이 되었다.

38　"오르페우스"와 "무사이오스"는 고대 그리스의 전설적인 노래와 시의 명인들이고, "헤
　　시오도스"와 "호메로스"는 고대 그리스의 유명한 서사시인들이다.

39　"팔라메데스"는 트로이아 전쟁 때에 그리스군의 장군으로서, 오디세우스가 전쟁에 나
　　가지 않으려고 미친 척한 것을 알아차리고 이것을 고발했다. 이 일로 앙심을 품은 오디
　　세우스는 팔라메데스에게 적과 내통했다는 혐의를 씌우고 증거를 조작해서, 그를 죽인
　　다. "아이아스"는 그리스군의 장군으로서, 적장 아킬레우스의 무구를 차지하기 위한 시
　　합에서 장군들이 부당하게 오디세우스에게 표를 몰아주자 격분하여 자살한다.

　　　　　　　　　　　　　　　　　　　　　　　　소크라테스의 3차 변론　**57**

서 그래왔던 것처럼 거기에서 살아가는 사람들에게 질문을 던지고 꼬치
꼬치 캐물어서, 그들 중에서 누가 진정으로 지혜로운 사람이고 스스로는
지혜로운 체하지만 사실은 지혜롭지 않은 사람은 누군지를 밝혀내면서
c   지내는 것이겠지요. 재판관 여러분, 막강한 대군을 끌고가서 트로이아를
공격했던 인물[40]이나 오디세우스나 시시포스를 비롯해서 우리가 알 만
한 수많은 남자들과 여자들을 만나서, 그들의 됨됨이를 꼼꼼히 살펴볼
기회를 얻을 수 있다면, 어떻게 그것을 값으로 따질 수 있겠습니까? 그
리고 그들과 어울려서 대화를 나누고 질문하는 것 또한 이루 말할 수 없
이 행복한 일이 아니겠습니까?

거기에서는 내가 그렇게 했다고 해서 재판관들이 사형을 선고하지
않을 것이 분명합니다. 저승에서 살아가는 사람은 다른 점에서도 이승에
서 살아가는 사람보다 더 행복하겠지만, 저승에 대해 사람들이 하는 말
이 사실이라면 죽지 않고 영원히 살 수 있다는 것도 그들에게는 행복일
것입니다.

그러므로 재판관 여러분, 여러분은 죽음을 나쁘게 여기지 말고 좋게
d   여겨서 선한 희망을 품어야 합니다. 신들은 선량한 사람들이 행한 일을
결코 잊지 않기 때문에, 그들은 살아서나 죽어서나 그 어떤 해악도 당하
지 않는다는 이 한 가지 진실을 명심하십시오.

따라서 오늘 내게 일어난 일은 어쩌다 보니 일어난 것이 아닙니다.
지금 내가 죽어서 이승의 온갖 고역으로부터 놓여나는 것이 내게 더 좋
은 일임이 분명해지고 있습니다. 그런 이유로 신께서는 이 일이 일어나

---

40 이 '인물'은 트로이아 전쟁의 그리스군 총사령관이었던 아가멤논을 지칭한다. "오디세
우스"는 트로이아 전쟁에서 그리스군의 영웅으로서 이타카의 왕이다. 목마를 고안해 트
로이아 전쟁에서 그리스군을 승리로 이끈 지략가로서, 호메로스가 쓴 『오디세이아』는
그가 귀향길에 겪은 모험을 노래한 이야기이다. "시시포스"는 그리스 신화에 나오는 코
린토스의 왕으로서, 아주 교활한 인물이었다. 그는 제우스의 분노를 사서 저승으로 내려
갔지만, 거기에서 저승의 신 하데스를 속이고 다시 지상으로 올라와서 장수하였다. 그
가 죽자, 제우스는 그가 산 정상까지 밀어올린 무거운 바위를 다시 아래로 굴러떨어뜨
려, 그로 하여금 영원히 바위를 밀어올리게 하는 벌을 받게 하였다.

는 모든 과정 속에서 내게 신호를 보내 경고하며 나를 막아서지 않은 것이고, 나도 내게 사형을 선고한 사람들이나 나를 고발한 사람들에게 전혀 분노하지 않는 것입니다. 물론, 그들은 나를 이승의 고역에서 벗어나게 하려는 의도가 아니라 해치고자 하는 의도에서 나를 고발했고 사형을 선고한 것이니, 그 점에서 그들은 비난을 받아 마땅합니다.

하지만 나는 그들에게 한 가지 부탁을 하려고 합니다. 아테네 사람들이여, 내 아들들이 다 커서 성인이 된 후에, 미덕보다도 재물이나 그 밖의 다른 것에 관심을 둘 수도 있을 것입니다. 여러분의 눈에 그렇게 보인다면, 전에 내가 여러분을 고통스럽게 했듯이, 이번에는 여러분이 그들을 벌하여 고통스럽게 해주십시오. 그리고 그들이 아무것도 아닌 존재인데도, 마치 자신들이 무슨 대단한 존재라도 되는 것처럼 생각하고 처신할지도 모릅니다. 그러면 내가 여러분에게 지금까지 그래왔듯이, 그들은 마땅히 해야 할 일에는 관심을 쏟지 않아 전혀 쓸모없는 자들임에도 마치 자신이 쓸모가 있는 것처럼 잘못 생각하는 것이니 착각하지 말라고 그들을 꾸짖어 주십시오. 그렇게만 해준다면, 나와 내 아들들은 여러분에게 제대로 대접을 받은 것입니다.

이제는 떠날 시간이 되었습니다. 나는 죽기 위해 떠나고, 여러분은 살기 위해 떠날 것입니다. 하지만 우리 중에서 어느 쪽이 더 나은 곳을 향해 가고 있는지는 오직 신神 외에는 아무도 모릅니다.

크리톤

크리톤

소크라테스의 절친한 친구이다.

소크라테스: 이 시간에 무슨 일인가, 크리톤? 지금 시간은 너무 이르지 ^{43a} 않은가?

크리톤: 그렇긴 하네.

소크라테스: 몇 시나 됐나?

크리톤: 동틀 때쯤 되었네.

소크라테스: 간수가 자네를 들여보내 줄 생각을 다 하다니 놀랍군.

크리톤: 자주 드나들다 보니 친해진 데다가, 그가 내게 신세진 것도 좀 있어서지, 소크라테스.

소크라테스: 방금 들어온 것인가, 아니면 들어온 지 좀 되었는가?

크리톤: 들어온 지 꽤 되었네.

소크라테스: 그렇다면 즉시 나를 깨웠어야지, 왜 말 없이 내 옆에 앉아 b 있었나?

크리톤: 소크라테스, 제우스를 걸고 맹세하네만, 나라도 이런 괴로운 일을 당했다면 별로 깨어 있고 싶지 않을 것 같아서 그랬다네. 하지만 자네가 너무나 달게 자는 모습을 한동안 보고 있자니 신기한 생각이 들어서, 조금이라도 더 달콤한 시간을 보내라고 일부러 깨우지 않았네. 사실 나는 지금까지 살아온 내내 자네의 기질을 부러워한 적이 자주 있었네만, 이런 불행을 겪으면서도 너무나 편안하고 초연하게 견뎌내는 것을 보니 더욱더 그렇다네.

소크라테스: 크리톤, 곧 죽게 되었다고 해서 이 나이에 초조해하고 안절부절못한다면, 그건 볼썽사나운 일이지 않겠는가.

크리톤: 하지만 소크라테스, 만약 자네와 동년배인 사람들이 이런 불 c 행을 겪는다면, 나이를 좀 먹었다고 해서 자신들에게 닥친 불행에 초조해하는 것을 막지는 못할 것일세.

소크라테스: 그건 그렇네. 그런데 이렇게 일찍 무슨 일인가?

크리톤: 소크라테스, 슬픈 소식을 가져왔네. 자네에게는 아마도 슬픈 소식이 아니겠지만, 나를 비롯한 자네의 모든 친구들에게는 견디기 힘

든 슬픈 소식이라네. 그 소식을 듣고, 누구보다도 내가 가장 견디기 힘들 었다네.

소크라테스: 무슨 소식이기에 그러는가? 델로스[1]에서 그 배가 도착한 것인가? 도착하면 내가 죽게 된다고 하는 바로 그 배 말일세.

크리톤: 그 배는 아직 도착하지 않았지만, 수니온[2]에서 내려 여기로 온 몇몇 사람들의 전언에 의하면, 내 생각에는 아마도 오늘 도착할 것으로 보인다네. 그러니 그들이 한 말을 들어보면, 그 배는 오늘 도착할 것이 분명하고, 그러면 소크라테스, 자네는 내일 생을 마감하지 않을 수 없게 될 걸세.

소크라테스: 행운이 함께하기를 비네, 크리톤. 이 일이 그렇게 되는 것을 신들이 기뻐하신다면, 그렇게 되는 것이 마땅하지 않겠는가. 하지만 내 생각에 그 배는 오늘 도착하지 않을 걸세.

크리톤: 자네는 무슨 근거로 그렇게 생각하는 것인가?

소크라테스: 내가 자네에게 말해주겠네. 나는 그 배가 도착한 날 바로 이튿날에 죽게 되어 있네.

크리톤: 이 일을 담당하는 관리들[3]은 그렇게 말하고 있지.

소크라테스: 그러니 나는 그 배가 오늘이 아니라 내일 도착할 것이라

---

1 당시 아테네에서는 해마다 델로스로 사절단을 보내 아폴론 신에게 제물을 바치는 전통이 있었다. 아테네의 전설적인 왕인 아이게우스의 아들이었던 테세우스가 9년마다 젊은 남녀 7쌍을 제물로 바치게 했던 미노타우로스라는 괴물을 처치하기 위해 크레타 섬으로 가면서, 이 일을 성공하게 해주면 해마다 델로스에 있는 아폴론 신전으로 사절단을 보내어 제물을 바치겠다고 약속했기 때문이었다. 그래서 아테네에서는 이 기간을 신성시하여 공적으로 사형 집행을 금지했다. 따라서 소크라테스에 대한 사형은 델로스로 간 배가 돌아오고 나서 그다음 날에 집행될 예정이었다.

2 "수니온"은 아티케 반도의 남쪽 끝에 있는 곳이다. 배가 이 곳을 지나면 피레우스항에 도착하였는데, 역풍이 부는 경우에는 그 곳에서 정박하였다. 수니온 곳에서 아테네까지는 69킬로미터 정도의 거리였고, 피레우스항에서 아테네까지는 10킬로미터 정도의 거리였다.

3 "관리들"은 『변명』에서 이미 언급되었던 "11인의 위원회"를 가리킨다. 이 위원회는 감옥의 관리와 형벌의 집행을 담당하였다.

고 생각하는 것이라네. 내가 그렇게 생각하는 것은 지난밤에, 그러니까 깨어나기 얼마 전에 꾼 꿈 때문일세. 그리고 보니 그 시간은 자네가 여기 와 있던 때였으니, 그때 자네가 나를 깨우지 않은 것이 천만다행이었던 셈일세.

크리톤: 도대체 어떤 꿈이었기에 그러는가?

소크라테스: 흰 옷을 곱게 차려 입은 아름답고 품위 있는 한 여인이 꿈에 나타나서 내게 다가오더니 나를 불러서, "소크라테스여, 그대는 지금부터 삼 일째 되는 날에 비옥한 프티아[4]에 당도하게 될 것이오"라고 말했다네.

크리톤: 참으로 기이한 꿈일세, 소크라테스!

소크라테스: 하지만 내게는 너무나 생생한 꿈이었네, 크리톤.

크리톤: 그래, 얼마나 생생했겠나. 하지만 이보게 소크라테스, 지금이라도 내 말대로 해서 자네 목숨을 구하게. 자네가 죽게 된다면, 내가 입게 될 손실이 한두 가지가 아닐 걸세. 절대로 다시 얻지 못할 친구를 잃는 것은 말할 것도 없네. 게다가 자네와 나를 잘 알지 못하는 많은 사람은, 내가 돈을 써서 자네를 살리려고 했다면 얼마든지 자네가 목숨을 건질 수 있었을 것인데도, 내가 돈을 쓰려고 하지 않아서 이렇게 된 것이라고 말할 걸세. 그러면 사람들은 나를 친구보다 돈을 더 소중히 여긴 자로 생각하게 될 것인데, 사람들에게 그렇게 비치는 것보다 더 수치스러운 일이 어디 있겠는가? 다수의 사람들은, 우리가 자네를 살릴 방도를 제안하고 그렇게 하자고 그토록 권했는데도, 자네가 그렇게 하려고 하지 않았다는 것을 믿지 않을 테니 말일세.

---

4 이것은 호메로스의 『일리아스』에 나오는 구절이다. 거기에서 아킬레우스는 트로이아 전쟁의 그리스군 총사령관인 아가멤논의 요청을 거부하고 자신의 고향인 프티아로 돌아가겠다는 의사를 밝힌다. "프티아"는 테살리아 지방의 한 지역으로 아킬레우스의 고향이다. 이것은 소크라테스가 그의 영혼의 고향인 저승으로 돌아가게 될 것임을 암시한다.

소크라테스: 하지만 이보게 크리톤, 왜 우리가 다수의 생각에 그렇게 신경을 써야 하는가? 우리가 마땅히 신경을 써야 할 사려 깊고 분별력 있는 사람들은 이 일을 있는 그대로 보고 믿어줄 걸세.

d **크리톤**: 하지만 소크라테스, 자네도 알다시피 다수의 사람이 어떻게 생각할 것인지 신경을 쓰지 않으면 안 되네. 누구라도 모함을 당했을 때 다수가 단지 최소한의 해악이 아니라 최대한의 해악을 끼칠 수도 있다는 것은 지금 자네가 처한 상황이 잘 보여주고 있지 않은가?

소크라테스: 크리톤, 다수의 사람이 최대한의 해악을 끼칠 수 있다면 얼마나 좋겠는가. 그것이 사실이라면, 반대로 다수가 최대한의 유익을 끼칠 수도 있겠고, 그것은 좋은 일일세. 하지만 실제로 그들은 그 어느 쪽도 할 수 없다네. 그들이 어떻게 한다고 해서, 현자가 아니었던 사람이 현자가 되는 것도 아니고, 어리석지 않았던 사람이 어리석은 자가 되는 것도 아니기 때문이네.[5] 그들은 그저 그때그때 상황에 따라 되는 대로 행할 따름이지.

e **크리톤**: 그래, 그 문제는 접어두기로 하고, 이 한 가지만 내게 대답해 주게, 소크라테스. 자네가 이곳에서 탈옥을 하게 된다면, 자네를 무고했던 자들이 우리가 자네를 은밀하게 빼돌린 것이라고 생각해서 우리를 괴롭힐 것이 틀림없다는 걱정을 했다는 게 사실인가? 그래서 자네는 우리가 우리의 모든 재산을 잃고, 그 밖에 이런저런 고초를 겪게 될 것을 45a 염려하는 것인가? 그런 걱정이라면, 자네의 염려를 버리게. 우리가 자네를 구하기 위해 위험을 무릅쓰는 것은 옳고 마땅한 일이기 때문이네. 필요하다면 그런 것보다 더 큰 위험도 감수할 준비가 되어 있다네. 그러니 거절하지 말고 내 말대로 하게나.

---

5 크리톤은 사람들이 일반적으로 생각하는 '해악'에 대해 말한다. 하지만 여기에서도 소크라테스는 사람을 더 낫고 훌륭하게 만드는 것만이 '유익'이고, 더 나쁘고 추하게 만드는 것만이 '해악'이라고 말한다. 어떤 사람을 죽인다고 해도, 그것은 그 사람을 더 나쁘고 추하게 만드는 것이 아니기 때문에, '해악'이 될 수 없다는 것이다.

소크라테스: 크리톤, 물론 내가 그것도 염려하긴 하지만, 그 밖에도 내가 염려하는 것은 아주 많다네.

크리톤: 그런 염려는 하지 말게. 자네를 여기에서 구해내 데리고 나갈 사람들에게 쥐어주어야 할 금액은 그리 크지 않다네. 그리고 자네를 무고했던 자들은 몇 푼 안 되는 돈에 넘어가는 자들이기 때문에, 그들을 무마하는 데에도 많은 돈이 필요 없다는 것을 자네도 잘 알지 않는가?

자네를 위해 이 일을 하는 데는 내 재산으로 충분할 것이라고 생각 b
하네. 하지만 내 돈을 쓰는 것이 자네 마음에 걸려 그렇게 하지 않겠다고 한다면, 지금 여기에 와 있는 몇몇 외지인들이 이 일에 기꺼이 자기 돈을 쓰고자 한다네. 그런 사람들 중 테바이 사람 심미아스[6]는 바로 이 일을 위해서 충분한 돈을 가져왔고, 케베스를 비롯한 아주 많은 사람도 기꺼이 그럴 준비가 되어 있다네.

그러니 내가 말했듯이 그런 염려 때문에 하나뿐인 자신의 목숨을 구하는 일을 주저하지 말게. 자네는 법정에서, 이곳을 떠나 목숨을 부지한다고 해도 다른 곳에서 무엇을 하겠느냐고 말했지만, 그런 것도 걱정하지 말게. 자네가 어디로 가든, 사람들은 자네를 사랑할 것이기 때문이네. c
자네가 테살리아[7]로 가고 싶다면, 거기에는 자네를 대단하게 여기는 내 친구들이 있어서 그들이 자네의 안전을 보장해줄 것이네. 그러면 테살리아에 있는 그 누구도 자네를 괴롭히지 못할 것일세.

또한 소크라테스, 자네가 얼마든지 자신의 목숨을 구할 수 있는데도 스스로 자신의 목숨을 버리려고 하는 것은, 내게 올바르게 처신하는 것으로 보이지 않는다네. 자네가 그렇게 하는 것은 자네의 적들이 자네를

---

6 "심미아스"와 "케베스"는 테바이 사람들이었다. 테바이는 그리스 중부의 보이오티아에 있던 옛 도시다. 펠로폰네소스 전쟁 때에는 스파르타 쪽에 섰고, 코린토스 전쟁 때는 아테네 쪽에 섰다. 이 두 청년은 소크라테스의 추종자들로서, 『파이돈』에서는 영혼불멸이라는 주제로 소크라테스와 대화를 나누는 자들로 등장한다.

7 테살리아는 그리스 북부에 있는 지방으로서, 아테네를 중심으로 한 그리스 중남부의 아티케 지방에서 북서쪽으로 200~300킬로미터 떨어져 있다.

죽이려고 온 힘을 다해 추진해왔던 바로 그 일을 자네 손으로 완성시키려고 애쓰는 것과 같다네.

게다가 자네가 마음만 먹으면 얼마든지 자네 아들들을 키우고 교육시킬 수 있네. 그렇지만 자네가 그들을 버린다면 아들들은 고아처럼 살아가게 될 것이 거의 분명하네. 그런데도 그들이 어떻게 되든 말든 상관 d 없다는 식으로 나온다면, 내가 보기에 자네의 그런 행동은 아들들을 배신하는 행위로 보이네. 무릇 사람이 자녀를 낳았다면, 아무리 어렵고 힘이 들어도 끝까지 책임지고 양육하고 교육시키는 것이 도리이지 않겠는가. 그렇게 하지 않을 것이라면 처음부터 아예 낳지 않는 것이 마땅하네. e 자네는 평생 미덕에 힘써 왔노라고 공언해왔으니, 훌륭하고 용기 있는 사람이 걸어가야 할 그런 길을 선택하는 것이 마땅하네. 내가 보기에 지금 자네는 너무나 무책임한 길을 선택한 것으로 보인다네.

자네를 생각해도 그렇고, 자네의 친구들이라고 하는 우리를 생각해도 그렇고, 나는 오직 부끄러울 뿐이라네. 사실 자네와 관련된 이 모든 일이 우리의 비겁함 때문에 벌어진 것 같아서 말일세. 자네가 굳이 법정에 출두해서 재판을 받지 않아도 됐을 것인데도 결과적으로 그렇게 된 것이나, 재판이 이상하게 흘러가버린 것이나, 이 일이 결국 이런 식으로 어처구니없는 결말로 끝난 것이 우리가 제대로 대처하지 못하고 비겁해 46a 서 벌어진 일로 생각되기 때문이네. 우리가 조금만 더 제대로 대처했더라면, 얼마든지 자네 목숨을 구하고, 자네는 스스로 목숨을 구하는 것이 가능했을 것이네. 그런데도 결과적으로 우리나 자네나 그렇게 하지 못했네.

그러니 소크라테스, 일이 이렇게 되도록 계속해서 내버려두는 것은 자네에게나 우리에게나 해악일 뿐만 아니라 치욕이라는 것을 명심하고, 잘 생각해보게. 아니, 이제 더 이상 생각할 시간조차 없네. 지금은 자네의 결심이 이미 서 있어야 하네. 오늘 밤에 모든 일을 다 해치워야 하기 때문에, 우리가 생각할 것은 오직 한 가지뿐이라네. 더 지체한다면, 우리는 아무것도 할 수 없고, 모든 것이 불가능해질 것이네. 그러니 소크라테스, 제발 내 말대로 하고 다른 생각은 절대로 하지 말게.

소크라테스: 사랑하는 크리톤, 자네의 열심이 정의로운 일에 대한 것 b 이라면 정말 대단하고 훌륭하다고 말할 수 있을 것이네. 하지만 그렇지 않은 경우에는 그 열심이 크면 클수록 더 골치 아픈 문제를 일으킬 것이네. 그래서 우리는 자네 말대로 해야 할지 말아야 할지를 찬찬히 검토해 보지 않으면 안 된다네.

나는 지금만이 아니라 언제나 내 안에 있는 것들 중에서 오직 이성에만 복종해서, 모든 일을 이성에 비추어서 깊이 숙고하여 최선이라고 여겨지는 것을 따라 살아온 사람이네. 그런데 지금 내게 이런 운명이 주어졌다고 해서, 내가 이전에 지켜왔던 원칙들을 지금 와서 배척할 수는 없네. 도리어 그 원칙들은 이전이나 지금이나 내게 별반 다를 것이 없어 보이고, 나는 그것들을 여전히 존중하고 소중히 여긴다네. c

따라서 우리가 지금 이 일과 관련해서 더 나은 원칙을 갖고 있지 않다면, 다수의 사람이 우리를 어린아이처럼 취급해서 자기 힘을 과시하며 겁을 주고, 우리를 투옥하고 사형시키며 재산을 몰수하는 등 지금보다도 더한 것들로 위협하더라도, 나는 자네 말대로 하지 않을 것임을 알아야 할 걸세.

그렇다면 이 일을 어떻게 보아야 가장 적절하겠는가? 먼저 사람들의 견해와 관련된 자네의 주장으로 돌아가보세. 우리가 어떤 의견에 대해서 d 는 신경 써야 하지만 어떤 견해에 대해서는 신경을 쓸 필요가 없다는 원칙은 매번 옳은 것이었는가, 아니면 옳긴 하지만 매번 옳은 것은 아니었는가? 또 아니면, 내가 죽어야 하기 전에는 옳은 것으로 보였지만, 사실은 원래부터 시답지 않은 말장난에 불과한 것으로서, 자신의 주장을 펼치기 위해 만들어낸 쓸데없는 말이었는가? 그래서 크리톤, 나는 내가 지금 이런 처지에 있기 때문에 그 원칙을 이전과는 다른 식으로 바라보아야 하는지, 아니면 나의 처지와는 상관없이 여전히 동일하게 바라보아야 하는지, 그리고 우리가 그 원칙을 무시해야 하는지, 아니면 따라야 하는지를 자네와 함께 찬찬히 살펴보았으면 하네.

내 생각에는, 자신이 가치 있는 말을 한다고 생각하는 사람은, 방금 앞에서 말했듯이, 어떤 견해는 존중해야 하지만 어떤 것은 존중할 필요가 없다고 매번 말해 왔네. 신들을 걸고 맹세하건대, 크리톤, 그들이 한 말이 자네에게는 옳은 것 같지 않은가? 인간적으로 생각해서, 내가 처한 입장과는 달리 자네는 내일 죽어야 하는 위험으로부터 완전히 벗어나 있어서 이 일을 잘못 판단할 것 같지 않으니, 어디 한번 잘 생각해보게. 우리가 사람들의 모든 견해를 다 존중해서는 안 되고 어떤 견해는 존중해야 하지만 어떤 견해는 존중해서는 안 된다는 말, 그리고 모든 사람의 견해를 다 존중해서는 안 되고 어떤 사람의 견해는 존중해야 하지만 어떤 사람의 견해는 존중해서는 안 된다는 말이 자네에게는 옳아 보이지 않는가? 어디 말 좀 해보게나. 이 말이 옳지 않은가?

크리톤: 옳은 말이네.

소크라테스: 그렇다면 우리는 선한 견해는 존중해야 하고, 악한 견해는 존중해서는 안 되지 않겠는가?

크리톤: 그래야 하겠지.

소크라테스: 선한 견해라는 것은 지혜로운 자들의 견해이고, 악한 견해라는 것은 어리석은 자들의 견해가 아니겠는가?

크리톤: 어떻게 그렇지 않을 수 있겠나?

소크라테스: 자, 그렇다면 이런 것은 어떻게 생각하는가? 체력 단련에 몰두해야 하는 사람은 모든 사람의 칭찬과 비난과 견해에 일일이 신경을 써야 하는가, 아니면 의사가 되었든 트레이너가 되었든 자신의 체력 단련을 지도하는 어느 한 사람의 칭찬과 비난과 견해에만 신경을 써야 하는가?

크리톤: 오직 그 한 사람의 말에만 신경을 써야 하겠지.

소크라테스: 그렇다면 그는 오직 그 한 사람의 비난을 두려워하고 그

의 칭찬을 받으려고 애쓰되, 다른 다수의 비난을 두려워하거나 그들의 칭찬을 받으려고 해서는 안 되지 않겠나?

크리톤: 물론이지.

소크라테스: 그러므로 그는 모든 사람이 아니라 바로 그 한 사람, 즉 전문가로서 그의 체력 단련에 대해 잘 알고 있어서 그것을 잘 감독할 수 있는 의사나 트레이너가 옳다고 여기는 대로 행동하고 훈련하며 먹고 마시는 것이 당연하겠지?

크리톤: 그렇지.

소크라테스: 좋네. 그런데 그가 그 한 사람의 말을 듣지 않고 그의 견 ⟨c⟩ 해와 칭찬은 무시하는 반면에, 도리어 자신의 체력 단련과 관련해서 아무것도 알지 못하는 다수의 견해와 칭찬을 더 존중한다면, 결국에는 해악을 입지 않겠는가?

크리톤: 그렇게 하고도 어떻게 해악을 입지 않을 수 있겠는가?

소크라테스: 그런데 그 해악은 무엇이겠는가? 그러니까 내 말은, 그런 식으로 그 한 사람의 말을 듣지 않으면 어느 부분이 해악을 입을까 하는 것이네.

크리톤: 그렇게 해서 망가지는 것은 그의 몸일 것이니, 자기 몸에 해악이 미칠 것이 분명하네.

소크라테스: 자네가 옳게 잘 말했네. 그렇다면 크리톤, 다른 모든 것들을 일일이 다 살펴보지 않아도, 이런 원리는 다른 모든 것에도 그대로 적용되지 않겠는가. 따라서 지금 우리가 살펴보는 정의와 불의, 불명예 ⟨d⟩ 와 명예, 선과 악 같은 문제들을 잘 알고 있어서, 다른 모든 사람을 존중하는 것보다 더 큰 존경심과 경외심을 품어야 하는 한 사람이 있다고 하세. 그러면 우리는 다수의 견해를 존중하고 따라야 하겠는가, 아니면 그 한 사람의 견해를 두려워하고 따라야 하겠는가? 우리가 그 사람의 말을 따르지 않는다면, 우리의 존재를 구성하는 부분 중에서 정의에 의해서는 더 좋아지지만 불의에 의해서는 망가지는 바로 그 부분(혼)이 해악을

71

입어 훼손되고 망가지지 않겠는가? 지금 내가 하는 이 말은 쓸데없는 말인가?

크리톤: 내 생각도 자네와 같네, 소크라테스.

소크라테스: 자, 그러면 우리 존재를 구성하는 부분 중에서 건강에 이로운 것에 의해서는 더 좋아지지만 병을 부르는 해로운 것에 의해서는 손상을 입는 부분이, 그런 것에 대해 잘 알지 못하는 사람들의 말을 듣고 그대로 따라하다가 망가져 버린다고 해보세. 그 부분이 그렇게 망가져버린 삶이라는 게 사람으로서 살아갈 만한 가치가 있는 삶이겠는가? 그리고 우리가 말한 그 부분은 우리 몸이 아니던가?

크리톤: 맞네.

소크라테스: 우리의 몸이 나빠지고 망가졌다면, 그런 몸으로 살아가는 우리 삶은 과연 살 만한 가치가 있는 삶이겠는가?

크리톤: 결코 그럴 수 없을 것이네.

소크라테스: 그렇다면 우리의 존재를 구성하는 부분들 중에서 불의에 의해서는 훼손되고 정의에 의해서는 유익을 얻는 그 부분이 망가졌을 때, 그런 상태로 살아가는 우리의 삶은 과연 살 만한 가치가 있는 삶이겠는가? 아니면, 우리 존재를 구성하는 부분 중에서 불의나 정의에 영향을 받는 부분이 어디이든, 우리는 그 부분이 우리의 몸보다 못하거나 하찮다고 생각하는 것인가?

크리톤: 결코 그렇지 않네.

소크라테스: 그렇다면 그 부분이 우리 몸보다 더 가치 있고 소중하다는 말인가?

크리톤: 그 부분이 우리 몸보다 훨씬 더 가치 있고 소중하네.

소크라테스: 이보시게, 아주 훌륭한 사람아, 그렇다면 우리가 신경을 써야 하는 것은 다수가 우리에 대해 어떻게 말하는지가 아니라, 정의와 불의에 대해 잘 아는 사람, 바로 그 한 사람, 즉 진리 자체가 말하는 것이어야 한다네. 따라서 정의와 명예와 선 그리고 그런 것과 반대되는 일과

관련해서 다수의 견해를 존중해야 한다고 자네가 말한 것은 옳은 것이 아님이 먼저 분명해졌네. "하지만 그 다수는 우리를 사형에 처하게 할 수 있지요"라고 누군가는 말하겠지?

크리톤: 그 말도 분명히 맞네. 누구라도 그렇게 말할 것이니까, 소크라 ^b테스.

소크라테스: 맞는 말이네. 하지만 이보시게, 놀라운 사람아, 그럼에도 우리가 방금 도출해낸 원칙은 내게는 여전히 변함없이 옳아 보이네. 게다가 우리는 "그저 사는 것"이 아니라 "제대로 사는 것"이라는 말이 우리에게 여전히 타당한지, 그렇지 않은지도 생각해보아야 하지 않겠는가.

크리톤: 그 말은 우리에게 여전히 타당하네.

소크라테스: 제대로 산다는 것이란 명예롭고 정의롭게 산다는 것과 동일한 의미라는 말도 우리에게 여전히 타당한가?

크리톤: 그 말도 여전히 타당하네.

소크라테스: 그렇다면 우리의 생각이 지금까지 서로 일치한 것들을 토대로 해서, 아테네 사람들이 나를 방면하고자 하지 않는데도 내가 이곳을 빠져나가고자 하는 것이 과연 옳은 일인지를 살펴볼 차례가 되었네. 그렇게 해서 옳은 일이라는 것이 드러난다면 시도하겠지만, 그렇지 않다 ^c면 그런 시도를 하지 않을 걸세.

자네는 이 일과 관련해서 비용을 갹출하는 것, 사람들의 평판, 자녀 교육 같은 문제들을 거론했지만, 크리톤, 그런 고려는 할 수만 있다면 어떤 원칙도 없이 쉽게 사형을 선고하기도 하고 다시 목숨을 부지하게도 해주는 저 다수의 사람이나 하는 짓이라는 것을 명심하게나. 반면에, 우리는 이성과 원칙을 따르는 사람들이고, 이성과 원칙은 우리에게 방금 말한 것 외에 다른 것은 고려하지 말라고 명령한다네. 즉, 우리가 어떤 ^d사람들과 계약을 맺어 그들에게 돈을 주고 이곳에서 나를 데리고 나가게 하는 것이 그들에게나 이 일을 시킨 우리에게나 옳은 일인가, 아니면 이 모든 일을 행하는 것이 우리에게나 그들에게나 옳지 않은 일인가 하는 것이네.

그리고 그렇게 하는 것이 옳지 않은 일임이 드러난다면, 우리는 오직 옳지 않은 일을 해서는 안 된다는 원칙을 지킬 생각만 해야 하네. 그저 내가 이곳에 계속 가만히 머물러 있으면 꼼짝없이 죽게 되거나 그 밖의 다른 화(재앙)를 당할 것인지 아닌지만 생각해서는 안 된다는 것을 명심하게.

크리톤: 내 생각에도 자네 말이 옳아 보이네, 소크라테스. 우리가 어떻게 해야 할지를 알아보세.

소크라테스: 이보시게, 그러면 이제 이 문제를 함께 생각해보세. 내가 말하는 동안에 내 말에 이의가 있다면, 기탄 없이 반론을 제시하게. 자네 말을 경청하겠네. 그렇지만 이보시게, 이의가 없다면, 내가 아테네 사람들의 뜻을 거스르면서 이곳을 빠져나가야 한다는 똑같은 말을 계속해서 내게 반복하는 일은 그만두게. 그렇게 하라고 나를 설득하려는 자네의 노력을 정말 고맙게 생각하고 높이 평가하네. 하지만 나 자신이 납득이 가지 않는 일을 할 수는 없지 않겠는가. 그러니 자네가 보기에 우리가 이 문제를 고찰하기에 충분히 만족스러운, 제대로 된 토대가 마련될 수 있도록 잘 살펴가면서, 내가 자네에게 질문을 던질 때마다 자네 생각에 옳다고 여겨지는 대답을 해주기를 바라네.

크리톤: 그렇게 하도록 노력하겠네.

소크라테스: 우리는 어떤 상황에서도 의도적으로 불의를 행해서는 안된다고 말하는가, 아니면 어떤 상황에서는 불의를 행해도 되고 어떤 상황에서는 불의를 행해서는 안 된다고 말하는가? 또는, 우리가 전에 수없이 의견의 일치를 보았고 방금도 말했듯이, 불의를 행하는 것은 어떤 상황에서도 결코 선하거나 명예로울 수 없는 것인가, 아니면 우리가 전에 의견의 일치를 보았던 모든 것이 이 며칠 사이에 아무것도 아닌 것이 된 것인가? 만약 후자라면, 크리톤, 우리가 이 나이를 먹도록 그토록 오랜 세월 서로 진지하게 대화해왔던 것들이 사실은 어린아이들이 아무것도

모르고 서로 대화한 것과 조금도 다르지 않았다는 말이 되지 않겠는가? 아니면, 우리가 전에 의견의 일치를 보았던 것들은 그때나 지금이나 확고한 사실인가? 다수가 동의하든 하지 않든, 우리가 겪는 고초가 지금보다 더 심하든 가볍든, 불의를 행하는 것은 어떤 상황에서도 악하고 수치스러운 일인 것인가? 거기에 동의하는가, 하지 않는가?

크리톤: 거기에 동의하지.

소크라테스: 그렇다면 어떤 상황에서도 불의를 행해서는 안 된다는 말이 되네.

크리톤: 물론이네.

소크라테스: 다수의 사람은 자신이 불의를 당하면 그대로 되갚아주어야 한다고 생각하지만, 그것은 잘못된 생각일 수밖에 없네. 어떤 상황에서도 불의를 행해서는 안 되기 때문이네.

크리톤: 그래 보이네.

c

소크라테스: 그렇다면, 이것은 어떠한가? 다른 사람에게 해악을 입히는 것은 옳은 것인가, 옳지 않은 것인가?

크리톤: 그것이 옳지 않다는 것은 분명하네, 소크라테스.

소크라테스: 하지만 이것은 어떠한가? 다수의 사람은 자신이 해악을 입었다면 되갚아주는 것이 옳다고 믿는데, 과연 그것이 옳은 것인가, 옳지 않은 것인가?

크리톤: 결코 옳지 않네.

소크라테스: 사람들에게 해악을 입히는 것은 불의를 행하는 것과 조금도 다르지 않기 때문이지.

크리톤: 맞는 말이네.

소크라테스: 그렇다면 누군가에게 해악을 입히려고 해서도 안 되고, 다른 사람에게서 해악을 입었다고 해서 그것을 되갚아주려고 해서도 안 된다는 말이 되는군. 하지만 크리톤, 이런 자네의 생각과는 다른 것들에 d 동의하는 일은 없어야 하네. 이런 것은 오직 소수의 사람에게만 옳아 보

이고, 앞으로도 그럴 것임을 내가 알기 때문이네. 그래서 이런 것들을 옳다고 보는 사람들과 그렇게 보지 않는 사람들은 생각을 공유하는 부분이 전혀 없어서, 서로의 견해를 들을 때마다 서로를 경멸할 수밖에 없는 것이 현실이네.

그러므로 자네의 견해가 내 견해와 동일하고, 자네가 정말 나와 생각이 같은지, 아니면 자네는 여기에 동의하지 않기 때문에 이 원칙을 논의의 출발점으로 삼고 싶지 않은 것은 아닌지 잘 숙고해야 하네. 우리의 견해와 생각이 동일해야만, 비로소 우리는 지금까지 말한 원칙, 즉 불의를 행하는 것도 옳지 않고 불의를 당했다고 해서 불의로 되갚아주는 것도 옳지 않으며 해악을 입었다고 해서 해악으로 되갚아주는 것도 옳지 않다는 원칙을 우리 논의의 출발점으로 삼을 수 있기 때문이네. 이것은 오래전부터 내게 하나의 원칙이었고, 지금도 마찬가지일세. 하지만 자네가 조금이라도 다른 생각을 한다면, 그렇다고 내게 알려주게나. 반대로, 자네가 이전에 그랬던 것처럼 지금도 여전히 이 원칙에 계속 동의한다면, 이제 내가 다음 단계로 하는 말을 들어보게.

크리톤: 내 생각은 이전이나 지금이나 변함이 없고, 자네의 생각과 동일하다네. 그러니 계속해서 말해보게.

소크라테스: 그렇다면 다음 단계를 말하겠네. 아니, 다음 단계의 질문을 하겠다는 것이 맞겠지. 사람이 어떤 옳은 일을 하기로 약속했다면, 그 일을 해야 하는가, 아니면 힘들다고 그 약속을 안 지켜도 그만인 것인가?

크리톤: 그 일을 해야 하지.

소크라테스: 그렇다면 그런 원칙에 따라 한번 생각해보게. 나라에서 허가하지도 않았는데 이곳을 나간다면, 그것은 절대로 해악을 입혀서는 안 되는 몇몇 사람들에게 해악을 입히는 것인가 그렇지 않은 것인가? 그리고 옳은 일을 약속했다면, 그것을 지켜야 하는 것인가, 지키지 않아도 되는 것인가?

크리톤: 소크라테스, 자네가 무슨 질문을 하는지 그 의미를 알 수 없어서 대답할 수가 없네.

소크라테스: 그러면 이렇게 생각해보게. 우리가 이곳을 빠져나가려고 준비하고 있을 때, 또는 우리가 지금 하려는 것을 무엇이라고 부르든 그것을 준비하고 있을 때, 국가의 법과 공동체가 와서 우리 앞을 가로막고 서는 이렇게 말하며 추궁한다고 생각해보세. "소크라테스여, 당신이 지금 무엇을 하려고 하는지를 말해보십시오. 당신은 지금 이 일을 통해서 우리, 즉 국가의 법과 국가 전체를 자기 힘이 닿는 데까지 파괴하려는 것 b 이 아닙니까? 아니면, 당신은 법정에서 내려진 판결들이 개개인에 의해 무효화되고 무력화되어서 아무런 효력도 미치지 못하는 그런 나라가 무너지지 않고 계속 존속할 수 있다고 생각하는 것입니까?"

크리톤, 우리는 이런 추궁에 대해 어떻게 대답할 수 있는가? 법정에서 내려진 판결은 효력을 지니고 있어서 그대로 집행될 것을 법은 요구하는데, 우리가 그 법을 어긴다면, 모든 사람, 특히 대중연설가들이 나서서 우리를 추궁할 것이 분명하기 때문이네. 그런 경우에 우리는 사람들 c 에게 국가가 우리에게 불의를 행하여 정의로운 판결을 내리지 않아 그랬다고 말해야 할까? 우리는 그렇게 말해야 할까, 아니면 다른 말을 해야 할까?

크리톤: 제우스를 걸고 맹세하건대, 우리는 그렇게 말해야 하네, 소크라테스.

소크라테스: 그러면 법이 "소크라테스여, 국가가 선고한 판결을 당신이 지키기로 한 것은 우리 사이에 이미 합의된 것이 아니었소?"라고 말한다면, 우리는 어떻게 대답해야 하겠나? 법이 그렇게 말하는 것을 듣고 의아하게 생각하면, 아마도 법은 이렇게 말할 걸세.

"소크라테스여, 우리가 한 말을 의아하게 여기지 말고, 우리가 묻는 말에 대답해보십시오. 당신은 질문하고 대답하는 것에 익숙한 사람이 아 d 닙니까? 그러면 묻겠습니다. 당신은 우리와 국가에 대해 어떤 불만이 있어 우리를 파괴하려고 하는 것입니까? 먼저 당신의 아버지와 어머니를 맺어주어서 당신을 낳게 한 것은 우리이니, 당신이 태어난 것은 우리 덕분이라고 해야 맞지 않겠습니까? 그렇다면 말해보십시오. 당신은 우리 법 중에서 결혼에 관해 규정하는 법을 악법이라고 생각하고 거기에 불만이 있는 것입니까?"

나에게 그렇게 묻는다면, 나는 "불만이 없습니다"라고 분명하게 대답할 것이네.

"그렇다면 당신이 태어나서 받은 양육이나 어린 시절에 받은 교육과 관련된 법에 불만이 있는 것입니까? 우리 법들 중에서 이것과 관련된 법은 당신에게 음악과 체육을 가르칠 의무를 당신의 아버지에게 부과했는데, 혹시 그런 법에 불만이 있는 것입니까?"

이 질문에 나는 "전혀 불만 없습니다"라고 분명하게 대답할 것이네.

"좋아요. 그렇다면 당신은 여기에서 우리의 보호를 받으며 태어나서 양육되고 교육을 받았기 때문에, 당신의 조상과 마찬가지로 당신도 우리의 자손이고 우리의 노예임이 분명합니다. 그런데도 당신은 그렇지 않다고 말하며 우리나 당신이나 대등한 권리를 갖고 있다고 여기고는, 우리가 어떤 조치를 취하려 할 때, 당신도 거기 대응하여 당신이 생각하기에 옳은 조치를 취하는 것이 정당하다고 생각하는 것입니까?

당신은 아버지와, 또는 (노예여서 주인이 있다면,) 당신의 주인과 대등한 권리를 갖고 있지 않습니다. 당신이 당한 만큼 되갚아줄 수도 없고, 욕을 먹어도 똑같이 욕할 수 없으며, 맞아도 똑같이 때릴 수 없는 것은 물론이고, 그 밖의 모든 것과 관련해서 그런 식으로 되갚아줄 수 없지요. 그런데도 당신의 나라와 법에 대해서는 얼마든지 되갚아줄 수 있다고 생각합니까?

우리가 당신에게 사형을 선고하는 것이 옳다고 여겨 그렇게 했더니, 당신은 그런 조치에 대해 당신의 힘이 닿는 데까지 법과 나라를 파괴하려고 하는 것입니까? 그리고 미덕을 추구하는 것을 삶의 가장 중요한 목적으로 삼고 살아왔다는 당신이 그런 식으로 행하면서도 정의롭다고 말하는 것입니까?

당신은 그토록 지혜롭다고 하면서도, 조국이라는 것이 어머니와 아버지와 그 밖의 모든 선조보다 더 고귀하고 존엄하며 신성해서, 신들은 물론이고 지각 있는 사람들이 조국을 가장 소중히 여긴다는 것도 알지 못하는 것입니까? 또한 조국이 노여워하면 자기 아버지가 노여워할 때보다도 더욱 두려워하는 마음으로 조국이 자기에게 바라는 것이 무엇인지를 잘 헤아려서 거기에 복종하여 그 노여움을 풀어 드리는 것이 마땅하다는 사실도 모릅니까? 그리고 조국이 태형을 가하든 하옥을 시키든 그 어떤 것을 명령했다 하면, 그 명령이 억울하거든 조국을 설득해야 하고, 그렇지 않은 경우에는 조국이 명령하는 것을 묵묵히 받아들여 복종해야 한다는 것도 알지 못합니까?

조국이 당신을 전쟁터로 보내 당신이 부상을 입거나 죽더라도, 그것이 정의이고 옳은 일이기 때문에, 당신은 그렇게 하지 않으면 안 됩니다. 또한 전쟁터에 나가서는 항복하거나 물러서거나 대열을 이탈해서는 안 됩니다. 그곳이 전쟁터이든 법정이든, 어디에서나 국가와 조국이 명령하는 것을 행해야 합니다. 만일 국가가 명령하는 것이 정의에 어긋난다면, 국가를 설득해야 합니다. 그렇게 하지 않고 국가에 폭력을 행사하는 것은 자기 어머니나 아버지에게 폭력을 행사하는 것보다 훨씬 더 큰 불경을 저지르는 일이지요."

법이 우리에게 이렇게 추궁할 때, 우리는 무슨 말을 해야 하겠나? 지금까지 법이 한 말은 옳은가, 옳지 않은가?

크리톤: 내게는 옳은 것으로 보이네.

소크라테스: 아마도 법은 계속해서 이렇게 말할 걸세.

"그렇다면 잘 생각해보십시오. 우리가 방금 말한 것이 옳다면, 당신은 지금 우리에게 불의를 행하려고 하는 것이 아니겠습니까? 우리는 당신을 태어나게 해주고 키워주고 교육을 받게 해주었고, 당신을 비롯한

79

모든 시민에게 우리가 줄 수 있는 온갖 혜택을 나누어 주었습니다. 게다가 우리에게 불만이 있는 모든 아테네 사람들, 즉 사물을 분별할 수 있는 나이에 이르러 국사와 법을 알게 된 사람들에게 자신의 모든 소유를 정리해서 자기가 가고 싶은 곳으로 가서 살 수 있는 권리도 부여하고 있습니다. 그래서 누구라도 우리와 이 나라에 불만이 있어서, 식민지로 가서
e 살거나 다른 나라로 이민을 가서 정착해 살아가고자 하면, 우리 법은 그가 자신의 소유 전부를 가지고 원하는 곳으로 떠나는 것을 방해하거나 금지하지 않습니다. 그렇기 때문에 당신들 중에서 누구라도 사법 제도를 비롯해서 다른 모든 국사와 관련된 국정을 운영하는 방식을 살펴보고 나서도 여기에 머물러 있는 경우에는, 우리가 명령하는 것들을 따르기로 합의한 것으로 간주하고 있습니다.

따라서 우리에게 복종하지 않는 사람은 세 가지 점에서 불의를 저지르는 것이라고 단언합니다. 우리가 그를 태어나게 해준 것인데도, 우리에게 복종하지 않는 것이 첫 번째 불의요, 우리가 그를 양육했는데도, 우리에게 복종하지 않는 것이 두 번째 불의요, 우리에게 복종하겠노라고 합의하고서도 그렇게 하지 않고, 우리가 제대로 올바르게 행하지 않았
52a 다면 우리 명령이 어떤 점에서 잘못된 것인지를 말해서 설득해야 하는데도 그렇게 하지 않는 것이 세 번째 불의입니다. 우리는 그를 배려해서, 명령하는 것을 무조건 복종하라고 가혹하게 몰아붙이지 않고, 우리 명령이 어떤 점에서 잘못되었는지를 우리에게 말해 설득하든지, 아니면 명령을 따르든지, 둘 중 하나를 선택하도록 제안하는데도, 그는 어느 쪽도 하려고 하지 않기 때문입니다.

소크라테스여, 당신이 지금 계획하고 있는 일을 그대로 실행하면 당신은 아테네 사람 중에서 가장 적은 비난을 받는 것이 아니라 가장 많은 비난을 받게 될 것임을 우리가 장담합니다."

내가 "그 이유가 무엇이오"라고 물으면, 십중팔구 법은 모든 아테네 사람 중에서 법을 지키기로 누구보다 더 분명하게 합의한 사람이 바로

나이기 때문이라고 말하며 나를 꾸짖을 것이 분명하네. 그리고 실제로 b
그 말은 맞다네. 그러면서 법은 이렇게 말할 것이네.

"소크라테스여, 우리는 당신이 우리 법과 국가에 만족했음을 보여주
는 확실한 증거를 가지고 있습니다. 모든 아테네 사람 중에서 유독 당신
은 어떤 이유에서든 자발적으로 이 나라를 벗어난 적이 거의 없습니다.
그것은 당신이 이 나라에 만족했음을 보여주는 분명한 증거입니다. 당신
은 이스트모스[8]에서 열리는 축제를 보려고 거기에 간 것을 제외하고는
유람이나 관람을 위해 이 도시를 떠나 다른 곳에 간 적이 없습니다. 군복
무를 위한 것 외에는 타지에 간 적이 없으며, 다른 사람처럼 해외여행을
한 적도 없고, 다른 국가나 법을 알고 싶어 하지도 않았습니다. 이것은 c
당신이 우리 법과 이 나라에 만족했기 때문이 아니겠습니까? 이렇게 당
신은 아주 단호하게 우리 법과 이 나라를 선택했고, 모든 일에서 우리의
국정 운영에 복종하기로 합의했습니다. 게다가 당신은 이 나라에서 자녀
들을 낳았는데, 그것도 당신이 이 나라에 만족했기 때문이 아니면 무엇
이겠습니까?

또한 당신은 재판 과정에서 원하기만 했다면 자신에게 추방형을 선
고해달라고 제안할 수 있었습니다. 만일 그렇게 했더라면, 당신은 지금
국가의 허락 없이 시도하고자 하는 것을 국가의 허락 아래 행할 수 있었
을 것입니다. 하지만 그때 당신은 자신에게 사형이 선고된다고 해도 분
노하지 않겠다고 당당하게 말하며, 당신이 공언한 대로 추방형이 아니라
사형을 선택했습니다. 그런데도 지금 당신은 그때 자신이 공언한 것에
대해 아무런 부끄러움도 느끼지 않고, 우리 법을 무시하고 파괴하려고
합니다. 당신이 우리의 국정 운영에 복종하기로 합의한 것을 어기고 도 d
망치려고 하는 이러한 행위는 천하디 천한 노예나 할 짓이라는 것을 모

---

8 이스트모스는 두 개의 육지를 연결하는 좁고 잘룩한 땅을 가리키는 '지협'이라는 뜻의
그리스어인데, 여기에는 그리스 본토와 펠로폰네소스 반도를 이어주는 코린토스 지협
을 가리킨다. 거기에서 2년마다 바다의 신 포세이돈을 기리는 축제가 열렸다.

르십니까? 그렇다면 먼저 우리의 이 질문에 대답해주십시오. 만약 우리가 당신은 말이 아니라 행동으로 우리에게 복종하기로 합의한 것이라고 말한다면, 우리가 한 말은 참입니까, 거짓입니까?"

이 질문에 우리는 어떻게 대답해야 할까, 크리톤? 우리는 그 말이 참되다는 데 동의할 수밖에 없지 않겠나?

크리톤: 그럴 수밖에 없겠군, 소크라테스.

소크라테스: 법은 계속해서 이렇게 말할 것이네.

e "그렇다면 당신은 강요나 기만에 의해서, 또는 짧은 시간 안에 결정하도록 독촉을 받는 상황에서 우리와 합의한 것이 아닙니다. 그와는 반대로, 우리 법과 나라가 당신에게 정의로워 보이지 않아 우리 법과 나라에 만족하지 않는 경우, 언제라도 이 나라를 떠날 수 있는 기회가 당신에게는 무려 칠십 년 동안이나 있었습니다. 하지만 당신은 이 나라를 떠나지 않았기에, 우리와 합의한 것이 틀림없습니다. 그런데도 지금 당신은 당신과 우리 사이에 그렇게 합의된 것들을 어기려 하고 있습니다.

당신은 라케다이몬이나 크레타⁹에는 훌륭한 법들이 잘 정비되어 있다고 몇 번이나 말하고도 그런 나라를 선택하지 않았고, 헬라스(그리스)에 속한 나라나 이민족에 속한 나라 중 어느 하나를 선택하지도 않았지
53a 요. 또한 발을 저는 사람들이나 눈먼 사람들이나 그 밖의 다른 장애를 지닌 사람들이 당신보다 더 자주 아테네를 떠나 다른 곳을 다녀왔을 정도로 당신은 아테네를 거의 떠나지 않았습니다. 따라서 당신은 다른 모든 아테네 사람보다도 더 이 나라에 만족했고 우리 법에도 만족했음이 분명합니다. 법이 없는 나라에 만족할 사람은 아무도 없을 것이기 때문입

---

9 '라케다이몬'은 스파르타를 가리킨다. '크레타'에는 "라다만티스"라는 지혜로운 왕이 있어서, 그리스 도시국가들의 모범이 된 크레타 법전을 편찬했고, 스파르타는 그 법전을 모방해서 자기 나라의 법전을 만들었다. '헬라스'는 고대 그리스인이 자기 나라를 지칭하는 데 사용한 명칭이다. 그들은 자신이 모두 "헬렌"의 자손이라고 믿었기 때문에, 자기 나라를 그런 식으로 불렀다. "헬렌"은 제우스가 인간을 벌하려고 일으킨 대홍수 때에 살아남은 유일한 인간들인 데우칼리온과 피라의 맏아들이다.

니다. 그런데도 당신은 이제 와서 우리와 합의한 것들을 어기려는 것입니까? 소크라테스여, 우리가 지금까지 한 말을 충분히 알아들었다면, 이 나라를 떠남으로써 자신을 사람들의 조롱거리로 만드는 일은 없을 것이라 믿습니다.

잘 생각해보십시오. 당신이 이렇게 합의한 것을 깨뜨리고서 그중 하나라도 어긴다면, 자신이나 친구들에게 무슨 유익이 되겠습니까? 당신 b 의 친구들은 시민권을 박탈당하고 추방되거나 전 재산을 몰수당할 위험에 처하게 되리라는 것이 거의 분명합니다. 게다가 소크라테스, 당신이 훌륭한 법들이 정비되어 있는 테바이나 메가라[10] 같은 이웃 나라 중 한 곳으로 간다고 해도, 당신은 거기에서도 그 나라의 적이 될 것이 분명합니다. 그곳에서도 자신의 조국을 사랑하는 사람들은 당신을 법을 파괴하는 자로 간주하고 의심의 눈초리로 볼 것입니다. 그리고 배심원들이 당신에게 사형을 선고한 것은 올바른 판결이었다는 생각을 확증하게 될 것입니다. 법을 파괴하는 자가 청년들이나 분별력이 없는 사람들을 타락 c 시킬 가능성이 농후하다고 생각하는 것은 지극히 당연하기 때문이지요.

그렇다고 해서 당신이 훌륭한 법에 따라 잘 다스려지는 나라들로 가지도 않고, 지각 있고 품위 있게 살아가는 사람들과 접촉하지도 않는다면 어떻게 되겠습니까? 그렇게 한다면, 과연 살 만한 가치가 있는 삶이 되겠습니까? 아니면, 소크라테스여, 당신은 후안무치하게도 그런 사람들에게로 다가가서, 여기에서 사람들과 토론하곤 했던 그런 주제들을 놓고 그들과 대화하면서, 미덕과 정의, 사법 제도와 법이야말로 인간이라면 가장 소중히 여겨야 하는 것들이라고 말할 셈입니까? 소크라테스가 그런 식으로 행동한다면 정말 볼썽사나운 일이 되리라는 생각이 들지 않으십니까? 틀림없이 그럴 것입니다. d

---

10 '테바이'는 그리스 중부의 보이오티아 지방에 있던 도시였다. '메가라'는 그리스 남부 코린토스 지협 남안에 있던 도시로서, 학문과 예술의 중심지였다.

아니면, 그런 나라들로 가는 것을 포기하고서, 크리톤의 친구들이 있는 테살리아로 가는 것이 어떻겠습니까? 그곳은 무질서와 방종이 판을 치는 곳이라고 하니 말입니다. 당신이 양가죽으로 만든 옷이나, 도망자들이 자신의 평소 모습을 감추기 위해 변장할 때에 입곤 하는 그런 옷을 입고서 아주 우스꽝스러운 모습으로 탈옥한 얘기를 들려준다면, 아마도 그곳 사람들은 아주 좋아할 것입니다.

e 하지만 살날이 얼마 남아 있지 않은 노인네가 어떻게든 목숨을 부지하려는 추악한 욕망 때문에 지극히 신성한 법을 어겼다고 말할 사람이 거기라고 없을까요? 물론 당신이 그 누구의 신경도 건드리지 않는다면, 아마도 당신에게 그렇게 말하는 사람은 없을 수도 있겠지요. 하지만 당신이 누군가의 신경을 건드리는 날에는, 소크라테스여, 당신은 차마 입에 담지 못할 말들을 많이 듣게 될 것입니다. 그러니 당신은 거기에서 모든 사람에게 굽신거리면서 그들의 비위를 맞추며, 마치 그들의 종이라도 된 것처럼 살아가야 할 것입니다. 게다가 테살리아에서는 술 마시고 흥청망청 노는 것 외에는 할 일이 없을 것이니, 고작 그렇게 살려고 조국을 떠나 테살리아로 간 것밖에 안 되지 않겠습니까? 그렇다면, 정의를 비롯한 온갖 미덕에 관해 그동안 당신이 말해왔던 것들은 도대체 어떻게 되겠습니까?

54a 아니면, 당신은 자녀들을 위해, 즉 자녀들을 키우고 교육하기 위해 어떻게든 목숨을 부지하여 살아남고자 하는 것입니까? 그렇다면 어떤 식으로 자녀를 키우고 교육하겠다는 것입니까? 그들을 테살리아로 데리고 가서, 거기에서 그들을 키우고 교육하여 그들이 원하든 말든 자신의 조국을 등지고 외국으로 가서 이방인으로 살아가게 하려는 것입니까? 그런 것이 아니라면, 당신이 굳이 자녀들과 함께 살지 않더라도 그저 살아 있기만 한다면, 친구들이 그들을 돌보아줄 것이기 때문에, 자녀들이 이곳에서 잘 키워지고 교육을 받게 된다고 생각하는 것입니까? 하지만 당신이 여기 있지 않고 테살리아로 가서 산다고 해도, 친구들이 자녀들

을 잘 돌보아줄 것이 분명하다면, 당신이 저승으로 간다고 해도, 그렇게 하지 않겠습니까? 친구라고 말하는 사람들이 정말 친구로서 도움을 줄 것이 분명하다면, 그들은 반드시 그렇게 할 것입니다. _b

그러니 소크라테스여, 당신을 길러준 우리가 한 말을 받아들여서, 자녀들이나 목숨이나 그 밖의 다른 어떤 것보다도 정의를 더 소중히 여기십시오. 그러면 당신이 저승에 당도했을 때, 여기에서 그렇게 행한 것이 그곳을 다스리는 자들 앞에서 당신을 변호해줄 것입니다. 당신이 지금 계획하고 있는 것을 그대로 실행에 옮긴다면, 그것은 죽음을 선택한 경우보다 당신에게나 당신 친구들에게 더 좋거나 더 정의롭거나 더 고상해 보이지도 않을 뿐만 아니라, 저승에 당도해서도 결코 당신에게 더 좋지 않을 것입니다. 하지만 당신이 죽음을 선택한다면, 당신은 우리 법이 아니라 사람들의 모함 때문에 죽는 것이 됩니다.

반면, 당신이 탈옥을 감행함으로써 우리와 맺은 합의를 깨뜨리고, 불 _c 의를 불의로 되갚고 악을 악으로 되갚으며, 당신이 절대로 해악을 입혀서는 안 되는 것들, 그러니까 당신 자신과 친구들과 조국과 우리 법에 해악을 입히는 수치스러운 짓을 자행한다고 해보십시오. 당신이 이승에 살아 있는 동안에는 우리가 당신에게 분노할 것이고, 저승에 갔을 때에는 _d 우리 형제들인 저승의 법이 당신이 이승에서 있는 힘을 다해 우리 법을 파괴하고자 했다는 것을 알기 때문에 당신을 결코 반갑게 맞아주지 않을 것입니다. 그러니 크리톤이 당신에게 하라고 하는 것을 하지 말고, 우리 말을 들으십시오."

크리톤, 내 사랑하는 친구여, 코리반테스의 의식에 참여한 사람들의 귀에는 그 의식이 끝난 후에도 피리 소리가 들린다고 하더니,[11] 법이 이

---

11 "코리반테스"는 소아시아 프리기아의 지모신(地母神)이자 풍요와 치료의 신인 키벨레 여신을 섬기는 사제들을 가리킨다. 여자 사제들인 이들은 '아울로스'(여기에서는 '피리'로 번역했다)라 불린 목관악기와 북이 연주되는 가운데 춤을 추는 열광적인 의식을 거행했다. 정신이상이 있는 사람들이 이런 의식에 참여해서 탈혼 상태가 되어 깊은 잠에

85

렇게 말하는 음성이 내게 들려오는 것 같다는 점을 자네는 알아야 하네. 지금 내 귀에 들려오는 법의 그러한 음성이 너무나 크고 생생해서, 다른 것들은 내게 전혀 들리지 않는다네. 지금 나의 상황이 그러하니, 자네가 그 음성과 반대되는 그 무슨 말을 한다고 할지라도, 아무 소용이 없다는 것을 명심하게. 하지만 그런데도 자네가 나를 설득해서 나의 확신을 돌려놓을 수 있다고 생각한다면, 한번 말해보시게.

크리톤: 소크라테스, 내가 할 말이 없네.

소크라테스: 그렇다면, 크리톤, 신이 우리를 이 길로 인도하니 이 길을 가세.

빠졌다가 깨어나면 치료가 되는 경우가 자주 있었다고 한다. 여기에서는 이 의식에 참여한 사람들이 의식이 끝난 후에도 '아울로스' 소리가 귀에 들리는 듯한 느낌을 받았다고 하는 것에 빗대어서, 소크라테스는 아테네의 법이 그렇게 말하는 음성이 자신에게 들리는 것 같다고 말한다.

파이돈

파이돈

파이돈은 아테네 감옥에서 소크라테스의 최후를 지켜본 인물로서, 그때 보았던 일과 들었던 대화들을 에케크라테스에게 들려주는 역할을 한다. 그는 펠로폰네소스 반도에 있는 엘리스 지방 출신으로, 아테네에 노예로 팔려왔다가 소크라테스에 의해 자유민이 되었다. 후에 소크라테스의 헌신적인 제자가 된 그는 나중에 고향으로 돌아가서 "엘리스 학파"의 시조가 되었다.

에케크라테스

피타고라스 학파의 한 사람으로서, 학파의 주요 근거지 중 하나였던 고향 플레이우스에서 우연히 파이돈을 만나 다른 사람들과 함께 소크라테스의 최후에 관해 듣는다. 플레이우스는 파이돈의 고향인 엘리스로 가는 도중에 위치했는데, 이때 플레이우스와 아테네의 교류는 단절되어 있었다. 그래서 그들이 파이돈에게서 이야기를 전해듣는 자들로 나오는 것은 자연스럽다.

심미아스와 케베스

소크라테스의 주요 대화 상대자로 등장하는데, 두 사람 다 테바이 사람이다. 그들은 소크라테스의 탈옥 계획에 관한 말이 오가던 때에 자금을 가지고 아테네로 오기도 했다.

아폴로도로스

부유한 청년으로 소크라테스의 열렬한 추종자이다.

크리톤

소크라테스의 절친한 친구이다.

1.

에케크라테스: 파이돈, 당신은 소크라테스께서 감옥에서 독약을 마시 57a
던 날에 직접 그 자리에 함께 있었던 것입니까, 아니면 다른 사람에게서
그 이야기를 전해 들은 것입니까?

파이돈: 직접 그 자리에 있었습니다, 에케크라테스.

에케크라테스: 그러면 선생님이 돌아가시기 전에 무슨 말씀을 하셨고,
어떻게 돌아가셨습니까? 꼭 듣고 싶습니다. 요즘은 플레이우스[1] 사람들
중에서 아테네를 방문하는 사람이 거의 없고, 아테네에서 여기로 온 사
람도 오랫동안 없었습니다. 그래서 우리는 선생님이 독약을 마시고 돌아 b
가셨다는 것 외에는 아무것도 듣지 못했고, 그 일과 관련해 자세하고 구
체적인 내용을 알 수 없었습니다.

파이돈: 그렇다면 당신들은 재판이 어떤 식으로 진행되었는지도 알지 58a
못하겠군요?

에케크라테스: 아니오, 그 얘기는 누군가가 우리에게 전해주었습니다.
그래서 우리는 재판이 이미 오래전에 끝났는데도, 선생님이 그 후로도
한참 있다가 돌아가신 것 같아서 의아했습니다. 어떻게 일이 그렇게 된
것입니까, 파이돈?

파이돈: 말하자면 선생님에게 일종의 행운이 따른 셈이지요, 에케크
라테스. 그러니까 아테네 사람들이 델로스로 보내는 배의 끝부분을 화환
으로 장식한 날이 우연하게도 선생님이 재판을 받으시기 전날이었습니다.

에케크라테스: 그 배는 무슨 배이고, 그것이 이 일과 무슨 상관이 있다
는 것입니까?

파이돈: 아테네 사람들에 의하면, 그 배는 테세우스가 전에 일곱 쌍의

---

1 '플레이우스'는 펠로폰네소스 반도 북동부에 있던 도시국가였다. "파이돈"의 고향인 엘
리스와 아테네의 중간 지점에 있었다. 플레이우스는 스파르타의 영향 아래 있었기 때
문에, 펠로폰네소스 전쟁 이후에 아테네와의 교류가 거의 끊긴 것으로 보인다.

인신제물을 싣고 크레타로 가서 그들과 자신을 살렸을 때 사용했던 배
b 라고 합니다.[2] 그때 아테네 사람들은 인신제물로 보낸 사람들이 살아서
돌아오기만 한다면 해마다 델로스에 공식적으로 사절단을 보내기로 아
폴론 신에게 맹세를 했기 때문에, 그때부터 현재까지 해마다 아폴론 신
에게 사절단을 보내고 있다고 합니다.

그런데 아테네 사람들에게는 사절단을 보낼 준비를 시작한 날부터,
배가 델로스에 갔다가 다시 돌아오는 날까지, 정결을 위해 국가는 공식
적으로 사형집행을 하면 안 된다는 법이 있습니다. 그리고 이 사절단이
탄 배가 항해 중에 거센 풍랑이라도 만나면 종종 그 기간이 상당히 길어
c 지는 경우도 있다고 합니다. 또한 이 사절단을 보내는 의식은 아폴론 사
제가 배의 끝부분을 화환으로 장식하는 때부터 시작되지요. 앞에서 말했
듯이, 그 일이 선생님이 재판을 받으시기 전날에 행해졌기 때문에, 소크
라테스께서는 재판이 끝난 후에도 한참을 감옥에 계시다가 돌아가신 것
입니다.

에케크라테스: 그렇다면, 선생님이 돌아가실 때의 상황은 어떠했습니
까? 무슨 말씀을 하셨고 어떤 행동을 하셨습니까? 선생님의 친구 분 중
에는 누가 자리에 함께했습니까? 아니면, 관리들이 허락하지 않아서 홀
로 삶을 마감하셨습니까?

d **파이돈**: 결코 그렇지 않았습니다. 누군가가, 아니 여러 사람이 곁에 있
었습니다.

에케크라테스: 그렇다면, 당신에게 급한 일이 있지 않다면, 그때 일어
났던 모든 일을 될 수 있으면 아주 자세하고 구체적으로 우리에게 전해

---

2 "테세우스"는 아테네의 전설적인 왕 아이게우스의 아들이다. 크레타의 왕 미노스는, 몸
은 황소이고 머리는 인간의 모습을 한 괴물 미노타우로스("미노스의 황소"라는 뜻)에
게 조공으로 바칠 인신제물인 일곱 쌍의 선남선녀를 아테네에 요구했고, 아테네는 해
마다 그 조공을 바쳐야 했다. 테세우스는 그 인신제물 중 하나로 자원한 뒤, 검은 돛을
올리고 출항하는 배를 타고 가서, 미노타우로스를 죽이고 무사히 돌아온다.

주십시오.

파이돈: 내게는 시간적인 여유가 있으니, 그때의 일들을 여러분에게 아주 소상하게 들려 드리려고 애써보겠습니다. 내가 말하든, 다른 사람이 하는 말을 경청하든, 소크라테스 선생님을 회상하는 일은 내게는 언제나 가장 즐겁고 기분 좋은 일이기 때문이지요.

에케크라테스: 파이돈, 사실 당신의 말을 듣고자 하는 사람들도 당신과 똑같은 마음입니다. 그러니 그 일과 관련된 모든 것을 가능한 한 있는 그대로 자세하게 하나도 빠짐 없이 말해주십시오.

파이돈: 사실 나는 그때 선생님과 함께 있으면서, 이상하게도 죽어가 e
는 친구 곁에 함께 있을 때 흔히 느끼게 되는 불쌍하고 측은하다는 감정 같은 것이 느껴지지 않았습니다. 태도나 말씀으로나 내게는 선생님이 행복해 보였기 때문이지요, 에케크라테스. 선생님은 그렇게 전혀 두려움 없이 고귀하게 삶을 마감하셨습니다. 그래서 선생님은 신이 정해준 운명에 따라 저승으로 가신 것이고, 그렇기 때문에 거기서도 행복하실 것이라는 생각이 들었습니다.

그런 이유에서 나는 당연히 무척 슬퍼해야 할 자리인 것 같은데도 그 59a
분이 불쌍하고 측은하게 여겨지지 않았습니다. 하지만 다른 한편으로는 평소에 우리가 나누던 대화와는 달리, 철학적인 토론을 하면서도 기쁨을 느낄 수 없었습니다. 선생님이 이제 곧 삶을 마감하신다는 생각이 들자, 뭐라고 말로 표현할 수 없는 묘한 감정이 나를 사로잡았습니다. 그것은 기쁨과 고통이 한데 섞인 아주 묘한 것이었지요. 그 자리에 함께한 우리는 모두 동일한 감정에 사로잡혀서 웃다가 울다가 했습니다. 그중에서도 한 사람, 그러니까 아폴로도로스[3]가 특히 그랬는데, 당신도 그 사람과 그 b

---

3 "아폴로도로스"는 소크라테스의 추종자로서, 『향연』에 이야기 전체를 들려주는 화자로 등장한다. 소크라테스의 임종 때에 대성통곡하며 가장 격렬한 감정을 나타내 보인 인물이기도 하다. 『향연』에서는 자기 자신을 비롯해서 모든 사람에 대해 부정적인 인식과 감정을 지닌 인물로 묘사되고, "유약한 사람"이었다는 표현도 나온다. 따라서 그는 아

의 사람됨을 알고 있지 않습니까?

에케크라테스: 내가 왜 모르겠습니까?

파이돈: 그래서 그는 그런 감정에 사로잡혀 어쩔 줄 몰라 했고, 나나 다른 사람도 혼란스러워했지요.

에케크라테스: 그런데 파이돈, 그 자리에는 누가 있었습니까?

파이돈: 선생님이 속한 구역 사람으로는 앞에서 말한 아폴로도로스, 그리고 크리스토볼로스와 그의 아버지가 있었고, 그 외에도 헤르모게네스, 에피게네스, 아이스키네스, 안티스테네스가 있었지요. 파이아니아 구역의 크테시포스, 메넥세노스와 그의 구역 사람들 몇 명도 함께 있었습니다.⁴ 그리고 플라톤은 내 생각에는 아파서 못 왔던 것 같습니다.

에케크라테스: 다른 나라에서 온 외지인도 그 자리에 있었나요?

c **파이돈**: 네. 테바이 사람 심미아스, 케베스, 파이돈데스가 있었고, 메가라에서 온 에우클리데스와 테르프시온도 있었습니다.

에케크라테스: 무엇이라고요? 그렇다면 아리스티포스와 클레옴브로토스는 거기에 없었다는 말입니까?

파이돈: 없었습니다. 그들은 아이기나⁵에 있었다고 합니다.

에케크라테스: 그들 외에 다른 사람은 그 자리에 없었습니까?

파이돈: 내 기억으로는 방금 내가 말한 사람들이 거기에 있었던 전부였던 것 같습니다.

에케크라테스: 그렇군요. 그렇다면 그들은 무슨 말을 나누었습니까?

파이돈: 내가 이 모든 일을 처음부터 끝까지 다 당신에게 얘기해 드리

주 감정적이고 여성성이 강한 인물이었던 듯하다.

4 "크리스토볼로스"는 크리톤의 아들이다. 따라서 "그의 아버지"는 크리톤을 가리킨다. 아티케 지방은 174개의 구역으로 구분되어 있었다. 파이아니아도 그중의 한 구역이었다. 이러한 구역들이 모여서 하나의 부족을 이루었는데, 도시국가 아테네에는 10개의 부족이 있었다.

5 아이기나는 아티케 지방의 남쪽에 있는 섬으로, 아테네에서 27킬로미터 정도 떨어져 있었다.

겠습니다.

2.

나를 비롯한 여러 사람들은 그날 이전에도 날마다 소크라테스 선생님을   d
찾아뵈었습니다. 마침 재판이 열렸던 그 법정이 감옥에서 가까웠기 때문
에, 거기에서 매일 꼭두새벽에 함께 만났지요. 그리고 아주 이른 새벽에
는 감옥이 개방되지 않았으니까, 감옥 문이 열릴 때까지 함께 대화를 나
누며 거기에서 기다렸습니다. 그러다가 감옥 문이 열리면, 즉시 안으로
들어가 소크라테스 선생님을 만나서, 하루의 대부분을 선생님과 함께 보
내곤 했습니다.

그날 우리는 평소보다 더 일찍 모였습니다. 전날 저녁 감옥에서 나올
때, 델로스에서 돌아오기로 되어 있던 배가 마침내 도착했다는 말을 들
었기 때문이지요. 그래서 우리는, 내일은 매번 만나는 장소로 가급적 일   e
찍 오라고 서로에게 당부했습니다.

그렇게 우리가 만나서 감옥으로 가자, 평소에 우리를 들여보내 주곤
했던 옥사쟁이가 나와서는, 자신의 지시가 있을 때까지 기다리라고 했습
니다. 그러면서 "열한 명의 간수들[6]이 지금 소크라테스 선생님의 족쇄를
풀어 드리면서 오늘이 삶을 마감하시게 될 날임을 통보하는 중이어서
그런 것입니다"라고 말해주었습니다. 조금 지나자, 옥문지기가 다시 돌
아와서는 우리에게 들어가라고 하더군요.

우리가 들어갔을 때, 소크라테스께서는 방금 족쇄에서 풀려난 그런   60a
모습으로 계셨고, 당신도 알고 있는 크산티페[7]가 어린 아들을 안은 채로

---

6   "열한 명의 간수들"은 감옥의 관리와 형벌의 집행을 담당한 "11인의 위원회"를 가리킨다.
7   "크산티페"는 소크라테스의 아내이다.

선생님 옆에 앉아 있었습니다. 크산티페는 우리를 보자마자 큰 소리로 울면서, 여인네들이 흔히 하는 그런 말들을 넋두리처럼 늘어놓았습니다. 그러고는 "소크라테스, 친구들이 당신에게 말하고 당신이 친구들에게 말하는 것도 이번이 마지막이네요"라고 했지요. 소크라테스께서는 크리톤을 쳐다보며, "크리톤, 누가 이 사람을 집까지 데려다주게"라고 말씀하셨습니다. 그러자 크리톤의 하인 몇 사람이, 가슴을 치며 울부짖고 있던 그녀를 밖으로 데리고 나갔습니다.

b 그러는 동안 소크라테스께서는 침상에 앉아 몸을 곧추세우고 다리를 몸쪽으로 끌어당겨 손으로 문지르고 계시다가, 이윽고 말씀하셨습니다.

"이보시게들, 사람들이 쾌감이라고 부르는 것은 정말 묘하다는 생각이 든다네. 쾌감은 그 반대인 것으로 보이는 고통과 아주 기묘하게 연관되어 있지. 이 둘이 어떤 사람에게 동시에 존재하는 경우는 거의 없네. 하지만 사람이 둘 중 어느 하나를 쫓아가서 붙잡으면, 다른 한 쪽도 거의 언제나 붙잡게 된다네. 마치 이 둘은 하나의 머리를 가진 두 개의 몸처럼 말이야."

그러고는 말씀하셨지요.

c "그래서 나는 만일 아이소포스[8]가 이것을 깊이 관찰하고 생각했더라면, 그 사실을 토대로 해서, 신이 늘 싸우기만 하는 이 둘을 화해시키려 했지만 뜻대로 되지 않자 이 둘의 머리를 한데 합쳐서 하나로 만들어버렸다는 내용의 우화를 지어내지 않았을까 생각하게 된다네. 그렇기 때문에, 이 둘 중 어느 쪽이 누군가를 찾아가면, 곧바로 다른 쪽도 그 사람을 찾아가게 되는 것이라고 말일세. 나는 족쇄 때문에 다리에 고통을 느꼈

---

8 "아이소포스"는 기원전 6세기경에 활동한 고대 그리스의 우화 작가다. 노예의 아들로 태어났고, 말더듬이에 원숭이처럼 생겨 늘 왕따를 당했다. 하지만 아주 지혜로워서 주인조차 그를 함부로 대하지 못했다. 그의 지혜를 본 이웃 나라 사모스의 철학자 크잔토스가 그를 샀고, 결국에는 왕의 총애를 받아 자유민이 되었다. 델포이에 갔다가, 그를 시기한 사람들의 모함을 받아, 절벽에서 떨어지는 방식으로 사형을 당했다. 동물들에 빗대어 인간 세계를 풍자한 많은 우화를 지었다.

었네. 그런데 족쇄에서 풀려난 지금은 이렇게 고통에 뒤이은 쾌감을 느끼는 것을 보니, 그런 일이 내게도 해당되는 것 같네."

그러자 케베스가 불쑥 끼어들어서 말했습니다.

"제우스를 걸고 맹세하건대, 소크라테스 선생님, 그렇게 말씀하시니 생각나는 게 있습니다. 선생님은 전에는 시를 전혀 짓지 않으셨지요. 그 d 런데 여기에 들어오신 후로는 아이소포스의 우화들에 운율을 넣으셔서 시로 만드시고, 아폴론 신에게 드리는 찬가도 지으시는 등, 열심히 시를 짓고 계십니다. 전에도 몇몇 사람이 그 이유가 무엇이냐고 제게 물었는데, 최근에는 에우에노스[9]도 제게 그런 질문을 했습니다. 그가 또다시 제게 그런 질문을 해올 것이 분명합니다. 그런 경우에 제가 에우에노스에게 어떻게 대답하면 좋을지, 선생님이 생각하시는 것이 있다면 말씀해주십시오."

그분은 이렇게 말씀하셨지요.

"그렇다면 그에게 다음과 같이 사실대로 말해주게나, 케베스. 경쟁하 e 기 위해 시를 지은 것이 아니라네. 그렇게 하기가 쉽지 않다는 것도 내가 잘 알고 말일세. 내가 근래에 시를 짓게 된 것은 내가 꾼 꿈들이 무슨 의미인지를 알아내려는 것이었네. 혹시라도 그 꿈들이 여러 번 반복해서 나타난 것이 시가들을 지으라는 의미일 수도 있겠다는 생각이 들었네. 만약 그런 것이라면 내게 주어진 본분을 게을리하면 안 되겠다 싶어 시를 지어본 것이라네.

내가 꾸어 온 꿈들은 이런 것들이었지. 나는 지난 세월 살아오는 동안에 종종 동일한 꿈을 꾸어 왔네. 꿈을 꾼 시기나 꿈에서 나타난 형태는 달랐어도, 그 꿈들이 내게 말한 것은 언제나 똑같아서, '소크라테스여, 시가詩歌를 짓고 시가를 부르는 일에 힘쓰라'고 내게 말했거든.

---

9   "에우에노스"는 파로스 출신의 시인이자 소피스트였다. 파로스는 그리스의 키클라데스 제도에 속한 작은 섬이다. 키클라데스 제도는 에게해의 중앙에 있는 여러 섬들을 가리키는 명칭으로, "원을 이루는 섬들"이라는 뜻이다.

여기에 들어오기 전에는 그런 꿈들이 내가 해오고 있던 일을 계속해

61a 나가라고 권하고 격려해주는 것이라고 생각했지. 사람들이 달리기 선수들을 격려하는 것처럼, 그 꿈들은 내가 해오던 일을 계속하라고 격려하는 건 줄 알았어. 철학은 최고의 시가이고, 나는 철학에 헌신하고 있었으니까, 시가를 짓고 시가를 부르는 것이 바로 그 일이라고 생각했지.

하지만 이제 재판도 다 끝난데다가, 아폴론 신을 위한 축제 때문에 나의 죽음이 지연되다 보니, 그 꿈들이 내게 자주 시가를 지으라고 지시한 것이 혹시 비유적인 의미가 아니라 문자 그대로 시가를 지으라는 것일 수도 있겠다는 생각이 들었네. 그렇다면 내가 죽기 전에 그 꿈들

b 의 지시에 복종해서 실제로 시를 써봄으로써, 그 지시를 소홀히 하고 복종하지 않았다는 말을 듣지 않는 편이 좀 더 안전하겠다고 생각하게 된 것이지.

그래서 먼저 지금 진행되는 축제의 주신인 아폴론에게 바치는 찬가를 지었지. 그리고 무릇 진정한 시인이 되려면, 신에게 바치는 찬가를 지은 후에는, 철학적으로 논증하는 글이 아니라 어떤 이야기를 만들어야 한다고 생각했어. 그런데 나는 전문적으로 이야기를 지어내는 사람이 아니기 때문에, 우선은 내가 잘 알고 있고 지금 내 수중에 있는 아이소포스의 우화에 운율을 붙여 시로 만들어야겠다고 생각한 것이지.

그러니 에우에노스에게 그렇게 말해주게, 케베스. 그리고 그에게 안

c 부를 전해주면서, 가능한 한 빨리 내 뒤를 따라오는 것이 현명한 일이라는 말도 전해주게. 아마도 나는 오늘 떠날 것 같네. 아테네 사람들이 그렇게 하라고 명령하고 있으니 말일세."

그러자 심미아스가 말했지요.

"소크라테스 선생님, 에우에노스에게 그렇게 권하시는 이유가 무엇인지요? 저도 그 사람을 자주 만나보아서 잘 아는데, 제가 알기로 그는 선생님의 권면을 받아들일 사람이 아닙니다."

그분이 말씀하셨지요.

"그게 무슨 말인가, 에우에노스는 철학자가 아니란 말인가?"

심미아스는 "저는 그가 철학자라고 생각합니다"라고 대답했습니다.

"그렇다면 에우에노스는 나의 권면을 받아들일 걸세. 철학을 하는 것이 진정으로 가치 있다고 여기는 사람이라면 누구나 그렇게 할 것이기 때문이네. 물론 그는 자살하지는 않을 걸세. 사람들이 그것을 신과 인간의 법에 비추어 불법이라고 말하기 때문이지."

그렇게 말씀하시고 난 뒤, 그분은 자신의 다리를 땅바닥에 내려놓으셨고, 그런 자세로 앉으신 채로 나머지 토론을 이어가셨지요.

그러자 케베스가 선생님께 이렇게 말했습니다.

"소크라테스 선생님, 자살하는 것은 불법이라고 하시면서 철학자는 곧 죽게 될 사람의 뒤를 따라야 한다고 말씀하신 것은 무슨 뜻인지요?"

"이런, 케베스. 자네와 심미아스는 필롤라오스[10]와 어울려 그런 주제로 많은 대화를 나누고도 그런 말을 듣지 못했다는 것인가?"

"분명하게 들은 것은 전혀 없습니다, 소크라테스 선생님."

"사실 나도 그런 것들에 대해 남들에게서 전해 들은 말을 하는 것이네. 그렇더라도 내가 들은 것들을 기꺼이 말해주겠네. 이제 곧 여행을 떠날 사람에게, 그 여행에 대해 살펴보고 여행에 대한 우리의 생각이 어떠한지를 이야기하는 것이야말로 가장 어울리는 일이 아닐까 싶네. 해 지기 전까지 남은 시간 동안 그런 사람이 그것 말고 무엇을 할 수 있겠는가?"

"소크라테스 선생님, 그런데 사람들은 왜 자살하는 것이 옳지 못하다고 말하는 것인지요? 방금 선생님이 물으셨듯이, 저는 테바이에 살면서

---

10 "필롤라오스"는 기원전 470-385년경에 활동한 고대 그리스의 피타고라스 학파에 속한 철학자다. 이탈리아 남부에 있는 크로톤에서 태어나서 테바이에 정착해 살았다. 아리스토텔레스는 피타고라스 학파에 대해 말할 때 그의 글들을 1차 자료로 사용했던 것 같다. 그는 우주가 한정된 것들과 한정되지 않은 것들로 이루어져 있고, 조화의 원리에 따라 한정되지 않은 것으로부터 한정된 것이 만들어진다고 주장했다. 지구는 행성이라고 말하며, 지동설을 주장한 최초의 인물이기도 하다.

필롤라오스를 비롯한 여러 사람으로부터 자살하는 것은 옳지 못하다고 하는 말을 들었습니다. 하지만 왜 그렇게 말하는지에 대해서는 그 누구에게서도 분명하게 들은 적이 없습니다."

그러자 소크라테스께서는 말씀하셨습니다.

62a "그렇다면 이제 곧 그 대답을 듣게 될 것이니 희망을 가져 보게. 모든 일에는 예외가 있는 것처럼, 사는 것이 죽는 것보다 더 낫다는 말에도 예외가 있다네. 어떤 사람에게는 사는 것보다 죽는 것이 더 나아 보이는데도 절대로 그렇지 않다고 말한다면, 그런 말을 자네가 이상하게 생각하는 것도 당연하겠지. 그리고 사는 것보다 죽는 것이 더 나은 그런 사람들이 있는데도, 그들이 스스로 죽는 것은 옳지 못하고, 그들에게 그런 은혜를 베풀어줄 자를 기다려야 한다고 말하는 것도 자네에게는 이상하다 싶은 일일 걸세."

케베스는 살짝 웃으며 사투리를 사용해서 "제우스 신은 아실 겁니다"라고 말했지요.

소크라테스께서는 계속 말씀하셨습니다.

b "그런 말들이 이치에 맞지 않아 보이는 것은 사실이지. 하지만 그럼에도 나름대로 일리가 있다네. 밀교의 가르침[11] 중에서 이 주제와 관련된 것이 있네. 거기에서 사람들은 일종의 감옥에 갇혀 있는 것이고, 거기서 스스로 벗어나거나 도망쳐서는 안 된다고 가르침을 받지. 뭐랄까, 그런 가르침은 내게는 좀 거창해 보이고, 완전히 이해하기도 어려워 보이는 것이 사실이네. 하지만 케베스, 신들은 우리를 돌보아주는 수호자들이고, 우리 인간은 신들의 소유물 중 하나라는 말을 나는 옳다고 생각하

---

11 밀교는 집단 내에서 가르침을 비밀스럽게 전하는 종교 집단을 가리킨다. 그 교리는 대체로 사후세계에서 불멸을 얻는 것에 집중되어 있었다. 고대 그리스에는 곡물과 수확의 여신 데메테르를 숭배하는 엘레우시스 밀교, 술의 신 디오니소스를 숭배하는 디오니소스 밀교, 최고의 가인이었던 오르페우스를 숭배하는 오르페우스 밀교 등이 유명했다.

네. 자네는 그렇지 않나?"

"저도 그렇게 생각합니다"라고 케베스가 대답했지요.

그분이 말씀하셨습니다.

"그렇다면 자네가 소유하고 있는 노예 중 하나가 자네 허락도 없이, 그러니까 자네가 죽으라고 하거나 그런 암시를 준 적도 없는데, 자살하려 했다고 해보세. 그러면 자네는 그 노예에게 화가 나서, 가능하기만 하다면 그를 벌하려고 하지 않겠나?"

"틀림없이 그럴 겁니다"라고 그가 대답했지요.

"그런 식으로 생각한다면, 신이 지금 우리에게 그러시는 것같이, 어떤 사람을 반드시 죽어야 할 상황에 두신 것도 아닌데, 그 사람이 스스로 죽는 것은 불법이라고 말하는 것을 이치에 맞지 않다고 할 수는 없어 보이네."

그러자 케베스는 이렇게 말했지요.

"그래 보입니다. 하지만 우리가 방금 말한 것, 그러니까 신은 우리를 돌보아주는 수호자이고, 우리는 그의 소유물이라고 한 것이 이치에 맞는 말이라면, 철학자들은 기꺼이 죽고자 해야 한다는 선생님의 말씀은 앞뒤가 맞지 않는 것 같습니다. 가장 지혜로운 자들이라고 하는 사람들이 가장 훌륭한 감독자인 신들의 보살핌에서 벗어나서 스스로 자신을 보살필 때에 더 잘 해낼 수 있다고 생각할 리가 만무합니다. 그런데도 신들의 보살핌에서 마음대로 벗어나고자 하면서도, 아무런 거리낌을 느끼지 않는다는 것은 이치에 맞지 않지요.

물론 어리석은 자라면, 주인에게서 어떻게든 도망치려고 궁리합니다. 그래서 좋은 주인에게서는 도망치지 말아야 하고, 도리어 가능한 한 오랫동안 주인 곁에 머물러 있어야 한다는 생각은 못합니다. 따라서 그런 자가 분별 없이 도망친다고 해도, 그것은 하나도 이상할 것이 없습니다. 하지만 분별 있는 사람이라면, 자기보다 더 나은 사람과 언제까지나 함께하고 싶어 할 것이 분명합니다. 그렇다면 소크라테스 선생님이 방금

c

d

e

말씀하신 것과는 정반대로, 지혜로운 자들은 죽는 것을 꺼리고, 어리석은 자들은 기뻐할 것 같아 보입니다."

소크라테스께서는 그 말을 들으시고는, 케베스가 건성으로 넘기지
않고 그렇게 캐묻는 것에 흡족해하신 듯, 우리를 쳐다보시며 "케베스는 어떤 주제가 되었든 언제나 이렇게 이치에 맞는지를 하나하나 다 따져 보기 때문에, 누가 무슨 말을 해도 즉시 받아들이려고 하는 법이 없지" 라고 하셨지요.

그러자 심미아스가 말했습니다.

"소크라테스 선생님, 제가 생각해도 케베스가 한 말이 맞는 것 같습니다. 진정으로 지혜로운 사람이라면, 자기보다 더 나은 주인을 기꺼이 버리고 도망치려고 할 만한 이유가 대체 무엇이겠습니까? 그리고 제가 보기에, 케베스는 지금 선생님을 염두에 두고 그런 논리를 편 것 같습니다. 선생님은 신들이 훌륭한 통치자라는 것을 스스로 인정하셨으면서도, 그런 신들과 우리를 기꺼이 떠나려고 하시기 때문입니다."

그분은 말씀하셨지요.

"자네들의 지적이 맞네. 내 생각에, 자네들은 내가 그렇게 하려는 이유를 법정에서 변론하듯이 분명하게 밝히길 바라는 것 같네."

"우리는 바로 그것을 바랍니다"라고 심미아스가 말했습니다.

그러자 그분은 "자, 그렇다면, 나는 배심원들 앞에서보다 더 공들여서 나 자신을 변론하고 자네들을 설득해보도록 하겠네"라고 하시고는 계속 이렇게 말씀하셨습니다.

"심미아스와 케베스, 만약 내가 죽어서 가는 곳이 일차적으로는 지혜롭고 선한 신들이 있는 곳, 다음으로는 이승에서 살아가는 사람들보다 더 훌륭한 사람들이 있는 곳이라고 생각하지 않았다고 하세. 그러면 죽음을 꺼리지 않는 나의 태도는 분명 잘못된 것일 수밖에 없을 테지. 하지만 명심하게나. 나는 죽어서 선한 사람들이 있는 곳으로 갈 것을 기대하고 있네. 물론 나의 그런 기대가 절대로 틀림없다고 단언할 수는 없네.

그러나 내가 가는 곳이 지극히 선한 우리 주인인 신들이 있는 곳임은 단언할 수 있을 것이네. 그런 이유에서 나는 죽음을 꺼리는 것이 아니라, 도리어 오래전부터 사람들 사이에서 전해 내려온 말처럼, 이승을 하직한 사람들에게는 악인보다는 선한 자들이 살기가 훨씬 더 나은 곳이 기다리고 있다고 선한 기대를 하는 것이라네."

그러자 심미아스가 말했지요.

"그렇다면 소크라테스 선생님, 선생님은 그런 기대와 확신을 혼자서만 간직한 채로 떠나시려고 하는 것입니까, 아니면 우리에게도 좀 나누어 주실 생각이십니까? 내 생각에는 그런 좋은 것은 모두가 공유해야 한다고 봅니다. 또한 선생님이 그것을 우리에게 다 말씀해주시고, 우리가 그것을 수긍한다면, 그 말씀은 그대로 선생님이 옳음을 입증해주는 변론이 될 것입니다."

그분은 말씀하셨습니다.

"그렇게 해보도록 하겠네. 그런데 그러기 전에 여기 크리톤을 좀 보게. 그가 아까부터 무엇인가 말하고 싶어 하는 것 같으니, 먼저 그의 말부터 한번 들어보세."

크리톤이 말했습니다.

"그러니까 소크라테스, 다른 것이 아니라 자네에게 독약을 주는 일을 맡은 사람이 아까부터 여러 차례 나를 불러내서는, 자네는 될 수 있으면 말을 적게 해야 한다며, 그 말을 자네에게 전해주라고 계속해서 나를 닦달하고 있다네. 그의 말에 따르면, 사람이 말을 하면 체온이 높아지는데, 전에 그렇게 말을 많이 해서 체온이 높아진 사람들이 독약을 두세 배나 마셔야 했던 경우도 있었다네. 그러니 독약을 받기 전에는 말을 많이 해서는 안 된다는 것이네."

그러자 소크라테스께서 말씀하셨습니다.

"그 사람은 자기 할 일이나 신경 쓰도록 내버려두게. 내가 두 배, 또는 필요한 경우에 세 배의 독약을 마셔야 한다면, 그가 그렇게 준비하면 그만 아니겠나."

크리톤은 "자네가 그렇게 말할 줄 이미 알고 있었네만, 그 사람이 아까부터 계속해서 나를 닦달하고 있다네"라고 말했지만, 그분은 "그 사람은 신경 쓰지 말고 내버려두게"라고 하신 후에 말씀을 이어나가셨지요.

3.

64a "이제 배심원인 자네들 앞에서 설명해보겠네. 진정으로 철학에 자기 일생을 바친 사람이 죽음을 앞두고 자신이 저승에서 아주 큰 복을 받게 되리라는 확신과 선한 기대를 지니게 되는 이유를 말일세. 심미아스와 케베스, 어떻게 그럴 수 있는지를 내가 자네들에게 보여주도록 애써 보겠네.

철학에 제대로 헌신해서 살아가는 사람들은 누구나 다른 것에는 관심이 없고, 오로지 죽는 것에만 관심을 가지고 죽기만을 바라지. 이것은 엄연한 사실이네. 그런데 평생에 걸쳐 오로지 죽는 것에만 관심을 가지고 기꺼이 죽고자 해왔던 바로 그런 사람이 오랫동안 고대해왔던 죽음을 앞두고서 죽기를 싫어하고 그 죽음을 꺼린다는 것이 말이 되겠는가."

그러자 심미아스가 웃으며 말했지요.

b "제우스를 걸고 맹세하건대, 소크라테스 선생님, 저는 지금 웃을 기분이 전혀 아닌데도, 선생님의 말씀을 들으니 웃음이 나옵니다. 철학자에 대한 선생님의 말씀을 들은 많은 사람은 아마도 선생님의 말씀이 지극히 옳다고 생각하겠지요. 특히 우리 지방 사람들[12]은, 진정으로 철학을

---

12 심미아스의 고향인 '테바이'가 속해 있는 보이오티아 지방을 가리키는데, 보이오티아 사람은 무식하고 어리석으며 둔하다는 평판이 있었다. 보이오티아 사람에게 철학자들은 언제라도 기꺼이 죽으려는 사람들처럼 보였다. 하지만 "철학을 하는 사람들은 죽기

하는 사람들은 죽기를 원한다는 선생님의 말씀에 동의하는 것은 물론이
고, 철학자는 죽을 준비가 잘 되어 있는 자임을 모르지 않는다는 데 기꺼
이 동의할 것입니다."

선생님은 말씀하셨습니다.

"심미아스, 그들이 하는 말들은 사실이네. 하지만 그들이 '죽을 준비'
와 관련해서 모르지 않는다는 주장은 사실이 아닐세. 그들은 진정한 철
학자들이 어떤 의미에서 죽고자 하는지, 그리고 어떤 의미에서 죽을 준
비가 잘 되어 있는지, 그리고 어떻게 죽고자 하고 준비가 잘 되어 있다는
것이 무엇인지를 알지 못하기 때문이지. 하지만 그들은 상관하지 말고,   c
우리끼리 말해보세. 우리는 죽음이라는 것이 하나의 실체로 존재한다고
믿는가?"

"물론입니다"라고 심미아스가 대답했지요.

"그렇다면 죽음이라는 것은 영혼과 몸이 서로 분리되어 있는 것이 아
니겠는가? 그리고 죽는다는 것은 몸이 영혼으로부터 분리되어 따로 있
고, 영혼은 몸으로부터 분리되어 따로 있는 것이 아니겠는가? 죽음이라
는 것이 그것 외에 다른 것일 수 있을까?"

"아닙니다, 죽음은 그런 것입니다"라고 심미아스가 대답했지요.

"그렇다면 이보게 훌륭한 사람이여, 자네 생각이 내 생각과 같은지
어떤지를 한번 생각해보게. 그렇게 한다면, 우리가 지금 살펴보는 것에   d
대해 더 잘 알게 될 것 같아 그러네. 자네는 먹고 마시는 것같이 사람들
이 흔히 즐거운 일이라고 부르는 것을 추구하는 것이 철학자가 전념해
야 할 일이라고 생각하는가?"

"절대로 그렇지 않습니다, 소크라테스 선생님"이라고 심미아스가 말

를 원한다"는 주장은 그들이 철학적인 사유와 변증을 통해 죽음이 결코 화가 아니라 복
이라는 것을 알았기 때문에 생겨난 것이다. 그들이 "죽을 준비가 잘 되어 있는 자들"인
것도 평생에 걸쳐서 철학을 하며 지혜를 사랑하고 추구함으로써, 죽어서도 사후세계에
서 복을 누리게 될 준비를 갖추었기 때문이다.

했습니다.

"그렇다면 성적인 즐거움을 추구하는 것은 어떠한가?"

"그것도 절대로 아닙니다."

"그렇다면 몸을 치장하고 가꾸는 것은 어떠한가? 그러니까 자네 생각에는, 철학자들이 자신에게 꼭 필요한 것들을 제외하고, 멋진 옷이나 신발을 비롯해서 그 밖의 다른 장신구들을 소중히 여기며 갖고 싶어 할 것 같은가, 아니면 하찮게 여겨 멸시할 것 같은가?"

"진정한 철학자라면 그런 것들을 멸시할 것 같습니다"라고 심미아스는 말했습니다.

"그러니까 자네는 철학자라는 사람들은 몸과 관련된 것에는 관심이 없고, 자신이 할 수 있는 한, 몸에는 신경을 쓰지 않고 영혼과 관련된 것에 매진하는 사람들이라고 생각하는 것인가?"

"제 생각은 그렇습니다."

65a

"그렇다면 우선 이 문제와 관련해서 철학자는 여느 사람들과는 달리 영혼의 문제를 몸에 관한 문제와 최대한으로 분리해서 본다는 것이 드러난 것이 아니겠는가?"

"그런 것 같습니다."

"그런데 심미아스, 대부분 사람은, 몸과 관련된 것에서 즐거움을 얻지 않고 그런 것에 관심을 두지 않는다면 도대체 사는 재미를 어디에서 얻어야 하는지 궁금해할 것이네. 그리고 몸을 통해 얻어지는 즐거움을 누리는 일에 전혀 관심이 없는 사람은 거의 죽은 사람이나 마찬가지라고 생각할 것일세."

"선생님의 말씀이 백번 옳습니다."

b

"그렇다면 지혜를 얻는 것과 관련해 몸과 영혼이라는 문제를 생각해 보도록 하세. 사람이 지혜를 탐구하는 일에서 몸을 자신의 동반자로 삼는다면, 몸은 장애물이 되겠는가 그렇지 않겠는가? 그러니까 내 말은 이런 뜻이네. 시각과 청각은 인간에게 어떤 진실을 정확히 전달해주는가,

아니면 시인들이 끊임없이 읊조리듯이 인간이라는 존재가 정확하게 듣거나 보는 것은 아무것도 없다는 말이 사실인가? 게다가 그러한 감각들이 정확하지도 명료하지도 않다면, 그 밖의 다른 감각은 그 두 감각보다 훨씬 더 형편없으니 두말할 필요도 없지 않겠는가? 자네는 그렇다고 생각하지 않나?"

"물론입니다"라고 심미아스가 대답했습니다.

소크라테스께서는 말씀하셨지요.

"영혼이 몸을 동반자로 삼아 어떤 것의 진실을 파악하려고 할 때마다 늘 몸에게 속을 것이 분명하다면, 도대체 영혼은 어떻게 진리에 도달할 수 있겠는가?"

"옳은 말씀입니다."

"그렇다면 실제로 존재하는 어떤 진실이 영혼에 아주 명료하게 드러나는 때가 있다면, 그것은 영혼이 사유할 때가 아니겠는가?"

"그렇습니다."

"그리고 영혼의 사유가 가장 잘 이루어지는 때는 영혼이 몸과의 소통이나 접촉을 최대한 끊고 몸과 작별하고서, 가능한 한 자신 속으로 깊이 물러나 침잠할 때임이 분명할 걸세. 그럴 때 영혼은 청각이나 시각이나 고통이나 즐거움 같은 그 어떤 것들에 의해서도 방해받지 않고, 실제로 존재하는 그대로의 진실에 도달하지 않겠는가?"

"그렇습니다."

"그렇기 때문에 철학자의 영혼은 몸을 멸시하고 몸으로부터 도망쳐서, 자신 속으로 깊이 물러나려고 하지 않겠는가?"

"그럴 것 같습니다."

"그렇다면 이런 것들은 어떠한가, 심미아스. 우리는 정의라는 것이 존재한다고 말하는가, 존재하지 않는다고 하는가?"

"제우스를 걸고 맹세하건대, 우리는 정의라는 것이 존재한다고 말합니다."

"그러면 우리는 아름다움과 착함도 존재한다고 말하는가?"

"어떻게 그런 것들이 존재하지 않는다고 말할 수 있겠습니까?"

"그렇다면 자네는 이것 중에서 단 하나라도 눈으로 본 적이 있는가?"

"결코 없었습니다"라고 심미아스가 대답했지요.

"자네는 몸의 다른 감각을 통해 어떤 것들을 인식하고 이해한 적이 있는가? 내가 말한 어떤 것이란 크기나 온전함이나 힘처럼 각각의 존재하는 것의 본질, 다시 말하면 각각의 존재가 무엇인가를 말해주는 모든 것을 의미하네. 그렇다면 그러한 것에 관한 진실은 몸을 통해서 얻는가, 아니면 자신이 고찰하는 어떤 것에 관해 가장 깊고 정확하게 성찰할 준비가 되어 있는 사람이 그 진실을 아는 데 가장 가까이 다가갈 수 있는가?"

"당연히 후자입니다."

"그렇다면 어떤 것을 성찰할 때에 시각을 함께 사용하지도 않고, 자신의 사유 속에 그 어떤 감각도 끌어들이지 않는 가운데, 최대한 자신의 정신적인 능력만을 사용해서 접근하는 사람이 가장 순도 높은 진실을 얻어낼 수 있을 것이네. 그런 사람은 몸의 어떤 감각이 영혼의 활동에 개입하여 영혼이 진리와 지혜에 도달하지 못하게 방해하는 일이 일어나지 않도록, 눈과 귀는 물론이고 한마디로 말해 몸 전체로부터 자유롭게 되어서, 오로지 순수한 정신적인 능력만을 사용해서 존재의 순수한 본질 그 자체를 추적해서 알아내려는 사람이지. 심미아스, 있는 그대로의 진실에 도달할 수 있는 사람이 있다면, 바로 그런 사람이 아니겠는가?"

"정말 기가 막히게 놀라운 진리의 말씀입니다, 소크라테스 선생님." 심미아스가 대답했지요.

그분은 말씀하셨습니다.

"이 모든 이유로 진정한 철학자들은 그런 생각을 지닐 수밖에 없고, 그래서 그들은 서로 이렇게 말할 것이 틀림없을 걸세.

우리가 몸을 지니고 있어, 영혼이 그런 악과 뒤섞여 있는 한, 우리는 결코 우리가 바라는 것, 즉 진리에 도달하기에 역부족일 수밖에 없소. 그래서 우리가 어떤 것을 탐구하고자 할 때, 이성이 우리를 인도해서 길을 열어주는 것으로 보이오.

몸은 자신이 생존하고 자라가는 데 필요한 온갖 것을 우리에게 공급해달라고 요구하오. 우리는 그 요구를 들어주느라고 눈코 뜰 새 없이 바빠서, 있는 그대로의 진실을 발견하는 데 온갖 방해를 받게 되오. 그러다가 병이라도 c 걸리면 진리를 탐구하는 것 자체를 할 수 없게 되지요. 그리고 몸은 온갖 요구와 욕망, 두려움과 상상과 잡념으로 우리를 가득 채운다오. 사실대로 말하자면, 우리는 몸 때문에 어떤 것을 생각하고 사유하는 것 자체가 불가능할 지경이오. 전쟁과 내란과 싸움이 일어나는 것도 다름 아닌 몸과 그 욕망 때문이지요. 모든 전쟁은 재물을 얻으려는 욕망 때문에 일어나는데, 우리는 몸 d 을 섬기는 노예이니 몸을 위해서는 재물을 얻어야만 하기 때문이오. 그래서 이 모든 것들로 눈코 뜰 새 없이 바빠서, 우리에게는 철학을 할 여력이 없는 것이오.

그러나 무엇보다 최악인 것은 우리가 그런 것에서 벗어나 시간적인 여유가 생겨 어떤 것을 생각하고 성찰하려고 하면, 몸은 우리가 탐구하는 모든 과정에 빠짐없이 개입한다는 것이오. 몸은 온갖 잡음과 소동을 일으켜 모든 것을 엉망진창으로 헤집어버린 뒤 우리를 당혹감과 공포 속으로 몰아넣소. 그렇게 해서 우리가 진실을 꿰뚫어보는 것을 불가능하게 한다오. 따라서 이 것으로 우리에게 분명하게 드러난 것은, 우리가 어떤 것의 진실을 있는 그대로 보고자 한다면, 스스로 몸으로부터 벗어나서 오로지 영혼만으로 그것을 바라보아야 한다는 것이오.

그렇다면 지금까지 살펴본 바에 의하면, 우리가 바라고 사랑한다고 공언 e 하는 저 지혜는 우리가 살아 있는 동안이 아니라 죽은 후에야 얻게 될 것으로 보이오. 몸이 개입되어 있을 때에 어떤 것을 있는 그대로 아는 것이 불가 능하다면, 우리는 진실을 절대로 알 수 없거나 죽은 후에나 알 수 있거나, 둘 67a

중의 하나라는 결론에 도달하는데, 영혼이 몸으로부터 분리되어 홀로 있게 되는 것은 살아서는 불가능하고 죽은 후에야 가능할 것이기 때문이오.

그리고 살아 있는 동안에 진실에 가장 가까이 다가갈 수 있는 길은, 신이 우리를 몸으로부터 놓여나게 할 때까지, 꼭 필요한 경우가 아니면 몸과 어울리거나 소통하지 말고, 우리 자신을 몸의 본성으로부터 순수하게 지켜서 그 본성에 더럽혀지지 않게 하는 것이오. 그렇게 해서 우리가 자신을 순수하게 지켜서 분별 없고 어리석은 몸의 간섭으로부터 벗어나게 된다면, 우리는 십중팔구 순수한 자기 자신을 통해 다른 것도 순수하게 볼 수 있을 것이오. 그렇게 해서 자신을 통해서 만물의 모든 본질을 알게 될 것이오. 그리고 아마도 그렇게 해서 알게 된 것이 진리일 것이오. 순수하지 못한 자가 순수한 것을 안다는 것은 있을 수 없는 일이기 때문이오.

심미아스, 진정으로 지혜를 사랑하는 사람들은 이런 것들을 생각하고 이런 말들을 나누며 서로 대화할 것이라고 나는 생각하네. 자네도 그렇게 생각하는가?"

"그렇게 생각하고 말고요, 소크라테스 선생님."

소크라테스께서는 말씀하셨지요.

"따라서 이보게, 내가 지금까지 한 말이 사실이어서, 우리가 여기에 살면서 지난 세월 동안 얻으려고 각고의 노력으로 심혈을 기울여왔던 바로 그것을 진정으로 얻을 수 있는 곳이 있다면, 그곳은 내가 곧 가게 될 곳일 것이네. 그러니 얼마 안 있어 거기에 당도하는 사람에게는 가슴 벅찬 희망과 기대가 있지 않겠나. 그래서 나는 이제 여정을 시작하려는 이 시점에서 선한 희망과 기대를 품고 있네. 자기 영혼이 여기에서 이미 깨끗하게 정화되어 준비되었다고 생각하는 사람이라면 누구나 다 그럴 것이네."

"당연히 그럴 것입니다"라고 심미아스가 말했지요.

"방금 앞에서 말했듯이, 영혼을 깨끗하게 정화한다는 것은 영혼을 가능한 한 최대로 몸에서 분리해서, 모든 면에서 몸으로부터 떨어져 나와 자기 자신 속으로 깊이 들어가 침잠하게 하여, 지금이나 나중에나, 말하자면 몸의 족쇄로부터 벗어나서 오로지 홀로 있는 데 익숙하게 하는 것이 아니겠는가?"

"물론입니다"라고 심미아스가 말했지요.

"그리고 영혼이 몸에서 풀려나서 분리되는 것을 죽음이라고 부르지 않겠나?"

"그렇습니다"라고 심미아스가 대답했지요.

"그런데 앞에서 이미 말했듯이, 영혼을 그런 식으로 풀려나게 하는 것은 오직 진정으로 철학하는 사람만이 간절히 바라는 것이고, 영혼이 몸에서 풀려나서 분리되는 것은 바로 그런 철학자들이 연구하고 추구하는 것이겠지. 그렇지 않은가?"

"그런 것 같습니다."

"그렇다면 내가 서두에 말했듯이, 평생에 걸쳐 최대한 죽음과 가장 가까운 상태로 살고자 해왔던 사람이 죽음이 다가오자 꺼리고 화를 낸다면, 그것은 황당한 일이 아니겠나?"

"왜 황당하지 않겠습니까?"

그분은 계속해서 말씀하셨지요.

"그렇다면 심미아스, 제대로 철학하는 사람들은 죽는 것을 탐구하며 실천하는 것을 본업으로 삼아 살아가는 사람들이니, 모든 사람 중에서 죽음을 가장 두려워하지 않는 사람들이 분명하네. 그런 사실을 토대로 생각해보면, 그들은 모든 면에서 몸을 극도로 혐오해 오로지 영혼만으로 존재하고 싶어 하다가, 마침 그런 기회가 찾아와 자신이 일평생 벗어나려고 몸부림쳤던 저 몸의 결박에서 놓이게 된 것일세. 그토록 오랜 세월 사모하고 열망해왔던 지혜를 얻을 수 있는 곳으로 가게 된 것이지. 그런데 그것을 기뻐하기는커녕, 도리어 두려워하고 화를 낸다면, 그것이 이치에 맞는 것이겠는가?

연인이나 아내나 아들이 죽었을 때, 자기가 보고 싶어 하던 사람들을 거기 가면 볼 수 있고 함께할 수 있으리라는 희망에 이끌려서, 자발적으로 저승에 가고자 했던 사람도 많지 않았던가. 그런데 진정으로 지혜를 사랑하고, 저승이 아니면 그 어디에서도 진정한 지혜를 얻을 수 없을 것

b 이라는 확고한 희망과 기대를 품은 사람이 있다고 하세. 그런 사람이 자기가 죽게 된 것을 꺼리고 화를 내며 저승에 가지 않으려 한다는 것이 말이 되겠는가? 이보게, 그가 진정한 철학자라면, 저승이 아닌 다른 곳에서는 완전하고 순수한 지혜를 얻지 못함을 확신할 것이네. 그러니 당연히 저승으로 기꺼이 가고 싶어 할 것은 두말할 필요도 없다네. 그것이 사실이라면, 내가 방금 말했듯이, 그런 사람이 죽음을 두려워한다면, 너무나 황당한 일이 아니겠는가?"

"제우스를 걸고 맹세하건대, 그것은 정말 황당하기 짝이 없는 일입니다"라고 심미아스는 말했지요.

그분은 계속 말씀하셨습니다.

"그러므로 어떤 사람이 자기가 죽게 된 일에 화를 낸다면, 그것은 그가 '지혜를 사랑하는 사람'이 아니라 '몸을 사랑하는 사람'임을 입증하는

c 충분한 증거가 되지 않겠는가? 그런 사람은 재물을 사랑하는 자이거나, 명예를 사랑하는 자이거나, 그 둘을 모두 사랑하는 자겠지."

"선생님 말씀이 전적으로 맞습니다"라고 심미아스는 말했지요.

선생님은 말씀하셨습니다.

"그렇다면 심미아스, 용기라고 부르는 것은 특히 철학자라고 불리는 사람들의 전유물이 아니겠는가?"

"아마도 그런 것 같습니다"라고 심미아스는 말했습니다.

"또한 많은 사람이 절제라고 부르는 것, 그러니까 욕망에 휘둘리지 않고 욕망을 멸시하고 복종시켜 평정심을 유지하는 것도 오직 몸을 최대한으로 멸시하면서 철학하며 살아가는 사람들의 전유물이 아니겠는가?"

"그럴 수밖에 없을 것입니다."

이에 그분은 말씀하셨습니다.

"자네가 철학자가 아닌 다른 사람의 용기나 절제를 살펴본다면, 그들이 말하는 용기나 절제에 대해 자네는 앞뒤가 맞지 않는 모순이라고 생각할 것이네."

"어째서 그런 것입니까, 소크라테스 선생님?"

그분은 말씀하셨습니다.

"철학자들을 제외한 다른 모든 사람은 죽음이 큰 해악 중 하나라고 믿는 것을 자네도 알고 있겠지?"

"그렇습니다."

"그렇다면 그들 중에서 용기가 있다는 사람이 죽음을 감수한다면, 그것은 더 큰 해를 당할 것이 두려워서 그런 것 아니겠는가?"

"그렇습니다."

"따라서 철학자를 제외한 다른 모든 사람이 그렇게 용기를 내는 것은 두려워하기 때문이네. 하지만 누군가가 겁이 나고 두려워서 용기를 내어 그렇게 행동한다고 말한다면, 그것은 앞뒤가 맞지 않는 모순일 것일세."

"틀림없이 그렇습니다."

"그렇다면 철학자들을 제외한 다른 모든 사람 중에서 욕망을 억누르고 절제한다고 하는 사람들은 어떠한가? 그들도 마찬가지가 아니겠는가? 즉, 그들은 자신의 무절제를 지키려고 절제하는 것이 아니겠는가 하는 말이네. 그런 일이 어떻게 가능하겠느냐고 반문할지도 모르겠지만, 진정한 의미에서의 절제로 보이는 것도 사실 그 이면에는 그런 동기가 작용하고 있다네. 그러니까 그들은 자신이 좋아하는 즐거움에 지배당한 상태에서 그 즐거움을 잃게 될 것이 두려워서 어떻게든 그것을 지켜내기 위해 다른 즐거움을 포기하는 것이지. 사람들은 즐거움에 지배당하는 것을 무절제라고 부르네. 그런데 그들이 다른 즐거움에 지배당하지 않고 그 즐거움을 포기할 수 있는 것은 그들이 어떤 특정한 즐거움에 이미 지배당했기 때문이라네. 만약 그들이 그 즐거움을 지키기 위해 그렇게 하는 것이라면, 그들은 이미 무절제한 자들인 것이지. 따라서 우리가 방금 앞에서 말했듯이, 그들은 자신의 무절제를 지키기 위해 절제하는 것이라고 말할 수 있다네."

"그래 보입니다."

"하지만 친애하는 심미아스여, 마치 동전을 교환하듯이, 즐거움을 즐거움과 교환하거나, 고통을 고통과 교환하거나, 동일한 것들 중에서 더 큰 것을 더 작은 것과 교환하는 것은 올바른 교환이 아니라네. 이 모든 것과 교환해야 할 것은 오직 지혜라는 동전뿐이고, 오직 그런 교환만이 b 올바른 교환이라네. 이 모든 것을 다 팔아서 사야 할 것은 지혜네. 즐거움과 두려움을 비롯한 그런 종류의 모든 것과는 상관없이, 용기와 절제와 정의, 한 마디로 말해 진정한 미덕은 항상 지혜와 함께하기 때문이지.

지혜가 없는 상태에서 즐거움이나 고통이나 두려움 가운데 어느 것을 다른 어떤 것으로 교환해서 생기는 것처럼 보이는 용기나 절제나 정의 같은 미덕은 단지 허깨비에 불과한 것이네. 알맹이도 없고 진정성도 없는 노예에게나 어울리는 미덕이지. 반면에, 진정한 미덕은 그런 모든 c 것에서 깨끗하게 정화되어 있네. 절제와 정의와 용기와 지혜 같은 것은 밀교에 입교할 때에 반드시 거쳐야 하는 일종의 정화의식인 셈이지.

우리를 위해 밀교를 창시한 분들은 하찮은 사람으로 여겨 멸시해도 좋은 그런 사람이 결코 아닐세. 그들은, 밀교에 입교하여 정화의식을 거치지 않고 저승에 간 사람들은 시궁창에 눕게 되지만, 입교의식을 거쳐 정화된 사람들은 저승에 가서 신들과 함께 거처하게 된다고 이미 오래 d 전부터 수수께끼 같은 말을 해온 분들이네. 밀교와 관련된 사람들은 '지팡이를 들고 다니는 사람들은 많지만, 진정으로 깨달은 자들은 별로 없다'고 말하지.[13]

---

13 '바쿠스'라고도 하는 술의 신 디오니소스의 밀교에 입교한 사람들은 '나르텍스'라는 식

그런데 나는 '진정으로 깨달은 자들'은 다름 아닌 철학을 제대로 하며 살아온 사람들이라고 생각하네. 나도 그런 자들 중 한 명이라고 생각하지. 그렇게 살기 위해 내 힘이 닿는 일이라면 해보지 않은 것이 없을 정도로 최선을 다해 애써왔기 때문이네. 과연 내가 제대로 노력하고 애써서 무엇인가를 이루었는지 아닌지는, 신의 뜻을 따라 조금 후에 저승에 도착해보면 분명하게 알게 될 것일세."

그리고 그분은 말씀하셨지요.

"심미아스와 케베스, 이것이 왜 내가 자네들과 이곳의 주인들[14]을 떠나면서도 괴로워하고 힘들어 하거나 화내지 않는지를 밝히는 나의 변론이네. 한마디로 말해서, 그곳에 가서도 이곳에서보다 결코 못하지 않은 e 좋은 주인과 친구들을 만날 것을 믿기 때문이지. 나의 변론이 나의 배심원이었던 저 아테네 사람들에게는 받아들여지지 않았더라도, 자네들에게 받아들여졌다면, 그것으로 된 것일세."

4.

소크라테스께서 여기까지 말씀하시자, 케베스가 끼어들어 말했지요.

"소크라테스 선생님, 내가 생각하기에는, 지금 선생님이 말씀하신 것 중에서 다른 모든 것은 훌륭해 보이지만, 영혼에 대해 말씀하신 내용은 70a

---

물의 줄기로 만든 지팡이를 들고 다녔는데, 그것은 '티르소스' 지팡이라고도 불렸다. 이 지팡이는 포도나무 덩굴로 감겨 있었고, 꼭대기에는 솔방울이 달려 있었다. 대중은 "지팡이를 들고 다니는 사람들"이 생사에 관한 심오한 지혜를 깨달은 자들이라고 생각했다. 하지만 밀교 관계자들은 지팡이를 들고 다닌다고 해도 진정으로 깨달은 사람은 얼마 없다는 것을 알았다. 소크라테스는 밀교에 입교한 사람이 아니라 철학을 제대로 하며 살아온 사람이야말로 진정으로 참되고 심오한 지혜를 깨달은 자들이라고 말한다.

14 "이곳의 주인들"은 이승을 다스리는 신들을 가리킨다. 소크라테스는 저승을 다스리는 신들도 이승을 다스리는 신들 못지 않게 좋은 주인들일 것이라고 말한다.

많은 사람이 불신할 것 같습니다. 사람들은 영혼이 몸에서 분리되어 나오면, 이제 더 이상 어디에도 존재하지 않게 되고, 사람이 죽은 바로 그날에 소멸되어 없어진다고 믿기 때문이지요. 그러니까 영혼은 몸에서 분리되어 몸 밖으로 나오자마자 즉시 숨이나 연기처럼 공중으로 흩어져 사라져서 그 후로는 아무 데도 존재하지 않는다는 것입니다.

소크라테스 선생님, 만일 영혼이 몸과 분리되어, 선생님이 방금 말씀하신 그런 나쁜 것에서 벗어나서, 독자적으로 생존하여 어느 곳에 모여 있는 것이라면, 죽는다고 해도 선한 기대와 희망이 넘칠 것이고, 선생님이 하신 말씀은 옳겠지요. 하지만 사람들을 설득해서, 사람이 죽어도 영혼은 계속 존재할 뿐만 아니라, 어떤 일을 할 수 있는 능력도 있고 생각할 수도 있음을 믿게 하는 것은 그리 쉬운 일이 아닙니다."

소크라테스께서 말씀하셨지요.

"자네 말이 맞네, 케베스. 그렇다면 우리가 어떻게 하면 좋겠나? 자네들은 이것이 과연 그러할 것 같은지, 그럴 가능성이 별로 없어 보이는지를 알아보기 위해, 이 문제를 놓고 계속 대화하기를 원하는가?"

케베스가 말했지요.

"물론입니다. 이 문제에 대해 선생님은 어떤 생각을 갖고 계신지 꼭 듣고 싶습니다."

그러자 소크라테스께서 말씀하셨지요.

"지금 내가 하는 말을 누가 듣는다면, 설령 그가 희극작가라고 할지라도, 내가 자신과는 상관 없는 일로 이러쿵저러쿵 하며 한가하게 쓸데없는 잡담을 한다고 말하지는 않을 것이라고 생각하네. 그러니 자네가 원한다면, 우리가 이 문제를 좀 더 자세하게 살펴볼 필요도 있겠네.

그러면 죽은 사람의 영혼이 과연 저승에 존재하는가, 존재하지 않는가부터 살펴보세. 옛날부터 우리에게 전해 내려오는 말에 따르면, 죽은 사람의 영혼은 이승을 떠나 저승에 있다가 이승으로 돌아와 다시 태어난다고 하네. 그런데 죽은 자의 영혼이 다시 태어나서 산 자의 영혼이 되는 것이 사실이라면, 우리 영혼이 죽은 후에도 존재한다는 것이 아니면 무엇이겠는가? 영혼이 존재하지 않는다면, 다시 태어나는 것도 불가능할 것이기 때문이네. 그리고 새롭게 태어나는 사람이 다름 아닌 죽은 자에게서 다시 태어나는 것이 분명한 사실로 드러난다면, 그것은 사람이 죽은 후에도 영혼은 계속 존재한다는 것을 보여주는 충분한 증거가 될 것일세. 하지만 그것이 입증되지 않는다면 다른 논증이 필요할 것이네." d

"그렇습니다"라고 케베스가 말했지요.

그분이 말씀하셨습니다.

"자네가 이 문제를 좀 더 쉽게 이해하려면, 인간만이 아니라 모든 동물과 식물, 요컨대 생식을 통해 종족을 대대로 이어가는 모든 것을 대상으로 삼아서 이 문제를 살펴보지 않으면 안 된다네. 그러니까 모든 것이 앞에서 말한 것과 같은 방식으로 생겨나는 것인지, 즉 대립물이 존재하는 곳에서 그 대립물 중 한 쪽으로부터 다른 한 쪽이 생겨나는 것인지 살펴보아야 한다는 말일세. 대립물이라는 것은 아름다운 것과 추한 것, 옳은 것과 옳지 않은 것 등을 가리키는데, 그런 대립물은 무수히 많이 존재한다네. 따라서 우리는 대립물이 존재하는 것이 필연적으로 그 대립물로부터 생겨나는지를 살펴보아야 하네. 예컨대, 어떤 것이 더 커졌다면, 그것은 필연적으로 전에는 좀 더 작았는데 그 후에 더 커진 것이 아니겠는가?" e

"그렇습니다."

"그리고 어떤 것이 더 작아졌다면, 그것은 필연적으로 전에는 좀 더 컸는데 그 후에 더 작아진 것이 아니겠는가?" 71a

"그렇습니다."

"그리고 더 강한 것은 더 약한 것에서 생겨났고, 더 느린 것은 더 빠른 것에서 생겨난 것이 아니겠는가?"

"물론입니다."

"그렇다면 이것은 어떠한가? 어떤 것이 더 나빠졌다면, 그것은 더 좋았다가 나빠진 것이고, 어떤 것이 더 옳게 되었다면, 그것은 더 옳지 않았다가 옳게 된 것이 아니겠는가?"

"그렇지 않을 리가 있겠습니까?"

그분이 말씀하셨습니다.

"그렇다면 우리는 모든 것이 그런 식으로 대립물에게서 생겨난다는 것을 보여주는 충분한 증거를 확보한 것이 아니겠나?"

"그렇습니다."

b "그렇다면 어떠한가? 대립물 간에는 무엇인가가 있지 않겠는가? 그러니까 모든 한 쌍의 대립물 사이에는 상호적이고 이중적인 생성 과정이 있어서, 대립물 중 어느 하나로부터 다른 하나가 생겨나고, 그렇게 생겨난 것은 자신의 대립물인 다른 하나로 되돌아가는 것이 아니겠는가? 그래서 예컨대 더 큰 것과 더 작은 것이라는 한 쌍의 대립물 간에는 증가와 감소라는 두 개의 과정이 있어서, 우리는 더 크게 된 것을 증가했다고 말하고, 더 작게 된 것을 감소했다고 말하는 것이 아니겠는가?"

"그렇습니다"라고 케베스가 말했지요.

"분리되는 것과 합쳐지는 것, 차갑게 되는 것과 따뜻하게 되는 것을 비롯해서 모든 것이 그런 생성 과정을 가지고 있지. 우리는 그 생성 과정을 지칭하기 위한 적절한 이름을 종종 확보하고 있지 못하네. 그렇다고 할지라도, 대립물이 상호적인 생성 과정을 거쳐 서로에게서 생성된다는 것은 실제로 모든 경우에 필연적으로 적용되는 것이 아니겠는가?"

"그렇습니다"라고 케베스가 말했지요.

그분이 말씀하셨습니다.

c "그렇다면 어떠한가? 깨어 있는 것에 대한 대립물이 자고 있는 것이듯이, 살아 있는 것의 대립물도 존재하는가?"

"물론입니다"라고 케베스가 말했지요.

"무엇인가?"

"죽어 있는 것입니다"라고 케베스가 말했지요.

"이 둘이 대립물일진대, 이 둘은 서로에게서 생겨나고, 이 둘 사이에는 서로를 생겨나게 하는 이중적인 생성 과정이 존재하지 않을 수 있겠는가?"

"어떻게 그렇지 않을 수 있겠습니까?"

소크라테스께서 말씀하셨습니다.

"그러면 내가 방금 말한 두 쌍의 대립물 중에서 한 쌍의 대립물과 그 생성 과정을 자네에게 말할 것이니, 자네는 다른 한 쌍의 대립물과 그 생성 과정을 내게 말해보게. 내가 말하고자 하는 한 쌍의 대립물은 자고 있는 것과 깨어 있는 것이네. 그리고 깨어 있는 것은 자고 있는 것으로부터 생기고, 자고 있는 것은 깨어 있는 것으로부터 생겨나는데, 우리는 그 이중적인 생성 과정 중에서 전자를 깨어나는 것이라 부르고, 후자를 잠드는 것이라고 부르지. 내가 이렇게 말한 것으로 자네에게 충분한 설명이 된 것인가, 아니면 충분하지 않은가?"

"충분하고 말고요."

"이제 자네가 삶과 죽음에 관해서 내게 그런 식으로 말해보게. 자네는 살아 있는 것과 죽어 있는 것은 대립물이라고 말하겠지, 그렇지 않은가?"

"그렇습니다."

"그리고 그 둘은 서로에게서 생겨난다고 말하겠지?"

"그렇습니다."

"그러면 살아 있는 것으로부터 생겨나는 것은 무엇인가?"

"죽어 있는 것입니다"라고 케베스가 말했지요.

"그러면 죽어 있는 것에서 생겨나는 것은 무엇인가?"

"살아 있는 것이 죽어 있는 것에서 생겨난다는 데 동의하지 않을 수 없습니다."

"그렇다면 케베스, 살아 있는 것들이나 살아 있는 사람들은 죽어 있는 것들과 죽어 있는 사람들로부터 생겨나는 것이 되겠군."

"그래 보입니다."

"그렇다면 우리의 영혼은 저승에 있다는 말이로군."

"그런 것 같습니다."

"그러니까 삶과 죽음이라는 대립물과 관련된 이중적인 생성 과정 중에서 하나는 아주 분명하지 않은가? 둘 중의 한 과정은 살아 있는 것으로부터 죽어 있는 것이 생겨나는 일로, 죽는다는 이름으로 불리는 과정인데, 이것은 분명히 존재하는 과정이네. 그렇지 않은가?"

"물론입니다."

"그렇다면 우리는 어떻게 해야 하겠는가? 죽는 것과 짝을 이루는 그 반대의 생성 과정은 존재하지 않는다고 말함으로써, 그 점에서 자연을 불구로 만들어야 하겠는가, 아니면 죽는 것과 반대되는 생성 과정을 찾아내어 짝을 맞춰야 하겠는가?"

"짝을 맞추는 것이 마땅합니다."

"그러면 그 짝은 무엇이겠는가?"

"살아나는 것입니다."

72a   "살아나는 것이 존재한다면, 그것은 죽어 있는 것으로부터 살아 있는 것이 생성되는 과정이겠지?"

"물론입니다."

"그렇다면 우리는 살아 있는 자들로부터 죽어 있는 자들이 생겨나는 것과 마찬가지로, 죽어 있는 자들로부터 살아 있는 자들이 생겨난다는 것에도 동의한 것이네. 그렇다면, 그것은 죽은 자들의 영혼이 필연적으로 어딘가에 존재해 있다가 거기로부터 여기로 와서 다시 태어나는 것임을 보여주는 충분한 증거가 된다고 생각되네."

"소크라테스 선생님, 우리가 동의한 것으로부터 그런 결론이 도출되는 것은 필연적이라는 생각이 듭니다"라고 케베스가 말했습니다.

그러자 그분이 이렇게 말씀하셨습니다.

"케베스, 이제 우리가 이것을 다음과 같이 생각해보면, 방금 자네와 내가 동의했던 것이 옳았음을 알게 될 것이네. 즉, 모든 대립물이 자신의 대립물을 생성하고, 그렇게 생성된 대립물이 다시 자신의 대립물을 생성하는 방식으로 쌍방향으로 진행되어서, 그러한 이중적인 생성과정이 하나의 원처럼 끊임없이 순환하는 것이 아니라, 대립물 중 오직 특정한 하나가 다른 특정한 하나를 생성하는 방식으로 한 방향으로만 진행되고 반대 방향으로는 진행되지 않는다고 가정해보세. 그런 경우에는 결국에는 대립물이라는 것은 전혀 존재하지 않게 되고, 모든 것이 하나의 똑같은 형태와 하나의 똑같은 상태가 되어서 생성 자체가 멈추게 될 것임을 자네는 아는가?"

"그것이 무슨 말씀이신지요?"라고 케베스가 말했지요.

그분은 말씀하셨소.

"내가 방금 한 말이 무슨 뜻인지 아는 것은 그리 어렵지 않네. 예를 들어, 만일 잠드는 과정은 있지만, 그것과 대립되는 깨어나는 과정이 잠자는 상태에서 생성되지 않는다고 가정해보세. 그러면 결국에는 엔디미온[15]에 관한 이야기를 무의미하게 만드는 상황이 오게 될 것을 아는가를 물은 것이네. 그렇게 한 방향으로만 생성 과정이 진행되는 경우에는, 결국에는 다른 모든 것도 엔디미온과 똑같은 상태, 즉 영원히 자는 상태가 될 것이고, 그런 상황에서는 엔디미온이 영원히 자고 있다고 말하는 것은 무의미한 말이 되기 때문이네.

그리고 만일 모든 것이 혼합되는 과정만 존재하고, 분리되는 과정이 전혀 존재하지 않는다면, '모든 것이 혼합되어 함께 존재한다'고 말한 아낙사고라스[16]의 말은 머지않아 현실이 되겠지.

---

15 "엔디미온"은 그리스 신화에 나오는 엘리스의 젊은 왕이다. 달의 여신 셀레네는 그의 아름다운 용모에 반해서, 그를 늙지 않게 하기 위해 영원히 잠들게 한 후에, 밤마다 동침해서 50명의 딸을 낳았다고 한다.

16 "아낙사고라스"는 기원전 5세기경에 활동한 고대 그리스의 철학자이다. 원소들이 함께 혼합되어 뒤섞여 있는 혼돈 상태를 분리하여 질서를 부여해서 만물을 생성시킨 지성이자 원리인 '누스'(지성)를 강조했다. 그가 한 이 말은 만물이 형성되기 이전의 태초의 혼

사랑하는 케베스, 마찬가지로 살아 있는 모든 것이 죽고, 죽은 후에는 그 죽은 상태에 그대로 머물러 있어서, 다시 살아나는 것이 없다면, 결국에는 모든 것은 죽어 있고, 살아 있는 것은 아무것도 없는 때가 필연적으로 오지 않겠는가? 살아 있는 것들이 다른 살아 있는 것들로부터 생겨난다고 해도, 살아 있는 것들이 죽는 과정만 일방적으로 진행된다면, 살아 있는 모든 것이 결국 죽어 있는 것이 되는 일을 어떻게 막을 수 있겠는가?"

"제가 보기에는 그것을 막을 방법은 하나도 없다고 생각되니, 선생님의 말씀이 지극히 옳은 것 같습니다"라고 케베스가 말했지요.

그분은 말씀하셨소.

"케베스, 내가 보기에도 그것은 틀림없는 사실이네. 그러니 우리는 무엇인가에 속아서 그런 것에 동의한 것이 아니네. 살아난다는 것도 사실이고, 살아 있는 자들이 죽어 있는 자들에게서 생겨난다는 것도 사실이며, 죽은 자들의 영혼이 계속 존재한다는 것도 사실이네."

5.

여기에서 케베스가 불쑥 끼어들어서 말했지요.

"그리고 소크라테스 선생님, 선생님이 자주 거론하시던 저 가르침, 그러니까 우리가 배운다는 것은 단지 기억해내는 것일 뿐이고 다른 게 아니라고 했던 저 가르침이 맞다면,[17] 지금 우리가 어떤 것을 기억해낸다

돈 상태를 표현한 것이다. 소크라테스는 모든 것이 뒤섞이는 과정만이 존재하고 분리되는 과정이 존재하지 않는다면, 지금 질서를 이루고 있는 우주 만물이 머지않아 다시 혼돈 상태로 되돌아갈 것이라고 말하고 있다.

17 "배운다는 것은 기억해내는 것이다"로 번역한 부분은 직역하면 "학습은 상기이다"라고 할 수 있다. 플라톤의 『메논』에서 메논이 소크라테스에게 미지의 것을 탐구하는 일이 가능한 근거를 묻자, 소크라테스는 윤회설에 근거해서 영혼은 이미 '이데아' 즉 만물의

는 것은 필연적으로 이전에 우리가 그런 것을 배웠음을 의미할 수밖에 없습니다. 그런데 만일 우리 영혼이 인간으로 태어나기 이전에 어딘가에 73a 존재해 있지 않았다면, 그것은 불가능합니다. 그러니 그러한 가르침도 영혼이 죽지 않음을 보여주는 것 같습니다."

그러자 심미아스가 끼어들어서 말했지요.

"그런데 케베스, 배운다는 것은 기억해내는 것이라는 가르침이 맞다는 것을 보여주는 증거들은 어떤 것인가? 지금에 와서 제대로 기억이 나지 않아서 그러니, 나를 좀 일깨워주게."

케베스가 말했지요.

"그것을 증명하는 대단히 설득력 있는 증거가 하나 있다네. 누군가가 어떤 질문을 제대로만 던진다면, 그 질문에 모든 것을 아주 정확하게 대답하는 것을 우리가 본다는 것이네. 만일 사람들이 태어날 때부터 이미 그런 것을 알고 있고 올바른 견해를 갖고 있지 않다면, 그렇게 하는 것은 불가능하네. 사람들에게 기하학적인 도형이나 그런 종류의 다른 것을 보 b 여주면, 그것이 사실임이 아주 분명하게 드러난다고 하네."

그러자 소크라테스께서 말씀하셨소.

"그것으로 납득이 되지 않는다면, 심미아스, 우리가 함께 이 문제를 살펴보면 좋겠는데, 자네 의향은 어떠한가? 자네는 배운다는 것이 기억해내는 것임을 믿지 않기 때문이네."

심미아스가 말했지요.

"저는 그 가르침을 믿지 않는 것이 아니라, 단지 그 가르침이 말한 것이 무엇이었는지를 정확히 기억해내고 싶었을 뿐입니다. 그리고 케베스가 말해준 것만으로도 거의 다 기억이 나서, 이제 그 가르침이 납득이 됩니다. 그럼에도 저는 선생님이 거기에 대해 어떻게 말씀하시는지도 듣고

모든 원형을 인식하고 알고 있는데, 다만 태어나면서 잊어버린 것일 뿐이기 때문에, 다시 기억해내는('상기') 방식으로 그 지식을 되살려낼 수 있다고 말한다. 따라서 소크라테스는 변증을 통해 추론해나가는 것도 그러한 '상기'일 뿐이라고 본다.

싶습니다."

　　그분이 말씀하셨소.

"나는 이런 식으로 말해 보겠네. 누가 어떤 것을 기억해내려면, 그는 반드시 이전의 어느 때에 그것을 배워서 이미 알고 있어야 한다는 데 우리는 분명히 동의했네."

"물론입니다"라고 심미아스가 말했지요.

"그렇다면 어떤 사람이 시각이나 청각 또는 그 밖의 다른 감각기관을 통해 어떤 것을 인식해서 그것에 대해 아는 것만을 기억해내는 것이라고 할 수는 없네. 거기에서 그치지 않고, 그것에 대한 지식과 동일하지 않은 별개의 지식에 속한 다른 것에 관해서도 생각해내고 그런 방식으로 지식을 얻는다면, 우리는 그것을 기억해내는 것으로 지식을 얻은 것이라고 한다는 데 동의하는가? 사람이 그런 식으로 생각해서 어떤 것에 대한 지식을 얻는 일을 기억해낸다고 하는 게 옳기 때문이네."

d　　"선생님의 그 말씀은 무슨 의미인지요?"

"예컨대 이런 것일세. 사람에 대한 지식과 리라[18]에 대한 지식이 서로 다르다는 것은 분명하네."

"어떻게 그렇지 않겠습니까?"

"그렇다면 연애하는 사람들이 자신의 연인이 늘 사용하는 리라나 옷이나 그 밖의 다른 것을 보았을 때에 어떤 일이 일어나는지를 자네는 알고 있지 않나? 즉, 그들은 그 리라를 알아보는 동시에, 그 리라를 늘 사용하던 자신의 연인의 모습을 마음속에 떠올리게 되지. 기억해내는 것은 그런 것이지. 누군가는 심미아스를 보면 자주 케베스를 기억해낼 것이네. 그리고 그런 비슷한 일은 셀 수 없이 많이 일어나지."

"제우스를 걸고 맹세하건대, 그런 일은 셀 수 없이 많습니다"라고 심

---

18 '리라'는 고대 그리스에서 사용된 현악기였다. 하프의 일종으로 울림통에 두 개의 지주를 세우고, 그 지주들을 가로목으로 연결시킨 후에 거기에 줄을 쳐서, 무릎 위에 세워 손가락으로 연주하거나 손톱으로 튕겨 연주했다.

미아스가 말했습니다.

그분은 계속 말씀하셨소.

"그렇다면 우리는 그런 것들을 '기억해내는 것'이라고 말해야 하겠지? 특히 우리가 오랫동안 까맣게 잊고서 전혀 생각하지 않았던 것들과 관련해서 그런 일이 일어났을 경우에는 더더욱 그렇지 않겠는가?"

"물론입니다"라고 심미아스가 말했지요.

그분은 말씀하셨소.

"그러면 어떠한가? 말馬이나 리라를 그린 그림을 보고서 어떤 사람을 기억해내고, 심미아스를 그린 그림을 보고 케베스를 기억해내는 일도 일어나겠지?"

"물론입니다."

"그리고 심미아스를 그린 그림을 보고서 심미아스를 기억해내는 일도 일어나겠지?"

"그럼요"라고 심미아스가 말했지요.

"그렇다면 이 모든 사례를 살펴보았을 때, 기억해내는 것은 닮은 것에서 일어나기도 하고, 닮지 않은 것에서 일어나기도 한다고 해야 하지 않겠나?"

"그렇습니다."

"그런데 누군가가 닮은 것으로부터 어떤 것을 기억해냈다면, 그 다음으로는 자신이 본 닮은 것이 자기가 기억해낸 것과 정말 닮은 것인지, 아니면 닮지 않은 것인지를 반드시 생각하지 않겠는가?"

"반드시 그렇게 할 것입니다"라고 심미아스가 말했지요.

그분은 말씀하셨소.

"그렇다면 지금부터 내가 말하는 것이 맞는지 틀리는지를 잘 생각해보게. 우리는 '동일성'이라는 것이 존재한다고 말하는가? 내가 지금 동일성이라고 했을 때, 그것은 이 통나무가 저 통나무와 동일하고, 이 돌이 저 돌과 동일하다고 말할 때의 그런 동일함이 아니네. 여기서는 그런 것들과는 완전히 다른 것, 즉 동일성 자체[19]를 가리키는 것이라네. 우리는 그런 것이 존재한다고 말하는가, 아니면 존재하지 않는다고 말하는가?"

b "제우스를 걸고 맹세하건대, 우리는 틀림없이 그런 것이 존재한다고 말합니다"라고 심미아스가 말했지요.

"우리는 그것이 무엇인지도 알고 있는가?"

"물론입니다"라고 심미아스가 대답했지요.

"그것에 대한 우리의 지식은 어디에서 온 것인가? 그 지식은 우리가 방금 언급한 통나무나 돌을 보았을 때 온 것이 아니겠는가? 즉, 우리는 서로 동일한 통나무나 돌이나 그 밖의 어떤 것을 보았을 때, 거기에서 그것과는 다른 것에 대한 지식을 얻은 게 아니겠는가? 아니면, 자네는 이 두 지식이 서로 다르지 않다고 생각하는 것인가? 이 문제를 이렇게 생각해보세. 서로 동일한 돌과 통나무들이라고 해도, 어떤 때에는 동일해 보이기도 하고, 어떤 때에는 동일해 보이지 않기도 하네, 그렇지 않은가?"

"물론입니다."

c "그렇다면 어떠한가? 동일성이라는 것 자체가 어떤 때에는 동일한 것을 의미하는 것으로 보이고, 어떤 때에는 동일하지 않은 것을 의미하는 것으로 보였던 적이 있는가? 또는, 동일성이 비동일성을 의미하는 것으로 보인 적이 있는가?"

"그런 적은 결코 없었습니다, 소크라테스 선생님."

그분은 말씀하셨소.

"그렇다면 서로 동일한 사물들과 동일성은 서로 다른 것이 아니겠는

---

19 여기에서 "동일성 자체"는 '동일성'이라고 하는 '형상'을 가리킨다. '형상'으로 번역되는 '에이도스' 또는 '이데아'는 최초이자 궁극적인 원형을 의미한다. 이 원형에서 온갖 구체적인 것들이 생겨난다. 예컨대, '동일성'이라는 원형이 존재하고, 우리 영혼은 그 원형을 이미 알고 있다. 그렇기 때문에, 우리 영혼은 이 돌과 저 돌을 보았을 때에 그 둘이 "동일하다"고 인식하게 된다. 즉, '동일성'은 실체가 없는 하나의 추상적인 개념인 것이 아니라, 영원 전부터 궁극적인 원형으로 존재해 있는 실체이자 실재이다. 아리스토텔레스는 이 사상을 발전시켜, 원형인 '형상'에 '질료'가 결합되어서 사물이 생성된다고 보았다.

가?"

"완전히 다른 것이라고 생각합니다. 소크라테스 선생님."

그분은 말씀하셨소.

"그런데 이 서로 동일한 사물들이 저 동일성과는 다르지만, 자네는 저 서로 동일한 사물들로부터 동일성과 거기에 대한 지식을 가져온 것이 아니겠는가?"

"지극히 옳은 말씀입니다"라고 심미아스가 말했지요.

"그렇다면 동일성은 저 서로 동일한 사물들과 닮았을 수도 있고 닮지 않았을 수도 있지 않겠는가?"

"그렇습니다."

그분은 말씀하셨소.

"하지만 닮았든 닮지 않았든, 그런 것은 아무 상관이 없지. 자네가 어떤 것을 보았을 때, 그것을 보고 어떤 다른 것을 생각해냈다면, 이 둘이 닮았든 닮지 않았든, 필연적으로 그것은 기억해내는 것이기 때문이라네." d

"그렇습니다."

그분은 말씀하셨소.

"그렇다면 어떠한가? 우리는 앞에서 말한 통나무들 같이 서로 동일한 것과 관련해서도 그런 것을 경험하는가? 그러니까 그것들이 자네에게 저 동일성을 생각했을 때와 똑같은 방식으로 동일하게 생각하는가, 아니면 저 동일성에 미치지 못하고 부족하다고 생각하는가?"

"그것들은 많이 부족하지요"라고 심미아스가 말했지요.

"그렇다면 누군가가 어떤 것을 보고서는, 자기가 보고 있는 사물이 그것과는 별개로 존재하는 어떤 다른 것(이데아)이고자 하지만, 실제로는 거기에 미치지 못하고 부족해서 그렇게 될 수 없다는 것을 안다고 해보세. 그런 사실을 아는 그 사람은 후자(이데아)에 대한 지식을 이전부터 이 e 미 알고 있어서, 거기에 비추어서 전자(사물)가 후자에 미치지 못하고 부족하긴 해도 후자와 어느 정도 닮았다는 것을 알고 있음을 인정해야 하지 않겠는가?”

“그렇습니다.”

“그렇다면 어떠한가? 우리가 서로 동일한 사물 및 동일성과 관련해서 경험하는 것도 그런 게 아니겠는가?”

“물론입니다.”

75a “그렇다면 우리는 동일성을 이미 먼저 알고 있어서, 서로 동일한 사물들을 보았을 때, 그것들이 동일성에 도달하고자 하지만 거기 미치지 못하고 부족해서 완전히 같아질 수 없음을 알게 된다고 생각할 수밖에 없네.”

“그렇습니다.”

“또한 우리는 시각이나 촉각이나 그 밖의 다른 어떤 감각을 통해서 그것을 알았고, 그런 감각이 아닌 다른 것을 통해서는 그것을 알 수 없었으리라는 데에도 동의했네. 감각들은 모두 동일한 역할을 하니까 말일세.”

“지금 우리의 논증으로 밝혀내려는 것과 관련해서, 모든 감각은 동일한 역할을 하기 때문이지요, 소크라테스 선생님.”

b “따라서 우리는 감각으로 인식되는 모든 것이 저 동일성에 도달하고자 하지만 거기에 미치지 못함을 감각들을 통해 아는 것이 틀림없네. 우리가 이렇게 말하는 것이 맞는가?”

“그렇습니다.”

“그렇다면 우리는 동일성이 무엇인지를 이미 알고 있어서, 우리의 감각으로 인식되는 것을 보거나 듣거나 그 밖의 다른 감각으로 인식하고 그것을 거기에 적용함으로써, 서로 동일한 것이 동일성에 도달하려 하지만 거기에 미치지 못함을 알게 된다고 할 수밖에 없네.”

“우리가 앞에서 말한 것에 비추어 볼 때, 그것은 필연적인 결론입니다, 소크라테스 선생님.”

"그런데 우리는 태어나자마자 보거나 듣거나 다른 감각을 사용해서 사물을 인식하지 않는가?"

"물론입니다."

"그렇다면 우리는 감각을 사용해서 사물을 인식하기 이전에 이미 동일성 자체를 알고 있었던 것이 아닌가?"

"그렇습니다."

"그렇다면 우리가 동일성을 알게 된 것은 태어나기 전이라는 뜻이 되지 않겠나."

"그래 보입니다."

"사람이 태어나기 전에 이미 동일성 자체를 알고 있어서 그런 지식을 갖고 태어난 것이라면, 우리는 태어나기 전에나 태어난 후에나 동일성이나 크다 혹은 작다는 것만이 아니라, 그런 종류의 다른 모든 것도 알고 있었다는 뜻이 되네. 우리가 지금까지 해온 논증은 단지 동일성만이 아니라, 아름다움이나 선함이나 옳음이나 경건함같이, 우리가 묻는 질문과 우리가 제시하는 대답 속에서 '자체'라는 말을 덧붙일 수 있는 모든 것에 해당되기 때문이네. 그러니 이 모든 것에 대한 지식을 우리가 태어나기 전에 이미 가지고 있었다는 결론은 필연적일 수밖에 없네."

"그렇습니다."

"그리고 만일 우리가 그 지식을 얻고 나서, 다시 태어날 때마다 몽땅 다 잊어버리는 것이 아니라면, 우리는 언제나 그 지식을 지니고 태어날 것이고, 언제나 일생 동안 그 지식을 간직하고 있을 것이네. 알고 있다는 것은 어떤 지식을 얻고 나서 잃어버리지 않고 그대로 갖고 있는 것이기 때문이네. 우리는 지식을 잃어버리는 것을 망각이라고 부르지 않는가, 심미아스?"

"전적으로 그렇습니다, 소크라테스 선생님"이라고 심미아스는 말했지요.

"그런데 우리가 태어나기 전에 그 지식을 얻기는 했지만, 태어날 때에 그 지식을 잃어버려서, 나중에 우리의 감각을 사용해서 그 지식을 회복하는 훈련을 거친 후에야, 우리가 전에 지니고 있던 그 지식을 되찾을 수 있다면, 배운다고 하는 것은 우리가 이미 알던 지식을 되찾는 것이 아니겠는가? 그러니 배운다는 것을 기억해내는 것이라고 말하는 것은 옳은 말이 아니겠는가?"

"물론입니다."

76a "이렇게 해서 사람이 보는 것이나 듣는 것이나 그 밖의 다른 감각을 통해서 어떤 것을 인식할 때, 그것과 닮은 것이든 닮지 않은 것이든 상관없이, 그것과는 다른 어떤 것, 즉 그가 태어나면서 망각했던 어떤 것을 생각해내어 알게 되는 것이 가능함이 밝혀졌네. 따라서 내가 앞에서 말했듯이, 거기로부터 다음 둘 중에서 어느 하나의 결론이 도출될 수밖에 없네. 먼저는, 사람은 모두 그러한 지식을 지니고 태어나서 평생 그 지식을 유지한다는 것이네. 그리고 다른 하나는, 사람이 태어난 후에 배우는 것이라고 해도, 이는 태어나기 전에 이미 알고 있던 것을 기억해내는 일에 불과해서, 배운다는 것은 기억해내는 일이라는 것일세."

"분명히 그렇습니다, 소크라테스 선생님."

b "그러면 자네는 어느 쪽이라고 생각하는가, 심미아스. 우리는 그런 것을 이미 다 알고 그런 지식을 지니고 태어나는 것인가, 아니면 우리가 태어나기 전에 이미 알고 있던 것을 태어날 때에 잊어버렸다가 살아가면서 배우는 과정을 통해 기억해내는 것인가?"

"제 경우에는 지금으로서는 어느 한 쪽을 선택할 수 없습니다, 소크라테스 선생님."

"그렇다면 어떠한가? 이것은 자네가 선택할 수 있을 것 같은데, 이것에 대한 자네의 생각은 어떠한가? 어떤 것에 대해 아는 사람은 그것을 설명할 수 있는가, 설명할 수 없는가?"

"당연히 설명할 수 있을 것입니다, 소크라테스 선생님"이라고 심미아스는 말했지요.

"그렇다면 자네는 우리가 지금까지 말해온 것을 모든 사람이 설명할 수 있을 것으로 생각하는가?"

심미아스는 말했지요.

"그랬으면 좋겠습니다. 하지만 내일 이때쯤에는 이것을 설명할 수 있는 사람이 아무도 없을 것 같아 몹시 두렵습니다."

"그러니까 자네는 모든 사람이 이런 것을 알지는 못한다고 생각한다는 것인가?"

"그렇습니다."

"그렇다면 사람들은 자신이 전에 알고 있던 것을 기억해내는 것이라는 말이 되겠지?"

"그렇습니다, 당연히 그렇게 되겠지요."

"우리 영혼은 언제 그런 것을 알게 되는가? 우리가 태어난 후에 그런 것을 아는 것이 아님은 분명하지 않겠는가?"

"그렇습니다."

"그렇다면 태어나기 전이겠네?"

"예."

"그렇다면 심미아스, 우리 영혼은 사람의 형태로 존재하기 이전에 이미 몸과는 따로 존재했고, 생각하는 능력도 지니고 있었던 것일세."

"우리가 태어날 때에 그러한 지식을 받는 것이라는 가능성도 아직은 남아 있기는 합니다. 하지만 만일 그런 것이 아니라면, 그렇게 말씀하시는 것이 옳습니다, 소크라테스 선생님."

"좋네, 이보게. 그렇다면 우리는 언제 그 지식을 '잃어버리는' 것인가? 방금 동의했듯이, 우리가 그 지식을 가지고 태어나는 것은 아니기 때문이네. 만일 우리가 태어날 때 그 지식을 받는 것이라면, 우리는 그 지식을 받자마자 즉시 잃어버리는 것인가? 아니면, 언제 그 지식을 잃어버리는지를 자네는 아는가?"

"전혀 알지 못합니다, 소크라테스 선생님. 사람이 태어날 때에 그러한 지식을 받을 가능성도 있다고 한 것이 그렇게 터무니없는 말인 줄은 제가 미처 몰랐습니다."

그분은 말씀하셨소.

"그렇다면 우리가 지금까지 말한 것을 정리해보면 이렇게 되네, 심미아스. 즉, 우리가 늘 반복해서 말해온 것들, 그러니까 아름다움이나 선함 같은 그런 모든 것들의 실체가 존재하고, 우리는 태어나기 전에 이미 그런 것을 알고 있어서, 그것을 우리의 감각 아래 들어오는 모든 것에 적용해서 비교한다는 것이네. 그리고 그것이 존재하는 것이 사실이라면, 거기로부터 도출되는 필연적인 결론은 우리의 영혼도 우리가 태어나기 전에 이미 존재해 있다는 것이지. 하지만 그런 것의 실체가 존재하지 않는다면, 우리는 쓸데없이 이러한 논의를 한 셈이 되고 말겠지, 그렇지 않은가? 따라서 그런 것의 실체가 존재해야만, 우리 영혼도 우리가 태어나기 전에 존재해 있는 것이 되네. 반면에, 전자(실체)가 존재하지 않는다면, 후자(영혼)도 존재하지 않는 것이네. 이런 결론은 필연적인 것일 수밖에 없지 않겠는가?"

6.

심미아스가 말했지요.

"소크라테스 선생님, 제가 생각하기에는 그런 결론은 지극히 당연한 것으로 보입니다. 그리고 지금까지의 논증은 선생님이 방금 언급하셨던 그런 것들의 실체가 존재한다는 것과 우리의 영혼이 우리가 태어나기 전에 이미 존재해 있다는 것을 둘 다 설득력 있게 제시한 것으로 보입니다. 제게는 아름다움과 선함을 비롯해서 선생님이 방금 언급하신 모든 것이 존재한다는 것이 너무나 확실합니다. 그리고 제 생각에 그것은 충분히 증명된 것으로 보입니다."

소크라테스께서는 말씀하셨소.

"케베스는 어떻게 생각하겠는가? 케베스도 이것을 반드시 수긍해야 하니까 말일세."

심미아스가 말했지요.

"제가 생각하기에는 그도 충분히 수긍할 것입니다. 그는 다른 사람의 말이나 주장을 웬만해서는 믿지 않는 사람이긴 하지만, 우리 영혼이 우리가 태어나기 전에 이미 존재해 있다는 것만은 충분히 수긍할 것이라고 저는 생각합니다. 하지만 죽은 후에도 우리의 영혼이 계속 존재하게 b 되는가에 대해서는 제가 생각하기에도 증명된 것 같지 않아 보입니다, 소크라테스 선생님."

심미아스는 계속 말했습니다.

"케베스가 조금 전에 했던 말, 즉 사람이 죽으면 그 즉시 영혼은 흩어지고 결국 없어진다고 믿는 사람이 많다고 한 말이 신경 쓰입니다. 영혼은 계속해서 존재하는 것이 아니라 어느 시점에 어떤 다른 것에서 만들어져 사람의 몸속으로 들어갔다가, 사람이 죽었을 때에는 그 몸과 분리되고 나서는 종말을 맞아 소멸하는 것도 얼마든지 가능할 것이기 때문입니다."

케베스가 말했지요.

"자네 말이 맞네, 심미아스. 지금까지는 우리 논의에서 반드시 증명되어야 할 것 중에서 오직 절반만 증명된 것으로 보이네. 즉, 우리의 영혼이 우리가 태어나기 전에 존재했다는 것은 증명되었네. 하지만 우리 증명이 완성되려면, 우리가 태어나기 전과 마찬가지로 죽은 후에도 우리 영혼이 계속 존재한다는 것도 추가로 반드시 증명되어야 하네."

소크라테스께서는 말씀하셨소.

"우리가 지금 도달한 결론, 즉 영혼은 우리가 태어나기 전에 존재했다는 것과, 우리가 앞에서 도달한 결론, 즉 모든 살아 있는 것은 죽어 있는 것으로부터 생겨난다는 부분을 결합시킨다면, 그 나머지 절반도 이미

d 증명된 것이네, 심미아스와 케베스. 우리의 영혼이 우리가 태어나기 전에 존재해 있다는 것이 사실이고, 우리의 영혼은 죽음과 죽어 있는 것으로부터 생겨나서 살아 있는 것이 되어 존재하는 것이 사실이라면, 우리의 영혼은 우리가 죽고 나서 그 죽어 있는 것으로부터 다시 생겨나서 존재해 있는 것일 수밖에 없기 때문이지. 그러므로 자네들이 말한 그 나머지 절반도 이미 증명된 것이네.

하지만 내 생각에는 자네와 심미아스는 사람이 죽어서 영혼이 몸을 떠나면, 그 영혼은 바람에 휘날려 흩어져버리는 것이 아닐까, 특히 어떤 사람이 어쩌다가 바람이 불지 않는 고요한 날이 아니라 거센 바람이 부

e 는 날에 죽는 경우에는 그 영혼이 더욱더 바람에 휩쓸려가진 않을까 하고, 마치 어린아이처럼 무서운 생각이 들어서, 이 문제에 대한 논증을 좀 더 철저하게 하고 싶어 하는 것 같아."

그러자 케베스는 웃으며 말했지요.

"소크라테스 선생님, 그렇다면 우리가 무서워하고 있다고 생각하시고, 그런 우리가 확신을 가질 수 있도록 설득해주십시오. 아니, 우리가 무서워한다기보다는 우리 안에 그런 마음을 지닌 꼬마가 있다고 생각해주십시오. 그리고 그 아이가, 죽음은 도깨비같이 무서운 존재가 아님을 알고서 안심할 수 있도록 설득해주십시오."

소크라테스께서는 말씀하셨소.

"그렇게 하려면, 자네들은 그 무서워하는 마음을 쫓아내는 주문을 아이 앞에서 날마다 외워야 할 것이네."

78a 케베스는 말했지요.

"하지만 소크라테스 선생님, 선생님은 이제 곧 우리를 떠나셔야 하는데, 그런 주문을 제대로 가르쳐줄 사람을 우리가 어디에서 찾을 수 있겠습니까?"

그분은 말씀하셨소.

"케베스, 헬라스는 넓으니, 거기에는 틀림없이 훌륭한 사람이 있을

걸세. 게다가 이민족의 나라도 많지 않은가. 자네들은 그 모든 곳을 샅샅이 뒤져서 그런 주문을 제대로 외울 사람을 찾는 데 돈이나 수고를 아끼지 말게. 돈은 그런 데 쓰라고 있는 것이 아니겠나. 또한 자네들 중에도 그런 사람이 있는지를 잘 살펴보게. 그런 주문을 제대로 외우는 일을 자네들보다 더 잘 해낼 수 있는 사람을 다른 곳에서 찾아내기도 아마 쉽지 않을 것이네."

케베스는 말했지요.

"앞으로 당연히 그렇게 해야 할 것입니다. 하지만 지금은 선생님이 좋으시다면, 우리가 논의하다가 중단했던 지점으로 되돌아갔으면 합니다."   b

"나는 좋네. 좋지 않을 이유가 없지 않겠는가?"

그러자 케베스는 "잘됐습니다"라고 말했지요.

소크라테스께서는 말씀하셨소.

"그렇다면 우리는 이런 질문을 하지 않으면 안 되네. 그런 일을 반드시 겪는 것, 즉 반드시 흩어질 수밖에 없는 것은 무엇이고, 그렇지 않은 것은 무엇인가? 즉, 어떤 것은 반드시 흩어지게 되어 있어서 우리는 그것이 흩어질 것을 알기 때문에 무서워할 수밖에 없지만, 어떤 것은 흩어지지 않기 때문에 그것이 흩어질 것을 우리가 무서워할 필요가 없다는 것이지. 그것을 안 후에, 영혼이 그 둘 중 어느 쪽에 속하는지를 살펴본다면, 그 결과에 따라서 우리가 자기 영혼에 대해 안심해도 되는지, 아니면 무서워해야 하는지도 드러나겠지."

"맞는 말씀입니다"라고 케베스가 말했지요.

"그렇다면 합성된 것, 즉 본성적으로 어떤 것이 합성되어서 존재하는   c 것은 이전에 합성되었던 것과 마찬가지로 이후에는 분해되겠지. 반면에, 합성되지 않은 것이 있다면, 그것은 분해되는 일도 없을 것이 아니겠는가?"

"제 생각에도 그런 것 같습니다"라고 케베스가 말했지요.

"그리고 언제나 동일하고 언제나 동일한 상태에 있는 것들은 합성되지 않은 것들이지만, 끊임없이 변화하고 결코 동일한 상태에 있지 않은 것들은 합성되었을 가능성이 대단히 높지 않겠는가?"

"제가 보기에도 그런 것 같습니다."

d　　"그렇다면 우리가 앞에서 논의했던 것으로 돌아가보세. 앞에서 우리는 질문하고 대답하는 가운데 그런 것들이 실체로 존재함을 확인했는데, 그 실체는 언제나 동일한가, 아니면 끊임없이 변화하는가? 그러니까 동일성이라든지 아름다움이라든지 그런 것은 아무리 작은 변화라도 끊임없이 변화를 겪는가, 아니면 그런 실체는 언제나 존재하고 오직 단일체로 존재하는 가운데 언제나 동일하고 또한 언제나 동일한 상태에 있어서 어떤 경우에도 절대로 조금도 변화를 겪지 않는가?"

"그런 것은 필연적으로 언제나 동일하고 언제나 동일한 상태에 있을 수밖에 없습니다, 소크라테스 선생님"이라고 케베스는 말했지요.

e　　"그렇다면 아름다움이라는 실체와의 동일성을 어느 정도 공유하고 있어서 아름답다고 불리는 사람들이나 말馬들이나 옷들을 비롯한 모든 아름다운 것들은 어떠한가? 그런 아름다운 것은 언제나 동일한가, 아니면 아름다움이라는 실체와는 반대로 자신이나 다른 것들과 관련해서 단 한순간도 결코 동일하지 않는가?"[20]

"그것들은 단 한순간도 동일하지 않습니다"라고 케베스가 말했지요.

79a　　"그런데 그것들은 만지거나 보거나 그 밖의 다른 감각을 통해 인식할 수 있는 반면에, 언제나 동일한 저것은 눈에 보이지 않기에 볼 수가 없어서, 오직 추론을 통한 사유에 의해서만 이해할 수 있지 않는가?"

"지극히 옳으신 말씀입니다."

---

20 여기에서 또다시 '형상'('에이도스' 또는 '이데아')으로 번역되는 원형(original form)에 관한 논의가 나온다. 우주에 존재하는 모든 아름다운 것들은 각각 여기에서 "아름다움이라는 실체"로 지칭되는 원형의 일부를 공유함으로써 "아름다운 것"이라 불린다. 그리고 이 원형은 하나의 추상적인 개념이 아니라, 실체를 지니고 실재한다. '이데아'는 변화하지 않는 반면에, '이데아'의 일부를 공유한 모든 아름다운 것들은 끊임없이 변화한다.

"그렇다면 우리는 모든 존재하는 것들을 두 가지 종류, 즉 눈에 보이는 것들과 눈에 보이지 않는 것들로 나누어볼 수 있지 않겠는가?"

"그렇습니다."

"그렇게 나누었을 경우에, 눈에 보이지 않는 것들은 언제나 동일한 반면에, 눈에 보이는 것들은 단 한순간도 동일하지 않겠지?"

"그렇습니다."

그분은 말씀하셨소.

"그리고 우리를 구성하고 있는 것들 중에 몸과 영혼 외에 다른 것이 있는가?"

"다른 것은 없습니다."

"그러면 우리는 몸이 그 두 종류 중에서 어느 쪽에 더 가깝고 어느 쪽에 속한다고 보는가?"

"몸이 눈에 보이는 것에 속한다는 것은 누가 보아도 분명합니다."

"영혼은 어떠한가? 영혼은 눈에 보이는 것에 속하는가, 아니면 보이지 않는 것에 속하는가?"

"적어도 인간에게 영혼은 눈에 보이지 않는 것입니다, 소크라테스 선생님."

"우리가 눈에 보이는 것들과 눈에 보이지 않는 것들로 구분했을 때, 그것은 사람에게 보이느냐 보이지 않느냐를 기준으로 구분한 것이 아니겠나? 만일 그렇지 않다면, 자네는 무엇을 기준으로 그런 구분을 했다고 생각하는가?"

"사람을 기준으로 한 것입니다."

"그렇다면 우리는 영혼에 대해 무엇이라고 말하는가? 영혼은 눈에 보이는 것인가, 눈에 보이지 않는 것인가?"

"눈에 보이지 않는 것입니다."

"영혼은 눈에 보이지 않는 것이라는 말인가?"

"예."

"그렇다면 영혼은 몸보다 더 눈에 보이지 않는 것에 가깝고, 몸은 영혼보다 더 눈에 보이는 것에 가깝다는 것인가?"

c

"필연적으로 그렇게 말할 수밖에 없습니다, 소크라테스 선생님."

"그런데 우리는 앞에서 한참 전에 이렇게 말했지. '영혼이 몸을 통해서 어떤 것을 고찰하는 일은 몸의 감각을 통하는 것이기 때문에, 보는 것이나 듣는 것이나 그 밖의 다른 감각을 통하려 할 때 몸을 사용하게 된다. 그런 경우에 영혼은 몸에 이끌려서 끊임없이 변화하는 세계 속으로 들어가서 그것들과 접촉하게 되고, 그러면 길을 잃고 헤매며 혼란스러워져서 마치 술에 취한 사람처럼 비틀거리게 된다'고 말일세."

"그렇습니다."

d

"반면에, 영혼 홀로 어떤 것을 고찰하는 경우에는, 순수하고 영원하며 죽지 않고 변하지 않는 세계 속으로 들어가서, 원래 그 세계에 속한 존재인 까닭에, 할 수 있는 한 그 속에 계속 머물러 있게 된다네. 그렇게 했을 때, 영혼은 늘 변함없는 것들과 접촉하면서, 길을 잃고 헤매는 것을 그치고는, 늘 변함없는 상태 속에 거하는 것이지. 영혼이 그런 상태에서 아는 것을 우리가 지혜라고 부르지 않겠나?"

"너무나 훌륭하고 참된 말씀입니다, 소크라테스 선생님"이라고 케베스는 말했지요.

"그렇다면 우리는 앞에서 끊임없이 변하는 것과 언제까지나 변하지

e

않는 것을 구분했는데, 지금 한 말에 비추어 보았을 때, 자네는 영혼이 둘 중 어느 쪽과 더 가깝고 어느 쪽에 속한다고 생각하는가?"

"그러한 논증을 따른다면, 아무리 미련한 사람이라도 누구나 다 영혼은 끊임없이 변하는 것들이 아니라 언제까지나 변하지 않는 것에 더 가깝다는 데 동의할 것으로 생각됩니다."

"그렇다면 몸은 어떠한가?"

"몸은 끊임없이 변하는 것에 더 가깝습니다."

"또한 이것을 다음과 같이 바라보게나. 영혼과 몸이 함께 있는 동안

에는, 자연의 법칙은 몸에게는 종이 되어 복종하라고 명령하고, 영혼에
게는 주인이 되어 지배하라고 명령하지. 이것에 근거해서 보았을 때, 자
네는 둘 중 어느 쪽이 신적인 존재에 가깝고, 어느 쪽이 죽게 되어 있는
존재에 가깝다고 생각하는가? 주인이 되어 명령하는 것은 신적인 존재
에 가까운 반면에, 종이 되어 복종하는 것은 죽게 되어 있는 존재에 가까
울 것이라고 생각하지 않는가?"

"그렇게 생각합니다."

"그렇다면 영혼은 어느 쪽에 가까운가?"

"영혼이 신적인 존재에 가까운 반면에, 몸은 죽게 되어 있는 존재에
가깝다는 것은 분명합니다, 소크라테스 선생님."

그분은 말씀하셨소.

"그렇다면 우리가 지금까지 말한 모든 것으로부터 다음과 같은 결론
이 도출되는지, 그렇지 않은지를 잘 생각해보게, 케베스. '신적이고, 죽지
않으며, 지성으로 알 수 없고, 언제나 그 형태가 동일하며, 해체될 수 없
고, 언제나 자신의 원래 동일한 상태로 있는 것과 가장 가까운 것이 영혼
이다. 반면에, 인간적이고, 죽게 되어 있으며, 지성으로 알 수 있고, 언제
나 그 형태가 변하며, 해체될 수 있고, 언제나 자신의 원래 동일한 상태
로 있지 않는 것과 가장 가까운 것이 몸이다.' 이보게 케베스, 우리는 이
결론을 반박하는 어떤 논거를 제시해서 이 결론이 틀렸다는 것을 증명
할 수 있겠는가?"

"그럴 수 없습니다."

"그렇다면 어떠한가? 이 결론이 옳다면, 몸은 신속하게 해체되는 반
면에, 영혼은 전혀 또는 거의 해체되지 않는다는 말이 되지 않겠나?"

"어떻게 그렇지 않겠습니까?"

"자네도 알고 있듯이, 사람이 죽으면, 그 사람을 구성하고 있던 부분
중에서 눈에 보이는 부분, 즉 우리 눈으로 볼 수 있고 우리가 시신이라고
부르는 몸은 해체되고 부서지고 흩어진다네. 하지만 그런 일들이 즉시

완료되지는 않기 때문에, 몸도 상당 기간 남아 있게 되지. 사람이 꽃다운 청춘에 몸의 상태가 좋을 때에 죽은 경우에는 특히 그러하지. 이집트에서처럼 사람이 죽자마자 방부 처리를 하면, 몸은 헤아릴 수 없이 오랜 세월 거의 온전히 남아 있기도 하고, 몸이 썩는다고 할지라도, 그중의 어떤 부분들, 그러니까 뼈와 힘줄 또는 그런 종류의 것들은 죽지 않는다고 말할 수도 있겠지. 그렇지 않은가?"

"예."

"반면에, 눈에 보이지 않는 부분인 영혼은 또 다른 곳, 즉 그 자신과 마찬가지로 고귀하고 순수하며 눈에 보이지 않아서, 진정으로 '하데스'[21]라 불리는 것이 마땅하고 선하고 지혜로운 신이 계시는 곳으로 간다네. 그리고 신의 뜻이라면, 내 영혼도 잠시 후면 거기에 가 있겠지. 우리의 영혼이라는 것은 그런 본성을 지니고 있어서 그런 식으로 된다네. 그런데 어떻게 많은 사람이 말하는 것처럼, 사람이 죽으면 영혼은 몸으로부터 분리되어 즉시 흩어져서 소멸될 수 있겠는가?

이보게 케베스와 심미아스, 그런 일은 있을 수 없고, 도리어 진실은 이런 것이라네. 그러니까 사람이 죽으면, 영혼은 몸으로부터 분리되어, 몸에 속한 그 어떤 것도 동반하지 않은 채로 홀로 순수한 상태로 있게 된다는 것이네. 영혼은 이승에서 살아갈 때에 몸과 어울리려고 하지 않고, 오히려 몸을 피해서 자기 자신 속으로 침잠해 들어가서, 늘 죽음을 연구하고 죽는 연습을 하지 않았던가? 사실 철학을 제대로 한다는 것은 기꺼이 편안하게 죽는 것을 연구하는 일 외에 다른 게 아니기 때문이지. 철학을 한다는 일이 죽는 연습을 하는 것이 아니면 무엇이겠는가?"

---

21 "하데스"는 그리스 신화에서 죽은 자들의 신이자 저승의 신이다. 크로노스와 레아의 아들이고, 제우스와 포세이돈의 형제이다. 형제들과 함께 아버지 크로노스와 티탄 신족에 맞서 싸워 이긴 후에, 지하세계('타르타로스')를 지배하는 신이 된다. 여기에서는 그리스어로 "눈에 보이지 않는"은 '아이데스'이기 때문에 '하데스'와 발음이 비슷해서, 이두 단어를 가지고 언어유희를 하고 있다.

"지극히 옳으신 말씀입니다."

"이렇게 사람이 죽었을 때, 영혼이 그러한 순수한 상태에 놓인다면, 자기 자신을 닮은 곳, 즉 눈에 보이지 않고 신적이며 죽음이 없고 지혜로운 곳으로 가지 않겠는가? 그리고 거기에 당도해서는, 길을 잃고 헤매는 것과 어리석고 우매한 것과 두려워하는 것과 야만적이고 사나운 욕망을 비롯해서 인간의 속성 때문에 저지르는 온갖 좋지 않은 것으로부터 벗어나 행복하게 되어, 밀교에 입문해서 깨달음을 얻은 자들처럼 진정으로 남은 시간을 신들과 함께 보내지 않겠는가? 케베스, 우리는 그렇다고 말해야 하겠는가, 아니면 다른 식으로 말해야 하겠는가?"

"제우스를 걸고 맹세하건대, 우리는 그렇게 말해야 합니다."

"하지만 언제나 몸과 함께하면서 그 종이 되어 몸을 섬기고 연애하는 b 영혼을 생각해보게. 그런 영혼은 몸의 욕망과 쾌락들로 몸에게 홀려, 육신적인 것들, 즉 사람이 만지거나 보거나 마시거나 먹거나 정욕을 채우는 데 사용하는 것 외에는 아무것도 존재하지 않는다고 생각할 것이네. 그래서 눈으로는 전혀 볼 수 없고 오직 철학과 사유를 통해서만 알 수 있는 것들을 미워하고 두려워하며 피하는 것이 습관이 되어 살아왔다고 하세. 그러다가 그 사람이 죽어서 영혼이 오염되고 더러운 상태로 몸에서 분리된다면, 자네는 그렇게 오염된 영혼이 몸으로부터 분리되었을 때 c 에 순수한 상태로 홀로 있게 되는 게 가능하다고 생각하는가?"

"결코 그럴 수 없을 것입니다"라고 케베스가 말했지요.

"그런 영혼은 언제나 몸과 함께하면서 늘 몸을 생각하고 돌보며 살아왔기 때문에 몸과 혼연일체가 된 상태여서, 육신적인 것은 이미 그 영혼의 본성 일부가 되어있을 것이라고 나는 생각하네."

"물론입니다."

"그런데 이보게, 육신적인 것은 무겁고 흙에 속하며 눈에 보이는 것이어서, 육신적인 것이 자기 본성의 일부가 되어 버린 그런 영혼은 무거운데다가, 눈에 보이지 않는 '하데스'의 세계가 두려워서, 눈에 보이는 세계로 다시 이끌려와서, 무덤과 비석들 사이를 배회하며 이승을 떠돈다고 하네. 실제로 그런 곳에서는 영혼의 그림자 같은 허깨비들이 보이곤 하는데, 그런 허깨비는 몸으로부터 분리되긴 했지만 순수한 상태로 있는 것이 불가능해서 눈에 보이는 세계에 머물러 있게 된 그런 영혼이 만들어내는 이미지라네. 그래서 그런 것이 사람에게 보이는 것이지."

"그런 것 같습니다, 소크라테스 선생님."

"실제로 그런 것일 가능성이 높다네, 케베스. 그런 영혼들은 선한 자들이 아니라, 그저 그렇고 그런 자의 영혼이라네. 자신이 이승에 살면서 저지른 나쁜 일들에 대한 벌을 받아서 그런 곳을 떠돌아다닐 수밖에 없는 것이지. 그리고 그런 영혼은, 자신을 계속 따라다니는 것, 즉 육신적인 것들 때문에, 또다시 몸과 결합될 때까지 그런 식으로 떠돌아다니게 되지. 그러다가 이승에 살면서 늘 습관처럼 행하면서 몸에 밴 그 동일한 습성을 지닌 것과 다시 결합하는 것이지."

"지금 하신 말씀은 무슨 의미인지요, 소크라테스 선생님."

"예컨대, 이승에 살면서 폭식과 방종과 폭음을 조심하고 삼가지 않 고, 도리어 습관처럼 행하며 살아 그런 것들이 몸에 밴 자들은 당나귀처럼 그런 습성을 지닌 짐승의 몸속으로 들어갈 가능성이 매우 높다는 것이네. 자네는 그렇게 생각하지 않는가?"

"말씀을 듣고 보니 정말 그런 것 같습니다."

"그리고 불의와 폭정과 약탈을 일삼던 자들은 이리나 매나 솔개의 몸속으로 들어가겠지. 그렇지 않다면, 그런 영혼이 어디로 간다고 말할 수 있겠나?"

"그런 영혼은 그런 부류 속으로 들어갈 것이 분명합니다."

그분은 계속 말씀하셨소.

"그러니 다른 영혼과 관련해서도, 각각의 영혼이 이승에서 자신이 주로 관심을 두고 추구한 것과 비슷한 습성을 지닌 존재 속으로 들어갈 것이 분명하지 않은가?"

"그럴 것이 너무나 분명한데, 어떻게 그렇지 않겠습니까?"

"그런 영혼 중에서 가장 좋은 곳으로 가게 될 가장 행복한 영혼은, 철 b 학과 사유는 행하지 않았지만, 관습과 실천에서 생겨나는 사회적이고 시민적인 미덕, 즉 사람들이 절제와 정의라고 부르는 미덕을 실천하며 살아간 자의 영혼이 아니겠는가?"

"왜 그런 영혼을 가장 행복한 영혼이라고 하신 것인지요?"

"그런 영혼은 그런 동일한 습성을 지닌 존재들, 그러니까 꿀벌이나 말벌이나 개미같이 사회적이고 순종적인 존재 속으로 들어가거나, 심지어 인간 중에서도 그런 순종적인 부류로 다시 태어나서 분수를 아는 공손한 사람으로 살아갈 것이기 때문이네."

"그럴 것 같습니다."

"하지만 철학을 해서 몸과 분리되었을 때에 온전히 순수한 상태로 있을 수 없는 사람은 누구든지 신들에게로 가는 것이 불가능하네. 그것은 c 오직 지혜를 진정으로 사랑해서 그렇게 된 사람에게만 가능하지. 친애하는 심미아스와 케베스여, 그래서 제대로 철학을 하는 사람들은 몸의 모든 욕망을 멀리하고 그런 상태를 끝까지 지킴으로써, 자신을 결코 그런 것들에 내어주지 않지. 하지만 그들이 그렇게 하는 것은 돈을 좋아하는 대다수 사람처럼 재산을 탕진해서 가난해지는 것이 두렵기 때문이 아니라네. 또한 권력을 좋아하는 자나 명예를 좋아하는 자들처럼 권력을 잃고 명예가 땅에 떨어지는 것이 두려워서, 몸의 욕망을 멀리하는 것이 아니라네."

"제대로 철학을 한다는 사람들이 그런 동기들로 그렇게 한다면 말이 되지 않을 것입니다, 소크라테스 선생님."

"제우스를 걸고 맹세하건대, 철학자들이 그런 동기들로 그렇게 한다 d 는 것은 말이 되지 않는 일이지. 그래서, 케베스, 자신의 몸이 아니라 영혼을 돌보기 위해 살아가는 사람은 스스로 어디로 가고 있는지도 모르는 사람들과 결별하고 동행하지 않는다네. 그리고 철학이 그들에게 주는 자유와 정화를 거부해서는 안 된다는 것을 믿기 때문에, 철학을 향해 돌아서서 철학이 인도하는 곳이면 어디든지 따라가는 것이라네."

"어떻게 따라가는 것입니까, 소크라테스 선생님."

그분은 말씀하셨소.

e "이제 자네에게 그것에 대해 말해주겠네. 지혜 배우기를 좋아하는 사람은 자기 영혼이 철학에 넘겨져서 철학의 인도를 받기 전에는 몸과 단단히 묶이고 한데 붙어 혼연일체가 되어 있어서, 모든 것을 스스로 직접 보는 것이 아니라 마치 감옥에서 보는 것처럼 몸을 통해 보기 때문에, 온갖 무지 속에서 뒹굴 수밖에 없다는 것을 안다네. 또한 그들 영혼이 그런 식으로 몸과 단단히 묶여 몸이라는 감옥 속에 갇히게 된 것은 자기가 몸의 욕망에 사로잡혀서 스스로 그렇게 되도록 최대한 도왔기 때문이라는 끔찍한 사실도 알게 되지.

또한 지혜 배우기를 좋아하는 사람은 철학이 그런 상태에 있는 자신의 영혼을 받아들여서는 몸이라는 감옥에서 해방시키려고 애쓴다는 것
83a 도 안다네. 철학은 그들이 눈을 통해 어떤 것을 보고 인식한 것 속에는 속임수가 가득하고, 귀나 그 밖의 다른 감각들을 통한 인식도 마찬가지임을 보여주면서, 꼭 필요한 경우가 아니면 그런 감각들을 사용하지 말라고 영혼을 차분하게 설득하기 때문이네.

b 그리고 철학은 영혼에게 자기 자신 속에 침잠하고 집중하라고 한다네. 그래서 철학은, 오로지 영혼 및 모든 실재가 보여주는 참된 실체를 따라 알게 된 것만을 신뢰하고, 영혼이 감각들을 통해 이런저런 상황 속에서 서로 다르게 인식한 것들은 그 어떤 것도 참된 것이라고 생각해서는 안 된다고 조언한다네. 그러면서 후자는 감각으로 인식한 눈에 보이는 것인 반면에, 전자는 영혼 자신이 사유를 통해 알게 된 눈에 보이지 않는 것이기 때문이라고 말해준다네.

그래서 진정한 철학자의 영혼은 그러한 해방을 거부해서는 안 된다고 생각해서 쾌락이나 욕망이나 고통을 될 수 있는 한 멀리하는 것이라

네. 지나치게 기뻐하거나 두려워하거나 괴로워하거나 욕망에 사로잡히는 사람은 그런 것으로 입게 될 해악이라고 누구나 예상할 수 있는 일들, 그러니까 병에 걸린다거나 재산을 탕진하는 것 같은 일을 겪게 되지. 하지만 철학자들은, 그렇게 하면 단지 해악을 입는 것으로 끝나지 않고, 모든 해악 중에서 가장 크고 무시무시한 해악을 지속해서 겪으면서도 그러한 사실을 전혀 눈치채지 못한다는 것을 잘 알고 있지."

"그 무시무시한 해악이 대체 무엇입니까, 소크라테스 선생님."

"그 해악이란, 모든 사람의 영혼은 어떤 것들에 지나치게 기뻐하거나 괴로워하면, 자신에게 그토록 강렬한 감정을 겪게 한 바로 그런 것들이야말로 가장 확실하고 틀림없는 것이라고 믿지만, 사실은 그렇지 않다는 진실이라네. 그런 것들은 기껏해야 눈에 보이는 것일 뿐이지, 그렇지 않은가?"

"물론입니다."

"하지만 그런 일을 겪으면서, 영혼은 몸에 한층 더 단단히 묶이지 않겠나?"

"어떻게 그렇게 되는 것입니까?"

"모든 쾌락과 고통은 말하자면 못과 같은 속성이 있어서 영혼을 몸에다 못 박아 단단히 고정함으로써 육신적인 것이 되게 하여, 몸이 말하는 것은 무엇이든지 다 맞는 것으로 여기게 만들기 때문이지. 영혼이 몸과 똑같은 생각을 하고, 몸이 기뻐하는 것을 똑같이 기뻐하면, 성향이 비슷해져서 서로 비슷한 존재가 될 수밖에 없다네. 그리고 그렇게 된 영혼은 몸에 오염되어 있어서 순수한 상태로 '하데스'로 갈 수 없네. 그래서 몸에서 분리되고 나서도 이내 또 다른 몸으로 다시 들어가서, 마치 씨가 뿌려진 것처럼 거기에서 자라나기 때문에, 신적이고 순수한 단일체와 함께할 수 없는 것이네."

"지극히 옳으신 말씀입니다, 소크라테스 선생님."

"따라서 지혜 배우기를 진정으로 좋아하는 사람에게서 절제와 용기를 볼 수 있는 것은 바로 그런 이유 때문이고, 대중이 말하는 이유들 때문은 아니라네, 케베스. 혹시 자네도 그들처럼 생각하는 것인가?"

"전혀 그렇지 않습니다."

"맞네, 진정으로 그렇지 않네. 철학자의 영혼은 앞에서 내가 말한 것들을 알고 그런 식으로 생각한다네. 그래서 철학이 자신을 해방했을 때, 자신을 다시 쾌락과 고통에 내어주어 또다시 몸에 결박당하게 해서는 안 된다고 생각하지. 마치 페넬로페[22]가 낮에는 수의를 짰다가 밤에는 그 수의를 다시 풀어버린 것처럼, 철학 덕분에 해방되었다가 또다시 몸에 결박당하는 일을 끝없이 반복해서는 안 된다고 생각하기 때문이네. 그리고 그는 그런 것과는 정반대로, 쾌락이나 고통 같은 것에서 벗어나 고요한 평정심 속에서, 언제나 사유가 이끄는 것에 집중한다네. 감각을 통해 얻은 단순한 견해에 불과한 것에는 신경 쓰지 않고, 오로지 참되고 신적인 것들을 관조해야 한다고 생각하기 때문이네.

b   또한 철학자의 영혼은 여기 살아 있는 동안에 그런 식으로 살아가면, 죽어서는 자신과 똑같은 본성을 지닌 곳으로 가서 인간이 입는 해악들로부터 벗어나게 될 것을 믿는다네. 심미아스와 케베스, 그런 식의 훈련을 한 영혼은 몸에서 분리되었을 때, 그 즉시 산산이 부서지고 바람에 날려 흩어져서 더 이상 그 어디에도 존재하지 않을 것을 두려워할 이유가 없을 것이네."

---

22 "페넬로페"는 그리스 신화에 나오는 영웅 오디세우스의 아내이다. 남편인 오디세우스가 트로이아 전쟁에 나갔다가 귀향하기까지 100여 명에 달하는 구혼자에게 결혼해줄 것을 요구받으며 시달렸다. 그들은 오디세우스의 재산과 지위가 욕심이 나서 그녀를 차지하고자 한 것이었다. 그래서 그녀는 시아버지의 수의를 짜야 한다는 구실로 모든 청혼을 다 거절하고서, 낮에는 수의를 짰다가, 밤에는 다시 그 수의를 풀어버리는 방식으로 3년을 버텼다. 그 구혼자들은 때마침 돌아온 오디세우스에게 모두 죽임을 당한다.

7.

소크라테스께서 이렇게 말씀하시고 나서, 한동안 침묵이 흘렀지요. 소크 _c
라테스 선생님은 지금까지 집중해서 말씀을 해오신 것으로 보였고, 우리
중 대부분도 그 말씀을 집중해서 들었습니다. 하지만 케베스와 심미아스
는 이내 서로 무슨 말을 주고받았고, 소크라테스께서는 얼마 후에 그런
모습을 보시고 이렇게 말씀하셨소.

"왜 그러는가? 자네들은 내가 지금까지 말한 것으로는 충분히 설명
되지 않았다고 생각하는 것인가? 하기는 누군가가 내가 한 말을 하나하
나 꼼꼼히 살펴본다면, 여전히 많은 것에서 의문점도 생길 것이고, 반론
을 제기하고 싶기도 할 것일세. 자네들이 지금 다른 것을 놓고 서로 말을
주고받은 것이라면, 나는 거기 끼어들 생각이 없네. 하지만 우리가 지금
까지 말해온 것과 관련해서 아직도 이해되지 않는 것에 관해 얘기를 나
누는 것이라면, 자네들 생각을 기탄 없이 개진해주게나. 자네들이 우리 _d
가 논의해온 것과 관련해서 조금이라도 더 나은 설명이라고 생각하고,
또한 나와 함께 그런 설명에 대해 논의하면 도움이 되겠다고 여긴다면,
자네들 이야기에 나도 끼워주게나."

그러자 심미아스가 말했지요.

"소크라테스 선생님, 사실대로 말씀드리겠습니다. 실은 우리 둘 다
아까부터 선생님이 말씀하신 것들 중에 의심이 드는 부분이 있어서 거
기에 대한 선생님의 설명을 듣고 싶어서 여쭈어보고자 했습니다. 하지만
그런 질문을 드리는 것이 지금 불행 가운데 계신 선생님의 마음을 힘들
게 하여 폐를 끼치는 것이 아닌가 염려되어 감히 하지를 못하고, 질문하
는 일을 서로에게 떠넘기며 종용하던 중이었습니다."

그분은 그 말을 들으시고는 빙긋이 웃으시며 말씀하셨소.

"저런, 심미아스. 내가 나의 현재 처지를 불행으로 여기지 않는다는
것조차 설득하지 못한 것을 보니, 다른 사람을 설득하는 일은 정말 어려 _e

울 것 같네. 자네들은 내가 이제까지 살아온 시간 중에서 지금이 가장 견디기 힘들 것이라고 염려하고 있으니 말일세.

자네들은 예언을 하는 능력에서 내가 백조들보다 못하다고 생각하는 85a 것처럼 보이네. 백조들은 평소에도 노래하곤 하지만, 죽을 때가 가까웠다는 것을 알면, 자신들이 섬기는 신에게로 곧 가게 될 것이 기뻐서, 그어느 때보다도 가장 크게, 그리고 아름답게 노래한다네. 하지만 사람들은 자신이 죽음을 두려워하기 때문에 백조도 으레 그럴 것이라고 오해하고서, 백조들은 죽음이 다가온다는 것을 알고 괴로워서 가장 아름다운 노래를 마지막으로 부르는 것이라고 말하지.

사람들은 그 어떤 새도 굶주림이나 추위나 그 밖의 다른 고통 때문에 우는 법이 없다는 것을 모른다네. 심지어 괴로워서 슬피 우는 것이라고 사람들이 말하는 나이팅게일이나 제비나 후투티조차도[23] 괴롭고 슬퍼서 우는 것이 아니라네. 내가 보기에는, 그런 새들은 괴롭고 슬퍼서 우는 것 b 이 아니고, 그것은 백조들도 마찬가지라네. 내 생각에는 아폴론 신[24]에게 드려진 백조들은 예언하는 능력이 있어서, 자신이 얼마 후에는 하데스에 가게 될 것이고 거기에서 그들에게 좋은 일이 있을 것을 미리 아는 것이라네. 그래서 거기로 가게 될 그 날에 자신이 지금까지 살아온 그 어떤

---

23 트라케의 왕 테레우스는 아테네의 왕 판디온의 딸 프로크네와 결혼하고서도 처제인 필로멜라에게 반해 겁탈하고, 이 일을 은폐하기 위해 그녀의 혀까지 잘라버린다. 그러자 프로크네는 테레우스와의 사이에서 낳은 아들 이티스를 죽여 필로멜라의 원수를 갚는다. 두 자매는 이티스의 시체로 요리를 해서 테레우스의 식탁에 내놓아 먹게 한 후에, 식사 후에 이티스의 머리를 내민다. 분노한 테레우스의 추격을 받고 곧 죽게 된 두 자매가 신들에게 요청하자, 신들은 이 세 사람을 모두 새들로 변하게 만든다. 이렇게 해서 프로크네는 나이팅게일이 되었고, 필로멜라는 제비가 되었으며, 테레우스는 후투티가 되었다고 한다.

24 아폴론 신은 그리스 신화에 나오는 올림포스 열두 신 중 하나로서, 태양, 시가, 예언, 의술, 궁술을 관장하는 신이다. 델포이 섬에 있는 아폴론 신전은 미래를 예언하는 신탁으로 유명했다. 또한 그는 제우스와 티탄 신족의 레토 사이에서 태어난 아들이다. 아폴론은 여러 요정들과 인간 여자들과 관계를 맺어 많은 자녀를 낳았다. 그중에서 유명한 이들로는 의술의 신 아스클레피오스, 음악의 명인 오르페우스가 있다.

때보다도 더 아름답고 찬란한 노래를 부르며 기뻐하는 것이라네.

나도 백조들이 섬기는 바로 그 동일한 신을 주인으로 섬기는 자로 그 신에게 드려졌고, 그 주인에게서 백조들보다 결코 못하지 않은 예언 능력을 받았다고 생각하네. 그러니 백조들과 달리 우울한 심정으로 이승을 떠나서는 말이 안 되지 않겠는가. 그렇기 때문에, 아테네의 열한 명의 간수들이 허락하는 동안에는, 자네들이 무엇이든지 아무 거리낌 없이 말하고 물어야 할 것이네."

심미아스가 말했지요.

"맞는 말씀입니다. 그러면 제가 어떤 것들에 의구심이 생기는지를 말씀드리지요. 그런 다음에는 선생님이 지금까지 말씀하신 것을 어떤 점에 c
서 받아들일 수 없는지를 여기 있는 이 사람이 말씀드릴 것입니다.

소크라테스 선생님, 선생님도 그렇게 생각하시겠지만 제 생각에도 이런 것들을 이승에서 분명하게 안다는 것은 불가능하거나 대단히 어려울 것 같습니다. 하지만 이런 것과 관련해서 논의된 것을 온갖 수단과 방법을 동원해서 면밀하게 살피고 모든 방향으로 온 힘을 다해 심혈을 기울여 기진맥진할 때까지 고찰해보지도 않고 포기한다면, 정말 심약한 겁쟁이라 불릴 것입니다.

신이 가르쳐준 참된 진리라는 견고한 배를 타고 별 위험 없이 이승의 삶을 좀 더 안전하게 항해할 수만 있다면, 그것이 최선이겠지요. 하지만 그렇게 할 수 없다면, 우리는 이것이 어떻게 된 일인지를 다른 사람에게 d
서 배우거나 스스로 발견해내어 알아야 할 것입니다. 그렇게 하는 것이 불가능하다면, 위험하기는 하겠지만 인간의 사유를 거쳐 얻은 가장 반박하기 어려운 최고의 이론을 뗏목으로 삼아서, 이승의 삶을 항해해나가는 것이 최선이겠지요.

그리고 선생님께서도 그렇게 말씀하시니, 이제 저는 아무 거리낌 없이 선생님께 질문을 드리겠습니다. 또한 그렇게 해야, 제가 지금 생각한 것들을 선생님께 말씀드리지 못한 것을 나중에 자책하는 일도 없을 것입니다. 소크라테스 선생님, 제가 이런 말씀을 드리는 이유는 저 혼자서 생각해보아도 그렇고, 케베스와 함께 얘기를 나누어보아도 그렇고, 선생님이 지금까지 하신 말씀으로는 이 문제를 설명하기에 충분해 보이지 않기 때문입니다."

e 그러자 소크라테스께서는 말씀하셨소.

"이보게, 자네의 솔직한 심정을 말한 것 같네. 그렇다면 어떤 점에서 충분한 설명이 되지 않았는지를 내게 말해주게나."

심미아스가 말했지요.

"제가 생각하기에는 선생님의 논리대로라면, 리라와 그 현들 그리고 거기에서 생겨나는 화음과 관련해서도 누구라도 그 동일한 논리를 적용해서 다음과 같이 말할 수 있을 것이기에 그렇습니다. 즉, 사람들은 잘 조율된 리라에서 생겨나는 화음은 눈에 보이지 않고 육신적인 것이 아

86a 니어서 지극히 아름답고 신적인 반면에, 리라와 그 현들은 몸들로서 육신적인 것이고 합성된 것이며 땅에 속한 것이고 죽게 되어 있는 것에 속했다고 말하겠지요. 그런 후에, 선생님의 논리를 그대로 적용해서, 누군가가 리라를 부수거나 그 현들을 끊어버리더라도, 화음은 필연적으로 여전히 소멸되지 않고 존재할 수밖에 없다고 단언할 것입니다. 그러면서 이렇게 추론할 것입니다. '리라와 그 현들은 죽을 것에 속해 있어, 결국

b 리라는 부서진 채로, 그 현들은 끊어진 채로 존재할 것이다. 그런데 신적인 것으로서 죽지 않는 것들에 속해 있는 화음이 죽게 되어 있는 리라와 그 현들보다 먼저 소멸된다는 것은 절대로 있을 수 없는 일이다. 따라서 부서진 리라를 만들 때 사용되었던 나무와 그 현들이 썩어 없어지기 전에는, 화음은 그 어떤 변화도 겪을 수 없다. 그러므로 화음은 어딘가에 존재해 있을 수밖에 없다.'

소크라테스 선생님, 우리가 영혼을 어떤 것이라고 생각하는지 선생님은 알고 계십니다. 즉, 우리는 몸이 뜨거운 것과 차가운 것, 마른 것과 습한 것을 비롯해서 여러 다양한 속성을 지닌 것들로 단단히 결합되어

있고, 그런 것들이 혼합되어 제대로 잘 묶이고 완벽하게 결합되었을 때에 생겨나는 조화가 우리 영혼이라고 보는 것이지요. 따라서 영혼이 일종의 어떤 조화[25]라고 한다면, 우리의 몸이 병에 걸리거나 그 밖의 다른 화를 입어서 지나치게 느슨해지거나 팽팽해지는 경우에는, 우리의 영혼은 아무리 가장 신적인 것이라고 할지라도, 운율이나 장인들의 이런저런 작품에 존재하는 조화와 마찬가지로 그 즉시 파괴되고 말 것이 분명합니다. 반면에, 우리 몸의 잔재들은 불타거나 썩어 없어질 때까지 오랜 시간 남아 있을 것입니다.

그래서 누군가는 영혼은 몸을 구성하는 여러 가지 것들의 혼합이기 때문에, 사람이 죽으면 영혼은 가장 먼저 소멸된다고 주장할 것입니다. 그런 주장에 우리는 무엇이라고 말해야 하겠는지를 생각해봐 주십시오."

그러자 소크라테스께서는 평소에 늘 그러셨던 것처럼 우리를 빤히 쳐다보시더니 웃으시며 말씀하셨소.

"심미아스가 말한 것은 실제로 일리가 있네. 그의 논리가 그리 나빠 보이지 않으니, 자네들 중에 누가 이 질문에 나보다 더 나은 대답을 할 자신이 있으면, 한번 대답해보게. 그런데 내 생각에는 케베스도 우리가 지금까지 설명한 것에 이의가 있다고 하니, 심미아스의 질문에 대답하기 전에 먼저 케베스의 말을 들어보는 것이 좋을 듯하네. 그리고 케베스가 말하는 동안, 우리는 이 질문에 어떻게 대답할지를 각자 생각해두세. 케베스의 말을 다 들은 후에, 그의 말이 옳아 보이면 거기에 동의하면 되고, 옳아 보이지 않으면 우리가 생각하는 대답을 제시하면 되지 않겠는가. 자, 그러면 케베스, 말해보게, 자네를 괴롭히는 것이 도대체 무엇인가?"

---

25 여기에서 '조화'로 번역된 단어는 그리스어로 '하르모니아'(άρμονία)이다. 이 단어는 앞에서는 '화음'으로 번역되었다. 즉, 심미아스는 우리 몸을 악기로 보고, 그 몸을 구성하는 여러 가지 것이 잘 어우러져서 생겨나는 일종의 화음 같은 것이 영혼이라고 말하고 있는 것이다.

케베스가 말했지요.

"그러면 말씀드리겠습니다. 제가 보기에는 우리 논의가 계속 제자리에 머물러 있어서, 우리가 앞에서 제기한 반론에서 여전히 벗어날 수 없는 것 같습니다. 저는 우리 영혼이 현재의 형태 속으로 들어가기 전에도 이미 존재해 있었다는 것이 아주 훌륭하게, 이런 표현이 지나친 것이 아니라면, 충분히 증명되었다는 것을 부정하지 않습니다. 하지만 우리가 죽고 난 후에도 영혼이 어딘가에 여전히 존재해 있다는 점은 증명되지 않은 것 같습니다. 그리고 심미아스는 영혼이 몸보다 더 튼튼한 것도 아니고 더 오래가는 것도 아니라고 말합니다. 하지만 저는 영혼이 그런 것들을 포함해서 모든 점에서 몸보다 훨씬 더 탁월하다고 생각하기 때문에, 그의 그런 반론에는 동의하지 않습니다.

따라서 선생님은 지금까지 말씀하신 것에 따라 제게 이렇게 물으실 것입니다. '너는 사람이 죽었을 때에 사람을 구성하는 부분 중에서 더 약한 부분도 즉시 없어지지 않고 여전히 존재한다는 것을 안다. 따라서 그 구성 부분 중에서 더 오래가는 부분도 그 기간에 존재할 수밖에 없다는 것도 안다. 그런데 무슨 이유로 사람이 죽은 후에도 영혼이 존재해 있다는 것을 여전히 믿지 못하는 것인가?' 그러니 제가 지금부터 하는 말이 거기에 대한 적절한 대답이 될 수 있는지를 살펴봐주십시오.

저도 심미아스처럼 예를 들어서 설명해야 할 것 같아서, 선생님이 지금까지 말씀하신 것들을 나이 들어 죽은 재단사에게 적용해보겠습니다. 그랬을 때, 제 생각에 선생님의 말씀은, 재단사가 아직 죽지 않았고 어딘가에 안전하게 존재한다고 하시면서 그가 직접 만들어 입고 다니던 옷이 소멸되지 않고 온전히 보존되어 있는 것을 그 증거로 제시하는 것과 같지 않은가 생각합니다. 누군가가 그것을 믿지 않으면, 선생님은 어떤 사람과 그 사람이 계속 입고 다녀서 닳아버린 옷 중에서 어느 쪽이 더 오래가겠느냐고 물으실 것입니다. 사람이 훨씬 더 오래갈 것이라고 그가 대답하면, 선생님은 오래가지 않는 옷도 소멸되지 않았는데, 그 옷보다 훨씬 더 오래가는 사람이 소멸되지 않고 안전하게 존재하는 것은 틀림없는 사실로 증명되었다고 말씀하실 것입니다.

내가 그렇게 생각하는 이유는 선생님이 방금 말씀하신 대로 말하는 사람이 있다면, 누구나 그가 어리석은 말을 한다고 생각할 것이 분명하기 때문입니다. 그 재단사는 살면서 많은 옷을 지어서 입었을 것이고, 그런 경우에 그는 이전에 입었던 대부분 옷보다는 더 오래 살겠지만, 마지막으로 입었던 옷보다 더 오래 살아 있을 거로 말할 수는 없기 때문입니다. 하지만 자신이 입던 옷보다 더 오래 살아 있지 못한다고 해서, 그것이 사람이 옷보다 더 열등하거나 약함을 보여주는 것은 아니지요. d

그리고 저는 이러한 예가 영혼과 몸의 관계에도 그대로 적용될 수 있다고 생각하기 때문에, 영혼과 몸에 대해 그런 식으로 말하는 사람은 옳게 말하는 것이라고 봅니다. 즉, 영혼은 몸보다 더 오래가고, 몸은 영혼보다 더 약하고 덜 오래가는 것은 사실입니다. 특히 영혼이 오랫동안 사는 경우에는, 어떤 몸을 입고 있다가 닳고 해져서 소멸되면 다른 몸을 새롭게 짜서 입는 것을 반복하기 때문에, 결과적으로 살아 있는 동안에 많은 몸을 입게 됩니다. 그리고 이전의 모든 몸들은 영혼보다 먼저 소멸되는 반면에, 마지막으로 입은 몸보다는 영혼이 먼저 소멸되고, 그 마지막 몸도 자신의 약한 본성을 드러내어, 영혼이 소멸된 후에 이내 신속하게 썩어 없어질 것이기 때문입니다. e

따라서 그러한 설명에 따른다면, 죽고 난 후에도 우리 영혼이 여전히 어딘가에 존재해 있다고 믿는 것은 옳을 수 없습니다. 물론 그러한 설 88a
명을 믿는 사람이라고 할지라도 선생님이 하신 말씀을 상당 부분 받아들여서, 우리의 영혼이 태어나기 전에 이미 존재해 있을 뿐만 아니라, 죽은 후에도 우리 중 몇 사람의 영혼은 그 후에도 여전히 계속 존재함을 인정할 수 있습니다. 그리고 영혼은 여러 번 태어나고 죽는 것을 감당할 수 있을 정도로 그 본성이 강하기 때문에, 다시 태어나고 또다시 죽는 것을 반복한다는 것도 인정할 수 있습니다. 하지만 설령 우리 영혼이 그렇게 태어나고 죽는 것을 반복하는 것이 사실이라고 해도, 결국에는 그 힘을 소진하여 그런 반복된 죽음 중 마지막 죽음을 겪으면서 완전히 소멸하

b 게 되리라고 말할 것입니다. 즉, 영혼이 그렇게 태어나고 죽는 것을 반복하는 데에도 한계가 있어서, 영혼은 어느 순간 죽어서 몸과 분리될 때 영원히 파괴되고 소멸되고 말리라는 것이지요. 그 순간이 언제일지는 아무도 알 수 없더라도 말입니다.

이것이 사실이고, 영혼이 절대적으로 영원히 죽지 않으며 소멸되지 않는다는 것을 증명하지 못한다면, 죽음 앞에서 두려워하지 않고 담대한 사람은 아무것도 알지 못해 그런 것이라고 할 수 있겠지요. 하지만 그러한 사실을 아는 사람이라면 죽음에 직면했을 때 자기 영혼이 몸과 분리되자마자 완전히 소멸해버리지는 않을까 하고 두려워하지 않을 수 없을 것입니다."

8.

c 나중에 그 순간을 회상하며 서로 얘기를 나누었을 때, 심미아스와 케베스가 한 말을 듣고서는 우리 모두가 침울해졌다는 것을 알게 되었지요. 그 전까지만 해도 우리의 논의에 상당히 강력한 확신을 갖고 있었지요. 그런데 이 두 사람의 말을 들은 후에는, 과연 우리가 어떤 것을 제대로 올바르게 판단하는 배심원이 될 수 있는 것인지, 그리고 이런 문제와 관련해서 어떤 것을 확실히 알 수나 있는 것인지에 회의적이 되었지요. 그래서 지금까지 이루어진 논의만이 아니라, 앞으로 전개될 논의도 믿지 못할 것 같다는 생각이 들었습니다.

에케크라테스: 신들을 걸고 맹세하건대, 파이돈, 나도 자네들의 심정을 충분히 이해할 수 있을 것 같소. 지금 그대가 하는 말을 들으니, 불현듯

d 나 자신에게 이렇게 말하게 되기 때문이오. '그토록 신뢰할 만했던 소크

라테스 선생님의 말씀조차 이제 불신을 받게 되었으니, 지금부터 우리가 대체 누구의 말을 믿을 수 있단 말인가?'

지금 나는 우리의 영혼이 일종의 조화라는 설명을 듣고서 놀랍다고 생각했고, 앞으로도 그럴 것이오. 그리고 그대가 그런 말을 하는 것을 들으니, 나도 전에 그렇게 생각했던 것이 기억나오. 하지만 그런 설명은 사람이 죽어도 그 영혼은 몸과 함께 죽는 것이 아님을 증명하지 못한다는 것이 밝혀졌소. 그러니 사람이 죽은 후에도 영혼이 영원히 존재한다는 것을 확신하려면 이제부터라도 그런 것과는 다른 설명을 처음부터 다시 찾아야 하오.

그러니 제우스 신의 이름으로 청하건대, 내게 말해주시오. 소크라테스께서는 그 논의를 어떤 식으로 이어가셨소? 그리고 그대들이 침울해졌던 것처럼 선생님도 심기가 불편해져서 조금이라도 화가 난 기색이 보였소, 아니면 차분하게 자기 견해가 옳다는 것을 논증해 나가셨소? 그 e 리고 선생님의 논증은 그 견해가 옳다는 것을 증명하기에 충분했소, 아니면 부족했소? 그대가 할 수 있는 한 최선을 다해 모든 것을 우리에게 소상히 말해주시오.

파이돈: 에케크라테스, 사실 나는 소크라테스 선생님을 보면서 놀라워한 적이 비일비재했지만, 내가 그때 선생님과 함께 있다는 사실보다 더 기쁜 적은 없었소. 심미아스와 케베스가 제기한 반론에 대해 대답할 89a 말씀이 이미 선생님께 준비되어 있었다는 것은 충분히 예상할 수 있는 일이기 때문에 의외이거나 놀라운 일은 아닐 것이오. 그러니 그 부분은 논외로 치고, 내가 그때 선생님을 보며 무엇보다도 놀란 것은 이런 것들이었소.

가장 먼저는, 기쁜 마음으로 흔쾌히 너그럽고 따뜻하게 청년들의 견해를 존중하며 경청하고 받아들이셨다는 것이오. 다음으로는, 그들의 견해를 듣고서 우리가 어떤 영향을 받았는지를 금방 알아차리셨다는 것이오. 마지막으로는, 싸움에 패배한 후 도망친 우리를 불러다가 잘 치료해주시고, 다시 규합해서 그와 함께 논의를 계속하도록 힘을 북돋워주셨다는 것이오.

에케크라테스: 어떤 식으로 그렇게 하셨소?

파이돈: 말씀드리겠소. 우연히 나는 선생님의 오른쪽에, 그러니까 침상 옆에 있던 낮은 의자에 앉아 있었소. 침상은 꽤 높았기 때문에, 선생님은 나보다 상당히 높은 곳에 앉아 있으셨지요. 선생님은 종종 내 머리채를 가지고 장난을 치곤 하셨는데, 이때에도 나의 머리를 쓰다듬으시더니 나의 목 부분까지 내려와 있던 머리채를 손으로 움켜쥐시면서, "파이돈, 아마도 내일 자네는 이 아름다운 머리채를 자르게 되겠지"라고 말씀하셨소.[26]

"그럴 것 같습니다, 소크라테스 선생님"이라고 나는 말했지요.

"하지만 자네가 내 말을 수긍하게 된다면, 그렇게 하지 않을 걸세."

"그게 무슨 말씀이신지요"라고 나는 말했지요.

그분은 말씀하셨소.

"만일 우리 주장이 죽임을 당하고, 그것을 다시 살려낼 수 없게 된다면, 오늘 나와 자네는 머리채를 잘라야 할 것이기 때문이네. 내가 자네라면, 논거를 제대로 제시하지 못해 진리가 지는 일이 생긴다면, 나는 아르고스인들처럼[27] 다시 싸워서 심미아스와 케베스가 주장한 것을 물리치고 이길 때까지는 머리카락을 기르지 않겠다고 맹세할 것이기 때문이네."

"하지만 헤라클레스라고 할지라도 혼자서는 둘을 상대하지 못한다

---

26 머리채를 자르는 것은 고대 그리스에서 고인의 죽임을 진정으로 슬퍼하고 애도하는 표시였다.

27 아르고스는 그리스의 펠로폰네소스 반도에 있는 도시였다. 코린토스에서 남서쪽으로 37킬로미터쯤 되는 지점에 있었다. 호메로스는 자신의 글에서 그리스인을 '아르고스인'이라고 부를 정도로, 아르고스의 위상은 상당했다. 늘 스파르타와 적대적인 관계에 있다가, 스파르타인에게 국경 도시 티레아이를 탈취당한 후에, 그 도시를 되찾기 전에는 머리를 기르지 않겠다고 맹세했다. 헤로도토스의 『역사』에 나오는 이야기다.

는 말이 있지 않습니까"라고 내가 말했지요.

그분은 "그렇다면 아직 빛이 있는 낮일 때, 자네의 이올라오스[28]가 되어달라고 내게 요청하게나"라고 말씀하셨소.

"그러면 저는 헤라클레스가 아니라 이올라오스로서, 헤라클레스이신 선생님의 도움을 요청하겠습니다"라고 나는 말했지요.

그분은 "그런 것은 어떻든 상관없지만, 우리가 먼저 조심해야 할 것이 있네"라고 말씀하셨소.

"그게 무엇인지요"라고 나는 말했지요.

그분은 말씀하셨소.

d

"어떤 사람이 인간을 혐오하는 자가 되듯이, 우리는 변증[29]을 혐오하는 자가 될 수 있다네. 그렇게 되지 않도록 조심해야 한다는 것이지. 인간에게 일어날 수 있는 모든 재앙 중에서 변증을 혐오하는 것보다 더 큰 재앙은 없기 때문이라네. 하지만 변증을 혐오하는 것과 인간을 혐오하는 것은 동일한 원인으로 생겨나는 것이지.

인간을 혐오하게 되는 것은 누군가를 잘 알지도 못하면서 무턱대고 믿어버리는 것이 그 원인이라네. 그러니까 어떤 사람을 정말 진실하고 제대로 된 믿을 만한 사람이라고 생각했다가, 나중에 보니 악하고 전혀 믿을 만하지 않다는 것을 알게 되었을 때, 인간을 혐오하는 마음이 시작

---

28 헤라클레스는 그리스 신화에서 가장 힘이 센 최고의 영웅이다. 제우스가 알크메네에게서 낳은 아들이었기 때문에, 헤라 여신의 질투로 모진 고생을 했다. 하지만 그가 겪어야 했던 "열두 과업"을 통해 온갖 괴물을 물리치고 어려운 일을 해내면서, 용맹과 지혜를 겸비한 위대한 영웅으로 성장한다. 이올라오스는 헤라클레스의 조카로서, 헤라클레스가 여러 개의 머리를 지닌 괴물 히드라를 죽일 때에 그를 도왔다. 헤라클레스가 히드라의 머리를 벨 때마다, 이올라오스는 그 부위를 불로 지져서 거기에서 다시 머리가 나지 못하게 했다.

29 '변증'은 직관이나 경험에 의거하지 않고 추론을 통해 논리적으로 분석하는 방식으로 대상을 연구하는 것이다. 나중에 소크라테스는 자신이 현실세계에 대한 관찰이나 경험을 통해서가 아니라, 이성에 의거해서 논리적인 추론과 변증을 통해서 진리를 추구하게 된 이유를 설명한다. 그는 오직 사유와 변증을 통해서만 진리에 도달할 수 있다고 말한다.

되는 것이지. 사람이 그런 일을 자주 겪고, 특히 자기가 친하다고 생각한 사람들로부터 그런 일을 겪으면서 분노하는 일이 잦아지면, 마침내 모든 사람을 혐오하게 되고, 세상에는 제대로 된 사람이 아무도 없다고 생각하게 된다네. 자네는 지금까지 이런 일이 일어나는 것을 본 적이 없는가?"

"물론 보았습니다"라고 나는 말했지요.

그분은 말씀하셨소.

"하지만 그런 식으로 인간을 혐오하는 것은 부끄러운 일이 아니겠는가? 그리고 그런 사람은 인간에 대해 잘 알지도 못한 채로 무턱대고 사람들을 상대하려 한 사실도 분명하지 않은가? 사람을 상대할 때는 인간이 어떤 존재인지를 충분히 알아야 하는 것이 당연하고, 만일 그가 인간
을 안다면, 아주 선한 사람이나 아주 나쁜 사람은 드물고, 대부분은 그 중간 지점에 있다는 사실을 충분히 고려했을 것이네. 그랬다면 그는 인간을 혐오하게 되지도 않았을 것이고."

"그것이 무슨 말씀이신지요"라고 내가 말했지요.

그분은 말씀하셨소.

"그것은 아주 큰 것과 아주 작은 것의 차이와 마찬가지라네. 자네는 아주 큰 사람이나 아주 작은 사람, 또는 아주 큰 개나 아주 작은 개같이, 그 어떤 것에서나 아주 큰 것 혹은 아주 작은 것은 드물다고 생각하지 않는가? 그리고 빠른 것이나 느린 것, 아름다운 것이나 추한 것, 흰 것이나 검은 것은 또 어떠한가? 그 모든 것을 봐도 양 극단은 드물고 소수인 반면에, 중간에 속한 것들은 많고 다수라는 것을 이미 알고 있지 않는가?"

"물론입니다"라고 나는 말했지요.

그분은 말씀하셨소.

"그렇다면 누가 더 악한지를 시합한다면, 거기에서도 선두에서 뛰는 자들은 아주 드물어서 극소수일 것이라는 생각이 들지 않는가?"

"그럴 것입니다"라고 내가 말했지요.

그분은 말씀하셨소.

"그럴 것이네. 하지만 이러한 설명은 앞에서 자네의 질문에 대한 대답으로 한 것일 뿐이네. 추론을 혐오하는 것과 인간을 혐오하는 것의 유사성은 그런 것에 있지 않고, 도리어 내가 전에 말한 것에 있네. 즉, 어떤 사람이 추론에 관해 제대로 알지도 못하면서 어떤 추론이 옳다고 믿었다가, 나중에 보니 그 추론이 어떤 때에는 맞고 어떤 때에는 틀리기 때문에 결과적으로 옳지 않다는 것을 알게 되었다고 하세. 그런 일이 반복되면, 그 사람은 추론을 혐오하게 되는 것이지.

자네도 알듯이, 논쟁을 일삼는 사람들은 계속 논쟁을 해나가다가, 사 ᶜ 물이든 추론이든 믿을 수 있고 확실할 정도로 제대로 된 것은 하나도 없다고 생각하게 되네. 그래서 존재하는 모든 것은, 에우리포스 해협[30]의 조수가 늘 밀물이 되어 들어왔다가 썰물이 되어 빠져나가는 것처럼, 잠시도 어느 한 상태에 그대로 머물러 있는 법이 없다는 사실을 발견한다네. 그리고 마침내 자신이 대단한 현자가 되었다고 생각하는 것이라네."

"지극히 옳은 말씀입니다"라고 내가 말했지요.

그분은 말씀하셨소.

"그러니, 파이돈. 인간이 배워 알 수 있는 참되고 확실한 변증이 존재 ᵈ 하는 것은 분명하네. 그런데도 어떤 사람이 어떤 때에는 옳아 보이고 어떤 때에는 옳지 않아 보이는 그런 변증들을 자주 접하고서는, 자기가 변증을 잘 몰라서 그런 것임을 깨닫지 못하고, 도리어 그 책임을 자기 자신이 아니라 변증에 돌려서 변증에 화를 내며, 변증을 혐오하고 욕하며 일생을 보낸다고 해보세. 그렇게 해서 그가 존재하는 모든 것을 제대로 알아 진리에 도달할 기회를 빼앗긴다면, 그것은 비참하고 불행한 일이 아

---

30 에우리포스 해협은 에게해에 있는데, 에우보이아 섬과 그리스 본토의 보이오티아 지방 사이에 있는 아주 좁은 해협이다. 하루에 네 번 정도 물살의 방향이 바뀌는데, 지중해에 있는 다른 해협들과는 달리 조수간만의 차가 크고 물살이 세서, 시속 12킬로미터의 속도로 가장 센 조류가 몰려올 때에는 배가 다니지 못할 정도라고 한다.

니겠는가?"

"제우스를 걸고 맹세하건대, 그것은 정말 비참한 일일 것입니다"라고 나는 말했지요.

e 그분은 말씀하셨소.

"그래서 무엇보다도 먼저 우리는 변증이라는 것은 확실하지 않아서 믿을 게 못된다는 생각이 마음속으로 침투해 들어오지 않도록 조심해야 하네. 그리고 그런 생각은 우리가 제대로 된 변증을 할 만한 준비가 되어 있지 않은 데서 생긴다는 것을 깨달아야 하네. 그런 후에, 그런 준비를 갖추기 위해 온 힘을 다해야 마땅함을 명심해야 한다네.

내가 이런 말을 하는 것은 자네를 비롯한 그 밖의 다른 사람들에게는
91a 앞으로도 살아갈 날이 많이 남아 있기 때문이네. 아울러, 내게는 지금 이렇게 죽음을 앞둔 순간에도 우리의 논의와 관련해서 철학자답게 처신하지 못하고, 무식하기 짝이 없는 논쟁꾼처럼 오로지 논쟁에서 이기려는 욕망으로 처신할 우려가 있기 때문이기도 하네.

논쟁꾼들은 어떤 것을 논쟁할 때에 자신이 무엇에 관해 토론하고 있는지는 전혀 관심이 없고, 오로지 자신이 말하는 것이 청중에게 옳게 보이는 데에만 신경 쓰는 사람들이지. 그리고 지금 이 자리에서 적어도 그런 점에서는 나는 그런 사람들과 다르다고 생각한다네. 나도 모르게 무의식적으로, 또는 부수적으로 내가 말하는 것이 옳게 보이게 하려고 그럴 수는 있겠지만, 그것을 주된 목적으로 삼지는 않고, 도리어 내 말이 나 자신에게 옳게 여겨지는 것을 주된 목적으로 삼기 때문이라네.

b 이보게, 지금 내가 생각하는 것이 얼마나 타산적인지를 한번 보게나. 내가 말하는 것이 옳다면 그것을 받아들여 믿는 것은 좋은 일이겠지. 반면에 내가 말한 것이 틀린 말이어서 사람이 죽은 후에는 아무것도 남는 것이 없다 해도 적어도 죽음을 앞두고 내가 울며불며 비통해함으로써 여기 있는 사람들의 심기를 더 불편하게 하지 않아도 되니 우리가 이런 논의를 하는 것이 얼마나 좋은 일인가 하는 생각이 든다네. 그렇다면 나

의 어리석은 생각은 결코 좋은 것은 아니지만, 그리 오래가지 못하고 곧 끝나게 될 걸세."

그분은 계속 말씀하셨소.

"그러니 심미아스와 케베스, 이제 나는 그런 마음가짐으로 우리의 논의에 임할 것이네. 하지만 자네들이 나의 말을 듣고 제대로 판단하고자 한다면, 소크라테스라는 인간에 대해서는 조금만 주목하고, 무엇이 옳고 c
그른지에 훨씬 더 많이 집중해주기를 바라네. 내가 하는 말이 자네들에게 옳다고 생각한다면 거기에 동의하고, 옳다고 생각하지 않는다면 모든 말로 반박해주게. 그리하여 내가 이 논의에 너무 열중하다 나 자신과 자네들을 속이는 일이 벌어져서, 독침을 남겨두고 떠나가는 벌 같은 신세가 되지 않게 해주게."

9.

그분은 말씀하셨소.

"그러면 시작해보세. 먼저 자네들이 아까 한 말을 내가 요약해보겠네. 내가 제대로 기억하지 못한 부분이 있어 보이면, 자네들이 지적해주게. 내 생각에는, 심미아스는 영혼이 몸보다 더 신적이고 아름답기는 하지만, 일종의 조화이기 때문에 몸보다 먼저 소멸될 것이 아닌가 하는 d
의구심이 있어 두려워하는 것 같네. 반면에, 케베스는 영혼이 몸보다 더 오래간다는 나의 말에는 동의하지만, 영혼이 태어나서 죽기를 반복하면서 많은 몸보다 더 오래 존재할지라도, 결국에는 마지막으로 입은 몸을 떠날 때에 영혼 자체도 소멸하게 될 것임을 단호하게 부정할 사람은 아무도 없을 것이라고 말하는 것으로 보이네. 그리고 몸이 소멸되는 것은 늘 지속되기 때문에, 영혼이 소멸되는 것이야말로 진정한 의미에서의 죽음이라고 말한 것으로 생각되네. 심미아스와 케베스, 우리가 지금부터 검토해야 할 것들이 바로 이런 게 아니겠는가?"

e   심미아스와 케베스는 둘 다 그렇다고 동의했지요.

그분은 말씀하셨소.

"그렇다면 자네들은 우리가 앞서 말했던 것을 전부 다 거부하는 것인가, 아니면 일부만 거부하고 나머지는 받아들이는 것인가?"

"일부는 거부하고, 나머지는 받아들입니다"라고 그들은 말했지요.

"그렇다면 자네들은 배운다는 것은 기억해낸다는 것이고, 그것이 사실이라면, 우리 영혼은 몸 안에 갇히기 이전에 이미 어딘가에 필연적으로 존재해 있었던 것일 수밖에 없다는 말에 대해서는 어떻게 생각하는가?"

92a   "저는 아까 그 말씀을 하실 때에 놀라울 정도로 설득력 있다고 생각했고, 그 말씀이 옳다고 생각하는 데에는 지금도 변함이 없습니다"라고 케베스가 말했지요.

"저도 동감이기 때문에, 그 말씀에 대해 제가 생각을 바꾼다면, 정말 이상한 일일 것입니다"라고 심미아스가 말했지요.

그러자 소크라테스께서는 말씀하셨소.

"하지만 테바이에서 온 이방인이여,[31] 조화는 여러 가지가 합성된 것이고, 몸을 구성하는 여러 가지가 합성해 팽팽하게 당겨져서 생겨난 일종의 조화가 영혼이라는 견해를 자네가 계속 유지한다면, 자네는 내가 한 그 말에 대한 자네의 생각을 반드시 바꾸어야 할 걸세. 조화가 합성된

b   것이라면, 서로 합성되어서 조화를 생겨나게 한 그 구성 요소들 이전에 조화가 먼저 존재해 있었다고 주장할 수 없다는 것은 분명하기 때문이네. 그런데도 자네는 그렇게 주장하고자 하는가?"

"그럴 리가 있겠습니까, 소크라테스 선생님"이라고 심미아스는 말했

---

31 심미아스와 케베스는 테바이 출신이기 때문에 이렇게 말한 것이다. "팽팽하게 당겨져서"라고 표현한 것은 심미아스가 앞에서 몸과 영혼을 악기와 화음에 비유한 것을 그대로 가져와서 말하는 것이다.

지요.

그분은 말씀하셨소.

"하지만 자네는 한편으로는 영혼이 인간이라는 형태와 몸속으로 들어오기 전에 이미 존재해 있었다고 하면서도, 다른 한편으로 영혼은 아직 존재하지도 않은 것들로부터 합성된 것이라고 말하고 있네. 그러니 이것이 자네의 주장임을 자네는 알지 못하겠는가? 자네가 영혼이 조화라고 말한 것과 그것을 말하려고 비유로 든 화음은 전혀 다른 것이라네. 리라와 그 현들과 아직 조율되지 않은 음들이 먼저 있고, 화음은 거기로 부터 가장 마지막에 만들어졌다가 먼저 소멸하기 때문이네. 그런데 어떻게 영혼이 조화라고 말하는 것과 배우는 것은 기억해내는 것이라고 말하는 것이 서로 부합하겠는가?"

"전혀 부합하지 않습니다."

"하지만 무릇 변증이라는 것은 앞뒤가 맞고 서로 부합해야 하는 법이네."

"당연히 그래야 합니다."

"하지만 자네의 변증은 앞뒤가 맞지 않네. 그러니 배우는 것은 기억해내는 것이라는 말과 영혼은 조화라는 말 중에서 어느 쪽을 선택할지를 생각해보게."

심미아스는 말했지요.

"그렇다면 전자를 택하겠습니다, 소크라테스 선생님. 제가 확실한 증거나 논증도 없이 후자를 받아들인 것은 무엇인가 옳아 보이고 그럴 듯해 보였기 때문이고, 사실 많은 사람도 후자에 대해 그렇게 생각합니다. 하지만 옳아 보인다고 해서 그것을 근거로 삼아 제시된 논증은 부풀려진 것이라는 생각이 듭니다. 그래서 사람이 그런 것들을 경계하고 조심하지 않는 경우에는, 기하학에서든 그 밖의 다른 모든 분야에서든 속기 십상이라는 것을 저는 잘 알고 있습니다.

반면에, 배우는 것은 기억해내는 것이라는 말은 믿을 만한 근거를 통

해 입증된 것이라고 할 수 있습니다. '실재하는 것'이라고 부를 수 있는
어떤 실체[32]와 마찬가지로, 우리의 영혼도 몸속으로 들어오기 전에 이미
e 그런 식으로 존재해 있었다고 말할 수 있기 때문입니다. 저는 그러한 논
증이 옳다고 확신하기 때문에, 제가 그 말을 받아들인 것은 전혀 문제가
없고 올바른 것입니다. 따라서 저 자신이든 다른 사람들이든 영혼이 조
화라는 말을 받아들여서는 안 된다고 생각합니다."

그분은 말씀하셨소.

93a "그렇다면 이렇게 생각해보면 어떻겠나, 심미아스. 자네는 조화 또는
그 밖의 다른 어떤 합성된 것이 그것을 구성하는 요소들과 다른 방식으
로 존재한다고 생각하는가?"

"결코 그렇지 않습니다."

"그리고 내 생각에는, 조화가 행하고 겪는 것은 구성 요소들이 행하
거나 겪는 것과 다르지 않을 것이네."

심미아스도 동의했지요.

"또한 조화는 자신을 구성하는 것들을 앞장서서 이끄는 것이 아니라
뒤에서 따라가는 것이라고 해야 하네."

심미아스는 동의했지요.

"그렇다면 조화가 자신의 구성 요소들과 반대로 움직이거나 소리를
내는 것, 또는 반대로 행한다는 것은 불가능하네."

"물론입니다"라고 심미아스가 말했지요.

"그렇다면 어떠한가? 본질적으로 모든 조화는 자신의 구성 요소가
서로 조율된 정도만큼만 조화이지 않겠는가?"

"무슨 말씀인지 이해가 안 됩니다"라고 심미아스가 말했지요.

그분은 말씀하셨소.

---

32 "'실재하는 것'이라고 부를 수 있는 어떤 실체"는 동일성, 아름다움, 선함 등과 같은 '이
데아,' 즉 눈에 보이지 않는 궁극적인 원형을 가리킨다.

"조율이 더 치밀하고 완벽하게 되는 경우에는 거기에 따라 조화도 더 치밀하고 완벽해지고, 조율이 덜 치밀하고 덜 완벽하게 되는 경우에는 거기에 따라 조화도 덜 치밀하고 덜 완벽하게 되지 않겠느냐는 말일세."

"물론입니다."

"그렇다면 그것을 영혼에 적용한다면, 아주 작은 차이일지라도 어떤 영혼은 다른 영혼보다 더 치밀하고 완벽하기도 하고 덜 치밀하고 덜 완벽하기도 할 수 있다는 것인데, 그것이 가능하겠는가?"

"결코 그럴 수 없습니다"라고 심미아스가 말했지요.

그분은 말씀하셨소.

"좋네. 그러면 제우스를 걸고 맹세하건대, 우리는 어떤 영혼은 분별력이라는 미덕을 지니고 있어서 선하고, 어떤 영혼은 어리석음이라는 악덕을 지니고 있어서 악하다고 말하지 않는가? 그런데 그렇게 말하는 것이 옳은가?"

"분명히 옳습니다."

"그렇다면 영혼이 조화라고 보는 사람들은 영혼 안에 그러한 미덕과 악덕이 있는 것을 무엇이라고 말하겠는가? 그들은 미덕과 악덕을 또 다른 종류의 조화와 부조화라고 말하고서는, 선한 영혼은 그 자체로 완벽한 조화를 이루고 있기 때문에 그 조화 안에 또 다른 조화를 담아내는 반면에, 악한 영혼은 그 자체로 제대로 조화를 이루고 있지 않기 때문에 그 자체 안에 또 다른 조화를 담아내지 못하는 것이라고 말하겠는가?"

"확실하게 말할 수는 없지만, 그런 견해를 가진 사람은 그런 식으로 말할 것이 분명합니다"라고 심미아스가 말했지요.

그분은 말씀하셨소.

"하지만 우리는 앞에서 이미 어떤 영혼이 다른 영혼보다 더 완벽한 영혼이거나 덜 완벽한 영혼일 수 없다는 것에 동의했네. 그리고 그것은 어떤 조화가 다른 조화보다 더 치밀하고 더 완벽한 조화이거나 덜 치밀하고 덜 완벽한 조화일 수 없다는 것에 동의한 것이네. 그렇지 않은가?"

"물론입니다."

"그리고 더 완벽한 조화나 덜 완벽한 조화가 있을 수 없다는 것은
더 완벽한 조율이나 덜 완벽한 조율도 있을 수 없다는 것이네. 그렇지
않은가?"

e   "그렇습니다."

"그렇다면 더 완벽한 조율이냐 덜 완벽한 조율이냐에 따라, 더 완벽
한 조화냐 덜 완벽한 조화냐가 결정되는 것인가, 아니면 모든 조율에서
생겨나는 모든 조화는 동일한 것인가?"

"동일합니다."

"그렇다면 영혼은 더 완벽한 것도 없고 덜 완벽한 것도 없으니, 더 완
벽하게 조화된 영혼이나 덜 완벽하게 조화된 영혼도 없지 않겠나?"

"그렇습니다."

"그것이 사실이고, 악이 부조화이고 미덕이 조화라면, 어떤 영혼이
다른 영혼보다 더 많은 조화나 부조화를 담고 있는 것이 가능하겠는가?"

"그럴 수 없습니다."

94a   "심미아스, 영혼이 조화라면, 영혼은 그 어떤 악도 담고 있지 않다고
말하는 것이 도리어 올바른 추론일 것일세. 조화가 의심할 여지 없이 절
대적으로 조화 그 자체라면, 부조화를 담고 있다는 것은 불가능한 일이
네."

"분명히 그렇습니다."

"그리고 영혼이 절대적으로 영혼이라면, 악을 담고 있다는 것은 불가
능한 일이지."

"앞에서 이미 말한 것에 비추어 보았을 때, 어떻게 그렇지 않을 수 있
겠습니까?"

"따라서 이러한 논증에 의거하여, 영혼이 본질적으로 동일하게 영혼
이라면 모든 살아 있는 것의 모든 영혼은 동일하게 선할 것일세."

"제 생각에도 그렇습니다, 소크라테스 선생님"이라고 심미아스는 말

했지요.

그분은 말씀하셨소.

"자네 생각에는 지금까지 우리가 말해온 것이 옳다고 여겨지는가? 그리고 만일 영혼이 조화라는 가설이 옳다면, 우리가 그런 식으로 말하 b 는 것이 가능할 것이라고 보는가?"

"결코 가능하지 않을 것입니다"라고 심미아스가 말했지요.

그분은 말씀하셨소.

"그렇다면 어떠한가? 인간을 구성하고 있는 모든 것 중에서 인간을 지배하고 있다거나 지혜롭다고 할 만한 것이 영혼 외에 다른 게 무엇이 있는가?"

"제 생각에는 아무것도 없습니다."

"영혼은 몸이 원하는 것에 복종하는가, 아니면 거기에 반대하는가? 내 말뜻은 이런 것이라네. 그러니까 어떤 사람의 몸에서 열이 나고 갈증이 나도 영혼은 그 사람을 정반대로 이끌어서 물을 마시지 못하게 하는 경우도 있고, 어떤 사람이 굶주려 있는데도 영혼은 그 사람에게 먹지 못하도록 하는 경우도 있네. 그런 것에서 알 수 있듯이, 육체가 원하는 것 c 들에 영혼이 반대하는 경우를 우리는 무수히 본다네. 그렇지 않은가?"

"물론입니다."

"우리는 앞에서 영혼이 조화 또는 화음이라면, 그 구성 부분들이 팽팽하게 당겨지거나 느슨해지거나 진동하거나 그 밖의 다른 어떤 상태에 있을 때, 영혼은 그와 반대되는 소리를 결코 낼 수 없다는 것, 즉 영혼은 그것들을 지배하지는 못하고, 따를 뿐이라는 것에 동의하지 않았던가?"

심미아스는 말했지요.

"동의했습니다. 어떻게 우리가 거기에 동의하지 않을 수 있겠습니까?"

"그런데 어떠한가? 지금 보니 영혼은 그런 것과는 정반대로 행동하는 것 같지 않은가? 영혼은 이승에서 살아가는 동안 내내 소위 자신을 구성하고 있다고 하는 모든 것을 지배하고, 그것들이 원하는 것을 반대하는 경우가 비일비재하지 않은가? 또한 영혼은 어떤 때에는 운동이나 수술을 통해 혹독하고 고통스러운 방식으로 그런 것을 다스리네. 그리고 어떤 때에는 마치 그것과는 다른 존재로 자신과는 완전히 다른 어떤 것과 대화하듯이, 즉 그것이 원하는 것과 분노하는 것과 두려워하는 것에 대하여 어르고 달래는 좀 더 온건한 방식으로 다스리네. 이렇게 영혼은 그것을 온갖 방식으로 지배하지 않는가?

영혼의 그러한 모습은 호메로스가 『오디세이아』에서 오디세우스의 모습을 이렇게 묘사한 것과 같다고 할 수 있지. '그는 자신의 가슴을 치
며 이렇게 꾸짖었다. 마음아, 참아야 한다. 더한 것도 참지 않았더냐.' 자네는 호메로스가 영혼은 조화여서 몸이 원하는 대로 끌려갈 수밖에 없는 존재라고 믿은 것이 아니라, 영혼은 조화보다 훨씬 더 신성한 것이어서 몸의 욕망들을 지도하고 지배할 수 있는 존재라고 믿고 그 글을 썼다고 생각하지 않는가?"

"제우스를 걸고 맹세하건대, 소크라테스 선생님, 저도 그렇게 생각합니다."

"그렇다면 이보게 아주 훌륭한 사람아, 영혼은 일종의 조화라고 말
하는 것은 어떤 점에서도 옳지 않네. 우리가 그렇게 말한다면, 그것은 저신과 같은 인물인 호메로스의 생각과도 일치하지 않고, 우리 자신이 지금까지 말해온 것과도 일치하지 않기 때문이네."

"그렇습니다"라고 심미아스는 말했지요.

10.

소크라테스께서는 말씀하셨소.

"그렇다면, 이것으로 우리가 테바이의 하르모니아[33]는 어느 정도 달랜 것으로 보이니, 잘된 일이네. 하지만 카드모스와 관련된 것은 어떠한가, 케베스? 우리는 어떤 말을 통해 어떤 식으로 달래야 하나?"

케베스가 말했지요.

"저는 선생님이 찾아내실 것이라고 생각합니다. 영혼이 조화라는 주장을 반박한 선생님의 말씀은 제 생각을 뛰어넘는 놀라운 것이었으니까요. 심미아스가 자신의 의구심을 피력했을 때, 저는 그의 추론에 대응해 b 서 답변을 내놓을 사람이 아무도 없을 것이라고 생각했습니다. 그래서 선생님의 반론이 시작되자마자 심미아스의 추론이 일회전도 버티지 못하고 즉시 무너지는 것을 보고서는 도저히 믿을 수가 없었습니다. 그러니 카드모스의 추론이 똑같은 일을 당한다고 해도, 그것은 제게 놀랄 일이 아닙니다."

소크라테스께서는 말씀하셨소.

"이보게 훌륭한 사람아, 어떤 악한 영의 세력이 끼어들어서 우리가 지금부터 해나가게 될 변증을 망쳐놓을지도 모르는 일이니, 자신만만해하지 말게나. 하지만 그런 일은 신께서 알아서 하실 일이고, 우리는 호메로스의 방식을 따라[34] 가까이 접근해서, 자네가 한 말이 과연 일리가 있는지를 살펴보도록 하세.

자네가 우리에게 원하는 것을 한 마디로 요약하자면, 우리의 영혼은 c 소멸되지도 않고 죽지도 않는다는 것을 증명해달라는 것이네. 죽음을 앞

---

33 "하르모니아"는 테바이를 건설한 카드모스왕의 왕비이다. 심미아스가 테바이 출신이고, 그가 제기한 반론이 영혼은 '하르모니아'(조화)라는 주장이었기 때문에, 소크라테스는 거기에 빗대어 이렇게 말한다. 그리고 케베스를 카드모스에 빗대어 말한 것은 이 논의에서 그가 심미아스와 짝을 이루고 있었기 때문이다. 케베스가 제기한 반론은 사람이 태어나기 이전에 이미 영혼이 존재했다는 것은 증명되었지만, 사람이 죽은 후에 영혼이 영원히 죽지 않고 존재한다는 것은 증명되지 않았다는 것이다.

34 이것은 호메로스의 글들에 나오는 영웅들이 근접전을 벌여서 상대방을 쓰러뜨리는 것을 두고 한 말이다. 여기에는 어느 한 가지 명제에 대해서 철저한 추론과 논증을 통해 그 진위를 확인해보자는 뜻이 담겨 있다.

둔 철학자들은, 자신이 일반 사람들과는 다른 삶을 살아왔기 때문에 죽은 후에 그들보다 훨씬 더 행복해질 것이라고 생각하네. 자네는 그들이 품은 그런 확신과 기대가 어리석고 헛된 것이 되어서는 안 될 것이라고 생각하지.

자네는 우리 영혼이 강하고 신적인 무엇이라는 것 그리고 영혼은 우리가 사람으로 태어나기 전에 이미 존재했다는 것은 증명되었다고 말했네. 그리고 그런 것들은, 영혼은 오랫동안 존속할 수 있어서, 우리가 사람으로 태어나기 전에 이미 헤아릴 수 없이 긴 세월 존재해 있으면서 많은 것을 알고 행하였음을 증명하는 것일 수는 있다고 말했네. 하지만 그렇다고 해도 영혼이 죽지 않음을 증명하는 것은 결코 아니라는 부분이 자네 주장이네.

그리고 그런 것들이 증명되었다고 해도, 영혼은 결코 영원히 죽지 않는 것은 아니고, 도리어 사람의 몸속으로 들어가는 순간부터, 마치 질병에 걸린 것처럼 사멸이 시작되어서 이승에서의 삶을 괴롭고 힘들게 살아가다가, 마침내 죽음이라 불리는 것을 맞아 소멸할 수도 있다고 자네는 말했네. 그리고 영혼이 영원히 죽지 않는다는 것을 알 수 없고 증명할 수 없다면, 어리석은 사람을 제외하고는 누구나 그것을 두려워하는 것은 당연하다고 말했네. 그러면서 영혼이 사람의 몸속으로 한 번 들어가든지 여러 번 들어가든지, 그런 것은 우리가 죽음을 두려워하는 것과 관련해서는 아무 상관이 없다고 말했지.

케베스, 자네가 말한 것은 이런 것이었다고 나는 생각하네. 자네가 말한 것을 내가 이렇게 의도적으로 장황하게 반복해서 말한 것은 우리 논의에서 단 하나라도 빠뜨리지 않으려는 것이네. 그러니 자네가 보기에 더할 것이나 뺄 것이 있다면 말해주게나."

케베스는 말했지요.

"지금으로서는 빼거나 더해야 할 것이 아무것도 없습니다. 제가 말했던 것을 선생님이 그대로 말씀해주셨으니까요."

그러자 소크라테스께서는 한동안 말을 멈추시고 속으로 무엇인가를 생각하시더니 이렇게 말씀하셨소.

"자네가 물은 것은 작은 문제가 아니라네. 생성과 소멸의 원인이라는 문제 전체를 철저하게 파헤쳐야 하기 때문이네. 그래서 자네가 괜찮다 _{96a} 면, 나는 이 문제와 관련해서 내가 겪은 일을 자네에게 들려주고자 하네. 그런 후에 내가 말한 것 중에서 자네가 지금 고민하는 것에 대해 어떤 확신을 얻는 데 도움이 되리라고 생각되는 것이 있다면, 그것을 활용해서 자네 고민을 해결하게나."

"기꺼이 그렇게 하겠습니다"라고 케베스가 말했지요.

"그러면 지금부터 내가 하는 얘기를 들어보게, 케베스. 청년 시절에 나는 자연학이라 불리는 지혜를 얻으려는 열망이 놀라울 정도로 컸었네. 각각의 사물이 무엇 때문에 생성되고 무엇 때문에 소멸하며 무엇 때문에 존재하는지, 각각의 사물의 원인을 안다는 것이 정말 대단하고 멋지다는 생각이 들었기 때문이라네.

그래서 나는 먼저 다음과 같은 것들을 알아내려고 이런저런 생각을 b 하며 수없이 엎치락뒤치락했다네. 어떤 사람이 말했듯이, 열기와 냉기의 어떤 발효 과정을 통해서 생물들이 생겨나는 것인가?[35] 우리가 사고할 수 있게 하는 것은 피인가, 공기인가, 불인가? 또는 그런 것 중의 하나가 아니라, 우리의 두뇌가 듣거나 보거나 냄새 맡는 것을 통해 사물을 인식하고, 그렇게 인식된 것으로부터 기억과 생각이 생기며, 기억과 생각이 자리 잡아 안정되면 거기에서 지식이 탄생하는 것인가? 그런 다음에 이번에는 그런 것이 어떻게 소멸하는지, 그리고 하늘과 땅에서는 무슨 일이 일어나는지를 생각했네.

그러다가 문득 나는 그런 것을 알아내는 데는 전혀 소질이 없음을 깨 c

---

35 이것은 기원전 5세기에 활동했던 아르켈라오스의 견해로 추정된다. 아낙사고라스의 제자로서, 소크라테스와도 친분이 있었던 그는 만물의 생성 원인을 탐구하면서, 만물은 열기와 냉기가 뒤섞이며 발효되는 과정을 통해 생겨난 것이라고 주장했다.

달았다네. 그것이 사실임을 보여주는 확실하고 충분한 증거를 이제 자네에게 제시하겠네.

전에는 내가 분명하게 알고 있다고 생각한 것들이 있었고, 그것은 다른 사람도 마찬가지였지. 그런데 앞에서 말한 것과 같은 것을 알아내려고 하다 보니, 나는 전에 내가 안다고 생각했던 많은 것에 대해서조차 아무것도 알지 못하게 되어 버렸다네. 예컨대, 전에는 사람이 성장하는 원인이 먹고 마시는 데 있음이 누구에게나 자명했지. 사람이 음식을 먹으면, 기존에 있던 살에는 살이 더해지고 뼈에는 뼈가 더해지며, 마찬가지로 사람의 몸을 구성하는 다른 부분에도 그런 식으로 적절하게 더해져서, 작았던 몸집이 커지고 작은 사람이 큰 사람이 되는 것이 자명하다고 여겼던 것이지. 당시 내 생각은 그랬다네. 자네 생각에는 나의 그런 생각이 적절해 보이는가?"

"그래 보입니다"라고 케베스가 말했지요.

"계속해서 이런 것을 생각해보게. 나는 키가 큰 사람이 작은 사람 옆에 서 있는 것을 보았을 때는 그가 머리 하나만큼 더 크다고 생각했으며, 두 마리의 말이 함께 있을 때에도 그런 식으로 생각했네. 그렇게 생각한 것으로 충분하다고 여겼지. 또한 10은 8에 2가 더해졌기 때문에 8보다 더 크고, 2페퀴스[36]는 1페퀴스에 1페퀴스를 더한 것이기 때문에 1페퀴스보다 더 크다는 것은 한층 더 분명하다고 생각했지."

"그렇다면 선생님은 그런 것들에 대해 지금은 어떻게 생각하시는지요"라고 케베스가 말했지요.

그분은 말씀하셨소.

"제우스를 걸고 맹세하건대, 지금의 나는 그 원인을 내가 알고 있다고 생각하지 않는 것은 물론이고, 어떤 사람이 하나에 하나를 더해서 둘

---

36 '페퀴스'는 팔꿈치에서 가운데손가락 끝까지의 길이를 말하고, 길이의 단위로는 가장 오래된 것 중의 하나다. 시대와 지역에 따라 그 길이는 조금씩 달랐는데, 고대 이집트에서는 52센티미터, 고대 로마에서는 44센티미터, 고대 페르시아에서는 50센티미터였다.

이 되었다고 할 때, 처음에 있던 하나를 둘로 나누어서 둘이 된 것인지,
아니면 처음에 있던 하나에 나중에 더해진 하나가 더해져서 둘이 된 것
인지조차 확신하지 못한다네. 그것들이 서로 떨어져 있었을 때에는 각각
하나였고 아직 둘이 아니었지만, 그것들을 가까이 접근시켜 결합했기에
과연 그것이 둘이 되었는지에 대해서도 의구심이 있다네. 또한 어떤 사
람이 하나를 둘로 나누었을 때, 그렇게 나눈 것이 하나가 둘이 된 원인인
지에 대해서도 나는 확신하지 못한다네. 앞에서는 각각 하나인 것을 서   b
로 접근시키고 결합해서 둘이 된 것인 반면에, 이번에는 원래 하나에서
하나를 떼어내어 분리해 둘이 된 것이라는 점에서, 둘이 된 원인이 서로
반대이기 때문이지.

　나는 그런 방법으로는 무엇으로 하나가 생겨나는 것인지, 요컨대 무
엇으로 어떤 것이 생성되거나 소멸되거나 존재하는 것인지를 알 수 있
으리라는 확신이 들지 않았네. 도저히 그런 방법을 수긍할 수 없었기 때
문에, 내가 나름대로 생각해낸 다른 방법을 함께 사용했다네.

　전에 나는 어떤 사람이 아낙사고라스가 썼다는 책에 나오는 어떤 대   c
목을 읽는 것을 들었네. 그것은 만물에 질서를 부여하는 것이자 만물의
원인은 지성이라고 하는 내용이었네.[37] 나는 지성이 만물의 원인이라는
것이 기뻤고, 그 말이 상당히 일리가 있어 보였네. 그리고 그것이 사실이
라면, 만물에 질서를 부여하는 지성은 각각의 것을 각자에게 최선인 상
태로 두었을 것이기 때문에, 각각의 것이 어떤 식으로 생성되거나 소멸
되거나 존재하는지, 즉 모든 것의 원인을 누군가가 찾아내고자 한다면,
그는 각각이 어떤 식으로 존재하고 어떤 일을 겪거나 행하는 것이 최선   d

---

37 "아낙사고라스"는 기원전 500-428년에 활동한 고대 그리스의 철학자로서, 그리스의
　　식민지였던 소아시아의 클라조메나이 출신이다. 우주는 질적으로 무한히 다양한 원소
　　로 이루어졌다고 보고, 이 원소를 우주의 '종자'라고 지칭했다. 모든 사물은 모든 종류
　　의 종자를 지니고 있지만, 그 가운데 어떤 종자가 우세한가에 따라 그 특성이 결정된다
　　고 보았다. 이러한 종자들을 결합하고 분리해서 만물을 생성하고 소멸시키는 것이 '지
　　성'(그리스어로 '누스')이라고 생각했다.

인지를 찾아내면 될 것이라고 속으로 생각했다네. 이런 추론을 따르면, 사람은 자기 자신이나 다른 사람과 관련해서 오직 최상과 최선이 무엇인지만을 생각하고, 그 밖의 다른 것들은 생각할 필요가 없다는 결론에 이르네. 최선과 최악을 아는 것은 동일한 일이어서, 전자를 알게 된 사람은 후자도 저절로 알게 될 것이기 때문이네.

그런 결론에 도달한 나는 모든 존재하는 것의 원인을 내 마음에 드는 방식으로 가르쳐줄 스승을 발견했다고 생각해서 무척 기뻐했네. 그리고 아낙사고라스가 내게 먼저 지구가 평평한지 아니면 둥근지를 말해줄 것이고,[38] 그런 후에는 '어느 쪽이 더 나은가'라는 원칙에 의거해서, 지구가 평평한 것이 더 나은지, 아니면 둥근 것이 더 나은지를 비교해서, 지구가 평평하거나 둥근 이유와 그럴 수밖에 없는 필연성을 설명해줄 것이라고 생각했지.

또한 지구가 우주의 중앙에 있다고 그가 말한다면, 그것이 더 나은 이유도 반드시 함께 설명해줄 것이라고 생각했네. 그래서 그가 추론과 논증을 통해 이 모든 것을 내게 분명하게 증명해주기만 한다면, 나는 더 이상 다른 그 어떤 원인도 찾지 않겠다고 결심했다네. 아울러 나는 해와 달과 그 밖의 다른 별들이 서로에 대해 어떤 속도와 궤도로 운행하는지를 비롯해서 그것과 관련된 모든 것들, 그리고 그들 각각과 관련해서 현재 일어나는 모든 일이 어째서 더 나은지에 관해서도 묻고 배울 준비가 되어 있었지.

지성이 이 모든 것에 질서를 부여했다고 말한 사람이 이 모든 것의 현재 상태가 최선이라는 것 외에 다른 이유를 제시하리라고는 생각하지

---

38 아낙사고라스는 지구가 원통 모양으로 생겼다고 생각했다. 지구가 둥글다고 본 것은 피타고라스 때부터였다. 피타고라스는 지구가 둥근 모양으로 생겼다는 것을 확신했다. 우주의 중심은 태양이며, 지구는 태양을 공전하고 있다고 말했다. 지구의 자전으로 낮과 밤이 생기고, 기울어진 자전축 때문에 계절의 변화가 생긴다고 설명했다. 우주를 '코스모스'(그리스어로 '질서'라는 뜻)라고 부르기 시작한 사람도 피타고라스였다.

않았네. 그래서 그가 이 모든 것의 원인과 여기에 공통되는 원인을 제시하고, 왜 그것이 이 모든 것 전체와 각각에게 최선인지를 설명해주리라 b 고 생각했다네. 나는 그런 희망을 결코 포기하고 싶지 않아서, 최선인 것과 최악인 것이 무엇인지를 빨리 알기 위해 부랴부랴 그의 저서들을 구해 신속하게 읽어 나갔다네.

하지만 이보게, 이 놀라운 희망은 순식간에 사라져버리고 말았네. 그의 책들을 읽어 나가면서 본 것은, 그는 지성을 사용하지도 않았으며, 만 c 물에 질서를 부여하는 어떤 원인도 제시하지 않고, 모든 원인을 공기와 정기[39], 물과 그 밖의 다른 많은 터무니없는 것들에 돌리고 있었기 때문이었지.

그의 말은 내가 보기에, 소크라테스는 모든 행위를 지성으로 행한다고 말한 후에, 내가 행하는 각각의 행위에 대한 원인을 설명할 때는 전혀 다른 말을 하는 것과 같았네. 즉, 먼저 그는 내가 지금 여기 앉아 있는 것은 나의 몸이 뼈과 힘줄로 구성되어 있고, 뼈는 딱딱한 관절을 통해서 서로 분리되어 있지만, 살과 피부가 뼈들을 감싸고 있는 가운데, 수축과 이 d 완이 가능한 힘줄이 뼈들을 서로 연결시켜 주고 있기 때문이라고 말하겠지. 그리고 그런 후에는 힘줄이 이완되거나 수축되면서, 관절을 통해서 연결된 뼈들을 움직여서 사지를 구부릴 수 있고, 그런 원인으로 내가 여기에 다리를 구부린 채로 앉아 있을 수 있다고 말하는 것과 같지.

하지만 내가 지금 자네들과 대화하고 있는 것은, 아테네 사람들은 내게 사형을 선고하는 것이 더 낫다고 생각했지만, 나는 여기에 그대로 남 e 아서 그들이 내린 형벌을 받는 것이 더 옳다고 보고 차라리 여기에 앉아

---

39 '공기'는 지구의 대기권 안에 있는 순수하지 않고 혼탁한 공기를 가리키고, '정기'는 대기권을 벗어나 있어 불순물이 전혀 섞여 있지 않은 순수한 상태의 공기를 가리킨다. '정기'를 가리키는 '아이테르'가 있는 곳에는 신들이 살고, 거기에 존재하는 빛도 지구의 빛보다 훨씬 더 맑고 순수하다. 나중에 소크라테스는 우주와 지구를 설명하면서 이 '정기'에 관해 언급한다.

있겠다고 생각한 것이 진정한 원인이네. 그런데도 그는 그런 진정한 원인에 대해서는 일체 언급하지 않고, 오로지 아까처럼 목소리와 공기와 청각을 비롯해서 그런 종류의 수많은 것들을 내가 지금 자네들과 대화하고 있는 원인으로 제시하는 것과 같다네.

개를 걸고 맹세하건대, 이 나라가 내게 어떤 형벌을 선고하든, 도망치거나 몰래 도주하는 것보다는 그 선고를 받아들이는 것이 더 옳고 명
^{99a} 예로운 일이라고 내가 생각하지 않았다면, 나의 이 힘줄과 뼈들은 이미 진작에 그 둘 중에서 어느 쪽이 더 나은지를 결정해서 나를 메가라나 보이오티아로 옮겨다 놓았을 것이네.

하지만 그런 것들을 원인이라고 하는 것은 너무나 터무니없지. 물론 어떤 사람이 뼈와 힘줄을 비롯해서 지금 나에게 있는 그 밖의 다른 것들이 내게 없다면, 내가 하려는 것을 할 수 없다고 말한다면, 그의 말도 맞네. 하지만 내가 그렇게 한 것은 지성에 근거해서 어느 쪽이 더 나은지를 선택한 것이 그 원인임에도 마치 나의 뼈와 힘줄 같은 것이 그 원인인 것처럼 말한다면, 그것은 정말 경솔하기 짝이 없는 말이네. 그렇게 말하는
b 것은 진정한 원인과, 그 원인이 없으면 원인이 될 수조차 없는 다른 부수적인 원인들을 혼동하기 때문이지.

내 생각에는 많은 사람이 어둠 속에서 더듬어 찾다가 엉뚱한 것을 집어들고서는, 그것을 원인이라고 이름 붙이는 것처럼 보이네. 그래서 어떤 사람은 하늘이 지구를 소용돌이처럼 둘러싸고 있어서 지구가 고정되어 있는 것이라고 말하고, 어떤 사람은 지구는 대기라는 받침대 위에 놓
c 여져 있는 널찍한 여물통 같은 것이라고 말하지.[40] 하지만 사람들은 그런

---

40 아리스토텔레스의 『천체론』에서는 전자를 엠페도클레스의 견해라고 말하고, 후자를 아낙시메네스, 아낙사고라스, 데모크리토스의 견해라고 말한다. 엠페도클레스는 기원전 490-430년경에 활동한 고대 그리스의 철학자이다. 그는 물, 공기, 불, 흙을 원초적이고 궁극적인 원소들로 보고, 이 넷이 서로 사랑하고 미워하는 과정에서 소용돌이가 일어나 만물이 생성되었다고 보았다. 또한 불멸의 영혼은 반복적인 윤회를 통한 정화 과정을 거쳐서 육체에서 해방되어 저승으로 간다고 생각했다.

것들이 가능한 한 최선의 방식으로 놓여져 있게 하는 힘을 찾으려고 하지도 않고, 그 힘이 신적인 힘이라는 것도 생각하지 않으며, 오로지 지금보다 더 강하고 더 오래 살며 모든 것을 한데 묶어서 떠받칠 수 있는 아틀라스[41]를 언젠가는 자신들이 발견해낼 것이라고 생각할 뿐이네. 그리고 사실은 이 모든 것들을 한데 묶어서 떠받치고 있는 것은 그것이 최선이기 때문이라는 생각은 전혀 하지 못한다네.[42]

그때 그 원인이 어떤 식으로 존재하는지를 누군가가 내게 가르쳐주었다면, 기꺼이 그의 제자가 되었을 것이네. 그렇지만 내게는 그런 기회가 주어지지 않아서, 그 원인을 스스로 찾아낼 수도 없었고, 다른 사람에게서 배울 수도 없었네. 그래서 나는 그 원인을 찾기 위한 두 번째 항해[43]를 시작해야 했네. 케베스, 자네는 내가 그 항해를 어떤 식으로 시작했는   d 지를 보여주길 바라는가?"

"그렇게 해주시기를 정말 간절히 바랍니다"라고 케베스는 말했지요.

그분은 말씀하셨소.

"나는 모든 존재하는 것들을 관찰하여 살피는 일에 지쳐서 녹초가 되었네. 그러고 나서는 일식을 관찰하며 연구하는 사람들이 물 같은 것에 비친 모습을 보지 않고 직접 육안으로 해를 쳐다보다가 시력을 완전히 잃는 경우가 종종 있었다는 것을 생각하고서, 나도 그런 일을 겪지 않도록 조심해야겠다는 생각을 하게 되었지. 그런 생각이 들자, 내가 육안으   e 로 사물들을 관찰하고, 여러 감각을 통해 사물을 이해하려고 하다가, 내

---

41 "아틀라스"는 티탄 신족의 후손으로, 인간에게 불을 가져다준 프로메테우스의 형제다. 티탄 신족과 올림포스 신들과의 싸움에 가담했다가, 제우스로부터 평생 지구의 서쪽 끝에서 두 어깨로 하늘을 떠받치라는 형벌을 받았다.

42 이 구절은 만물이 현재 상태로 존재하는 것은 그것이 최선이기 때문이라는 뜻이다. 즉, 앞에서 소크라테스는 어떤 것의 원인을 설명하려고 할 때에는 그것과 관련해서 어떤 것이 최선인지를 찾아내면 된다고 말한 것과 동일한 의미이다. 여기에서 '최선'으로 번역된 단어는 직역하면 '선'(좋은 것)이다.

43 순풍에 의지해서 순조롭게 항해하는 것을 "첫 번째 항해"라고 했고, "두 번째 항해"는 역풍이 불 때에 손으로 노를 저어서 바람을 거슬러 힘겹게 항해하는 것을 가리켰다.

영혼이 완전히 눈멀게 되는 것은 아닐까 하는 두려운 마음이 생겼다네. 그래서 변증에 따라 모든 존재하는 것들의 진실을 고찰해야겠다는 생각을 하게 된 것이지. 하지만 (해를 쳐다보는 경험에 관한) 이런 비유가 아주

100a 정확하다고 할 수는 없네. 나는 실제 현실 속에서 실체를 고찰하는 사람이 변증으로 실체를 고찰하는 사람보다 더 진실에 가까이 간다는 것에 전혀 동의하지 않기 때문이네.

어쨌든 나는 그런 식으로 탐구를 해나가기 시작해서, 그것이 원인과 관련된 것이든 그 밖의 다른 것과 관련된 것이든, 그때마다 내가 보기에 가장 탄탄하다고 생각되는 변증을 전제해놓고는, 그 변증과 일치하는 것으로 여겨지는 것은 모두 참된 것으로 보고, 일치하지 않는 것으로 여겨지는 것은 모두 참되지 않은 것으로 보았네. 그런데 내 생각에는 자네가 내 말을 아직 이해하지 못한 것으로 보이니, 내 말이 무슨 의미인지를 좀 더 분명하게 설명해주고자 하네."

"제우스를 걸고 맹세하건대, 선생님의 말뜻을 분명하게 이해하지는 못했습니다"라고 케베스가 말했지요.

b   그분은 말씀하셨소.

"하지만 지금 내가 한 말은 전혀 새로운 것이 아니고, 평소에도 늘 끊임없이 말해왔고, 이 논의의 앞 부분에서도 했던 말이라네. 그러니까 나는 우리가 잘 알고 있고 많이 말해왔던 그런 것으로 다시 돌아가서 그것을 출발점으로 삼아, 아름다움과 선함과 거대함 등등 같은 실체들이 그 자체로 존재한다고 전제하고서, 내가 스스로 애써서 찾아낸 그런 종류의 원인을 자네에게 설명하고자 한다는 것이네. 내가 그렇게 하는 것에 자네가 동의하고, 그런 실체가 존재함을 자네가 인정한다면, 나는 그런 것들을 토대로 자네에게 그 원인을 제시하고, 영혼이 죽지 않는다는 것을 알아낼 수 있을 것으로 생각하네."

c   "저는 선생님이 그렇게 하시는 것에 동의하니, 그렇게 해서 도출된 선생님의 결론이 무엇인지를 얼른 말씀해주십시오"라고 케베스가 말했

지요.

　그분은 말씀하셨소.

　"그렇다면 그런 것에서 도출되는 것을 들어보고, 자네가 나와 같은 생각인지 아닌지를 살펴보게. 그러니까 나는 아름다움 그 자체 외에도 아름다운 것이 아울러 존재한다면, 그것이 아름다운 이유는 저 아름다움 그 자체에 참여하고 있기 때문이고, 그 밖의 어떤 다른 이유 때문이 아니라고 생각한다네. 그리고 나는 다른 모든 것에 관해서도 그렇게 말하지. 자네는 방금 내가 제시한 원인에 동의하는가?"

　"동의합니다"라고 케베스가 말했지요.

　그분은 말씀하셨소.

　"나는 저 현자들이 제시한 원인들이 아직도 이해되지 않고, 받아들일 수도 없네. 누군가가 내게 어떤 것이 아름다운 이유는 그것들이 꽃처럼 화려한 빛깔이나 모양 등등을 지니고 있기 때문이라고 말한다면, 나는 나를 헷갈리고 혼란스럽게 하는 온갖 다른 원인과는 작별을 고하고, 오직 다음과 같은 한 가지 원인만을 바보스러울 정도로 고집할 것이네. 즉, 그것을 아름답게 만드는 원인은 오로지 저 아름다움 그 자체(이데아)가 내재하거나 거기에 참여하는 것 외에는 다른 원인이 없다는 것이지. 어떤 수단을 통해, 그리고 어떤 방식으로 그러한 내재나 참여가 이루어지는지는 나도 확실하게 말할 수 없네. 하지만 모든 아름다운 것은 아름다움 그 자체가 원인이 되어 아름답다는 것만은 확실하게 말할 수 있네.

　이것이야말로 나 자신이나 다른 사람에게 내가 제시할 수 있는 가장 안전한 대답이라고 생각하네. 아름다운 것들이 아름다운 것은 아름다움 그 자체가 원인이라고 말하는 것은 나를 비롯해서 모든 사람이 제시할 수 있는 안전한 대답이기 때문이네. 나는 이것을 붙잡고 있기만 한다면 내가 넘어질 일은 없다고 생각하지. 자네도 그렇게 생각하지 않는가?"

　"그렇게 생각합니다."

　"그렇다면 큰 것들이 크고, 더 큰 것들이 더 큰 것은 큼 그 자체가 원인이고, 작은 것들이 작은 것은 작음 그 자체가 원인이 아니겠나?”

“그렇습니다.”

“그렇다면 이제 자네는 누군가가, 어떤 사람은 머리 하나 때문에 다른 사람보다 더 큰 것이고, 어떤 사람은 머리 하나 때문에 다른 사람보다 더 작은 것이라고 말한다면, 그 말에 동의하지 않을 것이네. 그리고 다른 것보다 더 큰 것은 모두 오직 큼 그 자체가 원인이 되어 더 큰 것이고, 다른 것보다 더 작은 것은 모두 오직 작음 그 자체가 원인이 되어 더 작은 것이라고 말할 수 있을 뿐이라고 단언하겠지.

만일 자네가 어떤 사람이 머리 하나 때문에 더 크기도 하고 더 작기도 하다고 말한다면, 누군가가 다음과 같은 반론을 들어 자네를 반박하게 될 것이 두렵기 때문일 걸세. 첫 번째 반론은 ‘머리 하나’라는 동일한 원인에 의해서 더 큰 사람은 더 큰 것이 되고 더 작은 사람은 더 작은 것이 되는 것은 모순이라는 것이지. 두 번째 반론은 더 큰 사람이 ‘머리 하나’라는 작은 것이 원인이 되어 더 크게 된 것이라고 말한다면, 그것은 어떤 것이 작은 것 때문에 큰 것이 된다고 말하는 것이니, 기괴한 논리일 수밖에 없다는 것이지. 자네는 그것이 두려운 것 아니겠는가?”

그러자 케베스는 선생님을 바라보고 빙긋이 웃으며, “그것이 두렵습니다”라고 말했지요.

그분은 말씀하셨소.

“그렇다면 자네는 10은 2가 더 많기 때문에 8보다 더 크고, 그런 원인으로 인해 8을 초과한다거나, 2페퀴스는 1페퀴스보다 더 많기 때문에 1페퀴스보다 더 크다고 말하는 것이 두려워서, 10이 8보다 더 크고 2페퀴스가 1페퀴스보다 더 큰 것은 큼 그 자체가 원인이라고 말하지 않겠나? 이것과 관련해서도 앞에서 말한 것 같은 두려움이 존재하니 말일세.”

“물론입니다”라고 케베스가 말했지요.

“그렇다면 어떠한가? 하나에 하나를 더하거나, 하나를 둘로 나누었을 때, 자네는 더한 것이나 뺀 것이 그것이 둘이 된 원인이라고 말하고자 하지 않겠지? 도리어 자네는 각각의 것은 오직 자신이 참여하는 것이 지니고 있는 것과 동일한 본질[44]에 참여함으로써만 생성될 수 있고, 그 밖의 다른 방식으로는 생성될 수 없다고 생각할 것이네. 그래서 방금 앞에서 언급된 경우에서도 그것이 둘이 되는 것은 그것이 둘이라는 것 그 자체의 본질에 참여한 것이 원인일 뿐이고, 다른 원인은 존재할 수 없다고 생각할 것이네. 따라서 둘이 되고자 하는 것들은 둘이라고 하는 것 그 자체의 본질에 참여해야 하고, 하나가 되고자 하는 것은 하나라고 하는 것 그 자체의 본질에 참여해야 한다고 큰소리로 외치려 하지 않겠는가?

그리고 앞에서 말한 것처럼 자네 자신이 더하기나 빼기 등과 같은 것 d 들을 진정한 원인으로 제시하는 경우라면 스스로 모순에 빠져서 반박당할 것이 겁이 나서 그렇게 하기를 거부할 것이네. 그리고 그런 부수적인 원인을 들어 세세하게 설명하는 일은 자네보다 더 지혜로운 사람들에게 맡겨놓고, 이 안전한 전제만 굳게 붙잡고서 거기에 따라 대답하려고 하지 않겠는가?

그리고 누군가가 자네가 제시한 전제 자체를 공격해온다고 하더라도, 자네는 그런 공격에 신경 쓰거나 그에게 대답하지 않을 걸세. 오히려 그런 공격은 아랑곳하지 않고, 오로지 그 전제로부터 도출되는 결론이 자네 생각에 서로 조화되는지, 아니면 조화되지 않는지만을 고찰하겠지. 또한 자네가 제시한 전제가 옳다는 것을 증명하고자 할 때도, 자네는 이번에도 그 전제를 정당화하는 상위 전제들 중에서 가장 낫다고 생각되는 또 하나의 전제를 제시할 것이네. 그렇게 해서 만족할 만한 결과에 도달할 때까지, 앞에서 말한 것과 동일한 방식을 사용해서 자네의 전제를 증명하고자 할 것이네.

---

44 어떤 것의 원형('이데아')에 참여하는 것은 곧 그 원형이 지닌 고유한 성질이나 속성, 즉 '본질'에 참여하는 것과 같다. 예컨대, 아름다운 것은 아름다움이라는 원형에 참여함으로써 아름다운 것이 되는데, 그것은 아름다움이라는 원형이 지닌 고유한 본질에 참여

하지만 자네는 실재하는 것들의 있는 그대로의 진실을 발견하고자

e 하기 때문에, 논쟁꾼들처럼 최초의 전제와 거기로부터 도출되는 결론들을 함께 섞어서 다루는 일은 없을 걸세. 그들이 그렇게 하는 것은 그들에게는 변증을 통해서 진실을 발견해내려는 마음이 없고, 그런 것에는 관심도 없을 뿐더러, 그 모든 것을 아주 교묘하게 섞을 수 있는 재주가 있

102a 고, 또한 그렇게 하기를 즐기기 때문이네. 하지만 자네는 모름지기 진정한 철학자로서 내가 방금 말한 대로 할 것이라고 생각하기 때문이네."

심미아스와 케베스는 "지극히 옳으신 말씀입니다"라고 동시에 말했지요.

에케크라테스: 제우스를 걸고 맹세하건대, 파이돈, 그 두 사람이 그렇게 말할 만도 합니다. 내 생각에도 선생님은 조금이라도 지성이 있는 사람이라면 누구나 알 수 있을 정도로 놀랍도록 명확하게 말씀해주신 것으로 보이니 말입니다.

파이돈: 정말 그렇습니다, 에케크라테스. 거기에 있던 모든 사람도 그렇게 생각했으니까요.

에케크라테스: 그 자리에 없었지만 지금 그 말씀을 처음으로 들은 우리도 그런 생각이 듭니다. 그런 후에는 어떤 것이 다루어졌나요?

파이돈: 내 기억에 의하면, 선생님이 하신 그런 말씀들이 다 받아들여

b 져서, 각각의 원형[45]이 존재하고, 각각의 원형에 참여하는 것들은 그 원형의 이름으로 불린다는 것에 모두가 동의하자, 선생님은 이렇게 물으셨소.

하는 것을 말한다. 여기에서 '본질'로 번역된 그리스어 '우시아'는 "어떤 것을 그것이 되게 해주는 것"을 의미한다.

45 '원형'은 '에이도스'를 번역한 말이다. '에이도스'는 '이데아'와 동일한 의미로서, 일반적으로 '형상'으로 번역된다. 지금까지 소크라테스가 말했듯이, 이것은 원초의 궁극적인 형상, 즉 '원형'(original form)을 의미하고, 실제로 존재하는 실체이다. 이 원형은 앞에서 "그 자체"로 표현되었다.

"자네가 그런 것들에 동의한다면, 심미아스는 소크라테스보다는 더 크지만 파이돈보다는 더 작다고 말하는 것은 심미아스에게 큼과 작음이 둘 다 있다고 말하는 것이 아니겠는가?"

"그렇습니다."

선생님은 말씀하셨소.

"하지만 자네는 심미아스가 소크라테스보다 더 크다고 말하는 것은 진실을 있는 그대로 표현한 말이 아니라는 것을 인정해야 하네. 심미아스가 소크라테스보다 더 큰 것은 그가 심미아스여서 본성적으로 그런 것이 아니라, 그가 우연히 큼이라는 것 자체를 가지게 되어서 그런 것이기 때문이네. 또한 심미아스가 소크라테스보다 더 큰 것은, 소크라테스가 소크라테스여서가 아니라, 심미아스가 큼이라는 것 자체를 가진 반면에 소크라테스는 작음이라는 것 자체를 가져서 그런 것이기 때문이네."

"맞습니다."

"마찬가지로, 심미아스가 파이돈보다 더 작은 것은 파이돈이 파이돈이기 때문이어서가 아니라, 심미아스가 작음이라는 것 자체를 가진 반면에, 파이돈은 큼이라는 것 자체를 가졌기 때문이지."

"그렇습니다."

"따라서 심미아스가 작다고 불리기도 하고 크다고 불리기도 하는 것은 그가 두 사람의 중간에 있어서, 한편으로는 자신이 가진 큼이라는 것 자체를 통해서 한 사람이 가진 작음이라는 것 자체를 능가하고, 다른 한편으로는 자신이 가진 작음이라는 것 자체를 능가하는 큼이라는 것 자체를 다른 한 사람이 가지고 있기 때문이라네."

그리고 그분은 웃으시면서 이렇게 말씀하셨소.

"내가 마치 글을 쓰는 것처럼 하나하나를 꼬치꼬치 따지고 들어가듯이 말을 하고 있기는 하지만, 어쨌든 내가 한 말은 사실이네."

케베스도 거기에 동의했지요.

"내가 그런 식으로 말하는 이유는 나의 생각과 자네의 생각이 서로 일치하기를 바라서라네. 내 생각에는, 큼이라는 것 자체는 큼이 됨과 동시에 작음이 되기를 결코 원하지 않을 뿐만 아니라, 우리에게 있는 큼이라는 것 자체는 작음을 받아들이려고 하지도 않고, 작음에 능가당하는 것을 바라지도 않는다네. 그래서 둘 중 하나가 일어나지. 즉, 큼은 자신의 대립물인 작음이 가까이 다가올 때에는 도망치고 뒤로 물러나거나,

e 작음이 실제로 당도했을 때에는 소멸해버리는 것이지. 반면에 큼은 작음을 기다렸다가 받아들여서 이전의 자신과 다른 것이 되려고 하지는 않는다네. 나는 작음 자체를 기다렸다가 받아들여 이렇게 작은 사람이 되었기는 하지만, 여전히 이전의 나와 동일한 사람으로 계속 존재하네. 반면에, 큼은 큼이기 때문에 작음이 되는 것을 결코 용납할 수 없다네.[46]

마찬가지로 우리에게 있는 작음도 큼이 되거나 큼이기를 결코 원하

103a 지 않지. 대립물 중 어느 하나는 이전의 자신으로 존재함과 동시에 자신과 대립되는 것이 되길 원하지 않기 때문에, 그런 일이 벌어지는 경우에는 떠나거나 소멸하게 되는 것이네."

"저도 전적으로 그렇게 생각합니다"라고 케베스가 말했지요.

하지만 거기에 함께 있던 사람 중에서 누구였는지는 분명하게 기억나지는 않지만, 그중 한 사람이 이 말을 듣고서는 이렇게 말했지요.

"신들을 걸고 맹세하건대, 우리 논의의 앞부분에서 우리가 합의를 본 것은 지금 말한 것과는 정반대되는 것, 즉 더 작은 것에서 더 큰 것이 생겨나고, 더 큰 것이 더 작은 것에서 생겨난다는 것, 간단히 말하자면 대립물은 자신의 대립물에서 생겨난다는 것이 아니었습니까? 그런데 제 생각에는 이제 와서 그런 일은 결코 있을 수 없다고 말하는 것으로 보입니다."

---

46 '에이도스' 또는 '이데아'는 실체를 지닌 실재이지만, 추상명사로 표현된다. 따라서 본문에서 "큼"이나 "작음" 같은 표현들은 이러한 '이데아'를 지칭한다. 어떤 큰 것이 큰 이유는 그것이 '큼'이라는 이데아에 참여하고 있기 때문이다. 따라서 어떤 큰 것 속에는 '큼'이라는 이데아가 존재한다.

그러자 소크라테스께서는 그 사람을 향해서 고개를 돌린 채로 경청하신 후에 말씀하셨지요.

"자네가 용기를 내서 그 사실을 내게 상기시켜준 것은 가상하네. 하지만 자네가 그렇게 말한 것은 우리가 지금 말하는 것과 앞에서 말한 것이 서로 다른 의미임을 고려하지 못한 것이라네. 앞에서 우리가 말한 것은, 서로 대립되는 것들은 자신과 대립되는 것에서 생겨난다는 것이었네. 반면에, 지금 우리가 말하는 것은 서로 대립되는 것 자체는, 우리에게 있든 자연에 있든, 결코 자신과 대립되는 것으로 될 수 없다는 의미이네. 그러니까 이보게, 앞에서는 서로 대립되는 속성을 지니고 있어서 그 속성의 이름으로 불려지는 것에 대해 말한 것이었네. 반면에, 지금은 그것에 내재해서 그것을 그런 이름으로 불리게 하는 서로 대립되는 속성 자체에 대해 말하면서, 그런 것들은 자신과 대립되는 것을 결코 받아들이려고 하지 않는다고 말하는 것이라네."

그러면서 그분은 케베스를 쳐다보시며 말씀하셨소.

"케베스, 이 사람이 한 말을 듣고서 혹시 자네도 혼란스러워진 것인가?"

케베스는 말했지요.

"이번에는 그렇지 않습니다. 하지만 전에도 그런 말들을 듣고서 혼란스러워진 적이 별로 없었다고 말하는 것은 결코 아닙니다."

그분은 말씀하셨소.

"그렇다면 우리는 서로 대립되는 것은 결코 자신과 대립되는 것일 수 없다는 것에 완전히 동의한 것이네."

"전적으로 그렇습니다"라고 케베스가 말했지요.

그분은 말씀하셨소.

"그러면 다음과 같은 것에서도 자네가 나의 말에 동의하는지를 계속해서 생각해보게. 자네는 어떤 것에 대해서는 뜨겁다고 말하고 어떤 것에 대해서는 차갑다고 하지?"

"그렇습니다."

"자네는 뜨거움이나 차가움은 눈雪이나 불과 동일한 것이라고 생각하는가?"

"제우스를 걸고 맹세하건대, 저는 그렇게 생각하지 않습니다."

"그러면 뜨거움은 불과 다른 것이고, 차가움은 눈과 다른 것인가?"

"예."

"그렇다면 내 생각에는, 자네도 우리가 앞에서 말했듯이, 눈은 눈으로 존재하면서 뜨거움을 받아들여서 이전과 동일한 눈인 동시에 뜨거울 수는 결코 없고, 뜨거움이 다가왔을 때에는 물러가거나 소멸할 것이라고 생각할 것이 분명하네."

"물론입니다."

"마찬가지로 불도 차가움이 다가왔을 때에는 물러나거나 소멸할 것이네. 불이 차가움을 받아들여서 이전과 동일한 불인 동시에 차가울 수는 결코 없을 테니까 말일세."

"맞는 말씀입니다"라고 케베스가 말했지요.

그분은 말씀하셨소.

"이것은 언제까지나 이데아라고 불리는 것이 마땅한 것만이 아니라, 이데아 자체는 아니지만 존재하는 동안에는 그 이데아가 구체화된 형태를 계속 지니고 있는 것에도 적용된다네. 다음과 같은 예를 살펴보면, 내가 말한 것의 의미가 좀 더 분명해질 것이네. 홀수라는 이름으로 불리는 이데아가 있고, 우리는 그것을 언제나 홀수라는 이름으로 불러야 하네, 그렇지 않은가?"

"물론입니다."

"여기에서 내가 묻고자 하는 것은 모든 존재하는 것 중에서 홀수라는 이름으로 불리는 것은 오직 그 홀수라는 이데아만인가, 아니면 홀수라는 이데아 자체는 아니지만, 본성적으로 홀수와 분리될 수 없는 상태로 존재하기 때문에 언제나 그 자신의 고유한 이름으로 불림과 동시에 홀수라고도 불리는 다른 것들이 있는가 하는 것이지.

내가 말한 그런 것들로는 3이라는 수를 비롯해서 아주 많이 있지만, 3이라는 수를 한번 생각해보게. 이 수의 고유한 이름은 3이기 때문에, 우리는 이 수를 언제나 3이라는 이름으로 불러야 하지만, 3이라는 고유한 이름 외에도 홀수라는 이름으로도 부를 수 있다고 자네는 생각하지 않는가? 3과 5, 그리고 모든 수 중에서 절반은 홀수라는 이데아 자체는 아니지만, 본성적으로 홀수이지. 마찬가지로, 2와 4, 그리고 모든 수 중에서 절반은 짝수라는 이데아 자체는 아니지만, 언제나 짝수이지. 자네는 동의하는가, 동의하지 않는가?"

"어떻게 동의하지 않을 수 있겠습니까?"라고 케베스가 말했지요.

"그렇다면 내가 증명하려는 것이 무엇인지를 잘 보게. 그것은 서로 대립물인 것만이 서로를 받아들이지 않는 것이 아니라, 서로 대립물인 것은 아니지만 서로 대립되는 것을 언제나 지니고 있는 것들도 자신 안에 있는 이데아와 대립되는 이데아를 받아들이지 않고, 도리어 그것이 다가오면 소멸하거나 물러간다는 것이네. 가령 3이라는 수는 계속해서 3으로 있으면서 동시에 짝수가 되는 것이 아니라, 그렇게 되기 전에 소멸하거나 어떤 변화를 겪게 될 것이라고 우리는 말해야 하지 않겠는가?"

"전적으로 그렇습니다"라고 케베스가 말했지요.

그분은 말씀하셨소.

"그렇다고 해서 2라는 수와 3이라는 수가 서로 대립물인 것은 아니지 않는가?"

"분명히 아닙니다."

"그렇다면 서로 대립물인 이데아들만이 서로가 다가오는 것을 용납하지 못하는 것이 아니라, 그런 식으로 자신과 대립되는 것이 다가오는 것을 용납하지 못하는 그 밖의 다른 것들도 있다는 말이 되네."

"지극히 옳으신 말씀입니다"라고 케베스가 말했지요.

그분은 말씀하셨소.

"그렇다면 그런 것들이 어떤 것인지를 정의할 수 있다면, 자네는 우리가 그렇게 하기를 바라는가?"

"물론입니다."

d 그분은 말씀하셨소.

"케베스, 그것은 자신들이 무엇을 지배하든, 그것으로 자신의 이데아만이 아니라, 서로 반대되는 대립물 중 어느 한 쪽에 속하는 이데아도 지니도록 강제하는 그런 것들 아니겠는가?"

"그 말씀은 무슨 뜻입니까?"

"방금 말한 그대로라네. 3이라는 이데아에 지배받는 것은 무엇이든지 3이라는 수인 것과 동시에 홀수일 수밖에 없음은 의심할 여지가 없다는 것은 자네도 알지 않는가?"

"물론입니다."

"따라서 그런 결과를 만들어낸 이데아와 반대되는 이데아는 그런 것에 결코 다가올 수 없다고 우리는 단언하는 것이네."

"그렇습니다."

"그렇다면 앞에서 그런 결과를 만들어낸 것은 홀수라는 이데아였지?"
"예."

"그리고 그 이데아와 반대되는 것은 짝수라는 이데아가 아니겠나?"
"예."

e "그렇다면 짝수라는 이데아는 3이라는 수에 결코 다가가지 않겠지?"

"분명히 그렇습니다."

"그렇다면 3이라는 수는 짝수에 참여하고 있지 않은 것이네."

"참여하고 있지 않습니다."

"따라서 3이라는 수는 짝수가 아니네."

"그렇습니다."

"앞에서 내가 정의하겠다고 한 것은 어떤 것과 반대되지 않는데도 자신과 반대되는 것을 용납하지 못하는 것은 무엇인가 하는 것이었네. 방금 든 예에서 3이라는 수가 짝수와 반대되는 것은 아니지만 짝수를 용납하지 못하는 것은 언제나 짝수와 반대되는 것을 지니고 있기 때문이네. 그리고 이것은 2라는 수와 홀수, 불과 차가움 등과 같은 다른 많은 것에 _{105a} 도 그대로 적용이 되지.

그렇다면 이번에는 서로 대립물인 것만이 자신과 반대되는 것을 용납하지 않는 것이 아니라, 자신이 다가가는 것과 반대되는 것을 지니고 있는 것도 스스로 지닌 것과 반대되는 것을 결코 용납하지 않는다고 정의할 수 있는지를 생각해보게.

여러 번 듣는다고 해서 나쁠 것은 없으니, 다시 한번 자네의 기억을 일깨워주겠네. 5라는 수는 짝수라는 이데아를 용납하지 않을 것이고, 그 배수인 10이라는 수는 홀수라는 이데아를 용납하지 않을 것일세. 10이라는 배수는 홀수와 반대되지 않고 다른 것과 반대되는 수이지만,[47] 홀수라 _b 는 이데아를 용납하지 않지. 또한 1과 2분의 1, 2분의 1, 3분의 1 같은 분수들과 그런 부류에 속한 다른 수들은 정수整數라는 이데아를 용납하지 않지. 자네가 나와 생각이 같아서 내 말을 그대로 따른다면 말일세."

"저는 전적으로 같은 생각이고 그 말씀을 따릅니다"라고 케베스가 말했지요.

그분은 말씀하셨소.

"그러면 처음부터 다시 시작해보세. 이제는 내가 질문할 때에 사용한 그런 말들로 내게 대답하지 말고, 내가 어떻게 대답하는지를 잘 보고 그대로 따라서 내게 대답해주게. 이렇게 말하는 이유는 앞에서 말한 저 안전한 대답 외에, 지금까지 우리가 말한 것을 통해 내가 또 다른 안전한 대답을 알게 되었기 때문이네.

그래서 자네가 몸 안에 있어서 몸을 뜨겁게 하는 것이 무엇이냐고 내게 묻는다면, 나는 뜨거움이라는, 안전하긴 하지만 우직하고 투박한 대

---

47 '배수'는 "배수가 아닌 것"의 반대이다.

답을 내놓지 않을 것이네. 대신에 우리가 지금까지 말해온 것에 기초해 그것은 불이라고, 좀 더 우아하고 세련된 대답을 내놓을 것이네. 또한 자네가 몸 안에 있어서 몸을 병들게 하는 것이 무엇이냐고 내게 묻는다면, 나는 병이라고 대답하지 않고, 열이라고 대답할 것이네. 또한 자네가 어떤 수 안에 있어서 그 수를 홀수로 만드는 것은 무엇이냐고 묻는다면, 나는 그것은 홀수라는 이데아라고 하지 않고, 1이라는 수라고 답할 것이네. 그리고 이것은 다른 질문에도 마찬가지라네. 그러면 내가 무슨 말을 하고 싶은 것인지를 자네가 충분히 이해했는지 살펴보게."

"충분히 이해했습니다"라고 케베스가 말했지요.

그분은 말씀하셨소.

"그러면 몸에 있어서 몸을 살아 있게 하는 것이 무엇인지를 내게 대답해주게."

"영혼입니다"라고 케베스가 말했지요.

"그것은 언제나 그러한가?"

"어떻게 그렇지 않을 수 있겠습니까?"라고 케베스가 말했지요.

"그렇다면 영혼은 자신이 지배하는 모든 것에 언제나 생명을 가져다주는가?"

"그렇습니다"라고 케베스가 말했지요.

"생명과 반대되는 것은 존재하는가, 존재하지 않는가?"

"존재합니다"라고 케베스가 말했지요.

"무엇인가?"

"죽음입니다."

"그렇다면 앞에서 우리가 동의한 것에 비추어 보았을 때, 영혼은 자신이 지닌 것과 반대되는 것을 결코 용납하지 않겠지?"

"절대로 용납하지 않을 것입니다"라고 케베스가 말했지요.

"그렇다면 어떠한가? 우리는 앞에서 짝수라는 이데아를 용납하지 않는 것을 무엇이라고 불렀는가?"

"짝수가 아님이라고 불렀습니다"라고 케베스가 말했지요.

"정의를 용납하지 않는 것이나 음악을 용납하지 않는 것은 무엇이라고 부르는가?"

"불의함과 음악적이지 않음이라고 부릅니다"라고 케베스가 말했지요. ^e

"그렇지. 그러면 죽음을 용납하지 않는 것은 무엇이라고 부르는가?"

"죽지 않음이라고 부릅니다"라고 케베스가 말했지요.

"영혼은 죽음을 용납하지 않겠지?"

"그렇습니다."

"그렇다면 영혼은 죽지 않는 것이로군."

"영혼은 죽지 않습니다."

그분은 말씀하셨소.

"그렇네. 그렇다면 우리는 그것이 증명되었다고 말해야 되지 않겠는가? 자네는 어떻게 생각하는가?"

"더할 나위 없이 충분히 증명되었다고 생각합니다, 소크라테스 선생님."

그분은 말씀하셨소.

"그렇다면 어떠한가, 케베스. 짝수가 아님이 필연적으로 사멸될 수 106a 없다고 한다면, 3이라는 수도 필연적으로 사멸될 수 없겠지?"

"어떻게 그럴 수 있겠습니까?"

"그리고 뜨겁지 않음이 필연적으로 사멸될 수 없다면, 누군가가 눈[雪]에 뜨거움을 갖다댈 때마다 눈은 물러날 것이기 때문에, 온전한 상태로 보존되고 녹지도 않겠지? 눈은 소멸하지도 않을 것이고, 그대로 머물러 있으면서 뜨거움을 받아들이지도 않을 것이기 때문이지."

"맞는 말씀입니다"라고 케베스가 말했지요.

"마찬가지로 차가움을 용납하지 않는 것이 사멸될 수 없다면, 어떤 차가운 것이 불에 다가갔을 때, 불은 꺼지거나 소멸하지 않고 온전한 상태로 떠나가겠지."

"반드시 그럴 것입니다"라고 케베스가 말했지요.

그분은 말씀하셨소.

"그렇다면 우리는 죽지 않음에 대해서도 그렇게 말해야 하지 않겠는가? 죽지 않음이 소멸될 수 없다면, 죽음이 다가왔을 때 영혼이 소멸하는 것은 불가능하네. 우리가 앞에서 말한 것에 따르면, 영혼은 죽음을 용납하지도 않고 죽어 있는 것이 되지도 않기 때문이네. 그것은 앞에서 확인했듯 3이라는 수를 비롯한 홀수는 결코 짝수가 될 수 없고, 불이나 불 안에 있는 뜨거움은 차가움이 될 수 없는 것과 마찬가지지.

하지만 누군가는 이렇게 말할지도 모르네. '우리가 이미 동의한 대

로, 짝수가 다가간다고 해서 홀수가 짝수가 될 수는 없다고 해도, 홀수가 소멸하고, 그 자리를 짝수가 차지하는 것은 얼마든지 가능한 일이 아니겠는가?' 우리는 그렇게 말하는 사람에게 홀수는 소멸하지 않는다고 반박할 수는 없네. 짝수가 아니라고 소멸될 수 없는 것은 아니기 때문이네. 하지만 짝수가 다가올 때, 홀수와 3이라는 수는 떠나간다고 말할 수 있다는 것에 우리가 동의한다면, 이 논쟁은 쉽게 끝날 것이네. 그리고 불이나 뜨거움이나 그 밖의 다른 것들에 대해서도 우리는 그런 식으로 말할 수 있을 것이네. 그렇지 않겠는가?"

"물론입니다."

"그렇다면 죽지 않음이 소멸될 수 없다는 것에 우리가 동의한다면, 영혼은 죽지 않을 뿐만 아니라 소멸될 수 없네. 우리가 이것에 동의하지

않는다면, 우리에게는 다른 논증이 필요할 것일세."

케베스가 말했지요.

"그것에 관해서라면 다른 논증이 필요하지 않습니다. 죽지 않음은 영원하다는 것인데, 그런 것이 소멸을 받아들인다면, 소멸을 받아들일 수 없는 것은 아무것도 없을 것이니까요."

소크라테스께서는 말씀하셨소.

"나는 신, 생명이라는 이데아 자체, 그 밖의 다른 죽지 않는 것은 소멸될 수 없다는 것에 모든 사람이 동의할 것이라고 생각하네."

"제우스를 걸고 맹세하건대, 모든 사람이 동의하는 것은 말할 것도 없고, 심지어 신들조차도 동의할 것이라고 저는 생각합니다"라고 케베스가 말했지요.

"그렇다면 죽지 않음은 소멸할 수 없고, 영혼은 죽지 않기 때문에, 당 e 연히 소멸될 수 없겠지?"

"필연적으로 그럴 수밖에 없습니다."

"따라서 죽음이 어떤 사람에게 다가갔을 때, 아마도 그 사람을 구성하고 있는 것들 중에서 죽게 되어 있는 부분은 죽을 것이지만, 죽지 않게 되어 있는 부분은 소멸되는 것이 아니라, 죽음에게 자신의 자리를 내어 주고서 자신은 조금도 훼손되지 않은 채로 떠나갈 것일세."

"그럴 것 같습니다."

그분은 말씀하셨소.

"케베스, 영혼은 죽지도 않고 소멸되지도 않을 것이니, 우리 영혼이 107a 저승에 가 있을 것임은 너무나 분명하네."

케베스가 말했지요.

"소크라테스 선생님, 저는 거기에 전적으로 동의하기 때문에 달리 할 말이 없고, 선생님의 추론과 논증을 믿지 않을 근거가 조금도 없습니다. 하지만 여기 있는 심미아스를 비롯해서 다른 사람이 혹시 이것에 대해 할 말이 있다면, 침묵하지 않는 것이 좋겠습니다. 그런 식으로 미루었다가는, 이런 것들에 대해서 말하고 싶거나 듣고 싶어도, 지금이 아니면 그럴 기회가 언제 주어질지 모르는 일이니까요."

심미아스가 말했지요.

"제가 지니고 있던 의심은 선생님이 말씀해주신 것들로 다 해소되었기 때문에, 이제 제게는 의심이 전혀 남아 있지 않습니다. 하지만 우리가 논의하는 주제가 워낙 광범위한데다, 제게는 인간의 취약함에 대한 불신 b

이 있어, 지금까지 논의된 것들과 관련해서 제 속에 여전히 불신감이 있
b 는 것은 어쩔 수 없습니다."

소크라테스께서는 말씀하셨소.

"자네가 그렇게 말하는 것은 당연하네. 그래서 우리가 처음에 전제한
것이 자네들에게 확실하고 믿을 만한 것으로 여겨지더라도, 좀 더 분명
하게 검토해보지 않으면 안 되네. 자네들이 그 전제들을 충분히 세밀하
게 분석한다면, 인간이 변증할 수 있는 한도 내에서 최대한의 변증을 해
내게 되리라고 나는 생각한다네. 그렇게 해서 모든 것이 분명해지게 되
면, 자네들은 더 이상 아무것도 묻지 않게 될 것일세."

"맞는 말씀입니다"라고 심미아스가 말했지요.

11.

c 그분은 말씀하셨소.

"그러니 이보게들, 우리가 반드시 명심해야 할 것은 이것일세. 그것
은 영혼이 죽지 않는다면, 우리가 살아 있다고 부르는 이 시간만이 아니
라 모든 시간 동안 영혼을 돌보아야 한다는 것이네. 누군가가 그렇게 하
기를 게을리한다면, 그런 사람은 그것이 얼마나 무시무시한 위험성을 안
고 있는 일인지를 머지않아 알게 된다는 것이지.

만일 죽음이 모든 것에서 벗어나는 것이라면, 악인들에게 죽음은 신
이 주는 깜짝 선물이 될 것이네. 죽으면, 단지 몸에서만 벗어나는 것이
아니라, 영혼과 자신이 저지른 악들로부터도 벗어나게 되기 때문이네.
d 하지만 이제 영혼이 죽지 않는다는 것이 밝혀졌기 때문에, 최대한으로
선해지고 지혜로워지는 것 외에 재앙을 피하거나 벗어날 다른 방법은
전혀 없음을 알게 되었네. 영혼은 저승에 갈 때, 자신이 훈련과 교육을
통해 얻은 것들 외에는 아무것도 가지고 가지 못하네. 그리고 그것은 죽

은 자들이 저승으로 가는 여정을 시작할 때 그들에게 가장 이로운 것이 되기도 하고 가장 해로운 것이 되기도 한다네.

사람들 각자에게는 살아 있는 동안에 수호신[48]이 배정되어 있다네. 그리고 한 사람이 죽으면, 그의 수호신이 그를 어떤 장소로 데려간다고 하네. 죽은 사람들은 그 장소에 집결해 있다가, 판결을 받은 후에는 거기 e 로부터 저승까지 이송하는 책임을 맡은 저 인도자와 함께 저승으로 가는 것이지. 저승에서 그들이 각자가 머물러 있어야 할 시간만큼 머물러 있으면서 받아야 할 것들을 다 받고 나면, 시간이 돌고 돌아 오랜 세월이 흐른 후에, 또 다른 인도자가 와서 그들을 이승으로 다시 데려오는 것이라네.

하지만 이 여정은 아이스킬로스가 쓴 비극에 나오는 텔레포스[49]가 말한 것 같은 그런 여정은 아니네. 그는 저승으로 가는 길은 누가 보아도 108a 금방 알 수 있는 길이라고 말했지만, 내 생각에는 금방 알 수 있는 길도 아니고 하나의 길도 아니라고 보이기 때문이네. 저승으로 가는 길이 하나의 길을 따라 쭉 가기만 하면 되는 그런 길이라면, 인도자가 필요하지도 않을 것이고, 어딘가에서 길을 잃을 사람도 없을 것이네. 그러니 그 길에는 두 갈랫길도 많고 세 갈랫길도 많을 것으로 보이네. 이것은 내가 이승에서 사람들이 신들에게 드리는 제사와 종교적인 의식들을 보고 추론해서 말하는 것일세.[50]

---

48 여기에서 '수호신'으로 번역한 단어는 '다이몬,' 즉 정령 또는 신령이다. 그리스 신화에서 죽은 자들을 저승으로 이송하는 책임을 맡은 인도자는 헤르메스이다. 헤르메스는 전령의 신으로서, 신계와 인간계와 지하세계를 자유자재로 넘나든다.

49 텔레포스는 아이스킬로스의 비극에 등장하는 인물로 언급되고 있지만, 지금은 전해지지 않으며 그에 대해 알려진 것은 없다.

50 고대 그리스인은 갈림길들에 여신 헤카테의 신상을 세워두고 제물을 바치고 제사를 드렸다고 한다. 헤카테는 그리스 신화에 나오는 마법과 주술의 여신으로서, 교차로나 문턱, 건널목 등을 지배하고 저승으로 통하는 문을 지키는 수호신이다. 출생과 죽음을 통해 이승과 저승을 오가는 길복을 관장하는 신이었다. 고대 촌락의 살림길에는 서로 등을 맞대고 세 개의 몸을 지닌 형상을 한 이 여신상이 아주 많이 세워져 있었다.

이승에서 훈련을 잘 받아 지혜롭게 된 영혼은 저승으로 가는 길에 있는 모든 것에 친숙해서 그 길을 잘 따라간다네. 반면에, 내가 앞에서 말

b 했던 것처럼, 몸의 욕망들을 떨쳐내지 못해 그것이 남아 있는 영혼은 몸과 자기 눈에 보이는 곳에 연연해하며 떠나지 못하고 오랫동안 배회하면서 격렬히 저항하고 많은 고초를 겪은 후에야, 자신에게 배정된 수호신에게 강제로 이끌려서 가까스로 이승을 떠나게 되지.

그런 후에 영혼은 다른 영혼들이 있는 곳에 도착하게 된다네. 그런데 옳지 않은 살인이나 그 밖의 다른 비슷한 악행들을 저지르거나, 악한 부류의 영혼이 저지르는 그런 악행을 저질러서 더러워졌는데도 정화되지 않은 채로 거기에 도착하게 된 영혼은 다른 모든 영혼이 기피하는 대상

c 이 되고 따돌림을 당해서, 아무도 그의 길동무나 안내자가 되려고 하지 않는다네. 그래서 온갖 곤경을 겪으며 헤매다가 일정 기간이 지나면, 그에게 적절한 거처로 강제로 옮겨진다네. 반면에, 정결함 속에서 정도에 맞게 이승의 삶을 통과한 영혼은 자신의 길동무와 인도자가 되어 준 신들을 따라서 각자 자신에게 정해진 곳으로 가서 거주하는 것이지.

지구에는 수많은 장소와 경이로운 장소들이 있고, 지구의 모습이나 크기도 지구에 관해 늘 말하는 사람들[51]이 생각하는 것과는 완전히 다르다고 어떤 사람이 말한 것을 들은 적이 있는데, 나는 그의 말이 설득력이 있다고 생각한다네."

d 그러자 심미아스가 말했지요.

"그게 무슨 말씀이신지요, 소크라테스 선생님. 저도 사람들이 지구에 관해 하는 말을 많이 들었지만, 선생님이 방금 설득력 있다고 하신 그런

---

51 지구의 모습이나 크기에 대해 한 말은 아낙시만드로스와 헤카타이오스에서 시작한 것으로 보인다. 아낙시만드로스는 기원전 610-546년에 고대 그리스에서 활동한 밀레토스 학파의 철학자이다. 천문학 연구로 유명하고, 천구의도 만들었다고 한다. 헤카타이오스는 기원전 550-475년에 활동한 고대 그리스의 역사가이다. 『세계 안내기』라는 책을 저술했고, 세계 지도도 제작하였다.

말들은 들어보지 못했습니다. 그러니 거기에 대해서 좀 더 들려주셨으면 합니다."

"심미아스, 내 생각에 그런 말이 어떤 것인지를 말해주는 데에는 글라우코스의 기술[52]이 필요하지 않아 보이네. 하지만 그 말들이 옳다는 것을 증명하는 일은 내가 보기에 글라우코스의 기술로도 어려울 것 같고, 나 또한 그것을 증명하지 못할 가능성이 크네. 설령 내가 그것을 증명하는 방법을 안다고 해도, 내게 남아 있는 삶으로는 그런 논증을 다 전개하기에는 시간이 부족할 걸세. 하지만 내가 설득력이 있다고 생각한 지구 e 의 모습과 지구 안에 있는 수많은 장소에 대해서는 말해주지 못할 이유가 없네."

"그 말씀을 해주시는 것으로 충분합니다"라고 심미아스가 말했지요.

그분은 말씀하셨소.

"내가 설득력이 있다고 여긴 것은 먼저 지구가 하늘의 중앙에 둥근 공 모양으로 있는 것이라면, 지구가 떨어지지 않게 하는 데에는 대기나 109a 그 밖의 다른 힘이 필요하지 않다네. 하늘 자체가 사방으로 균질성을 유지하고 있고, 지구 자체가 평형 상태를 유지하는 것만으로 충분하다는 것이지. 균질성을 유지하고 있는 어떤 것의 중앙에 놓여서 평형 상태를 유지하고 있는 물체는 어느 한 방향으로 더 또는 덜 기울지 않는 까닭에 어느 방향으로도 기울지 않은 채로 그 자리에 머물러 있기 때문일세. 이 것이 내가 가장 먼저 설득력 있다고 본 말이라네."

"맞습니다"라고 심미아스가 말했지요.

그분은 말씀하셨소.

"다음으로 내가 설득력이 있다고 본 것은 이것이네. 지구는 아주 거대하고, 지구에는 형태와 크기가 서로 다른 온갖 종류의 깊은 구덩이들 b

---

52 "글라우코스의 기술"은 어려운 과제를 풀 수 있는 기술을 의미한다. 글라우코스가 누구인지는 알려져 있지 않다.

이 도처에 많이 있다는 것이네. 그래서 파시스강으로부터 헤라클레스의 기둥들에 이르기까지[53] 지구의 한 작은 부분에서 살아가는 우리는 마치 개미나 개구리들이 늪지 주변에 살듯이 그런 깊은 구덩이에 있는 바다 주변에 모여 살아가고, 다른 곳에 있는 많은 사람도 우리와 마찬가지로 다른 곳에 있는 그런 깊은 구덩이들에서 살아간다는 것이지. 그리고 그 깊은 구덩이 속으로는 물과 안개와 대기가 함께 흘러들어간다고 하네. 지구 자체는 순수하고 또한 별들이 있는 순수한 하늘, 즉 이런 것에 대

c 해 말하는 대부분 사람이 '정기'라고 부르는 것 안에 놓여 있다네. 그런데 이 정기의 찌꺼기들인 물과 안개와 대기가 지구의 깊은 구덩이들 속으로 계속 흘러들어가는 것이라네. 그러니까 우리는 자기가 지구의 깊은 구덩이들 속에서 살아간다는 것을 알지 못하고, 지구의 표면에서 살아간다고 생각하는 것이지.

누군가가 바다 밑바닥에서 살아가고 있다고 해보세. 그 사람은 자기가 바다 위에서 살아간다고 생각할 것이고, 바닷물을 통해 해와 별들을

d 보면서, 바다가 하늘이라고 생각할 것이네. 그가 그렇게 생각하는 것은 게을러서든 힘이 없어서든 단 한 번도 바다의 표면 위로 떠올라서 바다를 벗어나 머리를 내밀고서, 우리가 살아가는 곳이 자기가 살아가는 곳보다 훨씬 더 순수하고 아름답다는 것을 본 적도 없고, 우리가 살아가는 것을 본 다른 사람에게 이곳에 관해 들은 적도 없기 때문이지.

그런데 바로 우리가 그런 일을 겪고 있지. 우리는 지구의 어떤 깊은 구덩이에서 살아가면서도, 마치 우리가 지구의 표면에서 살아간다고 생

---

53 파시스강은 현재의 리오니강으로서, 카프카스 산맥에서 발원하여 흑해로 이른다. "헤라클레스의 기둥들"은 지금의 지브롤터 해협 어귀에 있는 절벽의 바위산들이다. 헤라클레스가 열두 과업을 성취하는 과정에서 아틀라스 산맥을 건너야 할 일이 생겼다. 그런데 그는 그 산을 오르지 않고 자신의 괴력으로 그 산을 쪼갰다. 그렇게 해서 대서양과 지중해가 생겨났는데, 쪼개진 산의 한 쪽은 지브롤터가 되었고, 다른 한 쪽은 북아프리카의 세우타 또는 모로코의 에벨 무사가 되었다. 이렇게 생겨난 두 바위산은 "헤라클레스의 기둥들"로 불리게 되었다. 고대 그리스인들은 파시스강이 지구의 동쪽 끝이라고 생각했고, 헤라클레스의 기둥들은 서쪽 끝이라고 생각했다.

각하고, 별들이 대기를 지나다니는 것을 보고는 대기를 하늘이라고 부르지. 하지만 우리가 그렇게 생각하는 것은 힘이 없어서든 게을러서든 대기의 끝까지 가본 적이 없기 때문일세. 만일 누군가가 대기 끝까지 가보거나, 날개가 생겨서 거기로 날아오를 수 있다면, 물고기들이 바닷물 밖으로 머리를 내밀고서 우리가 살아가는 이곳을 보듯이, 그는 대기 너머에 있는 것을 보겠지. 그리고 그것을 보는 것이 자기 본성이 감당할 만한 것이라면, 그는 거기에 진정한 하늘이 있고 진정한 빛이 있으며 진정한 대지가 있음을 알게 될 것이네.

이 지구에 있는 대지와 모든 돌과 모든 장소는 훼손되고 부식되어 있 110a
기 때문인데, 그것은 마치 바닷속에 있는 것이 바닷물에 부식되어 훼손되어 있는 것과 같지. 바닷속에서는 쓸 만한 것이 전혀 생겨날 수 없기 때문에, 온전하다고 말할 수 있는 것은 한 마디로 아무것도 없네. 바닷속에서 흙이 있는 곳들에는 어디에나 동굴과 모래와 진흙과 진창이 널려 있지만, 그런 것은 우리가 살아가는 곳에 있는 아름다운 것들과는 비교할 가치조차 없는 것일 뿐이라네. 반면에, 대기 너머의 것들은 우리에게 b
있는 것들을 훨씬 능가하지. 그러니 심미아스, 진정한 하늘 아래 진정한 대지에 어떤 것이 있는지를 말해주는 아름다운 얘기를 들을 기회가 우리에게 있다면, 그런 얘기는 경청할 만하지 않겠나.”

“소크라테스 선생님, 그런 얘기라면 아주 기꺼이 듣고 싶습니다”라고 심미아스가 말했지요.

그분은 말씀하셨소.

“그러면 이보게, 가장 먼저 이런 말이 있다네. 누가 이 지구를 위에서 바라보면, 그 모습이 각각 서로 다른 다양한 색깔을 지닌 열두 개의 가죽 조각들로 이루어진 공처럼 보인다고 하네. 그리고 화가들이 사용하는 색은 바로 그 색깔을 본뜬 것이라고 하더군. 그 대지 전체는 그런 색깔로 c
이루어져 있고, 거기에 있는 색깔은 여기에 있는 것보다 훨씬 더 찬란하고 순수하다더군. 어떤 곳은 경이로울 정도로 아름다운 자주색으로 되어 있고, 어떤 곳은 황금색으로 되어 있으며, 어떤 곳은 백악이라는 석회암이나 눈보다 더 하얀 흰색으로 되어 있다고 하네. 마찬가지로 다른 곳도 다른 색깔로 되어 있는데, 우리가 지금까지 보아왔던 그 어떤 것보다도 더 다양한 빛깔로 되어 있고 더 아름답다고 하네. 대지 중에서 물과 대기로 가득 차 있는 깊은 구덩이인 이곳에서조차 도처에서 서로 다른 다양한 색깔이 빛남으로써, 그 다양한 색깔들이 한데 어우러져서 하나의 다채로운 색깔을 띤 연속체의 모습을 하고 자신의 고유한 색깔을 드러내고 있지 않나. 그러니 거기는 두말할 필요도 없지 않겠는가.

대지가 그러하기 때문에, 나무나 꽃이나 열매같이 거기에서 자라는 모든 것도 대지의 그러한 본성에 어울리는 방식으로 자라고 있다네. 또한 거기에 있는 산과 돌들도 마찬가지여서, 그 대지의 본성에 어울리게 부드러움과 투명함과 더 고운 빛깔을 지니고 있다네. 여기에서 사람들에게 사랑받는 저 돌들, 그러니까 홍옥이나 벽옥이나 취옥 같은 온갖 보석들은 거기에 있는 그 돌의 파편들이라네. 그래서 거기에 있는 돌은 그런 보석이 아닌 것들이 하나도 없고, 여기 있는 보석들보다 한층 더 아름답다고 하네. 거기 있는 돌이 그러한 이유는, 여기 있는 돌들은 이곳으로 함께 흘러들어서 돌과 흙은 물론이고 동물과 식물 같은 것에게 추함과 기형과 질병을 초래한 부패와 바닷물에 부식된 것과는 달리, 거기 있는 돌들은 그런 식으로 부식되지 않고 순수하기 때문이라네. 그 대지는 그런 온갖 보석들, 그리고 황금과 은, 그 밖에 그런 종류의 것으로 장식되어 있다고 하네. 그런 것은 대지 곳곳에 광범위하게 무수히 널려 있어서 육안으로도 뚜렷이 보이기 때문에, 그 대지를 보는 사람은 진정으로 축복받은 사람들이라고 하네.

거기에는 생물과 사람들이 많이 있는데, 일부는 내륙에 거주하고, 일부는 우리가 바다 주위에 거주하듯이 대기 주위에 거주하며, 일부는 육지 가까이에 있으면서 대기가 감도는 섬들에 거주한다네. 한마디로 우리에게 물과 바다가 반드시 필요하다면, 그들에게는 대기가 반드시 필요

하다는 것이지. 그리고 우리에게 대기가 있듯이, 거기에는 정기가 있어 b
서 그 정기가 그들에게 대기인 것이라네. 그곳에서는 계절의 순환이 아
주 온화하고 적절하게 이루어지기 때문에, 병에 걸리는 사람이 없고, 여
기에서 살아가는 사람들보다 훨씬 더 장수하며, 시각과 청각과 후각을
비롯해서 모든 것에서 우리보다 뛰어나다고 하네. 이는 순수성에 있어서
대기가 물보다 뛰어나고, 정기가 대기보다 뛰어나기 때문이라네.

그리고 그곳에는 신들의 거처와 신전이 있다네. 신들이 거기 실제로
거주하고 있어서, 신들의 음성을 듣고 신탁을 받으며 신들을 직접 보면
서 신들과 함께한다고 하네. 또한 그들은 해와 달과 별들을 본래 모습 그
대로 보고, 그들이 다른 것과 관련해서 누리는 행복도 그런 것과 비슷하 c
다고 하네.

대지 전체와 그 대지를 둘러싸고 있는 것은 방금 말한 그런 식으로
되어 있지만, 대지의 도처에는 많은 깊은 구덩이들이 있다고 하네. 그중
에는 우리가 거주하는 이 구덩이보다도 더 깊고 입구도 더 큰 것도 있고,
이 구덩이보다 더 깊기는 하지만 그 입구는 더 좁은 것도 있으며, 이 구
덩이보다 더 얕지만 입구는 더 큰 것도 있다네. 이 모든 구덩이들은 땅 d
밑의 많은 지점에서 크거나 작은 통로로 서로 연결되어 있다네. 그 통로
들을 통해서 엄청난 양의 물이, 마치 포도주를 희석시키기 위해 사용하
는 수조로 흘러들듯이, 한 구덩이에서 다른 구덩이로 흘러들어간다네.

그래서 땅 밑에는 찬 물과 뜨거운 물이 뒤섞인 강들, 엄청난 양의 불
로 이루어진 강들, 거대한 불의 강들, 시켈리아[54]에서 용암에 앞서 먼저
흘러나온 진흙의 강들을 닮은, 묽거나 진한 많은 진흙의 강들, 용암 자체
로 이루어진 강 같은 것이 거대한 강을 이루고서 항상 흐르고 있다네. 그 e
리고 이런 강들이 계속해서 순환하며 흐르다가 각각의 구덩이에 도달하

---

54 시켈리아는 이탈리아의 남서부에 있는 지중해 최대의 섬인 시칠리아를 가리키는 그리
스식 명칭이다.

면, 구덩이는 그때마다 그 강으로 가득 채워지게 되는 것이라네.

　　그런데 이 모든 강들이 그런 식으로 위나 아래로 움직이는 것은 지구 안에 존재하는 어떤 출렁임에 따른 것이라고 하고, 이 출렁임은 다음과 같은 어떤 자연 현상 때문에 일어난다고 하더군. 지구의 깊은 구덩이 중 어느 하나는 특히 거대해서, 지구 전체를 관통하고 있다고 하네. 그래서 그 구덩이에 관해 호메로스는 '저 멀리 땅 아래 가장 깊은 구덩이가 있는 곳으로'라고 읊었고, 그를 비롯한 다른 많은 시인은 그 구덩이를 '타르타로스'[55]라고 불렀다네.

112a

　　모든 강은 이 구덩이로 함께 흘러들어갔다가, 다시 거기에서 흘러나오는데, 각각의 강이 대지에서 흘렀던 곳이 어디였는지에 따라 그 강의 성격이 결정된다고 하지. 그리고 모든 강이 거기로부터 흘러나왔다가 다시 흘러 들어가는 이유는 그 강을 채우고 있는 물은 바닥도 없고 기저도 없기 때문이라네. 그래서 그 물은 위아래로 출렁이게 되고, 그 물을 둘러싸고 있던 대기와 바람도 출렁이게 되지. 그 물이 대지의 저 부분으로 쇄도할 때든 이 부분으로 쇄도할 때든, 대기와 바람도 함께 동행하기 때문이네. 그리고 우리가 호흡할 때 숨을 내쉬고 들이마시는 것을 반복하면서 끊임없이 흐르는 바람이 만들어지는 것처럼, 물과 함께 출렁이는 바람도 들어가고 나가기를 반복하면서 저지하기 불가능한 무시무시한 바람이 만들어진다네.

b

　　그래서 물이 낮은 곳이라 불리는 데로 물러갈 때에는, 마치 사람들이 관개를 하듯이 대지를 통과해서 그곳에 있는 강들로 흘러들어가지. 그리고 물이 다시 그곳을 떠나서 이곳으로 흘러 들어왔을 때는 이곳에 있는

c

55 　타르타로스는 그리스 신화에 나오는 지하세계 깊은 곳에 있는 공간을 가리킨다. 세계의 가장 깊은 곳인 하데스보다도 더 아래 있는 무시무시한 형벌의 공간으로서, 거기에 한번 갇히면 결코 빠져나올 수 없다고 말한다. 제우스 신에게 반기를 들거나 그의 분노를 산 신들이나 사람들이 그곳에 유폐되었다. 헤시오도스는 『신통기』에서 대지의 표면에서 타르타로스까지의 거리는 하늘과 땅 사이의 거리와 동일하다고 말한다.

강들을 채우고, 그런 후에는 앞에서 말한 통로로 이용해서 대지를 통과해 흐르면서, 각각 자신의 여정을 따라 이런저런 곳에 도달해서, 바다와 호수와 강과 샘들을 만든다네.

　그런 후에는 거기에서 다시 대지 아래로 가라앉는데, 그 강들 중에는 d 좀 더 멀리 더 많은 곳을 도는 것도 있고, 좀 더 가까이 더 적은 곳을 도는 것도 있다고 하네. 그래서 어떤 것은 자신이 흘러나왔던 지점보다 훨씬 아래에서, 어떤 것은 조금 아래에서 다시 타르타로스로 흘러 들어간다네. 하지만 자신이 흘러나온 지점보다 아래에서 다시 흘러 들어간다는 점에서는 모든 강이 다 동일하다네. 어떤 강은 자신이 흘러들어간 지점과 정반대 방향에서 흘러나오고, 어떤 강은 동일한 방향에서 흘러나온다네. 또한 대지 전체를 마치 뱀들처럼 한 바퀴 또는 여러 바퀴 완전히 휘감아 돌아서, 최대한 대지 아래로 내려갔다가 타르타로스로 다시 흘러 들어가는 강도 있다고 하더군. 하지만 어느 방향에서 흐르든 대지의 e 중앙까지만 내려갈 수 있고, 그 이상으로는 내려갈 수 없다고 하네. 어느 방향에서 오든 모든 강물은 대지의 중앙에서 가파른 오르막을 만나기 때문이라네.

　이렇게 온갖 종류의 수많은 큰 강이 있지만, 그런 아주 많은 강 중에 특히 주목할 만한 강이 네 개가 있다고 하네. 그중에서 대지의 가장 바깥쪽을 돌아 흐르는 가장 큰 강은 오케아노스[56]라고 불린다네. 그리고 그 강의 반대편에서 그 강과 반대 방향으로 흐르는 강이 아케론[57]이라네. 아 113a 케론강은 여러 곳의 사막 지대들을 지하로 흘러서 아케루시아스 호수에 이르는데, 이승의 삶을 마감한 사람 중에서 다수가 그 호수로 와서, 각자에게 정해진 기간에 따라 짧거나 긴 시간 머물다가 다시 이승으로 보내

---

56 고대 그리스인들은 오케아노스를 대지를 둘러싼 거대한 강이자, 모든 강 중에서 가장 큰 강이라고 생각했다. 오케아노스는 영어에서 '대양'을 뜻하는 ocean의 어원이 되었다.

57 아케론은 그리스 신화에서 저승으로 통하는 강이다. 죽은 자들은 헤르메스 신의 안내로 이 강에 도착해서, 배로 이 강을 건너야 저승에 도착할 수 있었는데, 이 배의 뱃사공

져서 생물들로 태어난다고 하네.

세 번째 강은 이 두 강 사이에서 발원하여, 그 발원지에서 가까운 곳에서 온통 불로 뒤덮인 광활한 지역으로 떨어져서, 우리의 바다[58]보다 더 큰 호수를 이루는데, 그 호수는 부글부글 끓는 진흙탕으로 되어 있다더군. 그렇게 해서 진흙탕이 된 그 강은 거기에서 다시 원을 그리며 그 지역을 굽이굽이 돌다가, 그 지역의 다른 곳을 거쳐서 아케루시아스 호수 끝자락에 이른다네. 하지만 그 호수의 물과 섞이지는 않고, 다시 지하로 여러 차례 굽이굽이 흐르다가, 타르타로스의 아랫 부분으로 떨어진다네. 이 강이 피리플레게톤[59]이라 불리는 강이라네. 이 불의 강의 여러 지류는 대지의 곳곳에서 자신의 파편들인 용암들을 분출한다네.

또한 이 강의 반대편에서 네 번째 강이 발원해서 먼저 온통 군청색으로 되어 있는 무시무시하고 원시적인 곳으로 떨어지는데, 사람들은 그 지역을 스틱스 지대[60]라 부르고, 이 강이 흘러들어 생겨난 호수를 스틱스라 부른다네. 그 지대로 떨어져서 물살이 엄청나게 거세진 이 강은 지하로 흘러들어서, 피리플레게톤강과는 반대 방향으로 굽이굽이 감돌아 나아가다가, 아케루시아스 호수가 있는 지점에서 반대 방향에서 피리플레게톤강과 만나지만, 다른 어느 강과도 섞이지는 않는다고 하네. 그런 후

인 카론에게 반드시 뱃삯을 지불해야 했다. 아케론강은 이승과 저승의 경계였다. 아케루시아스 호수는 아케론강에 의해 형성된 호수를 가리킨다.

58 "우리의 바다"는 지중해를 가리킨다.

59 피리플레게톤강은 그리스 신화에서 저승을 감싸고 흐르는 강으로서, '불타오르는'이라는 뜻이다. 죽은 자들의 영혼은 물이 아니라 불로 이루어진 이 강을 지나가는 동안에 불로 정화되어 하데스로 들어간다. 호메로스는 죽은 자의 영혼은 슬픔의 강 "아케론," 통곡의 강 "코키토스," 불의 강 "플레게톤," 망각의 강 "레테," 증오의 강 "스틱스"라는 다섯 강을 차례로 건너야 하데스로 들어갈 수 있다고 말한다.

60 '스틱스'는 '혐오스럽다'는 뜻이다. '코키토스'는 통곡 또는 비탄이라는 뜻이다. 코키토스강에는 불이 흐르는 피리플레게톤강과는 반대로 얼음처럼 차가운 물이 흐른다. 죽은 자들의 영혼이 이 강물을 마시면 이승의 삶이 끝났다는 것을 깨닫고서 통곡한다고 한다.

에 이 강은 한 바퀴 빙 돌아 흘러서, 피리플레게톤강의 맞은편에서 타르타로스로 흘러들어간다네. 시인들은 이 강을 코키토스라고 하지.

이런 것들이 바로 대지의 본래 모습이네. 각자의 수호신이 자신을 데   d
려다주는 곳에 도착한 후, 죽은 사람은 먼저 재판을 받아서, 선량하고 경건하게 산 사람인지 그렇게 살지 않은 사람인지에 대해 판결을 받는다네. 그리고 중간 정도로 분류된 사람들은 아케론으로 가서, 그들을 위해 마련되어 있는 배들을 타고 그 호수로 들어간다네. 그들은 거기 살면서, 자신이 지은 죄에 대해서는 형벌을 치르고 나서 사면을 받고, 선행에 대   e
해서는 그 정도에 따라 상을 받는다고 하네.

반면에, 신전에서 상습적으로 도둑질을 했다거나, 사악하고 불법적인 살인을 많이 저질렀거나, 그 밖에 그런 종류의 악행들을 자행함으로써, 지은 죄가 커서 교정이 불가능하다고 여겨지는 자들은 그런 자들에게 준비된 운명에 따라 타르타로스에 던져져서, 거기에서 절대로 나오지 못하게 된다네.

그런데 큰 죄를 저지르기는 했지만 교정이 가능하다고 여겨지는 사람들, 그러니까 화가 치밀어올라서 아버지나 어머니에게 폭력을 행사하   114a
기는 했지만 참회하며 여생을 살았다거나, 잠시 분을 참지 못해 살인을 저질렀던 자들은 일단 타르타로스로 떨어지기는 한다네. 하지만 거기에 떨어져서 일 년이 된 때에는 넘실거리는 물결이 그들을 밖으로 내던져서, 살인자들은 코키토스로 떨어지고 아버지나 어머니를 때린 자들은 피리플레게톤으로 떨어진다고 하네.

그들은 각각 그 강물들에 실려 떠내려와서 아케루시아스 호수와 접한 곳에 다다라서는, 자신이 죽였던 사람이나 패악질을 벌였던 사람의 이름을 큰 소리로 부르면서, 자신이 그 강에서 나와서 호수로 갈 수 있도록 받아달라고 간청하고 사정사정한다네. 그들을 설득하는 데 성공하면   b
강에서 나오게 되고, 고통도 끝이 난다네.

반면에, 설득하지 못한다면 다시 그 강물을 타고 타르타로스로 되돌아가서, 거기로부터 또다시 강으로 떨어져서 떠내려오는 일을 반복하게 된다네. 자신이 해악을 입힌 사람들을 설득할 수 있을 때까지는, 이 고통스러운 과정이 절대로 끝나지 않는다고 하네. 저승의 재판관들이 그들에게 내린 형벌이기 때문이지.

c   하지만 두드러지게 거룩한 삶을 살았음이 드러난 사람들은 마치 감옥에서 석방된 것처럼 땅속의 그런 지역에서 풀려나, 위에 있는 순수한 거주지로 옮겨와서 대지 위에 거주하게 된다네. 그리고 그런 사람 중에서도 철학으로 자신을 충분히 정화한 사람들은 그 이후의 모든 시간 동안 몸 없이 살아가고, 이곳보다 훨씬 더 아름다운 거주지에 이른다네. 하지만 그 거주지에 관해 설명하는 것은 쉽지 않고, 지금으로서는 그럴 시간도 충분하지 않네. 하지만 심미아스, 지금까지 말해온 것만으로도, 우리가 이승에 살면서 미덕과 지혜를 얻기 위해서라면 무슨 짓이라도 다 해야 하는 게 분명해지지 않았나? 그 상은 아름답고, 그 희망은 크기 때문일세.

d   그런 것들이 내가 방금 설명한 그대로라고 단정하는 것은 지성을 갖춘 사람에게는 어울리지 않을 것이네. 하지만 영혼이 죽지 않는다는 것이 분명해졌기 때문에, 우리 영혼과 그 거주지가 그런 것이거나 그와 비슷할 것으로 생각하는 것은 내게 아주 적절해 보이네. 그러니 실제로 그럴 것이라고 생각하며 모험을 해보는 것은 충분한 가치가 있어 보인다는 뜻이지. 그런 모험을 하는 것은 아름다운 일이니까. 아울러, 우리는

e 그런 것을 자신에게 주문처럼 들려주어야 마땅하네. 내가 이 이야기를 이렇게 장황하게 늘어놓은 것도 그런 이유 때문이지.

  또한 우리는 이승에 사는 동안에 몸의 온갖 쾌락과 장식물들은 결국 자신에게 유익을 주기보다는 해를 끼칠 것으로 생각해서 자신에게 맞지 않는 것으로 여겨 배척해야 하네. 그리고 배우는 것에 전념하여, 자기 영혼을 자신에게 맞지도 않는 그런 장식물이 아니라 절제와 정의와 용기

115a 와 자유와 진리 같은, 자신에게 맞는 것들로 치장해야 하네. 그런 사람은

저승으로의 여정을 기다리면서 자기 영혼에 담대함을 가질 수 있을 걸세. 우리가 그런 담대함을 가져야 하는 것도 그런 이유 때문이라네."

12.

그분은 말씀하셨소.

"심미아스와 케베스와 나머지 사람들이여, 자네들도 이후에 언젠가는 각자 그 길을 떠나게 되겠지. 하지만 지금은, 비극 속에 나오는 인물처럼 말해보자면, 운명이 이미 나를 부르고 있다네. 내가 목욕재계를 하러 갈 시간이 거의 다 된 것 같아서 하는 말이네. 여자들에게 나의 시신을 씻기는 폐를 끼치지 않고, 스스로 목욕재계하고 나서 독약을 마시는 편이 더 나아 보이기 때문이네."

그분이 이렇게 말씀하시고 나자, 크리톤이 말씀하셨지요.   b

"좋네, 소크라테스. 자네의 자녀들이나 다른 일과 관련해서 이 사람들이나 내게 남길 말이 없는가? 우리가 어떻게 해야 자네에게 최대한으로 은혜를 베푸는 것이 되겠는가?"

그분은 말씀하셨소.

"내가 하는 말은 항상 똑같고, 새로운 것이 없다네, 크리톤. 자네들이 무슨 일을 하든 자신을 잘 돌본다면, 지금 굳이 약속하지 않더라도 자네들은 나와 내 가족과 자신에게 은혜를 베푸는 것이라네. 하지만 지금도 말했고 전에도 말했던 길을 자네들이 따라 살아가지 않음으로써 자신을 돌보지 않는다면, 지금 수없이 굳게 다짐하고 약속한다고 해도, 자네들   c
은 아무런 은혜도 베풀지 못할 것일세."

크리톤이 말씀하셨지요.

"우리는 그렇게 살려고 애쓸 것이네. 그리고 우리가 자네 장례를 어떤 식으로 치렀으면 하는가?"

그분은 말씀하셨소.

"자네들이 원하는 대로 하게. 혹시 내가 자네들에게서 도망치지 못하도록, 자네들이 나를 붙잡아둘 수 있을지도 모르지 않는가."

그분은 이 말씀을 하시고서는 빙긋이 웃으시며 애정이 담긴 눈으로 우리를 쳐다보시면서 말씀하셨소.

"이보게들, 결국 나는 지금 자네들과 대화하면서, 우리가 말하고 있는 것 하나하나를 꼬치꼬치 따지고 있는 나야말로 진정한 소크라테스임을 크리톤에게 설득시키지 못한 셈이네. 그는 자기가 조금 후에 보게 될 d 나의 시신을 나라고 생각하기 때문에, 어떻게 장례를 치러주면 좋겠느냐고 내게 묻는 것이 아니겠는가?

내가 독약을 마신 후에는, 더 이상 자네들과 함께 머물러 있는 것이 아니라 먼 길을 떠나서, 축복받은 자들이 누리는 행복 속으로 들어가게 될 것임을 꽤 긴 시간 동안 장황하게 논증을 펼치지 않았는가? 그런데도 그는 나의 그런 말을 내가 자네들과 나 자신을 위로하기 위해 한 말쯤으로 여기는 것으로 보이니, 아무래도 내가 헛수고를 한 모양이네.

그러니 자네들이 크리톤에게 내 보증이 되어 주게. 크리톤은 배심원들에게 내가 탈옥하지 않고 감옥에 그대로 있을 것이라고 보증을 섰지 e 만, 그것과는 반대로 자네들은 내가 죽으면 머물러 있지 않고 떠날 것이라고 보증을 서주라는 말일세. 그래야만 크리톤이 마음이 편해져서, 나의 몸이 화장되거나 매장되는 것을 보면서, 마치 내가 무슨 일을 당하기라도 한 것처럼 나 때문에 괴로워하지 않을 것이 아니겠는가? 그리고 나의 장례를 치르면서 마치 소크라테스가 관 안에 누워 있거나 운구되고 있거나 매장된 것처럼 말하지도 않을 것 아니겠나."

그분은 말씀하셨소.

"이보시게 크리톤, 잘못 말하는 것은 단지 그 자체로 그치는 것이 아니라, 아울러 영혼에 해악을 끼치기도 한다는 것을 명심하게나. 그러니 116a 자네는 용기를 내서, 자네가 장례를 치르는 것은 나의 몸에만 해당한다고 말해야 하네. 그리고 자네가 원하는 대로, 관례에 맞춰 가장 적절하다고 생각되는 방식으로 장례를 치러주게."

그분은 이렇게 말씀하신 후에 일어나서, 목욕재계를 하기 위해 어떤 방으로 들어가셨고, 크리톤은 우리에게 기다리라고 당부하고서는 선생님을 따라가셨지요. 그래서 우리는 기다리면서, 그동안 논의된 것에 대해 우리끼리 대화를 나누며 다시 세세하게 검토해보다가, 우리에게 닥친 일이 얼마나 큰일인지에 대한 이야기도 나누었지요. 우리는 진정 아버지를 사별하고 여생을 고아로 살아가게 된 자들처럼 되었다고 생각했기 때문이지요.

그분이 목욕재계를 마쳤을 때, 사람들이 그의 자녀들을 그에게 데려왔습니다. 그대도 아시겠지만, 그분에게는 두 명의 어린 아들과 한 명의 b 다 자란 아들이 있었으니까요. 그분 집안의 여자들도 왔지요. 그분은 크리톤이 지켜보는 가운데 그들과 대화를 나누며, 자신이 당부하고 싶은 것을 그들에게 전한 후에, 여자들과 자녀들을 등떠밀어 보내고서는 다시 우리에게로 돌아오셨소.

어느덧 일몰이 가까웠습니다. 그분이 안에서 많은 시간을 보내셨기 때문이지요. 목욕을 마치시고 돌아와 앉으셔서 우리와 잠시 대화를 나누고 계실 때, 열한 명의 간수들 중 한 사람이 들어와서 그분께로 가더니 이렇게 말했지요.

"소크라테스 선생님, 저는 다른 사람에게 하듯이 선생님에게 하지는 c 않을 생각입니다. 다른 사람은 독약을 마시라는 당국의 지시를 그들에게 전하면, 내게 몹시 화를 내고 욕설을 퍼붓곤 하지요. 하지만 선생님이 이곳에 계시는 동안에 쭉 지켜보면서, 선생님은 지금까지 이곳에 들어온 모든 사람 중에서 가장 고귀하고 점잖으며 훌륭한 분이라는 것을 알았습니다. 그래서 선생님의 일로 욕을 먹어야 할 사람이 누구인지를 잘 아시는 선생님이 내게 불같이 화를 내는 일은 없을 것이 분명합니다. 제가 무슨 말을 전하러 왔는지는 아실 것이니, 이제 편히 가시고, 어쩔 수 없는 일이라면 가급적 편안히 받아들이려고 하십시오."

d 간수는 그렇게 말하고서는 눈물을 보이며 뒤돌아서 나갔지요.

소크라테스께서는 그 뒤를 쳐다보시며, "자네도 잘 있으시게나, 우리는 자네가 말한 대로 할 것일세"라고 하시면서, 아울러 우리를 향해서 말씀하셨소.

"저 사람이 얼마나 공손하고 예의바른지를 보게나. 내가 이곳에 있는 동안 내내 가끔씩 나를 찾아와서 대화를 나누곤 했던 사람인데, 더 할 나위 없이 좋은 사람이었네. 얼마나 순수하고 좋은 사람이었으면, 지금도 나를 위해 눈물을 흘리겠나. 자, 크리톤. 저 사람이 하라는 대로 하세. 독약이 다 빻아졌으면 가져오게 하고, 그렇지 않으면 어서 빻으라고 하게."

e 그러자 크리톤이 말씀했지요.

"소크라테스, 내 생각에는 해가 아직 지지는 않고 산 위에 걸려 있을 걸세. 그리고 내가 알기로는 다른 사람의 경우에는 통지를 받고 나서도 마음껏 먹고 마시고 나서, 그리고 심지어 어떤 사람은 연인과 성적인 관계를 실컷 즐기고 나서, 아주 늦게 독약을 마신다네. 그러니 서두르지 말게. 아직 시간적으로 여유가 있으니까."

소크라테스께서는 말씀하셨소.

"크리톤, 자네가 말한 사람들이 그렇게 하는 것은 이유가 있어서네. 그러니까 그들은 그렇게 하는 것이 자신에게 이득이라고 생각하는 것이 117a 지. 마찬가지로 내가 그렇게 하지 않는 것도 이유가 있어서네. 독약을 조금 늦게 마신다고 해서 내게 이득이 되는 것은 아무것도 없네. 도리어 더 이상 살아 있음으로 할 일이 없는데도, 삶에 연연해서 목숨을 잠시라도 더 부지하고자 한다면, 그것은 나 자신을 웃음거리로 만드는 것밖에 되지 않기 때문이지. 그러니 공연히 딴전 피우지 말고, 내 말대로 하게."

크리톤은 이 말을 듣고서, 옆에 서 있던 노예에게 고갯짓으로 무엇인가를 지시했지요. 그리고 그 노예는 밖으로 나가서 한참 있다가, 독약을 건네는 일을 맡은 사람과 함께 들어왔소. 그 사람은 빻은 독약을 잔에 담아서 들고 왔지요. 소크라테스께서는 그 사람을 보자 "좋네, 이보게, 자네는 이 일에 능숙할 터이니, 이제 내가 무엇을 해야 하는가"라고 말씀하셨지요. 그 사람은 "다른 것은 하실 것이 없고, 단지 이 약을 마신 후에 b 다리가 무거울 때까지 걸어다니시다가 누우시기만 하면 되는데, 그러면 모든 것이 끝납니다"라고 말하면서 소크라테스께 잔을 건넸지요.

에케크라테스, 그분은 무서워 떠는 것은 고사하고, 안색이나 표정조차 전혀 바뀌지 않은 채로 아주 태연하게 그 잔을 받아드시고서는, 평소처럼 그 사람을 빤히 쳐다보시며 이렇게 말씀하셨소. "내가 이 독약 중에서 일부를 누군가에게 헌주로 바친다면, 자네는 무엇이라고 하겠는가? 그렇게 하는 것은 합법인가, 불법인가?" 그러자 그 사람은 "소크라테스 선생님, 우리는 마시기에 적당한 양만큼만 빻습니다"라고 말했습니다. 그분은 말씀하셨지요. "알겠네. 하지만 이승에서 저승으로의 나의 c 이주가 잘 되게 해달라고 신들에게 기도하는 것은 합법일 것이 분명하네. 그러니 나는 그렇게 기도하고, 나의 기도가 이루어지기를 바라네."

그렇게 말씀하고서는 그 잔을 들어 입으로 가져가셔서 태연하게 남김없이 비우셨지요. 그때까지만 해도 우리 중 대부분은 가까스로 눈물을 참을 수 있었지만, 그분이 독약을 마시는 모습과 이미 잔을 다 비우신 것을 보았을 때에는 더 이상 참을 수가 없었소. 나 자신도 모르게 눈물이 폭우처럼 줄줄 흘러내려서, 나는 얼굴을 감싼 채로 큰 소리로 엉엉 울며 통곡하고 말았지요. 하지만 내가 그렇게 통곡한 것은 선생님을 위해서가 d 아니라, 그런 인생의 동반자를 잃어버린 내 처지 때문이었습니다. 크리톤은 나보다도 먼저 눈물을 참을 수 없는 지경이 되어서 자리에서 일어나 이미 밖으로 나가버리고 없었지요. 아까부터 눈물을 흘리며 울고 있던 아폴로도로스는 이제는 가슴을 치며 괴로워하고 통곡하며 울부짖는 바람에, 그 자리에 있던 모든 사람의 가슴이 찢어졌지요. 하지만 소크라테스 선생님은 예외였소. 그리고 말씀하셨지요.

"이보게들, 지금 무슨 짓을 하는 것인가. 내가 여자들을 일찌감치 돌려보낸 이유는 사실 이런 볼썽사나운 짓거리를 하지 못하게 하려는 것이었네. 나는 경건하고 축복받는 분위기 속에서 죽음을 맞이해야 한다고 들었네. 그러니 조용히 하고 잘 참아내도록 하게."

우리는 이 말씀을 듣고는 부끄러워서 눈물을 참았습니다. 그분은 이리저리 걸어다니시더니, 다리가 무거워지고 있다고 말씀하시고서는, 독약을 건넸던 사람이 하라고 했던 대로 침상에 등을 대고 누우셨지요. 그러자 그 사람은 그분의 몸을 만져보았소. 잠시 후에는 그분의 발과 다리를 자세히 살펴보고 나서, 발을 세게 꼬집어서 뭐가 느껴지는지를 물었지요. 그분은 아무것도 느껴지지 않는다고 말씀하셨지요. 그러자 이번에는 장딴지를 꼬집었고, 그런 식으로 점점 더 위쪽으로 올라가면서 자신의 손으로 꼬집어서, 그분의 몸이 점점 차갑게 경직되어 간다는 것을 우리에게 보여주었지요. 그리고 그분의 몸을 계속해서 만지면서, 독 기운이 심장에 이르게 되었을 때, 그분이 떠나시게 된다고 말해주었습니다.

어느새 허리 부분까지 거의 차가워졌을 때, 그분은 자신의 얼굴을 덮고 있던 것을 벗겨내시고는, 이렇게 말씀하셨소. 그것이 선생님이 마지막으로 하신 말씀이었지요. "크리톤, 우리는 아스클레피오스에게 수탉 한 마리를 빚지고 있으니,[61] 그 빚을 소홀히 하지 말고 반드시 갚게나." 크리톤은 "그건 그렇게 할 것이니, 다른 할 말이 있는지 한번 생각해보

---

61 "아스클레피오스"는 그리스 신화에 나오는 의술의 신이다. "케이론"은 반인반마의 켄타우로스 족으로서, 의술과 궁술과 예술에 능통하고 예언 능력도 지닌 현자로서, 그리스 신화에 나오는 많은 영웅을 가르친 스승이었다. 아스클레피오스는 케이론에게 의술을 배워 죽은 사람도 살릴 수 있었기 때문에, 인간이 아스클레피오스 덕분에 불사의 존재가 될 것을 우려한 제우스가 번개를 쳐서 그를 죽였다. 그가 가지고 다니던 지팡이에는 한 마리의 뱀이 휘감겨 있는데, 이것은 뱀이 약초를 발견하는 비법을 알고 있다고 믿었기 때문이었다. 그래서 당시 사람들은 아스클레피오스에게 수탉을 제물로 바쳤다. 이런 것을 종합해볼 때, 소크라테스의 이 말 속에는 자신이 아스클레피오스가 준 독약 덕분에 불사의 존재가 되어 영원히 축복된 삶을 살게 된 것에 감사한다는 뜻이 담겨 있는 것으로 보인다.

게"라고 말씀했지요.

그분은 이 질문에 아무런 대답도 하지 않으셨고, 조금 후에 경련을 일으키셨지요. 그 사람이 그분의 얼굴을 덮고 있던 것을 치우자, 그분의 눈은 정지되어 있었지요. 크리톤이 그것을 보고서, 그분의 입을 오므려 드리고 눈을 감겨 드렸습니다. 에케크라테스, 우리의 동반자, 그러니까 우리가 지금까지 겪어본 사람들 중에서 가장 훌륭하고, 게다가 가장 지혜로우며 가장 정의로운 인물이라고 감히 말할 수 있는 그런 분의 최후는 이러했소.

향연

아폴로도로스

부유한 집안의 젊은이로서 소크라테스를 열렬히 추종한 사람이었다. 아테네 감옥에서 소크라테스의 임종을 지켜보다가, 그의 죽음에 통곡하기도 했다. 이 글에서는 기원전 416년에 아가톤이 비극 경연 대회에서 우승한 것을 기념하여 아가톤의 집에서 열린 향연에 참석한 소크라테스를 비롯한 여러 사람이 '에로스'라는 주제를 가지고 나눈 대화를 아리스토데모스에게 듣고 자신의 친구들에게 들려주는 인물이다.

아리스토데모스

소크라테스의 열렬한 추종자로서, 그를 본받아 맨발로 다녔다고 한다. 그는 이 향연에 초대받지는 않았지만, 소크라테스를 따라 향연에 참석했고, 거기에서 듣고 본 일들을 아폴로도로스에게 전해주었다.

아가톤

비극 경연 대회에서 자신이 우승한 것을 기념하여 소크라테스와 지인들을 초대하여 향연을 베푼 인물이다. 그는 비극 작가로서 당시에 30세쯤 된 청년이었고, 이 글에 등장하는 파우사니아스와 '에로스' 관계를 맺고 있었다. 나중에 기원전 411-405년 사이에 마케도니아의 왕 아르켈라오스의 궁정으로 초빙되어 갔다가 거기에서 400년경에 죽었다.

파우사니아스

아가톤과 '에로스' 관계에 있었고, 기원전 411-405년 사이에 아가톤이 마케도니아로 갈 때도 함께 갔다. 그에 관한 다른 것은 전해진 것이 없다.

파이드로스

소크라테스의 추종자로서 아테네의 미르리누스 구역 사람이었다. 에릭시마코스와 친한 사이였던 것으로 보인다.

에릭시마코스

의사로서 파이드로스와 친한 사이였다.

아리스토파네스

기원전 450-386년경에 활동한 아테네에서 가장 유명했던 희극작가였다. 그의 작품 11편이 전해진다. 소크라테스와 아가톤 등을 비롯한 당시의 여러 인물을 풍자한 희극들을 썼다. 그가 쓴 『구름』은 소크라테스를 희화화한 작품이다.

알키비아데스

기원전 451-404년에 활동한 아테네의 정치가이자 장군이었다. 명문가문 출신으로 아름다운 외모와 재능과 총명함을 다 갖춘 인물이었고, 일찍부터 정치가로 활동하였다. 이 글에서는 펠로폰네소스 전쟁 시절 소크라테스의 행적을 목격하고 들려주는 인물로 등장한다.

소크라테스

다른 참석자들은 20대 후반에서 30대 중반 정도의 젊고 아름답고 부유한 청년들이었던 반면, 그는 당시에 50대 초반이었다. 이것은 『소크라테스의 변명』에서 증언한 대로 주로 그런 부류의 청년들이 그를 추종했음을 보여준다.

1. 도입부

아폴로도로스: 나는 자네들이 알고 싶어 하는 것들을 들려줄 준비가 172a
되어 있다고 생각하네. 엊그제 팔레론[1]에 있는 내 집에서 성내로 올라가
고 있는데, 지인들 중 누군가가 나를 보고서는 저 멀리 뒤쪽에서 나를 불
렀는데, 마치 놀리는 듯한 말투로 부르더군.

"이보시게 팔레론 사람, 거기 아폴로도로스, 기다려주지 않겠나?"

나는 그 자리에 멈춰 서서 기다렸지. 그러자 그가 말했네.

"아폴로도로스, 사실은 얼마 전부터 자네를 찾아다녔다네. 아가톤과
소크라테스 선생님과 알키비아데스를 비롯해서, 당시에 그 연회에 참석   b
했던 사람들이 함께 만났을 때 에로스[2]에 관해 어떤 말들이 오갔는지를
물어보고 싶었거든.

어떤 사람이 필리포스의 아들 포이닉스[3]에게서 들은 이야기라고 하
며 내게 자세히 말해주면서, 자네도 알고 있다고 하더군. 그런데 그 사람
이 분명하게 말해준 것은 전혀 없었다네. 그러니 자네가 내게 자세하게
말해주게. 자네는 늘 그분과 붙어다니는 사람이니, 그분이 무슨 말씀을
했는지를 가장 잘 전해줄 것 같은데."

그리고 계속해서 이렇게 말했네.

"먼저 그 모임에 자네가 직접 참석한 것인지부터 말해주게."

그래서 내가 이렇게 말했지.

"그 모임이 최근에 있었고, 내가 거기에 참석했을 수도 있다고 생각   c

---

1 팔레론은 아테네에서 4킬로미터 정도 떨어진 곳에 있는 아테네의 옛 항구이다. '성내'
는 아테네를 가리킨다.

2 해제에서 설명했듯이, '에로스'는 일반적인 사랑이 아니라, 기본적으로 두 사람이 육체
관계를 중심으로 한 성애 속에서 서로 열렬히 사랑하는 것을 가리키기 때문에, "연애"
또는 "열애"로 번역하는 것이 적절하다.

3 포이닉스에 대해서는 특별히 알려져 있는 것이 없다.

하는 것을 보니, 자네에게 그 얘기를 들려준 사람은 정말 아무것도 분명하게 들려주지 못한 게 맞군."

"나도 그렇게 생각하네."

나는 말했네.

"이보시게 글라우콘, 내가 어떻게 그 연회에 직접 참석할 수 있었겠나? 아가톤은 이미 여러 해 전부터 자기 고향인 이곳에 머물러 있지 않는다는 것을 자네도 알지 않는가?[4] 게다가 내가 소크라테스 그분과 함께 어울려다니면서, 그분이 무슨 말씀을 하시고 무엇을 하시는지를 관심 있게 살펴보게 된 것도 채 3년이 되지 않았네.

173a   그러기 전에는 발길 닿는 대로 이리저리 떠돌아다니면서, 내 딴에는 내가 무엇인가 대단한 일을 하고 있다고 생각했지만, 사실은 누구보다 더 비참한 사람이었고, 다른 모든 것은 다 해도 괜찮지만 지혜를 사랑하고 추구하는 일은 하지 말아야겠다고 생각했다는 점에서, 지금의 자네 모습과 별반 다르지 않았지."

그러자 그가 말했네.

"비아냥거리는 말은 그만두고, 그 모임이 언제 있었는지나 말해주게."

그래서 내가 이렇게 말했지.

"아가톤이 자신이 쓴 첫 번째 비극 작품으로 대회에서 우승하고 나서, 이튿날 그와 가무단원들이 우승에 감사해서 신들에게 제물을 바친 때였는데, 그때 우리는 아직 어린아이였다네."

그가 말했네.

"그렇다면 정말 오래된 일이군. 그런데 누가 자네에게 이야기해 주었는가? 소크라테스께서 친히 그리 하셨는가?"

---

4 이 연회는 아가톤이 비극 경연대회에서 처음으로 우승한 것을 기념해서 자기 집에서 기원전 416년경에 열었고, 그런 후에 아가톤은 411-405년 사이에 마케도니아의 왕 아르켈라오스의 궁정으로 초빙되어 갔다가 거기에서 400년경에 죽었다.

나는 말했지.

"제우스를 걸고 맹세하건대, 그건 아니고, 내게 그 얘기를 해준 사람은 포이닉스에게 말한 바로 그 사람이라네. 아리스토데모스라고 히는 사람인데, 키다테나이 구역 사람으로 키가 작고 늘 맨발로 다녔지.[5] 내 생각에 그 사람은 당시 소크라테스를 따르던 모든 사람 중에서 가장 열렬한 추종자여서 그 모임에 참석할 수 있었던 것으로 보이네. 나는 그 사람에게서 들은 것 중에서 일부를 나중에 소크라테스께 여쭤보았는데, 그가 말해준 그대로 내게 말씀해주시더군."

글라우콘이 말했네.

"그렇다면 자네가 내게 그 이야기를 들려주는 것이 어떻겠는가? 걸으면서 말하고 듣기에 성내로 가는 길은 제격이지 않나."

이렇게 해서 우리는 길을 가면서 거기에 관한 이야기를 나누게 되었다네. 그래서 서두에서 말한 것처럼 나는 준비가 되어 있는 것이네. 이 얘기를 자네들에게도 들려주어야 한다면 나는 당연히 그렇게 할 것이고. 그렇게 하는 것이 무슨 이익이 되느냐 하는 것을 떠나서, 다른 것들은 그만두고라도, 지혜를 사랑하고 추구하는 것과 관련된 말들은 내가 직접 하든, 아니면 다른 사람에게 듣든, 거기에서 이루 말할 수 없이 큰 기쁨을 얻기 때문이네.

어떤 다른 말들, 특히 자네들 같이 사업을 해서 돈이 많은 사람들이 하는 말을 듣고 있자면 짜증이 나고, 아무것도 아닌 일을 하면서도 자신 이 어떤 대단한 일을 하고 있다고 생각하는 자네들 같은 친구들을 보면 불쌍하다는 생각이 들지. 자네들 입장에서는 아마도 내가 악령에 씌었다고 생각할 것이고, 자네들 생각이 맞을 수도 있을 걸세. 하지만 나는 자

---

5 키다테나이 구역은 아티케 지역을 구성하고 있던 174개 구역 중 하나였다. 아테네 성 안에 있던 마을로 아리스토파네스의 출신지이기도 했다. 아티케 지역은 아테네를 중심으로 그 주변 지역을 포함한 곳을 가리켰다. 아리스토데모스는 소크라테스를 열렬하게 추종한 인물로, 소크라테스와 똑같이 맨발로 다녔다.

네들의 생각이 맞다고 생각하지 않네. 나는 그것을 잘 아네.

아폴로도로스의 친구: 이보게 아폴로도로스, 자네는 늘 똑같네그려. 자네가 자신에 대해서든 다른 사람에 대해서든 늘 나쁘게 말하는 것을 보면, 내 생각에는 정말 자네가 소크라테스 선생님을 제외하고는 자신을 시작으로 모든 사람을 비참하다고 생각하는 것처럼 보이네.

나는 자네 같은 사람이 어떻게 해서 심약한 사람이라고 불리게 되었는지 정말 모르겠네. 정말이지 자네가 하는 말은 소크라테스 선생님을 제외하고는 자신을 비롯해서 모든 사람에 대해 한결같이 분노하며 공격하는 식이기 때문이네.

e **아폴로도로스**: 이보시게 사랑하는 친구여, 만일 내가 나 자신과 자네들에게 그런 생각으로 그렇게 말하는 것이라면, 나는 정말 미쳐서 광분하는 것이 분명하겠지만, 사실은 전혀 그런 것이 아니네.

아폴로도로스의 친구: 지금 그런 것으로 논쟁을 벌일 계제가 아닐세, 아폴로도로스. 그러니 우리가 자네에게 물은 것 외에 다른 이야기는 하지 말고, 거기에서 무슨 얘기들이 오갔는지만 들려주게.

174a **아폴로도로스**: 당시에 거기에서 오간 이야기는 이런 것들이었지. 아리스토데모스가 내게 들려준 것들을 처음부터 그대로 자네들에게 들려주겠네.

2. 향연에의 초대

그러니까 아리스토데모스는 소크라테스 선생님과 우연히 마주쳤는데, 평소에는 그런 일이 별로 없던 분이 목욕을 깨끗이 하고 신발도 신고 계셔서, 어디에 가시길래 그렇게 말쑥하게 단장하셨느냐고 선생님께 여쭸었다고 하더군. 그러자 그분은 만찬이 있어서 아가톤의 집에 간다고 하시면서, 이렇게 말씀하셨다고 하네.

"어제 우승 축하 행사에서는 군중이 무서워서 내가 그를 피했지만, 오늘은 그와 함께하기로 약속했기 때문일세. 그래서 아름다운 사람에게 아름다운 모습으로 가기 위해서, 이렇게 말쑥하게 단장한 것이라네."

그런 후에 이렇게 말씀하셨다고 하네.

"그건 그렇고, 자네는 초대받지는 않았지만, 만찬에 나와 함께 가는 것이 어떻겠나?"   b

그래서 그는 "선생님이 하라고 하시는 대로 그렇게 하겠다고 말했다"고 하더군.

그분은 말씀하셨다네.

"그렇다면 나를 따라오게. 우리가 저 속담을 손봐서 다른 것으로 바꿔 놓아보세. '훌륭한 사람은 훌륭한 사람의 연회에 누가 부르지 않아도 자원해서 가는 법이다'로 말일세.[6] 이것이 호메로스가 읊은 저 시구보다 더 낮지 않은가. 호메로스는 그 속담을 단지 손본 것에서 그치지 않고, 능욕하고 모독하기까지 했으니까 하는 말이네. 그는 아가멤논을 전쟁에   c
탁월한 대단히 훌륭한 사람으로 묘사하고, 메넬라오스를 겁 많고 유약한 창잡이로 묘사한 후에, 사람들을 초대해서 신들에게 제사하고 연회를 여는 자리에 초대받지 못한 메넬라오스를 참석하게 함으로써, 더 못난 사람이 더 잘난 사람의 연회에 참석하게 하지 않았던가."[7]

이 말을 듣고서, 아리스토데모스는 이렇게 말했다고 하네.

"소크라테스 선생님, 저는 선생님이 말씀하신 그런 경우에 해당되는

---

6 소크라테스가 여기에서 언급한 속담은 "훌륭한 사람은 자기보다 못한 사람의 연회에 자원해서 가는 법이다"라는 말인데, 에우폴리스의 단편 289에 나온다. 소크라테스는 아가톤이라는 이름이 "훌륭한 사람"이라는 뜻을 지니고 있는 것에 착안하여 이 속담을 이런 식으로 바꾸어본 것이다.

7 그리스 신화에서 아가멤논은 트로이아 전쟁의 영웅으로서 그리스군의 총사령관이었고, 메넬라오스는 아가멤논의 동생이자 스파르타의 왕으로서 미녀 헬레네의 남편이었다. 트로이아의 왕자 파리스가 헬레네를 납치하면서, 트로이아 전쟁이 발발한다. 기원전 8세기경에 호메로스는 10년에 걸친 트로이아 전쟁을 주제로 한 그리스 최고의 장편 서사시인 『일리아스』를 썼다.

것이 아니라, 호메로스의 글에 나온 것처럼 보잘것없는 사람이 현자가 베푸는 연회에 초대도 받지 않고 가는 무모한 짓을 저지르는 것은 아닌지 걱정입니다. 저는 초대받지도 않고 온 것이라고 말하지 않고, 선생님의 초대를 받고 온 것이라고 할 터이니, 선생님이 저를 데려오신 것에 대해 뭐라고 대신 변명 좀 해주십시오."

d

그분은 말씀하셨다네.

"우리 두 사람이 함께 걸어가면서, 뭐라고 말해야 할지 이런저런 궁리를 해보세. 그러면, 가세."

그들은 그런 식으로 잠시 대화를 나눈 후에 함께 갔다고 하네. 그런데 그렇게 길을 가다가, 소크라테스께서는 어떤 생각에 깊이 몰두하시다가 뒤에 처지셨다네. 그래서 아리스토데모스가 기다리고 있었더니, 그에게 먼저 계속해서 길을 가라고 하셨다네.

e

그가 아가톤의 집에 도착했을 때에는, 문이 열려 있었다고 하네. 하지만 거기에서 황당한 일이 벌어졌다더군. 그러니까 집 안에 있던 노예들 중 한 명이 얼른 나와서 그를 영접하여, 다른 사람들이 앉아 있는 곳으로 안내했는데, 연회가 방금 시작되었다는 것을 알았다네. 그리고 아가톤은 그를 보자마자 말했다네.

"이보게, 아리스토데모스, 마침 때를 잘 맞춰 와주어서 함께 식사할 수 있게 되었으니 아주 잘 되었네. 어떤 다른 일로 왔더라도, 그 일은 다음 기회로 미루게. 연회에 초대하려고 어제도 그렇게 찾아다녔지만 도무지 자네를 볼 수가 있어야지. 그런데 소크라테스 선생님은 어째서 모시고 오지 않았는가?"

그가 뒤를 돌아보았는데, 자기 뒤에 오고 계셔야 할 소크라테스 선생님의 모습이 어디에도 보이지 않았다네. 그래서 자기는 소크라테스 선생님으로부터 이 만찬에 초대를 받고서 그분과 함께 온 것이라고 말하자, 아가톤은 말했다네.

"정말 잘 와주었네. 그런데 선생님은 어디에 계시는가?"

"방금 전까지만 해도 내 뒤에서 여기로 오고 계셨네. 그런데 그분이 ^{175a} 지금 어디에 계시는지 나도 의아하네."

아가톤은 자신의 노예 중 한 명에게 "여봐라, 소크라테스 선생님을 찾아서 어서 모셔오지 못하겠느냐"라고 말한 후에, "아리스토데모스, 자네는 에릭시마코스 옆에 앉게나"라고 말했다고 하네.

한 노예가 아리스토데모스의 손발을 씻어주고 나서, 그는 자리에 앉 ^b 았다고 하네. 그리고 다른 노예가 와서 전해준 말에 의하면, 소크라테스 께서는 이웃집 대문 앞 현관 쪽으로 물러나 서 계시는데, 들어오시라고 불러도 들어오시려 하지 않으신다더군. 그러자 아가톤이 말했다고 하네.

"무슨 정신 나간 말을 하고 있는 것이냐. 선생님을 어서 모셔오지 못 하겠느냐."

그러자 아리스토데모스가 이렇게 말했다고 하더군.

"그렇게 하지 말고, 선생님을 내버려두게. 선생님은 종종 그런 식으로 아무 데서나 후미진 곳으로 물러나셔서 발길을 멈추시고서 가만히 서 계시는 습관이 있으시다네. 내 생각에는 조금 있으면 오실 것이니, 방해하지 말고 그냥 두게."

아가톤은 "그것이 자네 생각이라면, 그렇게 하는 것이 마땅하지"라고 말한 후에, 노예들에게 말했다네.

"그렇다면 여봐라, 너희는 나머지 사람들을 접대하거라. 지금까지 나 ^c 는 한 번도 너희를 감독하는 일은 해본 적이 없었지만, 그때마다 너희는 누가 너희를 감독하지 않더라도, 모든 것을 스스로 알아서 잘 해오지 않았더냐. 그러니 이번에도 나를 비롯해서 여기 있는 모든 사람을 너희가 이 연회에 초대했다고 생각하고서, 우리에게서 한결같이 너희를 칭찬하는 말이 나올 수 있도록 어디 한번 잘 접대해보거라."

그런 후에 만찬이 시작되었지만, 소크라테스께서는 들어오지 않으셨다고 하네. 그래서 아가톤은 여러 차례 노예에게 지시해서 소크라테스 선생님을 모셔오게 하려고 했지만, 번번이 아리스토데모스가 그것을 제지했다네. 그분은 여느 때처럼 그런 식으로 어느 정도 시간을 보내신 후에, 얼마 지나지 않아 오시긴 했지만, 그때는 이미 만찬이 한창 진행되고 있었다네. 그러자 어쩌다 보니 끝자리에 혼자 앉아서 먹고 있던 아가톤이 말했다네.

d   "소크라테스 선생님, 이쪽으로 오셔서 제 옆에 앉으시지요. 선생님과 접촉이라도 해야, 저 이웃집 현관 앞에서 선생님께 주어진 지혜를 저도 좀 얻어가질 수 있지 않겠습니까. 선생님은 그 지혜를 발견해서 지금 가지고 계실 것이 분명하기 때문입니다. 선생님은 그러시기 전에 그 자리를 뜨실 분이 결코 아니시죠."

그러자 소크라테스께서는 자리에 앉으시면서 이렇게 말씀하셨다네.

"이보시게 아가톤, 잔에 있는 물이 양털실을 통해서 좀 더 차 있는 잔에서 좀 더 비어 있는 잔으로 흘러가듯이, 지혜라는 것도 우리가 서로 접촉하기만 하면 좀 더 차 있는 사람에게서 좀 더 비어 있는 사람에게로 흘
e   러가는 것이라면 얼마나 좋겠는가. 지혜가 정말 그런 것이라면, 나는 자네 옆에 앉아 먹는 것을 큰 영광으로 여길 것이네. 자네 옆에 앉아 있으면 내가 자네의 풍부하고 탁월한 지혜로 가득 채워지게 될 것이기 때문이라네.

나의 지혜는 미미하고 마치 꿈처럼 의심스러운 것인 반면에, 자네의 지혜는 찬란하고 앞으로도 크게 발전할 수 있지 않겠는가. 이미 자네는 젊은 나이임에도 엊그제 3만 명이 넘는 헬라 사람들이 지켜보는 가운데 찬란한 지혜를 유감 없이 보여주지 않았는가."

아가톤이 말했다네.

"그만 좀 놀리십시오, 소크라테스 선생님. 지혜에 대해서는 저와 선생님이 조금 후에 디오니소스[8]를 재판관으로 삼아서 판단을 받아보기로 하고, 지금은 우선 식사를 하시지요."

---

8 디오니소스는 그리스 신화에 나오는 술의 신이다.

3. 향연의 주제: 에로스 예찬

그런 후에 소크라테스께서는 자리에 앉아 다른 사람들과 함께 식사하셨 176a
고, 뒤이어 헌주를 드리고 신들을 찬미하며 다른 관례적인 의식을 행하
고 나서, 주연이 시작되었다고 하네. 그리고 파우사니아스가 먼저 이렇
게 말했다고 하더군.

"자, 이보시게들, 우리가 어떻게 해야 편안하게 술을 마실 수 있겠는
가? 자네들에게 솔직히 털어놓자면, 나는 어제도 술을 마셔서 몸이 상당
히 부대끼는 상태라네. 그래서 조금 기운을 차릴 필요가 있네. 자네들 중
에서 다수가 어제 그 술자리에 있었으니, 자네들도 마찬가지라고 생각하
네. 그러니 우리가 어떻게 해야 가장 편안하게 술을 마실 수 있을지를 생 b
각해보게나."

그러자 아리스토파네스가 말했다네.

"파우사니아스, 자네의 말은 백번 지당하네. 나도 어제 술독에 빠져
만취한 사람 중 하나라네."

아쿠메노스의 아들 에릭시마코스가 이 두 사람의 말을 듣고서 이렇
게 말했다고 하네.

"자네들의 말이 옳네. 하지만 나는 아직 자네들 중 한 명의 말을 들어
보고 싶네. 어떤가, 술을 더 마셔도 괜찮겠는가, 아가톤?"

아가톤이 "나는 전혀 괜찮지 않다네"라고 하자, 에릭시마코스는 이 c
렇게 말했다네.

"자네들 같은 술꾼들이 술을 거절하다니, 덕분에 나와 아리스토데모
스와 파이드로스 같은 사람들이 득을 보는 것 같네그려. 우리는 늘 술에
약한 사람들이 아닌가. 소크라테스 선생님은 논외로 치세나. 선생님은
양쪽에 다 능숙하시기 때문에, 우리가 어느 쪽으로 결정하든 만족하실
것이니 말일세.

내 생각에 이 자리에 있는 사람들은 아무도 술을 많이 마실 의향이

없어 보이니, 술에 취하는 것이 어떤 것인지 내가 숨김 없이 말한다고 해
도 자네들이 덜 불쾌해할 것 같네. 의사 노릇을 하면서 내가 아주 분명하
게 알게 된 것은 술 취하는 게 사람에게 아주 나쁘다는 것이네. 그래서
나 자신도 술을 많이 마시려고 하지 않고, 다른 사람에게도 많이 마시는
것을 권하지 않네. 특히 전날 밤에 술을 마셔서 머리가 지끈거리는 경우
에는 더욱 그러하다네."

그러자 미르리누스 구역 사람인 파이드로스가 끼어들어서 이렇게 말
했다고 하네.

"나는 자네가 하는 말은 늘 경청하네만, 특히 의술에 관해 말할 때는
더욱 그러하다네. 이제 제대로 판단하기만 하면 다른 사람들도 자네 말
을 경청할 걸세."

그 말을 듣고서, 이번 모임에서는 취할 때까지 마시지는 말고 적당히
즐기는 선에서만 마시기로 그들 모두 동의했다네.

에릭시마코스가 말했다네.

"이제 각자 마시고 싶은 만큼만 마시고 다른 사람에게 강제로 권하지
않는 것으로 정해졌으니, 다음으로 내가 제안할 것이 있네. 방금 들어온
피리 부는 소녀는 이 자리에서 내보내 혼자 연주하게 하거나, 그녀가 원
한다면 안에 있는 여자들을 위해 연주하게 하고, 우리는 서로 대화를 나
누며 오늘을 함께 보내는 것이 좋지 않겠나. 그리고 자네들이 원한다면,
어떤 대화를 할지는 내가 제안하겠네."

그러자 그들은 모두 그러자고 말하고서는, 그에게 제안해보라고 했다
네. 그래서 에릭시마코스는 이렇게 말했다네.

"그러면 나는 에우리피데스의 비극에서 멜라니페[9]가 말한 방식을 본
떠서, '내가 지금부터 하려고 하는 말은 내 말이 아니라 여기 파이드로스

---

9 에우리피데스가 쓴 『지혜로운 멜라니페』에는 "이 말은 내 것이 아니라 내 어머니에게
서 나온 것이오"라는 말이 나온다.

의 말일세'라는 말을 서두로 삼겠네. 파이드로스는 매번 분개하며 내게 이렇게 말하곤 했기 때문이네.

'이보시게 에릭시마코스, 시인들이 다른 신들에게는 찬가와 송가를 지어 바치면서, 아득히 먼 옛날부터 존재해온 이토록 위대한 신 에로스에게는 이 땅에 태어난 무수히 많은 시인 중에서 단 한 사람도 찬가를 지어 바치지 않았다는 것은 심하지 않은가? 또한 자네가 원한다면, 유명한   b 소피스트들[10]을 한번 살펴보게나. 그들 중에서 최고라는 프로디코스를 포함해서, 헤라클레스를 비롯한 여러 영웅을 예찬하는 산문을 앞다퉈 지어 바치지 않았던가.

하기는 그런 것이 그렇게 놀랄 일은 아니네. 최근에 나는 어떤 현자[11]가 쓴 책을 우연히 접했는데, 거기에는 소금의 유익성을 들어 입에 침이 마르도록 소금을 예찬하는 내용이 들어 있더군. 그 밖에도 그런 부류의 많은 것들이 예찬을 받는 것은 자네도 알 걸세.

그런 것에 관해 예찬하는 글을 지어 바치는 일에는 사람들이 그토록   c 야단법석을 떨면서, 에로스 신에게 합당한 찬가를 지어 바치려 한 사람은 단 한 명도 없었다네. 그토록 위대한 신이 이런 식으로 무시를 당하고 있다는 것이 말이 되는가.'

생각해보니 파이드로스가 그렇게 말한 것이 옳아 보였네. 그래서 한편으로는 우리 각자가 자기 몫을 바쳐 이 일에 기여함으로써 파이드로

---

10 소피스트는 그리스어로 "지혜로운 자"를 뜻한다. 원래는 현자, 시인, 장인 등과 같이 전문적인 지식을 지닌 사람을 가리키는 말이었지만, 기원전 5세기 말부터는 여러 도시를 다니며 사람들에게 다양한 지식, 특히 수사학을 가르치는 현자들을 가리키기 시작했다. 소피스트 이전의 현자들은 절대자와 자연의 궁극적인 원리가 존재한다고 믿었지만, 소피스트들은 상대적인 가치관을 바탕으로 경험적인 현실 세계를 아는 지식을 중시했다. 소크라테스와 동시대에 활동했던 프로디코스는 당시에 아주 인기가 높았는데, 『헤라클레스의 선택』이라는 글을 썼다.

11 여기에 언급된 '현자'는 기원전 440-370년에 아테네에서 활동했던 소피스트 폴리크라테스를 가리킨다. 그는 소크라테스가 죽은 후에 『소크라테스의 고소문』이라는 글을 써서 소크라테스를 공격했다.

스를 기쁘게 해주면 좋을 것 같고, 다른 한편으로는 이 자리에 모인 우리가 이참에 에로스 신에게 영예를 되찾아 드리는 것이 합당하다고 여겨져서, 그렇게 했으면 한다네.

d   그러니 자네들도 나와 생각이 같다면, 이것은 우리의 토론 주제가 되기에 적절할 것이네. 그리고 내 생각에는 오른쪽으로 돌아가면서 각자 자기가 할 수 있는 가장 아름다운 얘기로 에로스를 예찬했으면 하고, 파이드로스가 첫 번째 자리에 앉아 있기도 하거니와 이 주제를 발의한 사람이기도 하니, 그가 먼저 시작했으면 하네."

소크라테스께서 말씀했다네.

"에릭시마코스, 자네에게 반대표를 던질 사람은 아무도 없네. 나는 연애에 관한 것 외에는 아무것도 관심이 없다고 말해온 사람이니[12] 반

e   대할 리 만무하고, 아가톤과 파우사니아스도 마찬가지일 것이네.[13] 아리스토파네스는 디오니소스와 아프로디테에 흠뻑 빠져 있으니[14] 역시 반대하지 않을 걸세. 그 밖에 내가 보고 있는 이 사람들 중에서도 거기에 반대할 사람은 아무도 없네. 사실 끝자리에 앉은 우리에게 공평하지는 않네만, 앞 사람들이 충분히 훌륭하게 말해주기만 한다면야, 우리는 그것으로 만족할 것이네. 그러니 먼저 파이드로스부터 에로스를 예찬해보게. 행운을 비네."

다른 사람들도 모두 거기에 동의해서 파이드로스에게 소크라테스께

178a   서 말씀하신 대로 하라고 재촉했다고 하네. 하지만 아리스토데모스는 각

---

12 소크라테스의 이 말은 지혜를 사랑하여 추구하는 것은 곧 '연애'와 같다는 인식에서 나온 것이다. 나중에 나오겠지만, 소크라테스는 궁극적인 아름다움 자체를 추구하는 것이 철학이고, 아름다운 몸을 사랑하는 '연애'를 그 출발점으로 본다. 이것은 나중에 에로스 신에 관해 자신이 불완전한 존재임을 자각하고 완전을 향해 끊임없이 나아가고자 하는 존재로 보는 관점과도 연결되어 있다.

13 아가톤과 파우사니아스는 서로 연애하는 관계였다.

14 아리스토파네스는 기원전 445-385년경에 활동한 아테네 출신의 고대 그리스의 희극시인이다. 그의 희극에는 술과 성애에 관한 내용이 많았다. 그리스 신화에서 디오니소스는 술의 신이고, 아프로디테는 미와 성애의 여신이다.

자가 한 모든 말들을 전부 다 기억하지는 못했고, 나도 아리스토데모스가 말해준 것을 모두 다 기억하고 있지는 못하다네. 그러니 나는 각자가 한 말들 중에서 그가 가장 잘 기억하고 있던 것들, 그리고 내가 생각하기에 기억해둘 만하다고 본 것들을 차례대로 들려주겠네.

4. 파이드로스의 에로스 예찬

이렇게 해서 방금 내가 말했듯이 파이드로스가 먼저 얘기를 시작했는데, 그의 말은 대략 이런 내용이었다고 하네.

"에로스는 다른 많은 점에서도 그렇지만, 특히 그 탄생과 관련해서   b 인간과 신들 사이에서도 위대하고 경이로운 신이라네. 그는 가장 오래된 신들 중 한 분으로 공경받고 있고 그것을 밑받침하는 증거도 있는데, 에로스에게는 자기를 낳아준 부모가 없는데, 일반 사람이든 작가든 그의 부모에 관해 말하는 사람이 아무도 없다는 것이 그 증거라네.

헤시오도스[15]는 카오스가 가장 먼저 생겨났고, 다음으로 모든 것들의 영원히 요동하지 않는 거처인 드넓은 품을 지닌 가이아가 생겨났으며, 그 후에 에로스가 생겼다고 말했지. 아쿠실라오스[16]도 헤시오도스와 똑같은 말을 했다네. 그러니까 카오스 다음에 이 둘, 즉 가이아와 에로스가 생겨났다고 말이네. 그리고 에로스의 탄생에 관해 파르메니데스[17]는 모

---

15 헤시오도스는 기원전 8세기 말경에 활동한 고대 그리스의 서사시인으로 호메로스와 쌍벽을 이룬다. 여기에 인용되는 그의 저서 『신통기』에서는 우주의 생성에서 시작해 제우스가 최고신으로 등극하는 과정, 그리고 뒤이어 신들과 '다이몬들'의 탄생과 그 계보를 얘기한다. '카오스'는 '혼돈'으로 많이 번역되지만 원래는 "입을 벌리고 있다"는 뜻으로 "캄캄하고 텅빈 공간"을 의미한다. 그리스인들은 이 '카오스'에서 만물이 생성되었다고 여겼다. '가이아'는 만물의 어머니인 '땅' 또는 '대지'를 인격화한 신이다.

16 아쿠실라오스는 기원전 6세기경 고대 그리스의 신화학자이다.

17 파르메니데스는 기원전 515-445년경에 활동한 것으로 추정되는 엘레아 학파에 속한

든 신들 중에서 에로스가 가장 먼저 계획되었다고 말했지. 이렇게 여러 곳에서 에로스가 가장 오래된 신들 중의 한 분이라고 이구동성으로 말하고 있다네.

에로스는 가장 오래된 신이어서, 우리에게 가장 좋은 것들은 그에게서 기인한다네. 소년이 아직 어릴 때에 자기를 연인으로 삼아 사랑해주는 좋은 사람이 생기는 것과, 사랑에 빠져 연애를 하는 사람에게는 자신이 사랑하는 어린 연인이 생기는 것보다 더 좋은 일이 어디 있는지 나는 모르겠네.[18] 아름답고 훌륭하게 살아가려는 사람들이 일생 동안 자신을 이끌어줄 것을 얻는 데에는 혈연이나 관직이나 부 같은 것보다도 에로스가 가장 효과적이기 때문이네.

방금 내가 말한 그런 것들은 추하고 부끄러운 일에 대해서는 수치심을 갖고, 아름답고 훌륭한 일에 대해서는 긍지를 갖는 것을 가리킨다네. 그런 것들 없이는 국가든 개인이든 위대하고 아름다우며 훌륭한 일을 이루는 것이 불가능하네.

여기서 내가 말하고 싶은 것은 사랑하는 어린 연인이 있는 사람은 추하고 부끄러운 일을 했거나, 누군가에게 추하고 부끄러운 일을 당하면서도 겁이 나서 뿌리치지 못했다는 것이 드러난 경우에, 아버지나 지인들이나 다른 사람이 그것을 알았을 때보다 자기가 사랑하는 어린 연인이 그것을 알았을 때에 가장 괴롭고 고통스러워한다는 것이네.

또한 자기를 사랑해주는 사람이 있는 소년에게서도 우리는 동일한

고대 그리스의 철학자이다. 소크라테스는 대략 20세 때인 449년에 제논과 함께 아테네를 잠시 방문했던 파르메니데스의 논변을 듣고 함께 대화를 나누었다고 한다. 플라톤이 쓴 『파르메니데스』라는 제목의 책이 있다.

18 고대 그리스에서는 장성한 성인 남자가 어린 소년이나 젊은이를 자신의 연인으로 삼는 방식으로 동성애가 이루어졌다. 이때에 '에로스'(연애)를 주도하는 성인 남자를 그리스어로 '에라스테스'("연애하는 자")라고 했고, 그의 어린 연인은 '파이디카'("사랑받는 소년") 또는 '에로메노스'("사랑을 받는 자")라고 했다. 이런 관계 속에서 '에라스테스'는 '파이디카'를 훌륭한 사람이 되게 이끌어주는 후견인 역할을 했다.

것을 보게 되지. 그러니까 그런 소년은 어떤 추하고 부끄러운 일을 했다가, 자기를 사랑해주는 사람에게 그 일이 드러났을 때 특히 더 심하게 수치심을 느낀다는 것이네.

그러니 국가나 군대를 그런 식으로 사랑에 빠진 성인 남자들과 소년들로 구성할 수 있는 방법이 있다면, 그들은 서로를 의식해서 온갖 추하고 부끄러운 일들을 멀리하고 명예로운 일을 하는 데 열심을 낼 것이기 때문에, 그들이 속한 국가는 가장 잘 다스려지게 될 것이네.

그리고 그들이 함께 전쟁터에 나가 싸우는 경우에는 비록 그들의 수 179a 가 적을지라도, 조금 과장되게 말하자면, 온 인류를 상대해서 싸운다고 해도 이길 것이네. 사랑에 빠져 연애하는 남자는 대오를 이탈하거나 무기를 버리는 모습을 자신의 어린 연인이 보는 것을 극도로 싫어해서, 그렇게 하느니 차라리 몇 번이고 죽는 쪽을 선택할 것이기 때문이네.

또한 위험에 처한 자신의 어린 연인을 내버려둔다거나, 곤경에 처한 자신의 어린 연인을 돕지 않는 일도 벌어질 수 없네. 아무리 비겁한 사람이라도, 에로스 신이 그에게 용맹함을 불어넣어 주기만 하면, 마치 태어날 때부터 용사였던 사람처럼 변화되기 때문이지. 호메로스는 신이 어떤 b 영웅들에게는 담력을 불어넣어 준다고 말했는데, 에로스 신은 바로 이 담력을 자기 자신 안에서 만들어내어 사랑에 빠진 사람들에게 공급해준다네.

또한 누군가를 위해 기꺼이 죽고자 하는 것은 오직 사랑에 빠진 사람들 뿐이라네. 이것은 남자들만이 아니라 여자들도 마찬가지지. 펠리아스의 딸 알케스티스[19]는 자기 남편에게 아버지도 있고 어머니도 있었지만,

---

19 알케스티스는 테살리아 지역에 있던 이올코스의 왕 펠리아스의 공주로서 그 지역의 다른 곳에 있던 페라이의 왕 아드메토스의 왕비가 되었다. 아드메토스가 이승에서의 명을 다하여 죽게 되었을 때, 운명의 여신들은 그를 대신해서 다른 사람이 죽으면 그를 살려주겠다고 했다. 충성스러운 부하나 늙은 하인이나 피보다 진한 우정을 나눈 친구는 물론이고 부모까지도 대신 죽으려고 하지 않았다. 이때에 알케스티스는 자진해서 남편을 대신하여 죽음을 택한다. 하지만 그녀를 가상하게 여긴 헤라클레스의 도움으로 다

오직 그녀만이 남편을 위해 기꺼이 죽고자 함으로써, 나의 이 말이 사실이라는 것을 헬라스(그리스) 사람들에게 충분히 분명하게 증언했다네. 남편을 연애하는 그녀의 마음은 아들에 대한 부모의 사랑보다 훨씬 컸기 때문에, 부모는 아들에게 이름만 혈육이었지 남이나 다름없었다는 것이 여실히 드러날 정도였지.

c

그녀가 이렇게 아름답고 훌륭한 일을 해내자, 단지 사람들만이 아니라 신들도 그녀가 한 일에 탄복하여 좋게 평가했고, 그녀의 영혼을 저승에서 다시 돌려보냈다네. 많은 사람이 아름답고 훌륭한 일들을 많이 했지만, 신들에게서 이런 특별한 상을 받은 사람은 손으로 꼽을 정도로 얼마 되지 않는다네. 이렇게 신들도 에로스를 향한 열정과 용기를 특히 더 귀하게 여긴다네.

d

하지만 오이아그로스의 아들 오르페우스[20]는, 죽은 아내를 돌려받기 위해 저승에 갔지만, 신들이 단지 그의 아내의 허깨비만을 보여주고 그를 돌려보냄으로써 자신의 목적을 달성하지 못했네. 그가 키타라를 연주하며 노래하는 자여서 유약하여, 알케스티스처럼 에로스를 위해 죽을 용기가 없어 어떻게든 살아서 저승으로 들어갈 궁리만 했기 때문이었지. 그래서 신들은 그런 이유에서 그에게 벌을 내려서, 여자들의 손에 죽임을 당하게 한 것이네.

e

테티스의 아들 아킬레우스[21]는 오르페우스와 달랐네. 신들은 아킬레

시 살아나게 된다.

20 오르페우스는 그리스 신화에 나오는 음유시인이자 키타라 연주의 명인이었다. 자신의 아내 에우리디케가 뱀에 물려 죽자 저승까지 내려가 저승의 신 하데스를 노래로 감동시켜 다시 세상으로 데려가도 좋다는 허락을 받는다. 하지만 저승을 벗어날 때까지 뒤를 돌아보지 말라는 경고를 어김으로써 아내를 데려오지 못한 후, 세상을 등지고 죽은 아내만을 생각하며 슬픔에 잠겨 지내다가 결국 여자들에게 밉보여 찢겨 죽는 비참한 죽음을 당하는데, 강에 던져진 그의 머리는 계속해서 자신의 아내 이름을 불렀다고 한다. '키타라'는 리라를 개량한 현악기이다.

21 "아킬레우스"는 바다의 여신 테티스와 프티아의 왕 펠레우스의 아들로서 트로이아 전쟁에서 그리스 진영의 가장 위대한 영웅이었다. 그의 친구 파트로클로스를 죽인 "헥토

우스를 귀하게 여겨서, '축복받은 자들의 섬'[22]으로 보내주었지. 아킬레 우스는 자기 어머니에게서, 그가 헥토르를 죽인다면 자신도 죽게 되지만 헥토르를 죽이지 않는다면 집으로 돌아와서 나이 들어 노년에 죽을 것 이라는 이야기를 들어서 모든 것을 알고 있었지. 그래서 그를 연애했던 파트로클로스를 도우러 가서 복수하고 자기도 죽는 쪽을 선택하기가 아 주 어려웠지. 그럼에도 그는 그런 선택을 함으로써, 자기를 연애한 사람 을 위해 죽고자 했을 뿐만 아니라, 따라 죽고자 하는 결연한 의지를 보였 네. 이것을 본 신들은 그가 자기를 연애하여 열렬히 사랑해준 사람을 그 180a 토록 각별하게 생각한 것에 경탄을 금치 못하며 너무나 흡족해서, 그를 지극히 귀하게 여기고 높였다네.

아이스킬로스는 아킬레우스가 파트로클로스를 연애하는 자(에라스테 스)였다고 주장하지만, 그것은 말이 되지 않네. 아킬레우스는 파트로클 로스만이 아니라 다른 모든 영웅들보다 더 아름다웠고 아직 수염도 없 었으며, 게다가 호메로스의 말에 의하면 훨씬 어렸기 때문이네.[23]

신들이 에로스와 관련된 용기를 가장 귀히 여기는 것은 사실이네. 하 지만 연애하는 윗사람이 자기가 사랑하는 어린 연인을 위하여 그렇게 할 때보다도, 어린 연인이 자기를 사랑해주는 윗사람을 위하여 그렇게 b 할 때, 더욱 놀라워하고 감탄하며 더 잘해준다네. 사랑에 빠져 연애하는

르"는 트로이아 진영의 총사령관으로서 프리아모스 왕의 장자였다. 여기에서 파트로클 로스는 단순히 아킬레우스의 절친이 아니라 그를 연애했던 사람이고, 아킬레우스는 파 트로클로스의 "어린 연인," 즉 '파이디카' 또는 '에로메노스'로 묘사된다. 그래서 이 사 건은 에로스와 관련되어 있다.

22 "축복받은 자들의 섬"은 대지와 지중해를 감싸고 흐르는 거대한 오케아노스강의 서쪽 끝에 있는 것으로 생각되는 곳으로 '엘리시온'이라 불렸다. 추위도 폭풍우도 없이 봄날 만 계속되고, 일 년 내내 산들바람만 부는 장미꽃이 만발한 낙원이다. 이곳은 신들로부 터 특별히 총애를 받은 인간들이 죽음의 고통을 맛보지 않고 가는 천국 같은 곳으로 영 원한 행복을 누릴 수 있었다.

23 아이스킬로스는 기원전 525-455년경에 활동했던 고대 그리스의 3대 비극시인 중 한 명 이다. 호메로스의 『일리아스』에는 파트로클로스가 나이가 위였다고 말하지만, 훨씬 나 이가 많았다고 하지는 않는다.

사람은 신(에로스)이 들려 있어서, 그가 사랑하는 어린 연인보다 더 신적인 존재이기 때문이지. 그런 이유로 신들은 아킬레우스를 알케스티스보다 더 귀하게 여겨서 '축복받은 자들의 섬'으로 보내준 것이라네.

이렇게 내가 말하고자 하는 것은 에로스 신은 신들 중에서 가장 오래되고 가장 공경받아 마땅한 신이며, 사람들이 살아 있는 동안에든 죽은 후에든 미덕과 행복을 얻는 데 가장 큰 힘을 미치는 신이라는 것이네."

5. 파우사니아스의 에로스 예찬

c 아리스토데모스는 파이드로스가 한 얘기는 대략 이런 것이었다고 말했네. 그리고 파이드로스 다음으로 몇몇 사람이 한 얘기들이 있지만, 전혀 기억이 나지 않아서 그 부분은 생략하겠다고 하고는, 파우사니아스의 얘기를 들려주었는데, 그는 이렇게 말했다고 하네.

"파이드로스, 이런 식으로 에로스 신을 예찬하라는 과제를 무턱대고 툭 던져놓는 것만으로는, 내가 생각하기에는 우리가 토론할 주제가 적절하게 제시된 것 같지 않아 보이네. 물론 에로스 신이 한 분뿐이라면, 뭐
d 그런 대로 괜찮겠지만, 실제로는 한 분이 아니지 않는가. 그리고 한 분이 아니라면, 우리가 어느 에로스 신을 예찬해야 하는지를 먼저 말하는 것이 올바른 순서일 것일세. 그래서 나는 그 점을 바로잡기 위해, 우리가 어느 에로스 신을 예찬해야 하는지를 먼저 밝힌 다음, 그런 후에 그 신에게 합당한 예찬을 드리고자 하네.

에로스와 아프로디테[24]는 서로 떼려야 뗄 수 없다는 것은 우리 모두

---

24 아프로디테는 그리스 신화에 나오는 올림포스 열두 신 중 하나로 미와 성애의 여신이다. 호메로스에 의하면 제우스와 디오네 사이에서 태어난 딸이라고 하고, 헤시오도스에 의하면 우라노스의 잘린 성기에서 흐른 정액이 바닷물과 섞여 생겨난 거품에서 태어났다고 한다. '디오네'는 티탄 신족에 속한 여신으로 제우스의 연인이었다. '우라노스'는

가 아네. 아프로디테가 한 분이라면, 당연히 에로스도 한 분일 걸세. 하지만 아프로디테는 두 분이기 때문에, 에로스도 두 분일 수밖에 없네. 아프로디테 여신이 어떻게 두 분이 아닐 수 있겠는가? 그 두 분 중에서 연장자는 어머니 없이 우라노스에게서 태어난 따님인데, 우리는 이 여신을 '천상의 아프로디테'라고 부르지. 다른 한 분은 제우스와 디오네 사이에서 태어난 좀 더 젊은 분인데, 우리는 그분을 '범속凡俗의 아프로디테'라 ᵉ 고 부르지.

그러니 후자의 아프로디테와 함께 일하는 에로스는 '범속의(만백성의) 에로스'라 부르고, 전자의 아프로디테와 함께 일하는 에로스는 '천상의 에로스'라 부르는 것이 올바르고 마땅하네. 물론 우리는 이 두 분의 에로스 모두를 예찬해야 하지만, 각각의 에로스가 그동안 어떤 일들을 주관해왔는지는 알고서 예찬해야 할 것이네.

무릇 행위라는 것은 무엇이든지 그 자체로는 아름답지도 않고 추하지도 않은 법이네. 그러니까 우리가 지금 하고 있는 행위가 술을 마시는 181a 것이든, 노래하는 것이든, 대화를 나누는 것이든, 그러한 행위들 중에 그 자체로 아름다운 것은 하나도 없다네. 오직 그러한 행위들을 우리가 어떤 식으로 행하느냐에 따라서 그 행위들은 아름답거나 추한 것이 된다는 것이네. 아름답고 올바르게 행하면 아름다운 행위가 되고, 올바르게 행하지 않으면 추한 행위가 되는 것이지. 마찬가지로, 연애하는 것과 에로스도 모두 다 아름답고 칭송받을 만한 것이 아니라, 오직 아름답게 사랑하는 쪽으로 우리를 몰고가는 것만이 아름답고 칭송받을 만한 것이라네.

그런데 '범속의 아프로디테'에게 속한 에로스는 말 그대로 만인의 것이어서, 이것저것 가리지 않고 닥치는 대로 행한다네. 그리고 이것은 비천한 자들이 행하는 에로스라네. 먼저 그런 자들은 소년만이 아니라 여자도 똑같이 연애하고, 다음으로는 자신이 연애하는 사람의 영혼보다는

그리스 신화에서 하늘의 신으로서 대지의 여신 가이아가 혼자 낳은 아들이다.

몸을 더 사랑하며, 그다음으로는 할 수 있는 한 가장 어리석은 자를 연애

b 하지. 이런 자들은 일을 치르는 데만 눈이 팔려서,[25] 그 일을 아름답게 치

러내는 데에는 아무런 관심이 없기 때문이네. 그래서 그들은 좋은 것과

나쁜 것을 가리지 않고 닥치는 대로 하는 것이라네. 이것은 그들의 에로

c 스가 두 분의 에로스 신 가운데서 훨씬 더 나이가 어리고, 여성적인 것과

남성적인 것의 결합으로 태어난 여신에게서 온 것이기 때문이지.[26]

반면에 '천상의 아프로디테'에게 속한 에로스는 먼저 여성적인 것은

없고 오직 남성적인 것만을 갖고 있고(그래서 소년들을 사랑하는 것이지),

다음으로는 나이가 더 들었기 때문에 방종에 빠지지 않는다네. 그래서

그런 에로스로부터 영감을 받는 사람들은 본성적으로 더 건강하고 힘

있으며 더 지성적인 것을 좋아해서 남성적인 것을 지향하게 되지.

d 소년을 연애하는 자들 중에서도 어떤 자들이 순전히 이 에로스에 의

해 움직이는지는 누구나 알 수 있다네. 그런 사람들은 소년이라면 누구

나 다 사랑하는 것이 아니라, 이미 지성을 갖추기 시작한 소년들만을 연

애하기 때문이지. 그리고 그 시기는 수염이 나기 시작할 무렵이라네. 내

생각에 그 시기부터 소년을 연애하기 시작하는 사람은 그때부터 시작해

서 평생을 함께하며 삶을 공유할 준비가 되어 있기 때문에, 나이가 어려

서 분별이 없는 소년을 철저하게 우롱하고 기만하다가 차버리고 또 다

른 소년을 찾아가는 짓은 하지 않을 것일세.

e 결과를 알 수 없는 일에 많은 열정을 쏟아부어 낭비하는 일이 없게

하려면, 아주 어린 소년들을 연애하는 것을 금지하는 법이 반드시 있어

야 하네. 소년의 영혼이나 몸이 결국 악하게 사용될지, 아니면 훌륭하게

---

25 연애하는 목적이 오로지 성행위를 해서 정욕을 채우는 것에만 몰두하는 것을 가리킨
다. 그래서 그런 자들은 어린 소년이든 여자든 가리지 않고 아무나 닥치는 대로 연인으
로 삼는다는 것이다. 여기에서 우리는 에로스가 단순한 성애를 가리키는 것이 아님을
본다. 나중에 언급되지만, 에로스는 궁극적으로 아름다움에 대한 열렬한 사랑이다.

26 여성적인 것과 남성적인 것의 결합으로 태어난 여신은 제우스와 디오네 사이에서 태어
난 "범속의 아프로디테"를 가리킨다.

사용될지, 그 결과가 어느 쪽일지는 아무도 알 수 없기 때문이지. 그래서 훌륭한 사람들은 자발적으로 자신을 위해 그런 법을 정해두지.

하지만 세속적인 연애를 하는 자들에게도 그런 법이 강제되어야 하네. 우리가 할 수 있는 한, 그들에게 자유민에 속한 여자들을 연애하지 못하게 강제하는 것과 마찬가지로 말일세.[27] 연애하려는 자들의 구애를 182a 받아주는 것은 추한 일이라는 말까지 나오는 것은 그들이 물의를 일으키고 다니기 때문이지. 그런 사람들이 법과 관습에 따라 정상적으로 행했다면 비난받지 않았을 것이 분명하네. 따라서 사람들에게서 그런 말이 나오는 것은 연애를 하는 것과 관련해서 그런 사람들이 부적절하고 잘못된 짓을 자행하는 것이 보였기 때문 아니겠는가.

다른 나라에서 시행되는 연애에 관한 법은 단순하게 정해져 있어서 이해하기 쉽네. 반면에, 여기 아테네와 라케다이몬[28]에서 시행되는 것은 복잡하다네. 엘리스와 보이오티아,[29] 그리고 말 잘하는 사람이 없는 그런 곳에서는 연애하려는 사람들의 구애를 받아주는 것은 아름다운 일이라 b 고 법이 단순하게 정해놓았기 때문에, 젊은 사람이든 나이 든 사람이든 그것을 추하다고 말하는 사람은 아무도 없다네. 내 생각에는 그들은 말을 잘하지 못하기 때문에, 자신이 연인으로 삼으려 하는 소년이나 젊은 이를 말로 설득하려고 애쓸 필요가 없게 하려고 그런 것으로 보이네.

---

27 고대 그리스에서 자유민 여자들의 경우에는 아버지나 남편 또는 친척이 후견인으로 여자들의 생활을 통제했기 때문에, 그들의 사생활이나 연애도 통제 대상이 되었다.

28 라케다이몬은 그리스 신화에 나오는 스파르타의 창설자이다. 라코니아 왕 에우로타스의 딸 스파르타와 결혼하여 장인의 왕국을 물려받아서 새로운 도시를 건설하여 아내의 이름을 따라 스파르타로 명명했다. 따라서 스파르타는 그가 건설한 수도의 이름이었고, 라케다이몬은 그가 건설한 왕국의 명칭이었다. 하지만 후대로 가면서 이 왕국은 점차 스파르타로 불리게 되었다.

29 엘리스는 그리스 남부 펠로폰네소스 반도의 북서쪽에 있던 고대 그리스의 도시국가였다. 하지만 일반적인 도시국가 체제로 운영되지 않았고, 소규모 지역 공동체의 연합이라는 형태로 유지되었다. 보이오티아는 그리스 아티카 지역의 북쪽에 있는 한 지방이다.

하지만 야만인 아래에서 살아가는 이오니아 지방[30]을 비롯한 많은 곳
에서는 그것을 추한 짓으로 여기네. 전제 왕권으로 인해 야만인들은 소
년을 연애하는 일은 물론이거니와 철학을 하거나 체육 활동을 하는 것도
추한 일로 여겨지기 때문이라네. 그런데 내 생각에는 이것은 피지배자들
중에 원대한 뜻이 생겨나거나 강력한 우의나 연대가 형성되는 것이 지배
자들에게 도움이 되지 않고, 그런 것을 길러주는 것이 다른 무엇보다 연
애이기 때문으로 보이네. 여기 아테네의 참주들도 경험을 통해 그것을 알
게 되지 않았는가. 아리스토게이톤의 연정과 하르모디오스의 우정이 굳
건해지면서,[31] 그들의 권력이 무너져내린 것을 두고 하는 말일세.

이렇게 어떤 곳에서 연애하려는 자들의 구애를 받아주는 것이 추하
게 여겨지는 것은 법을 만드는 사람들의 사악함, 즉 지배자들의 탐욕과
피지배자들의 비겁함 때문이고, 어떤 곳에서 그것이 단순하게 아름다운
일로 받아들여지는 것은 법을 만드는 사람의 나태한 심성 때문이네.

반면에, 여기 아테네에는 그런 것보다 훨씬 더 훌륭한 법이 제정되어
있네. 물론 이미 말했듯이, 이해하기가 쉽지는 않지만 말일세.

다음과 같은 것을 생각해보게나. 그 법에서는 은밀하게가 아니라 공
개적으로 연애하는 것이 더 아름답고, 특히 다른 사람보다 못생겼더라
도 고귀한 가문에서 태어난 훌륭한 소년을 연애하는 것이 더 아름답다
고 말한다네. 또한 연애하는 사람은 추한 짓을 하는 것이 아니기 때문
에 그런 사람을 격려해주는 것은 칭찬받을 일이고, 모든 사람이 그를 격

---

30 이오니아 지방은 소아시아 서부의 좁은 해안과 에게해 동부의 섬들로 이루어진 지역으
로, 기원전 416년에는 페르시아가 아니라 아테네의 지배를 받고 있었다. 그런데 기원전
387년 이후, 즉 플라톤이 이 글을 쓴 시기에는 페르시아의 지배를 받고 있었기 때문에,
여기에서는 이렇게 묘사되는 것이다.

31 하르모디오스는 아리스토게이톤의 어린 연인이었다. 이 두 사람이 당시 참주였던 히
피아스의 동생인 히파르코스를 암살하고 나서 죽임을 당한 사건은 아테네에서 참주정
이 붕괴되고 민주정이 수립되는 기폭제가 되었다. 여기에서 아리스토게이톤에게는 '연
정'('에로스')이라는 단어를, 그가 연애한 연인이었던 하르모디오스에게는 '우정'('필리
아')이라는 단어를 사용한 것은 의미심장하다.

려해주어야 한다고 말하지. 자신이 연애하는 어린 연인을 얻은 것은 아름답고 훌륭한 일인 반면에, 얻지 못한 것은 부끄러운 일이라고도 말한다네. 그리고 연애와 지혜 사랑(철학) 외에 어떤 다른 일을 이루어내려고 행하다가 사람들로부터 아주 큰 비난을 받게 될 수도 있는 그런 놀라운 행동들조차도, 자기가 연애할 어린 연인을 구하고자 하는 사람이 행한 경우에, 이곳의 법은 그것을 허용하고 권장하기까지 한다네.

어떤 사람이 누군가로부터 돈이나 관직이나 이권을 얻으려고, 연인 183a
으로 삼으려는 소년에게 그런 행동들을 한다고 생각해보세. 그는 탄원하기도 하고, 애걸복걸하며 간청하기도 하며, 맹세도 수없이 하고, 소년이 사는 집 문 앞에서 자기도 하며, 그 어떤 노예도 하지 않을 노예 노릇을 자청해서 할 것일세. 그러면 그를 좋아하는 사람들은 그런 모습 때문에 창피해 죽겠다고 말하며 그렇게 하지 말라고 충고하면서, 그가 그렇게 하지 못하도록 뜯어말릴 것이네. 또한 그를 미워하는 사람들은 자유민답지 않게 아부나 한다고 하면서 그를 비난할 것이네.   b

반면에, 연애하려는 사람이 그 모든 행동을 하는 경우에, 사람들은 그것을 호의적으로 보고, 이곳의 법도 그가 아주 아름답고 훌륭한 일을 하고 있다고 여겨서, 그렇게 행하는 것을 비난하지 않고 허용한다네. 그 중에서도 가장 심한 것은, 오직 연애하고자 하는 사람만은 맹세를 한 후에 그 맹세를 어겨도 신들에게 용서를 받는다고 많은 사람이 말한다는 것이네. 아프로디테와 관련된 맹세[32]는 맹세가 아니라는 것이지.

이곳의 법이 말해주듯이, 이렇게 신들이든 사람들이든 연애하는 사 c
람에게는 온갖 특권을 부여하고 있네. 그래서 누군가는 이런 것들을 보고서는, 연애하는 것과 연애하고자 하는 사람의 구애를 받아들여 그의 연인이 되는 것은 이 나라에서 아주 아름다운 일로 여겨진다고 생각할

---

[32] 아테네에서 시행된 연애에 관한 법이나 관습은 사람들이 연애와 관련해서 행하는 것들에 대해 대단히 관대했음을 보여준다. 그래서 심지어 신에게 한 맹세를 지키지 않아도, 연애는 면책사유가 되었다고 한다.

것이네.

하지만 실제로 아버지들은 연애하고자 하는 성인 남자의 연인이 된 자기 아들에게 훈육 노예를 붙여서, 자기 아들이 그런 사람과 대화하지 못하게 하고, 훈육 노예에게도 그것을 감시할 임무를 맡기지. 또한 연인이 된 소년과 어울려 다니는 또래들은 소년이 연애하는 사람과 대화하
d 는 것을 보면 소년을 비난하고, 나이 든 사람들은 그 또래들이 그를 그렇게 비난하는 것을 보고도 제지하지 않고 잘못된 말을 하고 있다고 꾸짖지도 않는다네. 누군가가 그런 모습을 본다면, 그곳에서는 소년을 연인으로 삼아 연애하는 것이 추한 일로 여겨진다고 생각할 것일세.

내 생각에는, 이것이 현실이네. 이미 서두에서 말했듯이, 이 일은 그 자체로는 아름답거나 추하지 않고, 오직 아름답게 행하면 아름답고 추하게 행하면 추하기 때문에 그렇게 단순하지가 않네. 추하게 행한다는 것은 악한 자의 구애를 잘못된 방식으로 받아들이는 것이고, 아름답게 행
e 한다는 것은 고귀한 사람의 구애를 아름다운 방식으로 받아들이는 것이라네.

악한 자는 영혼보다 몸을 더 사랑하는 저 세속적인 연애를 하는 자를 말하지. 그런 자는 한결같은 것을 연애하는 게 아니기 때문에, 그의 사랑도 한결같지 않다네. 그래서 그런 사람은 자기가 연애한 꽃다운 몸이 시들면 '날아가 버려서' 그가 했던 많은 말과 약속을 부끄럽게 만든다네. 반면에, 고귀한 성품을 연애하는 사람은 평생 변함이 없는데, 그것은 한결같은 것과 한 덩어리가 되어 있기 때문이네.

그래서 우리의 법은 연애하고자 하는 사람이 이 두 가지 부류 중 어
184a 디에 속하는지를 제대로 잘 검증해서, 어떤 사람의 구애를 받아들이고 어떤 사람의 구애를 거절해야 하는지를 보여주고자 한다네. 그런 이유에서 연애하고자 하는 사람에게는 자신이 연인으로 삼고자 하는 소년을 쫓아다니며 구애하라고 하고, 그들의 구애를 받는 소년은 달아나라고 권한다네. 그렇게 밀고 당기는 과정을 통해서 연애하고자 하는 사람이 어

떤 부류의 사람이고, 그의 어린 연인이 될 소년은 어떤 사람인지가 검증 되게 하려는 것이지.

또한 그런 이유에서, 우선 소년 쪽에서 그 구애에 금방 넘어가는 것을 추한 일로 여긴다네. 시간은 많은 것을 훌륭하게 검증해주는 역할을 하는 것으로 여겨지네. 그런 일에는 반드시 일정 정도의 시간이 필요하다고 보는 것이지. 다음으로는, 돈이나 권력에 넘어가는 것을 추한 일로 여기네. 협박이나 폭력을 당하여 겁을 집어먹고 버틸 수 없어서, 또는 금 전이나 정치적인 특혜를 통해 회유를 받고서 거절하지 못해 연인이 되어 달라는 제안을 받아들이는 것이 그런 경우지. 그런 것에서는 고귀한 우애가 생겨날 수 없는 것은 물론이고, 견고하지도 않고 한결같지도 않기 때문이네.

그러니 우리 법에 따르면, 연애하려는 쪽의 구애를 소년 쪽에서 받아들이는 일이 아름다운 것이 되려면, 오직 하나의 길밖에 없지. 즉, 우리 법에서는 연애를 하려는 사람이 자기가 연인으로 삼으려는 소년을 위해 자청해서, 노예도 하려고 하지 않는 그런 행동을 하더라도, 그것을 비굴하다거나 비난받아 마땅한 창피한 짓이라고 하지 않네. 마찬가지로, 이 경우에도 소년 쪽에서 자청해서 자기를 연인으로 삼으려는 사람의 노예 처럼 행해도 비난받을 일이 되지 않는 유일한 길이 있다네. 즉, 그것은 미덕과 관련해서 노예처럼 행하는 것이지.

누군가가 어느 특정한 사람을 섬기면 어떤 철학에서나 어떤 미덕에 서나 지금보다 더 낫고 훌륭하게 될 수 있겠다고 생각한다고 해보세. 그래서 그가 마치 그 사람의 노예가 된 것처럼 그를 섬기고자 한다면, 그런 자발적인 노예의 삶은 추한 일도 아니고 비굴한 일도 아니라는 것이 우리의 법이고 전통이기 때문이네.

따라서 어떤 소년이 자신을 연인으로 삼고자 하는 사람의 구애를 받아들이는 일이 아름다운 것이 되려면, 이 두 개의 법, 즉 한편으로는 소년을 연애하는 것에 관한 법, 그리고 다른 한편으로는 지혜와 그 밖의 다른 미덕에 관한 법이 이 문제에서 하나로 수렴되지 않으면 안 되네. 연애하고자 하는 사람과 그의 어린 연인이 각자 자신에게 해당하는 법을 가지고 함께해야 하지. 전자는 자신의 구애를 받아들여준 소년에게 아낌없이 봉사하는 것이 옳다는 것을 알고, 소년은 자신을 연인으로 삼아서 지혜롭고 훌륭하게 만들어줄 사람을 위해 아낌없이 봉사하는 것이 옳다는 것을 알아야 하네. 그런 가운데, 전자는 소년이 지혜와 그 밖의 다른 미덕들에서 진보할 수 있게 도와주려는 열망을 지니고, 소년은 가르침을 받아
e 서 지혜로워지려 하는 열망을 지니고 있어야 하네. 이렇게 이 두 개의 법이 하나로 수렴되는 그 지점에서 연애하고자 하는 사람과 그가 연인으로 삼고자 하는 소년이 함께할 때만 소년이 그 사람의 구애를 받아들이는 것은 아름다운 일이 되고, 다른 식으로는 결코 그렇게 될 수 없네.

　그런 경우에는 철저하게 기만당했다고 해도 추하거나 부끄러운 일이 아니네. 반면에, 그렇지 않은 때는 기만당했든 그렇지 않았든 사람을 추
185a 해지게 만들고 부끄러움을 가져다줄 뿐이라네. 어떤 젊은이가 누군가를 부자인 줄로 알고 돈을 바라고서 그의 구애를 받아주었다고 해보세. 그런데 나중에 그 사람이 가난뱅이라는 것이 밝혀져서 돈을 얻어내지 못해 철저하게 기만당했다고 한다면, 그것은 그런 일로 기만당하지 않은 경우보다 덜 추하거나 덜 부끄러운 일이 결코 아니라는 말이네. 그 젊은이는 자기는 돈을 위해서라면 누구에게라도 어떤 봉사든 할 것이라는 자신의 속셈을 드러낸 셈인데, 그런 것은 아름답지 못하기 때문이네.

　동일한 이치로, 어떤 젊은이가 누군가를 훌륭한 사람인 줄로 알고, 그 사람과 우애[33]를 나누면 자신이 더 나은 사람이 될 것이라고 생각해서
b 그 사람의 구애를 받아주었다고 해보세. 그런데 나중에 그가 나쁜 사람이고 미덕을 갖추고 있지 않다는 것이 드러났다고 해도, 그런 식으로 속

---

33 여기서도 연애하는 사람의 어린 연인이 된 젊은이가 그 사람을 사랑하고 따르는 것은 '에로스'(연애)가 아니라, 일반적인 사랑이라는 뜻을 지닌 '필리아'(우애)로 표현된다.

은 것은 아름다운 일이네. 그런 경우에 앞에서와 마찬가지로 이 젊은이
는 미덕을 위해서라면, 그리고 더 나은 사람이 되기 위해서라면, 그 누구
에게라도 어떤 봉사든 다할 것이라는 자신의 속내를 드러낸 것이고, 그
의 그러한 행동은 앞에서와는 달리 그 무엇보다 아름다운 일이기 때문
이네.

이렇게 미덕을 위해 자기를 연인으로 삼으려는 사람의 구애를 받아
들이는 것은 어떤 경우에도 전적으로 아름다운 일이라네. 그런 것은 '천   c
상의 아프로디테'에게 속한 천상의 에로스이고, 연애하고자 하는 사람에
게든 그의 연인이 된 소년에게든 미덕에 대해 지대한 관심을 갖지 않을
수 없게 한다는 점에서, 국가에게도 개인에게도 아주 귀한 것이지. 반면
에, 그 밖의 다른 모든 에로스는 다른 여신, 곧 '범속의 아프로디테'에게
속한 것이네.

파이드로스, 이상이 내가 당장 이 자리에서 에로스를 위해 자네에게
내놓는 내 몫의 헌물이네."

파우사니아스가 말을 마치자―이렇게 운을 맞추어 말하는 법은 현자
들이 내게 가르쳐준 것이네[34]―그다음 차례로 말해야 할 사람은 아리스
토파네스였다네. 그런데 그는 과식을 했기 때문이었는지, 아니면 다른
이유 때문이었는지, 마침 딸꾹질을 계속하는 바람에 얘기를 할 수가 없
었다고 하네. 그래서 그는 자기 아래쪽에 앉아 있던 의사인 에릭시마코   d
스에게 이렇게 말했다고 아리스토데모스가 내게 들려주더군.

"에릭시마코스, 자네가 내 딸꾹질을 그치게 해주든가, 아니면 내 딸
꾹질이 그칠 때까지 내 대신 얘기를 하든가, 둘 중의 하나를 해주어야겠

---

34 "파우사니아스가 말을 마치자"는 그리스어로 '파우사니우 파우사메누'로서, 비슷한 음
　　으로 이루어져 있을 뿐만 아니라, 음절의 수와 장단도 같기 때문에 이렇게 말한다. 여기
　　에서 '현자들'은 소피스트를 가리킨다. 그들은 현실 세계에 대한 전문 실용지식들을 가
　　르치는 교사들이었는데, 그중에서 특히 수사학이 중요한 과목이었다.

네."

그러자 에릭시마코스가 말했다네.

"그러면 내가 그 두 가지를 다 해주겠네. 자네 차례에 내가 얘기를 할 것이니, 자네 딸꾹질이 그치면, 내 차례에 자네가 얘기하게나. 내가 얘기를 하는 동안에, 자네는 한참 동안 숨을 멈추고 있어 보게. 그러면 딸꾹질이 그칠 것이네. 그렇게 해도 그치지 않으면, 물을 입 속에 머금어서 e 입안을 씻어내게. 딸꾹질이 심한 경우에는, 어떤 것을 가지고서 콧속을 간지럽혀서 재채기가 나오게 해보게. 한두 차례 그렇게 하면, 심한 딸꾹질도 그치게 되어 있다네."

아리스토파네스는 "자네가 먼저 얘기를 시작하면, 나는 그런 것들을 해 보겠네"라고 말했다네.

6. 에릭시마코스의 에로스 예찬

그런 후에 에릭시마코스는 이렇게 말했다고 하네.

"파우사니아스가 우리 이야기의 토대를 훌륭하게 정초하긴 했지만, 186a 만족스럽게 마무리하지를 못했기 때문에, 아무래도 내가 그 이야기에 종지부를 찍어서 마무리를 해야 할 것으로 보이네. 그가 에로스를 두 가지로 구분한 것은 내가 보기에 잘한 것 같네.

하지만 에로스는 단지 인간의 영혼, 즉 아름답고 훌륭한 사람에 대한 인간의 생각 안에만 존재하는 것이 아니라, 모든 동물의 몸에도, 땅에서 자라나는 다른 많은 것 안에도, 그러니까 모든 존재하는 것 안에 존재한다네. 이렇게 에로스는 인간과 관련된 것이나 신과 관련된 것들 b 모두에 영향력을 행사하는 위대하고 경이로운 신이라는 것을, 나는 내 기술인 의술을 통해 알게 되었다네.

나는 그 기술에 경의를 표하기 위해서 내 얘기를 의술에서 시작하고

자 하네. 몸의 본성도 그러한 두 가지 에로스를 지니고 있기 때문이지. 모든 사람이 동의하듯이, 몸이 건강한 것과 병든 것은 서로 다르고 동일 하지 않다네. 그리고 서로 동일하지 않은 것은 각자가 원하고 사랑하는 것도 서로 다른 법이네. 그래서 건강한 몸이 하는 에로스와 병든 몸이 하 는 에로스가 서로 다르지.

방금 전에 파우사니아스가 훌륭한 자들의 구애를 받아들이는 것은 아름답지만, 절제하지 못하는 자들의 구애를 받아들이는 것은 추하다고 c 했듯이, 이것은 몸의 경우에도 마찬가지여서, 각각의 몸에서 좋고 건강 한 것들의 구애를 받아들이는 일은 아름다운 것이므로 반드시 들어주어 야 한다네. 우리는 이것을 의술이라고 부르지. 반면 나쁘고 병든 것들의 구애를 받아들이는 것은 추한 것이기 때문에, 의술에 더 능숙한 자가 되 려고 하는 사람은 반드시 그러한 구애를 받아주어서는 안 되네.

핵심만 얘기하자면, 의술이라는 것은 몸이 연애하여 원하는 것 중에 서 어떤 것을 채우고 어떤 것을 비워내야 하는지를 아는 학문이라네. 그 d 리고 몸이 연애하여 원하는 것들 중에서 아름다운 에로스와 추한 에로 스를 구분해내어, 몸으로 하여금 추한 에로스는 버리고, 아름다운 에로 스는 갖도록 변화를 만들어내는 의사야말로 최고의 의사라네. 에로스가 있어야 하는데도 없는 곳에는 에로스를 생겨나게 하고, 에로스가 없어야 하는데도 있는 곳에는 그 에로스를 제거할 줄 아는 의사가 진정한 명의 라고 할 수 있네.

의사는 몸 안에 있는 적대적인 것들이 서로 좋아하고 사랑하게 만들 수 있어야 하네. 가장 반대되는 것들은 서로에 대해 가장 적대적인 법인 데, 찬 것과 뜨거운 것, 쓴 것과 단 것, 마른 것과 습한 것을 비롯해서 모 e 든 것이 그러하다네. 우리의 조상이신 아스클레피오스[35]는 이러한 서로 반대되는 것들이 사랑하고 화합하게 할 수 있는 방법을 알았기 때문에

---

35 아스클레피오스는 그리스 신화에 나오는 의술의 신이다. 아폴론의 아들로서, 반인반마

우리의 기술을 정립할 수 있었던 것이라네. 여기 이 시인들이 그렇게 말하고 있고, 나도 그렇게 믿고 있다네.

187a 그러므로 내가 말한 대로, 의술을 관장하는 것은 전적으로 에로스 신이고, 체육과 농업에서도 마찬가지라네. 그리고 시가詩歌도 그러하다는 것은 조금만 생각해보아도 누구에게나 분명하다네. 헤라클레이토스[36]가 비록 자신이 말하려는 것을 제대로 표현하지는 못했지만, '리라와 리라를 켜는 활의 조화처럼, 사물은 자기 자신과 불화하는 가운데 화합한다'라고 한 것은 아마도 그런 취지였을 것이네. 하지만 이미 조화를 이루고 있는 것이 불화한다거나, 계속해서 불화하는 것으로부터 어떤 조화가 생겨난다고 b 말하는 것은 이치에 크게 어긋나지. 아마도 그는 처음에는 서로 불화하던 높은 음과 낮은 음이 시가라는 기술로 하나로 합쳐져서 화합하는 것이라고 말하고 싶었던 것 같네.

높은 음과 낮은 음이 계속 불화하는데, 거기에서 조화가 생겨날 수는 없기 때문이네. 조화는 화음이고, 화음은 일종의 일치인데, 불화하는 것들이 불화하는 동안에는 거기에서 일치가 생겨나는 것은 불가능하지 않겠는가? 또한 불화하고 일치하지 않는데, 거기에서 조화가 생겨나는 것도 불가능하네. 운율이라는 것도 마찬가지여서, 빠른 음과 느린 음이 처 c 음에는 불화하다가 나중에는 일치함으로써 생겨나는 것이네. 그런데 이 모든 것 속에서 서로를 사랑하고 화합하는 것을 만들어냄으로써 일치를 이끌어내는 것이 앞에서는 의술이었고, 여기에서는 시가라네. 따라서 시

종족인 켄타우로스였던 케이론에게서 의술을 배웠는데, 뱀이 휘감긴 지팡이를 들고 있는 모습으로 묘사된다. 케이론은 의술, 궁술, 예술에 모두 능하고 예언의 능력도 있던 현자로서, 그리스 신화에 나오는 많은 영웅을 가르쳤다. 여기에서 "이 시인들"은 아리스토파네스와 아가톤을 가리키는 것으로 보인다.

36 헤라클레이토스는 기원전 6세기 말에 활동한 에페소스 출신의 고대 그리스 사상가로서 소크라테스 이전 시기의 주요 철학자 중 한 명이다. 그는 만물의 근원이 불이라고 주장했고, 대립물 간의 충돌과 조화, 다원성과 통일성의 긴밀한 상관관계, '로고스' 개념을 종합한 철학을 제시했다. 그가 말한 '로고스'는 늘 변화하는 만물의 생성과 소멸을 주도하는 우주 지성이었다.

가는 에로스가 조화와 운율에 어떤 영향을 미치는지 아는 지식이라네.

이렇게 조화와 운율을 만들어내는 일 자체에는 에로스를 구분해내는 어려움이 발생하지 않네. 거기에는 아직 에로스가 두 종류로 나뉘어 있지 않기 때문이지. 하지만 곡조와 운율을 만들어내는 작곡이나 작시, 이미 작곡되어 있는 것을 올바르게 사용하는 법을 가르치는 교양 교육 같은 활동은 다르다네. 그런 활동을 통해서 사람들을 상대로 해서 운율과 조화를 활용해야 하는 때는 훌륭한 전문가가 필요하다네. d

그래서 우리는 앞에서 했던 그 말을 다시 적용해야 하네. 즉 훈련을 받아서 훌륭하고 귀하게 행하는 사람들과, 아직 거기에 이르진 못했지만 자기를 연애하는 사람과의 관계를 통해서 그렇게 되어 가고자 하는 젊은이들의 에로스에 대해서는 호의를 베풀고 소중히 지켜주는 것이 마땅하다는 것 말이네. 그런 에로스는 우라니아 무사 여신[37]에게 속한 천상의 에로스이기 때문이네.

반면에, 폴림니아 무사 여신에게 속한 것은 세속적인 에로스이기 때문에, 그런 것들을 사람에게 사용하는 경우에는, 그것을 사용하는 사람들이 즐거움을 누릴 수 있게 해주면서도, 방종이나 무절제는 생겨나지 않도록 조심하지 않으면 안 되네. 그것은 맛있는 음식을 먹고자 하는 욕망을 적절하게 조절해서, 사람들에게 먹는 즐거움은 누리게 해주면서도 병에 걸리지는 않게 하는 것이 중요한 것과 같다네. e

그러니 시가와 의술은 물론이고, 인간적인 일이든 신적인 일이든 그밖의 다른 모든 것에서, 우리는 힘이 닿는 데까지 각각의 에로스를 눈여겨볼 수 있어야 하네. 이 두 종류의 에로스는 어디에나 있기 때문이네.

---

37 '무사 여신'은 그리스 신화에서 시가와 예술과 학문의 여신으로서, 영어로는 '뮤즈'(Muse)라 불린다. 무사 여신은 아홉 명이 있어서 각각 다른 분야를 관장하였는데, 여기에 언급된 '우라니아'는 천문학을, 다음에 나오는 '폴림니아'는 신들에 대한 찬가를 주관했다. '우라니아'는 '하늘'이라는 뜻이고 '폴림니아'는 "많은 찬가"라는 뜻이기 때문에, '우라니아'를 천상의 에로스와 연결시키고 '폴림니아'를 세속적인 에로스와 연결시키는 것으로 보인다.

또한 한 해를 이루는 여러 계절의 결합에서도 이 두 종류의 에로스로 가득하다네. 그래서 내가 앞에서 말한 서로 반대되는 것들, 즉 뜨거운 것과 차가운 것, 마른 것과 습한 것이 고귀한 에로스의 지배 아래 서로 만나 조화를 이루고 적절한 중화에 도달하면, 사람들과 그 밖의 다른 동식물을 번성 및 건강하게 하고 아무런 해악을 입히지 않지.

반면에, 어떤 계절이 난폭하고 변덕스러운 에로스의 지배를 받게 된 경우에는, 많은 것이 파멸과 해악을 입는다네. 동물과 식물 사이에서 역병을 비롯해서 유사한 다른 많은 질병이 발생하고, 서리와 우박과 마름병이 생기는 것도 다 그런 이유 때문이지. 그러니까 그런 것들은 모두 에로스가 탐욕을 부려서 질서를 어지럽힌 데서 비롯된다는 말이네. 그리고 천체 및 계절의 운행과 관련해서 에로스가 어떤 일을 하는지를 알아내는 학문을 천문학이라고 부른다네.

나아가 온갖 제의 그리고 점술과 관련된 일, 즉 신들과 사람이 서로 교제하는 것과 관련된 모든 일도 다름 아닌 에로스를 보호하고 치료하는 것에 관심이 있다네. 사람이 고귀한 에로스의 구애는 받아들이지도 않고, 모든 일에서 그 에로스를 공경하여 최고의 경의를 표하지도 않을 뿐만 아니라, 도리어 세속적인 에로스에게 그렇게 할 때, 살아 계시거나 돌아가신 부모 및 신들과 관련한 일에서 온갖 불경이 생기는 법이네. 그래서 에로스를 세밀하게 살피고 치료하는 일이 점술에 할당되어 있는 법이라네. 따라서 점술은 에로스 중에서 사람들을 정의와 경건으로 이끄는 것이 무엇인지를 알아서, 신들과 사람 사이에 우호적인 관계를 만들어내는 것으로 볼 수 있지.

이렇게 에로스 전체를 합친다면, 에로스는 그야말로 수많은 위대한 능력, 아니 한 마디로 말해서 모든 능력을 다 지니고 있다고 할 수 있네. 하지만 에로스 중에서도 좋은 일들을 절제와 정의 가운데서 이루어내는 에로스야말로 가장 큰 능력을 지니고 있고, 우리에게 온갖 행복을 공급하며 서로 잘 지내게 할 뿐만 아니라, 우리보다 더 뛰어난 존재인 신들로부터 총애를 받게 해준다네.

아마 나도 에로스를 예찬하면서 많은 것을 빠뜨렸을 걸세. 하지만 의도적으로 그런 것은 아니네. 내가 빼먹은 것이 있다면, 아리스토파네스, 자네가 좀 채워 넣게. 다른 식으로 에로스 신을 예찬해야겠다고 정해둔 것이 있다면, 이제 자네의 딸꾹질도 그쳤으니 어디 한번 해보게나."

7. 아리스토파네스의 에로스 예찬

그래서 아리스토파네스가 그다음으로 이어서 이렇게 말했다고 하네.   189a

"내 딸꾹질이 완전히 그치긴 했지만, 재채기를 유발하는 방법을 사용하고 나서야 그치는 것을 보고서, 나는 이렇게 정교한 질서로 이루어진 몸이 재채기 같은 보잘것없는 소음과 간지럼을 원한다는 사실에 놀랐다네. 내가 그 몸에 재채기를 주었더니, 그 즉시 딸꾹질이 그쳤으니 말일세."

그러자 에릭시마코스가 말했다네.

"이보시게 아리스토파네스, 지금 자네가 무슨 짓을 하고 있는지 보게나. 자네는 얘기를 한다고 해놓고는 우스갯소리나 하고 있지 않나. 언제   b
라도 기회만 주어지면 자네는 또다시 우스갯소리를 늘어놓을 테니, 나는 자네가 무슨 말을 하는지 계속 감시할 수밖에 없네."

아리스토파네스는 웃으며 말했다네.

"자네 말이 맞네, 에릭시마코스. 내가 방금 말한 것은 못 들은 것으로 해두게. 그 대신 나를 감시하진 말게. 사실 우스갯소리는 나쁜 것도 아니고 나의 무사 여신에게는 일상적인 것이지 않는가. 오히려 나는 내가 하는 말이 웃음거리가 되지는 않을까 염려하고 있다네."

에릭시마코스가 말했다네.

"아리스토파네스, 자네가 이 상황에서 빠져나갈 수 있을 것 같은가? 정신을 바짝 차리고, 근거를 제시할 수 있는 말만 하게나. 자네가 그렇게   c

하고 있다는 생각이 들면 나도 자네를 밀어부치진 않겠네."

아리스토파네스가 말했다네.

"에릭시마코스, 사실 나는 자네와 파우사니아스가 말했던 것과는 다른 방식으로 말해볼 생각이라네. 내 생각에 사람들은 에로스의 능력을 전혀 깨닫지 못한 것으로 보이네. 사람들이 에로스의 능력을 깨달았다면, 그를 위해 가장 큰 신전과 제단을 짓고 마땅히 가장 성대한 제사를 올려 드렸을 텐데, 지금으로 보아서는 그런 일이 전혀 있지 않기 때문이

d 지. 실제로는 짓고 그런 일들이 행해지는 것이 마땅한데도 말일세.

에로스 신은 신들 가운데서도 인간에게 가장 우호적이고 기꺼이 사람을 돕는 분이어서, 인류가 최고의 행복을 누리는 데 방해가 되는 것을 치료하시는 분이네. 그래서 나는 자네들에게 그 신의 능력을 소개하려고 하니, 아무쪼록 자네들도 다른 사람에게 그것을 가르쳐주게나.

먼저 자네들은 인간의 본래 모습이 어떠했는지 그리고 그 모습이 어떤 변화를 겪었는지를 알아야 하네. 오래전 우리 모습은 지금과 같지 않고, 완전히 다른 것이네.

인간의 성은 세 가지가 있어서, 지금처럼 남성과 여성이라는 두 성만 있었던 것이 아니라, 남성과 여성을 함께 가진 세 번째 성이 있었는데,

e 지금은 그 이름만 남아 있을 뿐이고, 세 번째 성을 지닌 사람은 더 이상 존재하지 않게 됐지. 그때는 남성과 여성을 둘 다 가진 '남녀추니'라는 이름으로 불린 사람이 실제로 존재했지만, 지금은 그 이름만 남아서 욕으로 사용될 뿐이네.

다음으로는 모든 사람의 형태가 완전히 둥근 공 모양이었다네. 등과 양 옆구리도 둥글었고, 거기에 네 개의 팔, 그리고 팔과 동일한 수의 다리가 있었으며, 둥근 목 위에는 모든 점에서 똑같이 생긴 두 개의 얼굴

190a 이 있었지. 서로 반대 방향을 바라보고 있는 두 개의 얼굴 위에 한 개의 머리와 네 개의 귀와 두 개의 생식기가 있었고, 그 밖의 다른 모든 것이 어떻게 생겼는지는 누구라도 이런 것들에 비추어 짐작할 수 있다네.

당시 사람들은 지금처럼 똑바로 서서 두 방향 중에서 어느 쪽으로든 자신이 가려는 방향으로 걸어갔고, 빨리 움직이고 싶을 때에는, 마치 공중제비를 하는 사람처럼, 그때는 여덟 개였던 팔과 다리를 이용해서, 네 개의 팔로는 땅을 짚어서 몸을 지탱하고 네 개의 다리는 공중으로 쭉 뻗어서 재빠르게 원을 그리며 반복해서 재주를 넘는 방식으로 빙글빙글 회전해서 갔다네.

이렇게 인간이 세 가지 성으로 존재했던 이유는 남성은 원래 해의 자 b 손이었고, 여성은 대지의 자손이었으며, 남녀추니는 달의 자손이었는데, 달은 해와 땅 둘 모두에 관여하기 때문이네. 그들의 형태가 둥글고, 그들이 둥근 모양으로 움직이는 것은 그들을 낳은 부모를 닮았기 때문이지. 그들은 능력과 힘이 엄청난데다 야망도 가지고 있었기 때문에, 신들까지 공격하려고 했다네.

에피알테스와 오토스[38]가 신들을 공격하기 위해 하늘로 올라가려고 했다고 호메로스가 말한 것은 사실 그들에 관한 것이라네.

그래서 제우스와 그 밖의 다른 신들은 그들을 어떻게 해야 할지를 논 c 의했지만, 별다른 방법을 찾지 못해 고민에 빠졌다네. 거인족[39]에게 그랬듯이 벼락을 쳐서 다 죽여버림으로써 인류라는 종족을 말살해버리면, 사람들이 신들에게 바쳤던 공경과 제사도 말살될 것이기 때문에 그렇게 할 수도 없었고, 인류가 오만방자하게 행하는 것을 그대로 둘 수도 없었기 때문이었지.

---

38 "에피알테스와 오토스"는 그리스 신화에 나오는 형제이다. 호메로스의 『오디세이아』에서 이 두 형제는 거인 사냥꾼 오리온에 버금가는 거인으로, 9살 때에 이미 그 키가 16미터였다고 말한다. 그들은 신들의 권위에 도전하여 올림포스산 위에 오사산을 쌓고, 오사산 위에 펠리온산을 쌓는 방식으로 하늘로 쳐들어가려고 하다가 죽었고, 저승에서 서로 등을 맞댄 채로 뱀으로 묶이는 형벌을 받았다.

39 '거인족'은 하늘의 신 우라노스가 아들 크로노스에게 남근이 잘렸을 때 대지의 여신 가이아가 그 피를 받아 잉태하여 낳은 거인들로 그리스어로는 '기간테스'라 불린다. 상반신은 인간이고 하반신은 뱀으로 되어 엄청난 힘을 지닌 이 거인족은 올림포스 신들을 공격했다가, 제우스와 헤라클레스의 협공을 받아 최후를 맞이한다.

그런데 제우스가 가까스로 무엇인가를 생각해냈다네.

'인간들이 생존해 있으면서도, 그들의 힘을 약화시켜 오만방자하게 행하는 것을 막을 방도를 내가 생각해냈소.'

그러면서 이렇게 말했다네.

d '이제 나는 인간 개개인을 둘로 쪼개려고 하오. 그러면 그들은 한편으로는 힘이 약해질 것이고, 다른 한편으로는 수가 늘어나서 우리에게 이득이 될 것이오. 그리고 그들은 두 다리로 똑바로 서서 걸어다니게 될 것이오. 그런데도 그들이 여전히 오만방자하게 행할 생각을 하고, 얌전히 살아가려고 하지 않는다면, 나는 다시 한번 그들을 둘로 쪼개서 다리 하나로 깡충거리며 다니게 만들 것이오.'

e 제우스는 이렇게 말하고는, 사람들이 마가목 열매를 저장하려 할 때 두 쪽으로 쪼개거나, 머리카락으로 삶은 달걀을 자르는 것처럼, 사람들을 둘로 쪼갰다네. 그러면서 아폴론에게 자기가 한 사람을 쪼개고 나면, 그 사람에게 남아 있는 반쪽의 얼굴과 목을 잘려나간 쪽으로 돌려놓으라고 지시했다고 하네. 이는 사람들이 자신의 잘려나간 부분을 바라보면서, 앞으로는 더 제대로 처신하게 하려는 것이었지. 또한 다른 부분도 치료해주라고 지시했다네.

그래서 아폴론은 먼저 얼굴을 돌려놓고서, 다음으로는 마치 돈주머니를 끈으로 졸라매듯이, 몸의 모든 곳에 있던 살가죽을 끌어당겨서 지

191a 금은 배라고 불리는 곳으로 모아서는, 그 중앙에 오늘날 배꼽이라 불리는 주둥이 하나를 만든 후에 한데 묶었다네. 또한 아폴론은 구두제조공들이 구두 틀 위에 가죽을 올려놓고 주름을 펼 때 사용하는 것과 같은 도구를 사용해서, 몸의 살가죽에 있던 많은 주름들을 펴서 가슴을 만들었지. 하지만 배와 배꼽에 있는 주름은 조금 남겨두었는데, 그것은 자신이 오래전에 어떤 일을 겪었는지를 기억하게 하려는 것이었다네.

인간의 원래 모습이 둘로 쪼개지자, 사람들은 자신의 반쪽을 그리워하며 만나려고 했고, 서로 부둥켜안고 뒤엉켜서 한 몸이 되고 싶어 했네.

서로에게서 떨어져서는 아무것도 하려고 하지 않았기 때문에, 아무 일 _b 도 하지 못해 굶어 죽어갔다네. 그리고 두 개의 반쪽 중에서 하나가 죽고 다른 하나가 남게 되었을 때에는, 그 남은 반쪽은 또 다른 반쪽을 찾아서 뒤엉켰는데, 원래 전체가 여자였던 사람의 반쪽, 그러니까 우리가 오늘 날 여자라고 부르는 바로 그 반쪽을 만나기도 했고, 원래 전체가 남자였 던 사람의 반쪽을 만나기도 했다네. 어쨌든 그런 식으로 인류는 멸망해 가고 있었다네.

그래서 제우스는 인류를 측은히 여겨서 다른 방도를 생각해냈는데, 그것은 그들의 생식기를 앞쪽으로 옮겨놓은 것이었네. 그렇게 하기 전까 지는 생식기가 뒤쪽에 있어서, 서로 교합해서 정자를 뿌리고 키워서 자 식을 낳은 것이 아니라, 매미들처럼 땅 속에서 생식을 해야 했기 때문이 _c 네.[40] 그런데 제우스는 생식기를 앞쪽으로 옮겨놓음으로써, 남녀 간의 교 합을 통해서 남자의 정자를 받아 여자의 몸속에서 생식이 이루어지게 한 것이지. 한편으로는 남자와 여자가 만나 부둥켜안았을 때, 자식이 태 어나서 종족이 보존될 수 있게 한 것이었다네. 그리고 다른 한편으로는 남자와 남자가 만나 부둥켜 안고 함께 대화하며 교제했을 때, 거기로부 터 생겨나는 만족감으로 잠시 쉼을 얻은 후에, 다시 일터로 돌아가서 삶 의 다른 일들을 돌볼 수 있게 하려는 것이었다네.

이렇게 해서 아주 오래전부터 사람들은 서로를 열렬히 사랑하려는 _d 에로스의 열망을 지니고 태어난 것이네. 에로스는 둘로 쪼개진 인간의 모습을 다시 결합시켜 하나로 만들어서, 현재 인간의 병든 모습을 치료 함으로써, 인간이 저 옛날에 원래 지니고 있던 모습을 회복하게 하는 것 이기 때문이지.

그러니 우리 각자는 넙치라는 생선처럼 원래 하나였던 것에서 쪼개

---

40 매미는 일반적으로 짝짓기를 하기 때문에, 아마도 땅속에서 생식을 하는 다른 곤충과 혼동한 것으로 보인다.

져서 둘이 된 것이기 때문에, 어떤 사람의 반쪽[41]이고, 따라서 자신의 반쪽을 끊임없이 찾는 것이라네.

그래서 남자 가운데서 그때 남녀추니라 불렸던 양성을 지니고 있던 사람에게서 쪼개져 나온 남자는 여자를 밝히는 자들이어서, 간통하는 남자 중 대부분은 이 족속에서 나오고, 마찬가지로 남자를 밝혀서 간통하는 여자도 이 족속에서 나오지. 그리고 원래 여자였던 사람에게서 쪼개져 나온 여자는 남자에게는 별로 마음이 없고, 여자에게 모든 관심을 쏟기 때문에 여자 동성애자는 이 족속에서 나온다네.

반면에, 원래 남자였던 사람에게서 쪼개져 나온 자들은 남자를 쫓아다니지. 그런 자들은 원래 남자였던 사람에게서 쪼개져 나온 토막이기 때문에 소년일 때에는 남자를 좋아해서 남자와 함께 눕고 함께 뒤엉키는 것을 기뻐하는데, 그들이야말로 무척 용감한 기질을 지니고 태어난 자들이어서 청소년 중에서 최고에 속한 자들이네.

어떤 사람은 그들이 후안무치하다고 말하지만, 그것은 잘못이네. 그렇게 하는 것은 그들이 후안무치해서가 아니라, 대담하고 용감하며 남성적이어서, 자신과 똑같은 자들을 너무 좋아해서 반가워하며 끌어안고 늘 붙어다니고자 하기 때문이지. 그것이 사실임을 보여주는 확실하고 중요한 증거가 있는데, 그것은 오직 이런 자만이 나중에 성인이 되었을 때에 국가대사를 맡아 해나갈 사람들이 된다는 것이네.

그런 자들은 성인이 되어서는 소년들을 사랑하기 때문에, 결혼을 하고 자녀를 낳아 기르는 것에는 본성적으로 마음이 없어서, 결혼을 하지 않고 다른 사람과 어울리며 평생을 살아가는 것으로 만족할 수 있음에

---

41 "반쪽"으로 번역한 이 단어는 그리스어로는 '심볼론'이다. '심볼론'은 주사위 같은 것을 반으로 잘라서, 각자 반쪽을 갖고 있다가, 어떤 용도로 신분을 확인할 필요가 있을 때 두 반쪽의 아귀를 맞춰봄으로써 진짜임을 증명하는 수단이었다. 이와 가장 비슷한 역어가 '부절'이다. '부절'은 옛날에 돌이나 대나무나 옥 등으로 만들어 신표로 삼던 물건인데, 주로 사신들이 가지고 다녔으며, 둘로 갈라서 하나는 조정에 보관하고 하나는 본인이 가지고 다니면서 신분을 보증하는 증거로 사용하였다.

도 단지 관습 때문에 어쩔 수 없이 결혼하는 것일 뿐이라네. 그런 자들은 언제나 자기와 같은 부류의 사람을 반기고 좋아해서, 커서는 소년을 어린 연인으로 두고 연애하는 사람이 되고 어려서는 자기를 연애하는 성인 남자의 어린 연인이 된다네.

그런 자들은 자기를 연애하는 성인 남자든 아니면 그 누구든, 저 진정한 자기, 즉 자신의 진정한 반쪽을 만나게 되면, 좋아하는 마음과 함께 마치 진정 자기 것을 찾은 것 같은 친밀함과 연애 감정에 놀라우리만치 사로잡혀서, 말하자면 한시도 서로에게서 떨어져 있고 싶어 하지 않게 된다네. 일생 동안 계속해서 함께 살아가는 이들은 바로 그런 사람들이라네. c

그런데도 그들은 둘 사이에서 무엇을 바라는지를 알지 못한다네. 그들이 성적인 목적으로 함께하는 것이라고, 즉 성적인 목적 때문에 함께하는 것을 기뻐하고, 그래서 어떻게든 함께 있으려고 그토록 애를 쓰는 것이라고 말할 사람은 아무도 없기 때문이네. 각자의 영혼이 어떤 다른 것을 원하는 게 분명한데, 그것을 말로 표현하기가 불가능하기 때문에, 단지 어렴풋이 느끼는 것을 애매한 말로 모호하게 표현할 뿐이라네.

그들이 같은 곳에 함께 누워 있을 때, 헤파이스토스[42]가 자신의 도구들을 든 채로 그들을 굽어보며, '인간들아, 너희가 서로에게 원하는 것이 무엇이냐'고 물었다고 생각해보세. 그런데 그들이 어떻게 대답할 줄 몰라 당혹해하자, 헤파이스토스가 다시 이렇게 물었다고 하지. d

'너희가 원하는 것이 이런 것, 그러니까 할 수만 있다면 늘 같은 곳에 서로 함께 있어서 밤이든 낮이든 서로에게서 떨어져 있지 않는 것이냐? 너희가 원하는 것이 그런 것이라면, 너희를 함께 녹여서 한 덩어리로 만들어 하나가 되게 해주겠다. 그러면 너희는 살아 있을 때는 한 사람이 되

---

42 헤파이스토스는 그리스 신화에 나오는 올림포스 열두 신 중 하나이다. 야금술, 금속공예, 조각 등을 관장하기 때문에 대장장이 신으로 불린다. 절름발이에 망치, 모루, 풀무, 부젓가락 같은 도구들을 든 모습으로 묘사된다.

어 함께 살아가게 될 것이고, 죽을 때에도 한 사람으로 함께 죽어 저승에 서도 두 사람이 아니라 한 사람으로 영원히 함께하게 될 것이다. 그러니 너희가 간절하게 원하는 것이 바로 그런 것인지, 너희가 그렇게 되기만 한다면 과연 만족할 것인지를 한번 생각해보거라.'

　　이런 말을 듣고 그 제안을 거절할 사람은 아무도 없을 것이고, 이것 말고 다른 것을 원하는 사람이 나타날 리도 만무하다는 것을 우리는 아 네. 도리어, 누구나 자기가 연애하는 사람과 함께 결합되고 녹여져서 둘 이 하나가 되기를 바랐기 때문에, 자신이 오래전부터 원했던 그런 제안

을 받았다고 생각할 것이 분명하네. 그런 식으로 둘이 하나로 결합되어 서 온전하게 된 것이 바로 인간의 원래 모습이기 때문이라네. 그리고 그 러한 온전함을 열망하고 추구하는 것에 붙여진 이름이 에로스라네.

　　이미 말했듯이, 우리는 전에 온전한 하나였지만, 잘못을 저지르는 바 람에 지금은 마치 라케다이몬 사람이 아르카디아 사람에게 그랬듯이,[43] 신에 의해 반으로 쪼개져서 살아가고 있다네. 그러니 우리가 신들에게 제대로 처신하지 않는다면, 다시 둘로 쪼개지거나 비석에 조각된 부조들 처럼 코를 따라 잘려서, 부절로 사용하기 위해 반으로 쪼갠 주사위 모습 을 하고 돌아다니게 되는 것은 아닐까 두렵다네.

　　그래서 우리는 모든 일에서 신들에게 경건히 행하여, 에로스를 우리 의 인도자와 지도자로 삼아, 다시 반으로 쪼개지는 일은 피하고, 다시 온 전한 하나로 합쳐지는 일을 이루어내라고 모든 사람에게 권해야 마땅하 네. 아무도 에로스에게 맞서지 않게 하게나. 신들의 미움을 사는 것이 바 로 에로스에게 맞서는 것이라네. 반면에, 에로스와 친구가 되어 화목하 게 지내면, 우리는 각자의 반쪽인 어린 연인을 찾아서 만나게 될 것인데,

---

43 스파르타인들이 아르카디아 지방의 도시였던 만티네이아를 파괴하고, 그 주민들을 네 개의 마을로 흩어져 살게 한 사건이 기원전 385년에 있었다. 이 연회가 열린 것은 기원 전 416년이기 때문에, 아마도 플라톤은 글을 쓰는 시점에서 이 사건을 아리스토파네스 의 입에 넣어 반영했던 것으로 보인다.

그런 일은 오늘날 소수만이 해내는 일이라네.

에릭시마코스, 자네는 마치 내가 파우사니아스와 아가톤을 염두에 두고 그들을 놀리려고 장난삼아 이런 말을 하는 것으로 생각하면서, 나의 말을 우스갯소리쯤으로 여기고 웃어넘기지 말아주게나. 아마도 이 두 사람은 그런 운 좋은 소수에 속하고, 두 사람 다 원래 남자였던 사람들의 반쪽일지도 모르겠네. 하지만 나는 남자와 여자 모두에 해당하는 말을 하는 것이라네. 즉, 모든 사람이 각각 자신의 진정한 어린 연인을 만나서 자신의 원래 모습으로 돌아감으로써 에로스를 완성할 때, 인류는 행복하게 될 것이라는 말일세.

지금 우리가 할 수 있는 것 중에서 이것과 가장 근접하게 가는 것이 우리에게 최선일 수밖에 없고, 그것이 바로 우리 마음에 맞는 본성을 타고난 어린 연인을 만나는 것이네. 그리고 우리에게 그런 일이 일어나게 해주는 신을 예찬하려면 에로스 신을 예찬하는 것이 옳네. 에로스 신은 우리를 이끌어 진정한 반쪽을 만날 수 있게 하여 지극히 큰 은덕을 베풀어주지 않는가? 그런 후에도 신들에게 경배하며 경건히 행하기만 하면, 우리를 치료하여 원래의 모습으로 되돌아가게 해서 행복하게 살아가게 해줄 것이라는 최고의 희망을 주기 때문이네."

아리스토파네스는 말했다네.

"에릭시마코스, 이상이 에로스에 관한 나의 이야기일세. 자네 것과는 다르지만, 그렇다고 해서, 내 얘기를 우스갯소리로 치부해서 놀리는 일은 하지 말게나. 다른 사람들이 무슨 얘기를 하는지를 들어보아야 하니까 말일세. 아니, 아가톤과 소크라테스 선생님이 남아 있으니, 두 분의 얘기라고 해야겠네."

그러자 에릭시마코스가 말했다고 하네.

"자네 말대로 하겠네. 자네의 얘기가 듣기 좋았기 때문이네. 소크라테스 선생님과 아가톤이 에로스에 관해 일가견이 있는 분들이라는 것을 모르고 있었다면, 이미 다양한 내용의 이야기가 나왔기 때문에, 나는 두

분이 무슨 말을 해야 할지를 몰라 곤란해하시지는 않을까 상당히 염려했을 것이네. 하지만 지금은 그런 염려가 전혀 없지."

194a 소크라테스께서 말씀하셨다네.

"자네는 이미 이 경연을 훌륭하게 치러냈으니 그런 말을 할 수 있을 것이네, 에릭시마코스. 하지만 이제 아가톤이 자기 얘기를 잘 해낸 후에 내가 어떤 말을 해야 할지 막막해하는 걸 안다면 자네 역시 나처럼 큰 두려움과 염려에 사로잡혀서 전전긍긍하고 있을 것이 틀림없네."

아가톤이 말했다네.

"소크라테스 선생님, 선생님은 좌중이 크게 기대하고 있다는 것을 알려 주셔서 절 당황하게 하시려고 그런 주문을 제게 걸고 계시는 것이군요."⁴⁴

소크라테스께서 말씀하셨다네.

b "아가톤, 나는 자네가 배우들과 함께 무대로 올라가서 그렇게 많은 관중을 정면으로 바라보면서도⁴⁵ 두려워하거나 당황하는 기색을 조금도 보이지 않는 모습에서 자네의 용기와 큰 배포를 보았다네. 그런 내가 지금 여기 있는 소수의 사람 때문에 자네가 당황할 것이라고 생각했다면, 나는 단단히 치매에 걸린 사람이겠지."

아가톤이 말했다고 하네.

"무슨 말씀이십니까, 소크라테스 선생님. 생각이 있는 사람에게는 식견을 지닌 소수가 식견이 없는 다수보다 무섭다는 것에 무지할 정도로 제 머릿속이 온통 극장과 청중으로 가득 차 있다고 보시는 건 아니시겠지요?"

c 소크라테스께서는 말씀하셨다네.

---

44 여기에서 아가톤은 좌중이 그에게 큰 기대감을 갖고 있다고 말함으로써 압박감을 느끼게 해서 얘기를 제대로 하지 못하게 하려는 목적으로 소크라테스가 그런 말을 한다고 농담을 던지고 있다.

45 작품을 쓴 작가는 공연을 시작하기 전에 먼저 모든 배우와 함께 무대에 올라가서 배우들을 직접 소개하는 것이 관례였다.

"아가톤, 만일 자네에게 미개하거나 교양 없는 면이 있다고 생각한 것이라면, 그것은 내가 잘못한 것이 되겠지. 하지만 나는 자네가 지혜롭다고 생각하는 소수의 사람을 만난다면, 다수의 대중보다도 그들에게 더 많이 신경을 쓰리라는 것을 잘 알고 있다네. 문제는 우리가 자네에게 그런 지혜로운 사람이 아니라는 것일세. 우리도 다른 사람과 함께 그 극장에 있었고, 따라서 대중의 일부였기 때문이네.[46]

그건 그렇다고 치고, 어쨌든 자네가 지혜롭다고 생각하는 어떤 사람들을 만났고, 그들 앞에서 자신이 추한 짓을 하고 있다고 생각했다면, 아마도 자네는 그들 앞에서 부끄러워했을 것이네. 그렇지 않은가?"

아가톤은 "맞는 말씀입니다"라고 말했다네.

"그렇다면 자네는 대중 앞에서 추한 짓을 한다고 생각하면서도, 부끄   d
러워하지 않겠다는 것인가?"

그러자 파이드로스가 끼어들어서 말했다고 하네.

"이보게 아가톤, 자네가 소크라테스 선생님에게 계속 대꾸를 하면 그분은 이 자리에서 지금 우리가 하려는 것이 어떻게 되든 전혀 관심을 두지 않으실 것이네. 대화 상대가 있고, 게다가 그가 아름다운 사람이라면 더욱 그렇지. 나도 소크라테스께서 대화하는 것을 듣고 싶지만 지금 이 자리에서 내가 해야 할 일은 에로스를 예찬하는 일에 집중해서, 각자에게서 에로스를 예찬하는 얘기를 받아내는 것이네. 그러니 두 분께서는 에로스 신에게 예찬을 드리고 난 후에 대화를 나누시지요."   e

---

46 소크라테스는 아가톤이 극장에 있던 다수의 대중 앞에서 전혀 당황하지 않았고, 그것은 그들을 지혜롭지 않은 자들로 보고 신경을 쓰지 않은 것이라는 말인데, 지금 자기를 비롯한 좌중에 있는 사람들도 그 대중에 속해 있었기 때문에, 아가톤이 자신들도 지혜로운 자들로 보지 않은 것이라는 논리를 전개하고 있다.

8. 아가톤의 에로스 예찬

아가톤이 말했다네.

"옳은 말이네, 파이드로스. 소크라테스 선생님과 다시 대화를 나눌 기회는 앞으로도 많을 것이니, 이제 나의 얘기를 시작해 보겠네.

무엇에 대해서 말할 것인지를 먼저 밝히고 나서, 그런 후에 본격적인 얘기를 해나가겠네. 내 생각에는 나보다 앞서 말한 분들은 모두 에로스 신 자체를 예찬한 것이 아니라, 그 신이 사람들에게 베풀어준 좋은 것으로 그들이 어떤 행복을 누리는지를 축하했을 뿐이고, 그러한 좋은 것을 베풀어준 그 신은 어떤 분인지에 관해서는 아무도 말하지 않았네.

우리가 누구를 예찬하든, 그것이 올바른 예찬이 되려면 한 가지가 필요하네. 그것은 우리가 예찬하려는 분이 어떤 존재인지를 말하고, 그런 후에 그런 분에게서 어떤 좋은 것들이 생겨나는지를 순서를 따라 차례로 조리 있게 설명하는 것이네. 그러니 우리가 에로스 신을 예찬할 때에도 그런 식으로, 먼저 그 신이 어떤 분인지를 말하고, 다음으로 그 신이 어떤 선물들을 주는지를 말하는 것이 옳네.

이렇게 말하는 것이 도리에 맞고 다른 신들의 분노를 살 일이 아니라면, 나는 모든 신들이 다 행복한 것은 사실이지만, 그중에서도 에로스 신은 가장 아름답고 가장 훌륭하기 때문에 스스로 가장 행복하다고 말하고 싶네.

에로스가 가장 아름다운 신인 것은 그가 이런 신이기 때문이네. 파이드로스, 먼저 그는 신들 중에서 가장 젊다네. 이 말이 옳다는 것을 보여주는 확실하고 강력한 증거는 에로스 신이 직접 보여주시지. 즉, 노년은 신속하게 찾아오고, 어쨌든 우리에게는 적어도 필요 이상으로 신속하게 찾아오는 것이 분명한데도, 에로스 신은 그 노년을 재빨리 피해버린다는 것이네. 에로스 신은 태생적으로 노년을 미워하고, 아주 멀리에서도 노년에게 다가오려고 하지 않는다네. 그리고 늘 젊은이들과 함께해왔고,

지금도 그러하다네. 서로 닮은 것끼리 어울린다고 하는 '유유상종'이라는 옛 말이 전혀 틀리지 않네.

그래서 나는 파이드로스가 한 말들 중에서 다른 많은 것에는 동의하지만, 에로스가 크로노스와 이아페토스[47]보다 더 오래되었다는 말에는 동의하지 않네. 도리어 나는 에로스는 신들 중에서 가장 젊고 영원히 젊다고 말하고 싶네. 그리고 신들과 관련해 헤시오도스와 파르메니데스에게 일어났다고 이야기한 저 아득한 옛날 일들이 사실이라고 한다면, 그런 일들은 에로스가 아니라 아낭케[48]로 말미암아 일어난 일이라고 말하고 싶네. 만일 에로스가 신들 중에 있었더라면, 당시 서로를 거세하거나 결박하는 일 같은 수많은 폭력적인 행위는 일어나지 않았을 것이고, 도리어 에로스가 신들을 다스린 때부터 지금에 이르기까지 그랬듯이, 우애와 평화가 지배했을 것이기 때문이네.

이렇게 에로스 신은 젊네. 그리고 젊을 뿐만 아니라, 부드럽고 연하다네. 신이 부드럽고 연하다는 것을 제대로 묘사하려면 호메로스 같은 시인이 필요하지. 호메로스는 아테[49]를 신이라고 말하면서, 이 여신이 부드럽고 연하다고, 그러니까 적어도 이 여신의 발이 부드럽고 연하다면서 이렇게 말하기 때문이네. '그녀의 발은 부드럽고 연해서, 땅 위를 걸어서 다가오지 않고, 사람들의 머리를 밟고 걸어다닌다네.' 여기에서 시인은

---

47 크로노스와 이아페토스는 그리스 신화에서 하늘의 신 우라노스와 대지의 여신 가이아 사이에서 태어난 티탄 열두 신에 속한 신들이다. 크로노스는 자신의 아버지인 우라노스의 남근을 잘라 거세시키고 나서 우주의 지배자인 최고신으로 등극하는데, 그에게서 제우스가 태어난다. 이아페토스는 프로메테우스의 아버지이고, 프로메테우스는 대홍수 이후 인류의 조상이 된 데우칼리온과 피라 부부를 낳았다. 이 부부 사이에서는 헬라스(그리스)인의 조상인 헬렌이 태어났다.

48 아낭케는 그리스 신화에서 피할 수 없는 운명을 신격화한 여신으로서, 시간을 움켜쥐고 있는 신 "크로노스"에게서 태어났다.

49 아테는 그리스 신화에서 어리석은 실수와 미망을 신격화한 여신이다. 제우스와 불화의 여신 에리스의 딸인 이 여신은 신들과 인간들을 현혹해 어리석은 일을 저지르게 한다. 여기 인용된 이 여신에 관한 묘사는 『일리아스』에 나온다.

여신이 딱딱한 것이 아니라 부드러운 것을 밟고 걸어다닌다는 것을 그녀가 부드럽고 연하다는 것을 보여주는 증거로 제시했다고 생각하네. 그러니 우리도 그 동일한 증거를 제시해서, 에로스 신이 부드럽고 연하다는 것을 증명해 보일 수 있을 것이네.

에로스는 땅 위로 걷지도 않고, 머리 위로 걸어다니지도 않지. 그런 것들이 사실은 그렇게 부드럽지 않다네. 모든 존재하는 것 중에서 가장 부드러운 것 위에서 걸어다니며 그 안에서 산다네. 그는 신들과 사람들의 성품과 영혼을 자기 거처로 삼고 있지. 게다가 아무 영혼이나 닥치는 대로 가리지 않고 거하는 것이 아니라, 딱딱한 성품을 지닌 영혼을 만났을 때는 떠나가고, 부드러운 성품을 지닌 영혼을 만났을 때라야 그 영혼을 자기 거처로 삼는다네. 이렇게 에로스는 가장 부드러운 것 중에서도 가장 부드러운 것을 거처로 삼아서, 거기에 발뿐만 아니라 자신의 모든 것을 두고 계속해서 접촉하기 때문에, 가장 부드럽고 연한 존재일 수밖에 없을 테지.

이렇게 에로스 신은 가장 젊고 가장 부드럽고 연하다네. 게다가 여기에 더하여 형체도 유연하지. 만일 그가 딱딱하다면, 한 영혼을 완전히 휘감지도 못할 것이고, 모든 영혼 속을 자유자재로 드나들지도 못할 것이네. 그의 형체가 균형 있고 유연함을 보여주는 중요한 증거로는 에로스 신이 지니고 있다는 뛰어난 우아함을 이구동성으로 든다네. 그래서 우아하지 못한 것과 에로스 사이에는 늘 전쟁이 있지. 그가 늘 만발한 꽃 속에서 지낸다는 사실은 그의 용모가 아름답다는 것을 보여주는 확실한

증표라네. 에로스는 몸이든 영혼이든 그 밖의 다른 곳이든, 꽃이 없거나 꽃이 있더라도 시들어버린 곳에는 내려앉지 않지만, 꽃이 만발해서 향기로운 곳이라면 어디든지 내려앉아 머무르기 때문이지.

에로스 신의 아름다움에 대해서는 아직도 할 말이 많지만, 이 정도로 충분할 것이기 때문에, 그다음으로 이 신의 미덕에 대해 말해야겠네. 에

로스 신의 가장 큰 미덕은 신이나 인간에게 나쁜 짓을 하지도 않고, 신이

나 인간에게 나쁜 일을 당하지도 않는다는 것이네. 폭력으로 에로스를 강제하는 것은 불가능한 까닭에, 폭력을 통해 그에게 어떤 일이 일어나게 할 수도 없고, 또한 누구나 모든 일에서 자발적으로 에로스에게 봉사하는 까닭에, 자신도 어떤 일을 폭력으로 행하지 않기 때문이지. 그리고 서로가 자발적으로 동의해서 하는 것들을 '국가의 왕인 법률'[50]도 정의롭다고 말한다네.

에로스는 정의만이 아니라 절제와도 많이 연관되어 있다네. 쾌락과 욕망을 다스리는 것이 절제인데, 그 어떤 쾌락도 에로스보다 더 강하지 않다고 모든 사람이 이구동성으로 말한다네. 그렇다면 쾌락은 에로스보다 더 약하기 때문에 에로스의 다스림을 받게 되고, 에로스는 쾌락을 다스리게 될 것이 분명하네. 따라서 우리는, 쾌락과 욕망을 다스리는 에로스는 지극히 탁월한 절제를 행하고 있다고 할 수 있네.

또한 용기와 관련해서는 '아레스조차 적수가 되지 못한다'는 말이 있 d 네. 전해 내려오는 이야기에 의하면, 에로스가 아레스에게 붙잡힌 것이 아니라, 아레스가 아프로디테의 아들 에로스에게 붙잡혔고,[51] 붙잡은 자는 붙잡힌 자보다 더 강한 자이기 때문이지. 따라서 모든 용기 있는 자들 중에 용기 있는 자를 제압한 에로스는 가장 용기 있는 자임에 틀림없네.

이렇게 에로스 신의 정의와 절제와 용기에 대해 말했으니, 이제는 지혜에 관한 것만 남았네. 우리의 힘이 닿는 데까지는 빠짐없이 얘기하려고 애쓰는 것이 마땅하지 않겠나. 먼저, 에릭시마코스가 자신의 기술(의술)에 경의를 표했던 것처럼, 나도 나의 기술에 경의를 표하면서 한 마디 e 하자면, 에로스 신은 아주 지혜로운 시인이어서, 다른 이들까지도 시인

---

50 소피스트인 고르기아스의 제자인 수사학자 알키다마스가 한 말로서, 아리스토텔레스의 『수사학』에 나온다.

51 아레스는 그리스 신화에서 올림포스 열두 신 중 한 명으로 전쟁의 신이다. 미의 여신이자 에로스의 어머니인 아프로디테의 연인으로도 유명하다. 호메로스의 『오디세이아』에는 아레스가 아프로디테와 밀애를 즐기다가 에로스에게 붙잡히는 장면이 묘사되어 있다.

으로 만들 정도네. '전에는 시가와 거리가 먼 자'일지라도, 에로스와 접촉한 자는 누구든지 시인이 된다네. 우리는 이것을 시인 에로스가 시가를 만들어내는 일에 탁월하다는 이유를 보여주는 증거로 삼아도 무방할 것이네. 자기가 갖고 있지 않거나 알고 있지 않은 것을 다른 이에게 주거나 가르친다는 것은 있을 수 없기 때문이네.

197a　　또한 모든 생물이 만들어지는 것도 에로스의 지혜 덕분이라는 것, 그러니까 모든 살아 있는 것이 에로스의 지혜로 생겨나고 자라는 것임을 누가 부정하겠는가?

　　그리고 장인들의 솜씨와 관련해서도, 에로스 신을 자신의 스승으로 삼은 자는 유명해지고 두각을 나타내지만, 에로스와 접촉하지 않은 자는 무명으로 남는다는 것을 우리는 알지 않는가? 궁술과 의술과 점술은 아폴론이 발견해내긴 했지만, 욕망과 에로스[52]의 지도를 받아 발견한 것이기 때문에, 아폴론도 에로스의 제자였던 것이네. 마찬가지로, 무사 여

b 신들은 시가에서, 헤파이스토스는 대장장이 기술에서, 아테나는 직조술에서, 제우스는 '신들과 사람들을 조종하는 기술'에서 에로스의 제자였네.

　　이런 이유에서, 신들이 하는 일들이 질서 있게 된 것은 추함을 지향하는 것이 전혀 없는 에로스가 태어나서, 신들 사이에서 아름다움에 대한 사랑이 생겨났기 때문임이 분명하네. 서두에서 이미 말했듯이, 에로스가 태어나기 전에는 아낭케가 지배했기 때문에, 신들 사이에서는 끔찍한 일들이 많이 일어났다고 하네. 하지만 아름다운 것들을 사랑하는 에로스 신이 태어나자, 신들과 사람들에게는 온갖 좋은 일들이 일어났다네.

c 　　파이드로스, 내가 말하려는 것은 이렇게 에로스는 가장 아름답고 훌

---

52 아폴론을 지도해서 궁술과 의술과 점술을 발견하게 한 것이 "욕망과 에로스"였다는 것은 에로스가 이 모든 신들의 영혼 속에 활동해서 그것을 발견하게 했다는 뜻이다. 나중에 언급하겠지만, 에로스는 본성적으로 완전한 것을 추구해나가는 구도적인 동력이기 때문에, 그런 것들을 행하고자 하는 욕망을 수반한다. 그래서 앞으로도 이 둘은 함께 언급된다.

룽하다는 것이 먼저이고, 그렇기 때문에 다른 것 속에 있는 그런 아름답고 훌륭한 것의 원인이 될 수 있었음이 그다음이라는 것이네. 그런데 문득 에로스 신이 어떤 일을 하는 분인지를 운율을 넣어 읊어보고 싶다는 생각이 드네. 에로스 신은 '사람들 가운데는 평화를, 바다에는 바람 한 점 없는 잔잔함을, 바람에게는 편안한 쉼을, 시름에 겨운 자에게는 잠을 주시는' 분이라네.

에로스는 지금 우리가 모인 것처럼 사람들을 함께 모이게 하여 축제와 가무와 제사를 행하게 하고는, 거기에서 인도자가 되어 사람들 사이에서 어색함은 말끔히 없애주고 친밀함은 가득 채워준다네. 또한 따뜻한 마음을 공급하고, 사납고 모진 마음은 쫓아주며, 선의는 차고 넘치게 하지만, 적의는 남기지 않으며, 선량한 자들에게는 자비롭다네. d

지혜로운 자들은 우러러보고, 신들은 탄복하며, 그를 가지지 못한 자들은 갖고 싶어 하고, 가진 자들은 소중히 여긴다네. 그는 화려함과 우아함과 섬세함과 열망과 그리움의 아버지라네. 선량하고 고귀한 자들은 그를 간절히 바라지만, 악한 자들은 그에게 눈길도 주지 않는다네. 우리가 괴로워하거나 두려워하거나 그리워하거나 대화할 때, 그는 최고의 길잡이고 호위무사이며 전우이고 구원자라네. e

한 마디로 말해서, 에로스는 신들과 사람들의 질서이고, 가장 아름답고 훌륭한 인도자이기 때문에, 그가 모든 신과 사람의 마음과 생각을 사로잡기 위해 부르는 노래에 모두가 동참하여 그를 예찬하며 그의 뒤를 따르는 것이 마땅하지."

아가톤이 말했다네.

"파이드로스, 이상이 에로스 신에게 바치는 나의 예찬일세. 내 딴에는 재미있는 것들과 진지한 것들을 적절하게 안배하려고 최선을 다했다네."

9. 소크라테스가 들려준 에로스 이야기

198a 아가톤이 말을 마치자, 참석자들은 모두 이 젊은이가 자신에게나 에로스 신에게나 적절한 말을 했다고 여겨서 환호하며 박수를 보냈다고 아리스토데모스는 말했다네. 그래서 소크라테스께서는 에릭시마코스를 쳐다보시며 말씀하셨다고 하네.

"아쿠메노스의 아들이여, 이런데도 자네 생각에는 조금 전에 내가 했던 염려가 쓸데없는 것으로 보이는가? 아가톤이 기가 막히게 말을 잘할 것이고, 그래서 나는 곤경에 처하게 될 것이라고, 아까 내가 예언자처럼 분명히 말하지 않았던가?"

에릭시마코스가 말했다네.

"제 생각에는 한 쪽, 그러니까 아가톤이 말을 잘할 것이라고 하신 것은 예언자처럼 말씀하신 것이 맞지만, 다른 한 쪽, 즉 선생님이 곤경에 처하게 될 것이라고 하신 말씀에 대해서는 저는 그렇게 생각하지 않습니다."

b 소크라테스께서 말씀하셨다네.

"이보게 축복받은 사람이여, 이렇게 온갖 것들을 다 갖춘 아름답고 현란한 얘기를 해놓고서는, 이제는 자네 차례이니 한번 얘기를 해보라고 한다면, 그 누구라도 어떻게 곤혹스러워하지 않을 수 있겠는가? 그 얘기의 다른 부분도 놀랍기는 하지만, 특히 끝부분에 나오는 저 아름다운 단어와 어구들을 듣고서, 넋이 나가지 않을 사람이 누가 있겠는가?

내가 하게 될 말은 도저히 그런 아름다운 이야기의 근처에도 갈 수 c 없겠다는 생각이 들자, 나는 창피해서, 할 수만 있다면 여기에서 정말 도망쳐 버리고 싶을 정도였네. 그의 얘기를 듣고 있자니, 고르기아스가 떠올랐고, 나는 호메로스가 들려준 일을 실제로 경험하게 되었다네.[53] 아가

---

53 고르기아스는 기원전 480-376년경에 활동한 대표적인 소피스트로서 탁월한 수사학자이자 웅변가였다. "호메로스가 들려준 일"은 『오디세이아』에서 오디세우스가 귀향길을 묻기 위해 저승으로 내려갔다가 저승의 여왕이자 하데스의 아내인 페르세포네가 "고르

톤이 자기 얘기를 끝내면서, 그 얘기 속에서 활동했던 저 지독하게 말 잘하는 고르기아스의 머리를 내게 보내 나를 돌로 만들어서 말 한 마디 할 수 없게 만들어버리면 어쩌나 하는 두려움이 나를 엄습했기 때문이지.

그리고 그때서야 비로소 나는 내가 얼마나 한심하고 어처구니없는 짓을 했는지를 알게 되었네. 예찬한다는 것이 무엇이고 어떻게 해야 하 d 는 것인지에 대해 아무것도 모르면서, 에로스에 관한 문제라면 일가견이 있노라고 큰소리치고는, 내 차례가 오면 자네들과 함께 에로스를 예찬하겠다고 약속했으니 말일세. 어리석게도 나는 어떤 것을 예찬하든지 그 대상에 관련한 진실을 말해야 한다고 생각했다네. 그리고 그 진실들을 기반으로 삼아서, 그중에서 가장 아름다운 것을 선별해내어서 가장 적절한 방식으로 배열해야 한다고 생각했지. 그래서 나는 어떤 것을 예찬한다는 것이 무엇인지를 제대로 알고 있기 때문에, 내가 말을 잘하게 되리라 생각해서 자신에 차 있었던 것이네.

그런데 이제 보니, 어떤 것을 예찬한다는 것은 그런 것이 아니고, 도 e 리어 진실이든 아니든 가장 위대하고 아름다운 것을 그 대상에게 돌리는 것이며, 그렇게 예찬하는 말들이 거짓이라고 해도, 그런 것은 전혀 중요하지 않은 것 같네. 이것은 아마도 앞에서 이 주제를 정할 때, 각자가 진정으로 에로스를 예찬해야 하는 것이 아니라, 단지 어떻게 해서든지 예찬하는 것처럼 보이기만 해도 될 것처럼 말했기 때문으로 보이네.

바로 그런 이유로, 자네들은 온갖 말을 총동원해서 에로스에게 돌리며, 그는 이러저러해서 대단한 분이고, 따라서 이러저러한 놀라운 것들의 원인이 되신다고 함으로써, 그분을 가장 아름답고 훌륭한 것처럼 보 199a 이게 했다고 생각하네. 그리고 모르는 자들에게는 그렇게 보일 것이 분

곤"이라는 괴물 세 자매를 보내어 자기를 돌로 만들어버릴 것을 두려워하여 얼른 저승을 나왔다고 한 얘기를 가리킨다. "고르곤"의 얼굴을 보는 사람은 돌로 변하기 때문이었다. 소크라테스는 여기에서 "고르기아스"와 "고르곤"을 교묘하게 연결시켜서 자신의 두려움을 표현한다.

명하지. 하지만 아는 자들에게는 그렇지 않을 것이네. 어쨌든 자네들의
예찬은 아름답고 장엄했네.

하지만 나는 그런 식으로 예찬해야 한다는 것을 알지 못했네. 그것을
몰랐기 때문에, 내 차례가 오면 나도 예찬하겠다고 약속한 것이었네. '따
라서 혀가 약속한 것이었을 뿐이고, 마음은 아니었네.' 그러니 그 약속은
없었던 것으로 하세. 나까지 그런 식으로 예찬하지는 않을 것이기 때문
이네. 아니, 사실은 그런 식으로 예찬할 능력이 내게는 없다네.

자네들과 겨루는 방식으로 내 얘기를 했다가는 웃음거리만 될 것이
니 그렇게 할 생각은 없네. 다만 자네들이 원한다면, 내 나름대로의 방
식을 따라 진실을 말하고 싶네. 그러니 파이드로스, 그때그때 머리에 떠
오르는 단어와 어구를 배열해서 에로스와 관련된 진실을 들려주는 그런
얘기라도 듣고 싶은지를 자네가 한번 생각해보게나."

그러자 파이드로스를 비롯해서 그 자리에 있던 사람들은 그분이 옳
다고 생각하는 그런 방식으로 말씀해주시기를 강력히 요청했다고 하네.

그분은 말씀했다네.

"그렇다면 파이드로스, 아가톤에게 몇 가지 사소한 질문을 하는 것을
허락해주게. 내 방식으로 이야기를 시작하기 전에, 먼저 그에게 동의를
받아낼 것이 있어서 그렇다네."

파이드로스가 말했다네.

"물론 허락합니다. 질문하시지요."

그러자 소크라테스께서는 대략 다음과 같은 말씀으로 얘기를 시작하
셨다고 하네.

"이보시게 친애하는 아가톤, 자네가 먼저 에로스가 어떤 분인지를 밝
히고, 그런 후에 그가 어떤 일들을 하는지를 말해야 한다고 한 것은 이야
기의 실마리를 정말 제대로 훌륭하게 풀어간 것이라고 생각하네. 자네
가 그런 식으로 이야기를 시작한 것에 정말 감탄했네. 따라서 자네는 에
로스의 다른 점에 대해서는 이미 아름답고 장엄하게 말해주었으니, 이제

이 점에 대해서도 말해주게. 에로스는 어떤 대상에 대한 사랑인가, 아니면 대상 없이도 존재할 수 있는 사랑인가?[54]

나는 에로스에게 어머니나 아버지가 있는지를 묻는 것이 아니네. 에로스가 어느 어머니나 아버지의 에로스인지, 그렇지 않은지를 묻는 것은 어처구니없는 질문이지 않겠는가. 이런 질문은 아버지와 관련해서, 아버지는 누군가의 아버지인가 아닌가라고 물은 것과 같다네. 내가 그렇게 물었을 때, 자네가 올바르게 대답하려면 아버지는 어느 아들 또는 딸의 아버지라고 말할 것이 분명하네. 그렇지 않은가?"

"물론입니다"라고 아가톤은 말했다네.

"그러니 어머니에 대해서도 자네는 똑같이 말하겠지?"

아가톤은 그렇다고 대답했다네.

소크라테스께서 말씀하셨다네.

"그러면 계속해서 몇 가지만 더 대답해주게. 내가 말하고자 하는 것을 자네가 좀 더 잘 이해할 수 있게 하려고 그러는 것이네. 내가 이렇게 묻는다면, 무엇이라고 할 텐가? 어떤 형제가 정말 형제라고 할 때, 형제는 누군가의 형제인가, 그렇지 않은가?"

아가톤은, 형제는 누군가의 형제라고 말했다고 하네.

"그러니까 형제는 어떤 형제 또는 자매의 형제겠지?"

아가톤은 그렇다고 말했다네.

"그렇다면 에로스에 대해서도 한번 말해보게나. 에로스는 어떤 대상에 대한 사랑인가 아니면 대상 없이도 에로스는 존재하는가?"

---

54 "무엇의 에로스"는 그리스어로 '티노스 에로스'인데, '티노스'는 "무엇의"도 되고 "누구의"도 된다. 따라서 이 질문을 "누구의 에로스"로 받아들인다면 에로스에게 어머니나 아버지가 있는지를 묻는 것이 된다. 반면에, "무엇의 에로스"로 받아들인다면 에로스의 대상을 묻는 질문, 그러니까 "무엇에 대한 에로스"인지를 묻는 것이 된다. 여기에서는 전후 문맥상 후자로 해석된다. 즉, 에로스는 어떤 것을 대상으로 한 것인지, 아니면 아무런 대상도 없는 것인지를 묻는 질문이 된다. 대상이 없는 에로스는 에로스일 수 없기 때문이다. 이것은 어떤 남성에게 아들이나 딸이 없다면, 그는 아버지일 수 없는 것과 같다.

"당연히 대상이 있어야지요."

소크라테스께서 말씀하셨다네.

"그렇다면 그것은 자네 머릿속에 잘 기억해두고, 이것에 대해서만 말해주게. 에로스가 무엇에 대한 에로스라면, 에로스는 그 무엇을 욕망하는가, 욕망하지 않는가?"[55]

"물론 욕망합니다"라고 아가톤이 말했다네.

"에로스가 무엇인가를 욕망하고 연애하는 것이라면, 그 일은 자기가 욕망하고 연애하는 것을 가지고 있을 때인가, 아니면 가지고 있지 않을 때 일어나는가?"

"아마도 가지고 있지 않을 때일 가능성이 큰 것 같습니다"라고 아가톤이 말했다네.

소크라테스께서 말씀하셨다네.

"욕망하는 것은 자신에게 결핍된 것을 욕망하는 것이고, 결핍되어 있지 않을 때에는 욕망하지 않는다는 것은 단지 그럴 가능성이 크다는 정
b 도가 아니라, 필연적으로 그런 것은 아닌지 한번 잘 생각해보게. 아가톤, 그것이 필연일 수밖에 없다는 것이 내게는 너무나 분명해 보인다네. 자네는 어떻게 생각하는가?"

"저도 그렇게 생각합니다"라고 아가톤이 말했다네.

"그렇다네. 어떤 사람이 이미 키가 크다면, 그는 큰 키를 욕망하겠는가? 또, 어떤 사람이 힘이 세다면, 센 힘을 욕망하겠는가?"

"우리가 방금 동의한 바에 의하면, 그것은 불가능하지요."

"그렇다면 그들에게는 이미 그런 것들이 있어서, 결핍되어 있지 않기

---

55 여기에서 '에로스'와 '욕망'의 관계가 설명된다. '에로스'의 대상이 존재한다면, '에로스'(연애)는 반드시 그 대상을 원하고 열망하고 열렬히 사모하여 추구하는 것과 같은 '욕망'을 갖게 되어 있다는 것이다. 그래서 이 관계성을 분명히 하기 위해서, 여기서는 "원하다"나 "열망하다"가 아니라, 조금 어색하기는 하지만 "욕망하다"로 번역했다. 또한 '에로스'는 그 대상을 열렬히 사랑하여 그리워하고 욕망한다는 의미에서의 "연애"라는 뜻을 지닌다.

때문이겠지."

"맞는 말씀입니다."

소크라테스께서 말씀하셨다네.

"힘이 센 사람이 센 힘을 욕망하고, 민첩한 사람이 민첩하기를 욕망하며, 건강한 사람이 건강을 욕망한다고 해보세. 누군가는 이 모든 것과 그 비슷한 것을 이미 가진 사람이라도 그런 것들을 욕망할 수도 있다고 할 수 있기 때문에, 그런 생각이 그럴 듯하다고 여겨져서 속아넘어가지 않도록 하려고 이런 말을 하는 것이네.

아가톤, 잘 생각해보면, 그런 것들을 가지고 있는 사람들은 자신이 그런 것들을 욕망하든 욕망하지 않든 필연적으로 가지고 있을 수밖에 없네. 그런데 그들이 왜 그런 것들을 욕망할까?

만일 어떤 사람이 '나는 건강하지만 건강을 욕망한다'라거나, '나는 부자이지만 부자로 살기를 욕망한다'라거나, '나는 이런저런 것들을 가지고 있지만 그런 것들을 갖기를 욕망한다'고 말한다면, 우리는 그에게 이렇게 말할 것이네. '이보시게, 당신은 지금 부와 건강과 힘을 소유하고 있으니, 미래에도 그런 것들을 소유하기를 욕망하는 것이 아니겠소. 현재는 당신이 욕망하든 욕망하지 않든 그런 것들을 가지고 있기 때문이오. 그러니 당신은 '지금 내가 가진 것들을 욕망한다'라고 말할 때마다, '현재 내가 가진 것을 미래에도 갖고 있기를 욕망한다'는 뜻으로 말하는 것은 아닌지 잘 생각해보시오.' 그러면 그는 그렇다고 동의하지 않겠는가."

아가톤은 그럴 것이라고 말했다고 하네.

소크라테스께서는 말씀하셨다네.

"그렇다면 그것은 아직 그에게 갖추어져 있지 않고 자신이 갖고 있지 않은 것, 즉 미래에 그에게 들어와서 있게 될 것을 연애하는 것이지 않겠는가?"

"물론입니다"라고 아가톤이 말했다네.

"그렇다면 방금 예로 든 이 사람을 비롯해서 무엇인가를 욕망하는 모든 사람은 자기에게 갖추어져 있지 않고 자신에게 있지 않은 것, 즉 자기가 가지고 있지 않은 것, 또는 자신이 어떤 것이 되고자 하지만 아직 되지 못한 것, 또는 자신에게 결핍되어 있는 것을 욕망하는 것이네. 욕망은 바로 그런 것들에 대한 욕망이고, 에로스는 바로 그런 것들에 대한 연애 겠지."

"물론입니다"라고 아가톤이 말했다네.

소크라테스께서 말씀하셨다네.

"그러면 우리가 지금까지 말한 것 중에서 서로 동의한 것을 정리해본 다면, 첫째로는, 에로스는 어떤 대상에 대한 연애라는 것이고, 둘째로는, 거기에서 말하는 어떤 대상은 에로스에게 결핍되어 있는 것이겠지?"

201a

"예"라고 아가톤이 말했다네.

"이런 것들을 토대로 해서, 자네가 한 이야기 속에서 에로스를 무엇에 대한 에로스라고 했는지를 상기해보게. 자네가 원한다면, 내가 자네에게 상기시켜주겠네. 나는 자네가 이런 식으로 말했다고 생각하네. 그러니까 추한 것들에 대한 에로스는 존재하지 않기 때문에, 아름다운 것들에 대한 에로스를 통해서 신들의 일이 정립되었다고 말일세. 자네는 그런 식으로 말하지 않았나?"

"그렇게 말했지요"라고 아가톤이 말했다네.

소크라테스께서는 말씀하셨다네.

"이보시게, 자네의 말은 적절했네. 그런데 그것이 사실이라면, 에로스는 아름다움에 대한 연애이고, 추함에 대한 연애는 아니지 않겠는가?"

아가톤은 그렇다고 말했다네.

b

"그런데 우리는 에로스는 자신에게 결핍되어 있고 가지고 있지 않은 것, 바로 그것을 연애한다는 데 동의하지 않았던가?"

"예"라고 아가톤이 말했다네.

"그렇다면 에로스는 아름다움이 결핍되어 있고 아름다움을 가지고 있지 않는 것이네."

"그렇게 될 수밖에 없겠습니다"라고 아가톤이 말했다네.

"어떠한가? 자네는 아름다움이 결핍되어 있고 아름다움을 소유하고 있지 않은 것을 아름답다고 말하려는가?"

"당연히 그렇지 않습니다."

"그런데도 자네는 여전히 에로스가 아름답다는 데 동의하는가?"

그러자 아가톤이 말했다네.

"소크라테스 선생님, 그때는 제가 아무것도 모른 채 섣부르게 그런 말을 한 것 같습니다."

그분이 말씀하셨다네.

c

"그래도 아가톤, 자네 얘기는 훌륭했네. 그런데 별것 아니긴 하지만 한 가지만 더 대답해주게나. 자네는 좋은 것이 아름다운 것이기도 하다고 생각하지 않는가?"

"저는 그렇게 생각합니다."

"에로스에는 아름다운 것이 결핍되어 있고, 좋은 것이 아름다운 것이기도 하다면, 에로스에는 좋은 것도 결핍되어 있는 것이 되네."

"소크라테스 선생님, 저는 선생님의 말씀을 반박할 수 없으니, 선생님이 그냥 계속 말씀해주십시오"라고 아가톤이 말했다네.

그분이 말씀하셨다네.

"이보시게 아가톤, 자네가 반박할 수 없는 것은 진리뿐이라네. 소크라테스를 반박하는 것이야 뭐가 그리 어려운 일이겠는가.

그러면 이제부터는 자네를 놓아주고, 내가 전에 만티네이아 출신의 예언녀인 디오티마[56]에게서 들었던 에로스에 관한 얘기를 해주겠네. 그녀는 에로스에 관한 것은 물론이고 그 밖의 다른 많은 것에서도 지혜로

d

---

56 만티네이아는 고대 그리스의 펠로폰네소스 반도 중부의 아르카디아 지방에 있던 도시 국가이다. 기원전 500년경에 다섯 마을이 모여 도시국가를 이루어 민주정을 시행하였다. 디오티마는 실존 인물이 아니라 플라톤이 지어낸 인물로 보인다.

운 여인이었네. 한번은 아테네 사람들로 하여금 미리 신들에게 제사를 지내고 제물을 바치게 해서 역병疫病의 발생을 십 년이나 늦춘 적도 있었다네. 내게 에로스에 관한 것을 가르쳐준 것도 그 여인이었네. 그래서 나는 나와 아가톤이 동의한 것들을 기반으로 삼아 될 수 있으면 나 혼자서, 그 여인이 내게 해준 얘기를 자네들에게 자세하게 들려주려고 하네.

e   아가톤, 자네가 말했듯이, 에로스가 누구이고 어떤 분인지를 먼저 말하고, 그런 후에 에로스가 하는 일들을 말하는 것이 마땅하네. 내가 그런 식으로 말하자면, 내 생각에는 그때 그 이방 예언녀가 이런저런 것들을 세세하게 물으면서 내게 들려준 얘기를 자네들에게 그대로 전하는 것이 가장 손쉬운 길로 보이네.

그때 나는 아가톤이 조금 전에 내게 했던 말들, 즉 에로스는 위대한 신이고 아름다운 것에 대한 에로스라는 것 등으로 거의 동일한 말을 예언녀에게 했고, 그녀는 아까 내가 아가톤에게 사용했던 것과 동일한 논리를 사용해서, 나의 논리를 따르자면 에로스는 아름답지도 않고 좋지도 않은 것이라고 하며 나를 반박했다네.

그래서 나는 말했네.

'디오티마여, 지금 무슨 말씀을 하시는 것입니까? 그렇다면 에로스는 추하고 나쁘다는 것인가요?'

그녀가 말했다네.

'어떻게 그런 말을 하나요? 혹시 아름답지 않은 것은 무엇이든 추할 수밖에 없다고 생각하는 것인가요?'

202a   '당연하지요.'

'그렇다면 지혜롭지 않은 것은 무엇이든지 무지한 것인가요? 지혜와 무지 중간에 무엇인가가 존재한다는 것을 깨닫지 못했나요?'

'그것이 무엇입니까?'

그녀가 말했다네.

'옳은 생각을 지니고 있으면서도 근거를 제시하면서 설명할 수 없는 것은, 그대도 알듯이, 아는 것도 아니고 모르는 것도 아니지요. 근거를 대며 설명할 수 없는데 어떻게 아는 것이라고 할 수 있으며, 진실과 통해 있는데 어떻게 모르는 것이라고 할 수 있겠어요? 그러니 옳은 생각이 바로 그런 것, 즉 지혜와 무지의 중간에 있는 것이지요.'

'맞는 말씀입니다'라고 나는 말했다네.

그녀가 말했지.

b

'그러니 아름답지 않은 것은 추한 것이라거나, 좋지 않은 것은 나쁜 것이라고 고집하지 마세요. 마찬가지로, 에로스가 아름답지도 않고 좋지도 않다는 것에 그대가 동의했다고 해서, 에로스는 추하고 나쁜 것일 수밖에 없다고 말할 생각은 아예 하지 말고, 그 둘의 중간에 있는 어떤 것이라고 생각하세요.'

'하지만 에로스가 위대한 신이라는 것은 모든 사람이 동의합니다'라고 내가 말했지.

'그대가 말한 모든 사람은 알지 못하는 자만을 가리키나요, 아니면 아는 자들도 가리키는 것인가요?'라고 그녀는 말했다네. c

'물론 둘 다를 가리키는 것입니다.'

그러자 그녀는 나를 쳐다보고 웃으며 말했네.

'소크라테스여, 어떤 사람들은 에로스를 신이 아니라고 말하는데, 그런 사람들이 어떻게 에로스가 위대한 신이라는 데 동의하겠어요?'

'그런 사람들이 누구입니까?'라고 내가 말했다네.

'그중 한 명은 그대이고, 나 또한 그중 한 명이지요'라고 그녀는 말했지.

'어째서 그런가요?'라고 나는 말했다네.

그녀는 이렇게 말했지.

'그 이유는 간단해요. 어디 한번 내게 말해보세요. 그대는 모든 신들이 행복하고 아름답다고 말하지 않나요? 아니면, 신들 중에도 아름답지도 않고 행복하지도 않은 분이 있다고 말할 자신이 있나요?'

'제우스를 걸고 맹세하건대, 저는 그럴 자신이 없습니다'라고 나는 말했다네.

'그대는 좋은 것들과 아름다운 것을 소유하고 있는 자들을 행복하다고 말하지 않나요?'

'물론입니다.'

d   '하지만 그대는, 에로스는 좋은 것들과 아름다운 것들이 자신에게 결핍되어 있어서, 자신에게 결핍되어 있는 그런 것을 욕망한다는 데 동의하지 않았나요?'

'분명히 동의했습니다.'

'그렇다면 에로스는 아름다운 것들과 좋은 것들을 가지고 있지 못한 것인데, 그런 그가 어떻게 신일 수 있나요?'

'제가 보기에는, 결코 신일 수 없습니다.'

'그래서 그대는 에로스를 신이라고 생각하는 것이 아니군요'라고 그녀는 말했네.

나는 말했다네.

'그렇다면 에로스는 어떤 존재인가요? 죽을 수밖에 없는 존재[57]인가요?'

'절대로 그렇지 않아요.'

'그러면 도대체 어떤 존재인가요?'

'앞에서도 말했듯이, 죽을 수밖에 없는 것과 영원히 죽지 않는 것의 중간에 위치해 있는 존재지요'라고 그녀는 말했지.

'그것이 어떤 존재인가요, 디오티마여.'

e   '소크라테스여, 에로스는 위대한 다이몬[58]이지요. 모든 다이몬은 신

---

57 "죽을 수밖에 없는 존재"는 일반적으로는 인간에 대해서 사용되는 표현이지만, 사멸되는 모든 것도 여기에 해당된다. 반면에, 신들은 "영원히 죽지 않는 존재"이다. 소크라테스는 이 두 종류의 존재밖에 없다고 생각하고서, 에로스가 신이 아니라면 인간과 똑같이 "죽을 수밖에 없는 존재"인지 묻고 있다.

58 고대 그리스인들은 에로스를 신이라고 불렀기 때문에, 그들이 '신들'이라고 부른 존재에는 영원히 죽지 않는 존재인 신들과 신은 아니지만 신적인 존재인 다이몬들이 포함

과 죽을 수밖에 없는 것의 중간에 있는 존재이니까요.'

'다이몬에게는 어떤 능력이 있습니까?'라고 나는 말했네.

'다이몬은 사람들이 바치는 기도와 제사를 신들에게 해석하고 전달하며, 신들로부터 오는 명령과 제사에 대한 응답을 사람들에게 해석하고 전달해주는 역할을 하지요. 이렇게 다이몬들은 신들과 인간의 중간에서 공백을 메워주기 때문에, 만물 전체가 다이몬을 통해서 함께 결합되는 것이지요. 온갖 종류의 점술은 물론이고, 제사나 의식이나 온갖 예언 203a이나 주술과 관련된 제관들의 기술도 다이몬 덕분에 가능하지요. 신은 인간을 직접 상대하지 않기 때문에, 사람들이 깨어 있을 때든 잠들어 있을 때든, 신들과 사람들 간의 모든 교류와 대화는 다이몬을 통해서 이루어지죠. 그래서 그런 일들에 지혜로운 사람은 다이몬과 소통하는 인간인 반면에, 전문적인 기술이나 손기술 같은 다른 것들에 능통한 사람은 그저 미천한 기술자일 뿐이에요. 이런 다이몬들은 수도 많고 그 종류도 다양한데, 에로스도 그런 다이몬들 중 하나지요.'

'그렇다면 에로스의 아버지와 어머니는 누구입니까?'라고 나는 말했다네.

그녀는 말했지.   b

'그 얘기를 자세하게 하자면 꽤 길기는 하지만, 그대에게 들려주도록 하죠. 아프로디테가 태어나자, 신들은 연회를 베풀었지요. 그 자리에는 다른 신들도 있었지만, 메티스(계책)의 아들 포로스(방도)도 있었지요. 신들이 식사를 마쳤을 때, 연회가 열릴 때마다 늘 그러하듯이, 페니아(궁핍)가 구걸하기 위해서 문앞에 와 있었어요.[59] 이때에 포로스에게는 포도주

된다.

59 여기에 언급된 것은 제우스와 디오네 사이에서 태어난 "범속의 아프로디테"이다. "메티스"는 티탄 신족의 여신으로서 제우스의 첫 번째 아내이고, 지혜의 여신 아테나의 어머니이다. "포로스"는 "방도, 방편"을 뜻하는데, 어떤 상황에서도 살길을 찾아나가는 능력을 지닌 풍요와 부의 신이다. 이 신과 관련된 이야기는 여기에 나오는 것이 전부이다. "페니아"는 가난과 궁핍의 여신으로서, 그녀가 낳은 에로스는 아프로디테가 기른다.

가 없었기 때문에 넥타르[60]를 마시고 취해서, 제우스의 정원에 들어가서는 술기운으로 잠들고 말았지요. 이때에 페니아는 방도가 없어서 어려운 자신의 처지를 한탄하며 포로스의 아이를 가져야겠다고 결심하고는, 포로스와 동침하여 에로스를 임신하게 된 것이지요. 에로스가 아프로디테의 추종자이자 심복이 된 것은 아프로디테의 탄생을 축하하던 바로 그날에 잉태되었기 때문이죠. 하지만 에로스는 태생적으로 아름다운 것을 사랑하는 자였고, 아프로디테가 아름다웠기 때문이기도 하죠.

그런데 에로스는 포로스와 페니아의 아들이었기 때문에, 그의 운명은 이러했습니다. 먼저 그는 늘 가난했죠. 그리고 많은 사람이 생각하는 것과는 달리, 부드러운 피부와 아름다운 용모를 지니기는커녕, 딱딱하고 거친 피부에 맨발로 다녔고, 거처도 없어서 대문 밖이나 길 위에서 이불도 없이 언제나 맨땅에 누워서 오직 하늘을 지붕 삼아 잠이 들곤 했어요. 어머니의 본성을 물려받아서 그에게는 항상 궁핍이 붙어 다녔기 때문이지요. 반면에, 아버지를 닮아서 아름다운 것과 좋은 것을 손에 넣을 계책을 꾸미는 수완이 대단한데다, 용감하고 대담하며 열정적이었죠. 노련한 사냥꾼이어서 늘 무슨 수를 짜내며, 궁리하는 것을 좋아해서 지략이 풍부하고, 일생 동안 지혜를 사랑하며, 노련한 마법사에다가 약초를 다루는 일과 말솜씨에 뛰어났습니다.

에로스는 영원히 죽지 않는 존재로 태어나지도 않았고, 죽을 수밖에 없는 존재로 태어난 것도 아니지요. 잘나갈 때에는 수완을 발휘해서 일이 잘되어서 하루아침에 번창해 반짝 초호화판으로 살아가지요. 그러다가 금세 다시 쫄딱 망해 거의 초주검이 되지만, 아버지에게서 물려받은 본성 덕분에 되살아나곤 하죠. 에로스가 발휘하는 수완들은 조금씩 새는

---

60 넥타르는 신들의 음료로서 포도주와 유사한 술이었고, 올림포스에서 신들의 연회가 벌어질 때에는 언제나 술잔에 넥타르를 부어 마셨다. 한편 신들이 먹는 음식은 "암브로시아"라고 불렀다. 이 둘은 강력한 생명력을 지닌 음식이어서 인간이 먹으면 영원히 죽지 않는 존재가 될 수 있었다고 한다.

것들이어서, 그는 수완이 없지는 않지만 부유하지도 않고, 지혜와 무지의 중간에 있지요. 그렇게 된 데에는 다 이유가 있죠.

204a

신들은 아무도 지혜를 연애하거나 지혜로워지기를 욕망하지 않아요. 이미 지혜롭기 때문이죠. 이미 지혜롭게 된 자는 누구든지 지혜를 연애하지 않는 법이지요. 마찬가지로, 무지한 자들도 지혜를 연애하거나 지혜롭게 되기를 욕망하지도 않지요. 무지가 난감하고 위험한 이유는 이런 데 있죠. 즉, 무지한 자는 아름답지도 않고 훌륭하지도 않으며 지혜롭지도 않은데도, 자기가 그 모든 것을 다 갖추고 있어서 부족함이 없다고 착각하죠. 그리고 자기에게 아무것도 결핍되어 있지 않다고 생각하기 때문에, 자기에게 결핍되어 있지 않다고 생각하는 것을 욕망하지 않아요.'

'디오티마여, 지혜를 연애하는 사람들이 지혜로운 자도 아니고 무지한 자도 아니라면, 도대체 어떤 사람입니까?'라고 나는 말했다네.

그녀는 말했지.

b

'이쯤 얘기했으면, 그들은 그 두 부류의 중간에 있고, 에로스도 마찬가지라는 것은 어린아이도 이미 알았겠네요. 지혜는 가장 아름다운 것 중의 하나이고, 에로스는 아름다운 것에 대한 연애이기 때문에 지혜를 연애하는 분일 수밖에 없죠. 또한 지혜를 연애하는 분이기 때문에, 지혜로운 자와 무지한 자의 중간에 있는 분일 수밖에 없죠. 그가 이렇게 된 원인은 그의 출생에 있습니다. 그러니까 지혜롭고 수완이 좋았던 아버지와 지혜롭지도 못하고 수완도 없었던 어머니에게서 태어났기 때문이죠.

c

친애하는 소크라테스여, 이것이 에로스라는 다이몬의 본래 모습입니다. 하지만 그대가 에로스가 어떤 분인가와 관련해서 이것과 다르게 생각한 것은 전혀 이상한 일이 아니지요. 그대가 말한 것에서 추측했을 때, 그대는 에로스는 연애하는 주체가 아니라 연애의 대상이라고 생각했던 것 같아요.[61] 그 때문에 에로스는 그대에게 더할 나위 없이 아름다운 존

---

61 디오티마가 한 이 말은 지금까지 에로스를 예찬했던 모든 사람의 관점이 어떠했는지를

재로 보였던 것이지요. 연애의 대상은 언제나 실로 아름답고 부드러우며 완벽하고 축복받은 것으로 보이기 때문이죠. 하지만 연애하는 주체는 그런 것과는 다른 모습, 즉 내가 앞에서 설명한 그런 모습을 하고 있지요.'

나는 말했다네.

'좋습니다, 이방 여인이시여. 훌륭한 말씀입니다. 하지만 에로스가 그런 분이라면, 사람들에게 무슨 유익이 있겠습니까?'

d 그녀가 말했지.

'소크라테스여, 내가 다음으로 그대에게 가르쳐주고자 하는 것이 바로 그것이지요. 나는 에로스가 어떤 분이라는 것도 말했고, 어떻게 태어났는지에 대해서도 이미 말했습니다. 그리고 그대가 말한 것처럼, 에로스는 아름다운 것들을 연애하는 것이고요. 그런데 어떤 사람이 우리에게 이렇게 묻는다고 생각해보겠습니다. 「소크라테스와 디오티마여, 에로스는 아름다운 것을 연애하는 일이라는 말이 무슨 의미인가요? 쉽게 말하면 이런 질문입니다. 즉, 아름다운 것을 연애하는 사람은 무엇을 연애하는 것인가요?」'

내가 말했다네.

'아름다운 것들을 자기 것이 되게 하려는 것이겠지요?'

'하지만 그런 대답은 또 다른 질문, 즉 「아름다운 것을 손에 넣은 그 사람은 결국 무엇을 얻게 되나요」라는 질문을 낳습니다.'

나는 그 질문에는 즉시 대답할 수 없다고 말했다네.

e 그녀는 말했지.

'그러면 누군가가 아름다운 것이라는 표현 대신에 좋은 것이라는 표현을 사용해서 질문을 바꾸어, 「그럼, 소크라테스여, 좋은 것을 연애하는

보여준다. 즉, 그들은 에로스 신을 연애의 주체가 아니라, 자신이 연애하는 대상으로 보았기 때문에, 일방적으로 완벽하게 아름다운 존재로 묘사할 수밖에 없었다는 것이다. 하지만 에로스 신을 연애를 행하는 주체로 보는 경우에는, 에로스 신은 결핍이 있는 존재일 수밖에 없다. 연애는 자신에게 결핍된 것을 그리워하고 욕망하는 것이기 때문이다.

자는 무엇을 연애하는 것인가요」라고 물었다고 해보죠.'

'좋은 것을 자기 것이 되게 하는 것이겠지요'라고 나는 말했다네.

'좋은 것을 자기 것이 되게 한 그 사람은 무엇을 얻습니까?'

나는 말했다네.

'그 질문에는 대답하기가 좀 더 쉽습니다. 그는 행복해질 것입니다.'

그녀는 말했네.

205a

'행복한 자들은 좋은 것을 소유해서 행복한 것이기 때문에, 행복해지기를 원하는 이에게는 무엇을 욕망하는 것이냐고 물을 필요가 없으니, 그 대답은 최종적인 것으로 생각되네요.'

'맞는 말씀입니다'라고 내가 말했네.

그러자 그녀는 말했지.

'그대는 모든 사람에게 에로스가 있어서, 모두는 좋은 것이 늘 자신에게 있기를 욕망한다고 생각하나요? 이것에 대해 그대는 어떻게 말하겠어요?'

'당신이 말씀하신 대로, 그것은 모든 사람에게 공통적인 것입니다'라고 내가 말했네.

그녀는 말했지.

'그렇다면 소크라테스여, 모든 사람이 좋은 것을 연애하고, 게다가 늘 그것을 욕망한다면, 왜 우리는 모든 사람이 연애한다고 말하지 않고, 어떤 사람은 연애하고 어떤 사람은 연애하지 않는다고 하는 것일까요?'

b

'나도 그것이 이상합니다'라고 나는 말했지.

그녀는 말했다네.

'하지만 이상할 것 없어요. 우리가 그렇게 말하는 이유는 연애라는 이름으로 불러야 할 온갖 종류의 연애 중에서 어느 한 종류의 연애만을 따로 떼어내어 거기에만 에로스라는 이름을 붙이고, 그 밖의 다른 종류의 연애에는 다른 이름을 사용하기 때문이니까요.'

'예컨대 어떤 것이 그렇습니까?'라고 내가 말했지.

'예를 들면 이런 것이지요. 그대가 알듯이, 창작에는 많은 것이 포함

c 되죠. 이전에 없었던 것을 존재하게 했다면, 그런 활동은 모두 창작이지요. 따라서 온갖 기술을 사용해서 이루어내는 일은 모두 창작이고, 그런 일을 하는 사람들은 모두 창작자[62]입니다.'

'맞는 말씀입니다.'

그녀는 말했다네.

'하지만 그럼에도 불구하고, 그대가 알듯이, 우리는 그들 모두를 창작자로 부르지 않고, 모든 창작 가운데서 한 부분, 즉 시가 및 운율과 관련된 것만을 따로 떼어내어 오직 그것만을 창작이라고 부르고, 모든 창작 중에서 그 부분을 담당하는 자들만을 창작자라고 하며, 나머지 다른 창작들은 다른 이름으로 부릅니다.'

'맞는 말씀입니다'라고 나는 말했지.

d '에로스와 관련해서도 마찬가지입니다. 요컨대, 좋은 것을 갖고 싶고 행복해지고 싶어 하는 욕망은 모든 사람에게 존재하는 가장 크고 가장 유혹적인 에로스지요. 그리고 이 에로스를 추구하는 방식은 많고 다양합니다. 하지만 돈벌이를 하거나 운동을 좋아하거나 철학을 좋아하면서 이 에로스를 추구하는 사람에 대해서는, 그들이 연애하고 있다고 말하지도 않고, 연애하는 자라고 부르지도 않지요. 그리고 오직 어느 한 종류의 연애만을 에로스라고 부르고, 그 에로스에 몰두하는 것만을 연애한다고 하며, 그런 사람들만을 연애하는 자라고 부르죠.'

'맞는 말씀 같습니다'라고 내가 말했네.

그녀는 말했지.

---

62 '창작자'로 번역된 그리스어 '포이에테스'(ποιητής)는 흔히 "시인"으로 번역되지만 원래 "만드는 자, 작가, 창작자"를 의미한다. 고대 그리스에서는 비극이나 희극 작가들도 '포이에테스'로 불렸다. 그리고 여기에서 '창작'으로 번역된 그리스어 '포이에시스'는 같은 어원에서 나온 단어로서 "만들어내는 것"을 의미하고, 이렇게 창작해내는 온갖 기술은 '지혜'('소피아')라 불렸다.

'연애하는 사람은 자신의 반쪽을 찾는 사람이라는 말이 있기는 하죠. e
하지만 내가 하고 싶은 말은 에로스는 반쪽이나 전체를 찾는 것이 아니
라는 것이지요. 오, 친구여, 물론 그 반쪽이나 전체가 어쩌다가 좋은 것
이었을 경우에는 예외입니다. 사람들은 자신의 발과 손이 나쁘다고 생
각되면, 비록 그것이 자기 것이라고 해도 잘라내려고 하죠. 자기 것은 좋
고, 다른 사람 것은 나쁘다고 생각하는 게 아니라면, 사람들은 자기 것이
라고 해서 반드시 반기는 것이 아니니까요. 사람들은 오직 좋은 것만 연 206a
애하기 때문이죠. 그대의 생각은 다른가요?'

'제우스를 걸고 맹세하건대, 다르지 않습니다'라고 나는 말했다네.

그녀는 말했네.

'그렇다면 사람들은 좋은 것을 연애한다고 말할 수 있네요?'

'예'라고 나는 말했네.

'그렇다면 사람은 좋은 것이 자신에게 있는 것을 사랑한다는 말을 덧
붙여야 하지 않을까요?'

'덧붙여야 합니다.'

그녀는 말했다네.

'그렇다면 「있는」이 아니라 「항상 있는」이라고 해야 하지 않나요?'

'그것도 덧붙여야 합니다.'

그녀는 말했지.

'그럼, 종합해보자면, 사람은 좋은 것이 자기에게 항상 있기를 사랑
한다고 말해야겠네요.'

'지극히 옳은 말씀입니다'라고 나는 말했다네.

그녀는 말했네. b

'에로스가 언제나 그런 것이라면, 사람들이 어떤 방식으로, 어떤 행
위로 에로스를 추구할 때, 그들의 그런 열정과 노력이 에로스라고 불리
는 것일까요? 그렇게 해서 얻는 것이 무엇이죠? 말해줄 수 있나요?'

나는 말했지.

'디오티마여, 내가 거기에 대해 말할 수 있었다면, 당신의 지혜에 이토록 놀라워하지도 않았을 것이고, 이런 것들을 배우려고 찾아오지도 않았을 것입니다.'

그녀는 말했다네.

'그러면 내가 그대에게 말하지요. 그것은 몸을 따라서나 영혼을 따라서나 아름다운 것 안에서 출산하는 것입니다.'[63]

나는 말했지.

'당신이 말씀하시는 것을 알아들으려면 신통력이 있어야 할 것 같습니다. 도무지 이해할 수가 없으니 말입니다.'

c 그녀는 말했네.

'그렇다면 좀 더 쉽게 말해보지요. 소크라테스여, 모든 사람은 몸을 따라서나 영혼을 따라서나 잉태를 하고 있다가, 인생의 어느 시기가 되면 본성적으로 출산하기를 원하죠. 하지만 추한 것 안에서는 출산할 수 없고, 오직 아름다운 것 안에서만 출산할 수 있지요. 남녀가 함께하는 것이 출산이기 때문이죠.[64] 이 일은 신적인 것입니다. 잉태와 출산은, 살아있지만 죽을 수밖에 없는 필멸의 존재들 안에 있는 영원히 죽지 않는 불사의 요소이니까요.

하지만 조화되지 않는 것 안에서는 그런 일이 일어날 수 없습니다.
d 추한 것은 모든 신적인 것과 조화되지 않는 반면에, 아름다운 것은 조화되지요. 그래서 출산에서는 아름다움이 모이라(운명의 여신)와 에일레이

---

63 지금까지는 에로스가 무엇인지에 대해 말했다면, 이제 사람들이 에로스를 행하는 최종적인 목적에 대한 설명이 시작된다. 그리고 에로스의 목적은 '출산'을 위한 것이라고 말한다. 이후에 출산은 잉태를 전제하기 때문에 잉태에 관한 설명이 나오고, 출산에는 몸을 통한 출산과 영혼을 통한 출산, 이렇게 두 종류가 있다는 것, 또한 '출산'이 무엇이고, 왜 아름다운 것 안에서 출산하는 것인지에 대한 설명이 이어진다.

64 '남녀가 함께하는 것,' 즉 남녀 간의 결합 속에서 에로스의 활동이 출산을 만들어낸다. 그런데 에로스는 추한 것 안에서는 활동하지 않고 오직 아름다운 것 안에서만 활동한다는 점에서, 출산은 아름다운 것 안에서만 가능하다는 것이다.

투이아(출산의 여신) 역할을 합니다.[65]

그렇기 때문에, 잉태한 자는 아름다운 것으로 다가갈 때, 마음이 너그러워지고 즐거워져서 긴장이 풀어지고 이완되어 출산하고 낳게 되는 것이지요. 반면에, 추한 것으로 다가갈 때에는, 못마땅하고 괴로워서 움츠러들고 외면하며 뒷걸음질치느라고 낳지를 못하고 태아를 붙잡아두기 때문에 고통스러워하게 되지요. 이렇게 잉태하여 이미 배가 잔뜩 부풀어오른 자가 아름다운 것을 보았을 때 크게 흥분하는 것은 아름다움을 지닌 것이 자신을 지독한 산고에서 해방시켜 주기 때문이지요. ^e

소크라테스여, 그대 생각과는 달리, 에로스는 아름다운 것을 연애하는 것이 아닙니다.'

'그러면 무엇입니까?'

'에로스는 아름다운 것 안에서 출산하고 낳는 것을 연애(사랑)하는 것이지요.'

'그런가요'라고 내가 말했다네.

그녀는 말했네.

'그것은 틀림없는 사실이지요. 그렇다면 왜 낳으려고 하는 것일까요? 죽을 수밖에 없는 필멸의 존재에게는 낳는 것이야말로 죽지 않고 영원히 사는 것이기 때문이지요. 우리가 이미 동의한 대로, 에로스가 좋은 것 ^207a 이 자신에게 항상 있는 것을 사랑하는 것이라면, 좋은 것을 욕망할 뿐만 아니라 영원히 죽지 않는 것을 필연적으로 욕망할 수밖에 없습니다. 그러니 그러한 추론에 따르면, 에로스는 영원히 죽지 않는 것을 연애하는 것일 수밖에 없지요.'

---

65 "모이라"는 '배당' 또는 '수명'이라는 뜻으로서, 그리스 신화에 나오는 세 자매로 이루어진 운명의 여신이다. 세 자매 중에서 클로토는 운명의 실을 뽑아내는 여신이고, 라케시스는 인간에게 운명을 배당하는 여신이며, 아트로포스는 운명의 실을 가위로 끊는 여신이다. "에일레이투이아"는 그리스 신화에 나오는 출산과 분만의 여신으로, 잉태한 여자들이 안전하게 아기를 낳을 수 있도록 도와준다.

디오티마는 에로스와 관련된 것을 이야기하면서, 이 모든 것을 내게 가르쳐주었는데, 언젠가는 이렇게 물었다네.

'소크라테스여, 그대는 이러한 에로스(연애)와 욕망의 원인이 무엇이라고 생각하나요? 발 달린 짐승이든 날개 달린 짐승이든, 모든 짐승은 낳고자 할 때에 아주 끔찍하게 돌변한다는 것을 깨닫지 못했나요? 그런 상태가 된 짐승들은 모두 지독한 에로스의 열병에 걸려서, 먼저는 서로 짝짓기를 하고, 그런 후에는 새끼를 기르고자 하지요. 새끼들을 위해서라면 가장 약한 짐승도 가장 힘센 짐승과 기꺼이 맞서 싸우고자 하고, 새끼들을 위해서라면 죽는 것도 마다하지 않지요. 자신은 굶어서 축 늘어져 있더라도 새끼들은 먹이고 기를 뿐만 아니라, 새끼들을 위해서는 무슨 짓이라도 하지요. 사람들은 이성적으로 생각해서 그렇게 하는 것이라고 말할 수 있겠지요. 하지만 짐승들이 그토록 지독한 에로스의 열병에 걸리는 원인이 무엇이지요? 말할 수 있나요?'

내가 또다시 모르겠다고 말하자, 그녀는 말했다네.

'그대는 그런 것도 알지 못하면서, 언젠가는 에로스와 관련된 일에서 전문가가 될 생각을 하고 있었던 것인가요?'

'디오티마여, 내가 방금 말했듯이, 바로 그런 이유 때문에 내게 스승이 있어야 함을 깨닫고서, 이렇게 당신을 찾아온 것입니다. 그러니 이 원인만이 아니라, 에로스와 관련된 다른 모든 것에 관해서도 그 원인을 말씀해주십시오.'

그녀는 말했네.

'에로스가 본성적으로 우리가 앞에서 여러 번에 걸쳐 동의한 그런 것이라고 믿는다면, 짐승들이 그렇게 하는 것을 의아해할 필요가 없지요. 죽을 수밖에 없는 필멸의 존재는 할 수 있는 한 죽지 않고 영원히 존재하고자 한다는 말은 사람에게나 짐승에게나 똑같이 적용되기 때문이죠. 그런데 그것은 생식 활동을 통해서만 가능합니다. 생식이라는 것은 이전 것을 새 것으로 계속 대체해 나가는 것이니까요.

각각의 생물이 살아서 동일한 것으로 불리는 동안에도 생식 활동은 계속됩니다. 예를 들어, 어떤 사람이 어린아이 때부터 노인이 될 때까지 같은 사람으로 불린다 해도, 그의 머리카락과 살과 뼈와 피를 비롯해서 그의 몸 전체가 계속해서 늘 새롭게 되고 이전에 있던 것들은 소멸됩니다. 그 사람은 자기 속에 동일한 것을 그대로 간직하고 있는 것이 결코 아닌데도 동일한 사람으로 불리죠.

이러한 생식 활동은 몸만이 아니라 영혼에서도 일어나서, 습관과 품성과 생각과 욕망과 쾌락과 고통과 두려움 같은 것들은 그중 하나라도 각 사람 안에서 결코 동일하게 유지되지 않고, 어떤 것들은 생성되고 어떤 것들은 소멸되지요.

그런데 그런 것보다 한층 더 기이한 일은 우리의 지식들도 어떤 것은 생성되고 어떤 것은 소멸되어서, 지식에 있어서도 동일한 사람으로 머물러 있는 때가 한시도 없다는 것이죠. 그것은 우리가 지닌 개별 지식들도 마찬가지입니다. 학습이라고 불리는 것도 우리의 지식이 떠나가기 때문에 존재하는 것이죠. 망각은 지식이 떠나가는 것이고, 학습은 떠나가는 기억 대신에 새로운 기억을 다시 만들어내 지식을 보존함으로써, 마치 동일한 지식인 것처럼 보이게 하는 것이니까요.

죽을 수밖에 없는 모든 필멸의 존재는 바로 그런 방법을 통해서 자신을 보존합니다. 즉, 그들은 신적인 존재가 아니어서 모든 면에서 늘 동일한 존재로 있을 수 없기 때문에, 노쇠해서 떠나가는 것이 자신을 닮은 다른 새로운 것을 뒤에 남기는 방식으로 자신을 보존하는 것이죠.

소크라테스여, 죽을 수밖에 없는 필멸의 존재는, 몸이든 그 밖의 다른 어떤 것이든 모두, 바로 그러한 기제를 통해서 영원히 죽지 않는 불멸에 참여합니다. 반면에, 영원히 죽지 않는 존재는 그 방식이 다르지요. 그러니 모든 것이 본성적으로 자신이 낳은 것을 소중히 여기는 것을 의아해할 필요가 없지요. 죽을 수밖에 없는 필멸의 존재에게 그러한 에로스의 열정이 늘 따라다니는 것은 이렇듯 영원히 죽지 않는 불멸에 참여

하기 위한 것이니까요.'

나는 그 말을 듣고서 탄복하며 이렇게 말했지.

'그렇군요. 그런데 지극히 지혜로우신 디오티마여, 그 말이 정말 사실인가요?'

c   그러자 그녀는 완벽한 소피스트처럼[66] 이렇게 말했다네.

'그렇고말고요, 소크라테스여. 내가 지금까지 말한 것을 토대로, 사람의 명예욕으로 눈을 돌려 그것을 한번 살펴보세요. 그러면 사람들이 유명해지고 이름을 날려서 '영원히 죽지 않을 명성을 이루고자' 하는 열망에 사로잡혀 얼마나 이상하고 끔찍하게 변하는지를 보게 될 것이에요. 만약 그렇게 살펴보고 깊이 숙고했는데도, 그 명예욕이 무엇을 의미하는지를 깨닫지 못한다면, 그대는 「내가 이렇게까지 멍청한가」라고 스스로 말하며 의아해하는 것이 마땅합니다. 사람들은 그렇게 불사의 존재로 남으려고 기꺼이 온갖 위험을 무릅쓰고, 재산이나 돈을 아낌없이 쓰며, 그

d   어떤 힘들고 어려운 일도 다 행할 각오가 되어 있고, 그것을 위해 죽음도 마다하지 않지요.

알케스티스는 아드메토스를 위해 죽었고, 아킬레우스는 파트로클로스를 뒤따라 죽었으며, 그대들의 왕이었던 코드로스는 자기 아들들에게 왕국을 물려주려고 스스로 죽음을 선택했지요.[67] 그런데 그 자신들의 미덕이 잊혀지지 않고 영원할 것이고, 그래서 이렇게 우리가 지금 그들을 기억하게 될 것으로 생각하지 않았다면, 과연 그렇게 했을까요? 그대는

---

66 소피스트들은 천문지리나 전문 기술, 수사학과 웅변 등 모든 것에 박학다식하고 도통한 사람처럼 행세했고, 사람들도 그렇게 보았다. 그래서 모르는 것이 없이 모든 것을 다 아는 듯한 분위기를 풍겼다. 여기에서는 디오티마가 그 정도로 자신만만하게 말했다는 의미로 보인다.

67 코드로스는 그리스 신화에 나오는 아테네 왕이다. 도리에이스인들은 아테네를 침공하면서 아테네의 왕을 죽이지 않는다면 전쟁에서 승리한다는 델포이 신탁을 받는다. 이것을 안 코드로스는 변장을 하고 일리소스 강둑을 순찰하던 적병들에게 접근해서 시비를 걸어 죽임을 당하는 데 성공한다. 이 사실을 안 도리에이스인들은 퇴각하고, 아테네 왕국은 보존되어서, 그의 아들 메돈이 왕위를 이어 아테네의 마지막 왕이 된다.

어떻게 생각하나요? 결코 그렇게 하지 않았겠지요. 모든 사람은 자신의   e
미덕과 그 미덕으로 영광스러운 명성이 영원히 죽지 않고 살아 있을 것
이라는 생각으로 그런 모든 일을 하는 것이죠. 그리고 훌륭한 사람일수
록 더욱더 그렇게 한다고 나는 생각합니다. 사람들은 영원히 죽지 않는
것을 연애(사랑)하기 때문이죠.

그런데 몸을 따라 잉태하는 사람들은 여자에게로 다가가, 그런 방향
으로 에로스를 추구해서 자식을 낳음으로써, 자기 나름의 방식으로, 영
원히 죽지 않고 기억되고 행복해지려고 하는 것이지요.

반면에, 영혼을 따라 잉태하는 사람들이 있습니다. 그들은 영혼이 잉   209a
태하고 출산하기에 적절한 것들을 자신들의 몸이 아니라 영혼에 잉태합
니다. 지혜와 그 밖의 다른 미덕과 같은 것들입니다. 모든 시인들 그리고
독창적인 자로 불리는 모든 장인이 바로 그런 사람들이죠. 그중에서 단
연코 가장 위대하고 아름다운 지혜는 국가와 가정을 다스리고 경영해서
거기에 질서를 부여하는 지혜인데, 거기에 붙여진 이름이 바로 절제와   b
정의이지요.

그런데 누군가가 그 천성이 신적이어서 어려서부터 자기 영혼 속에
그런 것을 잉태하고 있다고 합시다. 어느 시기가 되면 출산하고 낳고자
하는 욕망이 생겨나죠. 그러면 그는 그런 것들을 낳고자 하여, 아름다운
것을 찾아다니게 되겠지요. 결코 추한 것 안에 그것을 낳고 싶지 않기 때
문이죠. 그는 잉태 중이기 때문에, 추한 몸보다는 아름다운 몸들을 반기
죠. 그런데 거기에 아름답고 고귀하며 좋은 성품을 지닌 영혼까지 갖추
어서, 이 둘을 함께 지닌 사람이라면 더더욱 반기겠지요.

그리고 그런 사람을 만나면, 그 즉시 미덕이란 무엇인지, 훌륭한 사   c
람이 되려면 어떻게 해야 하는지, 어떤 것을 추구하고 행해야 하는지에
관해 해줄 말이 많아져서, 마치 자식을 양육하듯이 그 사람을 가르치고
훈육하려고 들지요. 그는 그런 식으로 아름다운 사람과 접촉해 함께 어
울리고 사귀면서, 자신이 오랜 세월 잉태해온 것을 출산하고 낳는 것입

니다.

그는 그 사람이 함께 있든 떨어져 있든, 그 사람을 기억하면서 둘 사이에서 낳은 것을 함께 양육하지요. 그래서 부부 사이에서 낳은 자식들 덕분에 생겨나는 것보다 훨씬 더 큰 유대감과 변치 않는 사랑이 생겨납니다. 이 둘은 부부가 낳은 자식보다 더 아름답고 영원히 죽지 않는 자식을 공유하기 때문이지요. 누구라도 사람의 자식보다는 그런 자식을 낳길 바랄 것입니다.

d

또한 사람들이 호메로스나 헤시오도스, 그 밖의 다른 훌륭한 시인들을 바라보며 부러워하는 것은 그들이 영원히 죽지 않는 자식을 남겼기에 그들의 이름이 사람들 사이에서 영원히 기억되고 그들의 명성이 영원히 죽지 않게 되었기 때문이지요. 그대가 원한다면, 리쿠르고스[68]가 라케다이몬에서 남긴 자식들은 어떠했는지를 생각해보세요. 그들은 라케다이몬만이 아니라, 어떤 의미에서는 헬라스 전체를 구원했지요. 또 솔론이 그대들 가운데서 존경받는 것은 그가 법률들을 낳았기 때문이지요.

e

그리고 헬라스 사람 가운데서든 이방인 가운데서든 아름다운 일을 많이 하고 온갖 미덕을 낳은 사람이 도처에 있었는데, 그들 중 다수는 그런 자식들 덕분에 그들을 기려 제사를 지내주는 사당을 갖게 되었지요. 반면에, 어떤 사람이 육신의 자식을 낳았다고 해서, 사람들이 그를 위해 사당을 지어주고 제사를 지내는 경우는 전혀 없었습니다.

소크라테스여, 에로스에 관한 이러한 몇몇 사실에는 그대도 따라올 수 있을 겁니다. 하지만 이 길을 계속해서 올바르게 따라간 사람이 도달하게 되는 최고의 경지에 그대가 도달할 수 있을지는 나도 잘 모르겠어

210a

---

68 리쿠르고스는 스파르타의 특이한 법률과 제도의 대부분을 제정했다는 전설적인 인물이다. 그는 델포이의 아폴론 신전에서 신탁을 받고 법률들을 만들었다고 한다. 여기에서 '자식들'은 그가 남긴 법률과 제도를 가리킨다. "솔론"은 기원전 640-560년경에 활동한 아테네의 정치가로서 그리스의 7인의 현자 중 한 명이다. 여러 법률을 제정하고, "솔론의 개혁"이라 불리는 일련의 개혁을 단행했다.

요. 어쨌든 나로서는 열과 성을 다해 말해줄 것이니, 그대도 온 힘을 다해서 따라오려고 해보세요.

그러니까 이 길을 올바르게 따라가고자 하는 사람은 젊을 때에 아름다운 몸들을 향해 나아가는 것으로 시작해야 합니다. 먼저 자기를 인도해주는 사람의 올바른 인도를 받아서, 한 사람의 몸을 연애해서 거기에 아름다운 이야기들을 낳아야 하죠.

다음으로는, 눈에 보이는 아름다움을 추구해 나가는 과정에서 깨달아야 할 것은 어떤 한 몸이 지닌 아름다움과 또 다른 몸이 지닌 아름다움은 별반 다르지 않기 때문에, 모든 몸이 지닌 아름다움은 동일하다고 생 b 각해야 합니다. 그것을 깨달은 사람은 하나의 몸을 탐닉하는 것을 하찮게 여기고 모든 아름다운 몸을 연애하는 자가 되지요.

그런 후에는, 몸이 지닌 아름다움보다도 영혼 속에 존재하는 아름다움이 더 귀하다고 생각해야 합니다. 그래서 누군가가 몸은 별로 아름답 c 지 않아도 그의 영혼이 훌륭하기만 하다면, 거기에 충분히 만족하고 그를 연애하여 정성껏 돌보아주며 젊은이들을 더 훌륭한 사람으로 만들어줄 그런 이야기들을 낳고 추구해야 하지요. 그러면 사람들이 살아가면서 행하는 일과 법률 속에 있는 아름다움을 주목하게 되어, 이 모든 아름다움이 다 하나라는 것을 알 수밖에 없게 되어서, 몸이 지닌 아름다움은 하찮은 것이라고 생각하게 됩니다.

사람들이 하는 일들 다음으로는 지식으로 나아가서, 거기에서 지식의 아름다움을 보아야 하지요. 그러면 그는 이제 아름다움을 도처에서 보고, 더 이상 어떤 소년이나 사람이나 일이 지닌 하나의 아름다움을 연 d 애하며 그것의 노예가 되어 비천하고 편협해지지 않습니다. 그리고 아름다움의 대양으로 눈을 돌려 그것을 관조하면서, 지혜에 대한 무한한 에로스 속에서 아름답고 장엄한 이야기와 사상들을 수없이 출산합니다.

그러다가 거기에서 그는 힘이 강해지고 발전해서, 내가 이제 말하려고 하는 것, 즉 아름다움에 관한 어떤 단일한 지식을 직관하게 됩니다.' e

그녀는 말했다네.

'지금부터 그대는 최대한 마음을 모으고 집중해서, 내가 하는 말을 잘 들으세요. 에로스에 관한 일들에 대해 가르침을 받아서, 아름다운 것들을 차례차례 올바르게 바라보면서 그 지점까지 도달한 사람은 이제 에로스에 관한 일들의 정점에 이릅니다. 그리고 거기에서 너무나 놀라운 그 무엇, 즉 아름다움의 원형[69]을 갑자기 직관하게 되는데, 그가 지금까지 힘들여 해온 모든 것은 바로 그것을 위한 것이지요, 소크라테스.

211a
그가 직관하게 될 그것은, 먼저 늘 존재하는 것이어서 생성되지도 않고 소멸되지도 않으며, 늘어나지도 않고 줄어들지도 않습니다.

다음으로, 그것은 어떤 점에서는 아름답고 어떤 점에서는 추한 그런 것도 아니고, 어떤 때에는 아름답고 어떤 때에는 추한 그런 것도 아니며, 어떤 것과 관련해서는 아름답고 어떤 것과 관련해서는 추한 그런 것도 아니고, 어떤 사람이 보기에는 아름답고 어떤 사람이 보기에는 추한 그런 것도 아니며, 여기에선 아름답고 저기에선 추한 그런 것도 아니지요.

또한 그 원형적인 아름다움은 그에게는 얼굴이나 손이나 몸에 속한 어떤 형태로 나타나지도 않고, 말이나 지식의 형태로 나타나지도 않으며, 동물이든 대지든 하늘이든 그 밖의 무엇이든 다른 것 안에 존재하는 형태로 나타나지도 않습니다. 도리어 늘 그 자체로 독자적이고 단독으로 '단일한 형상'으로 존재하는 반면에, 다른 모든 아름다운 것은 그 아름다움에 참여합니다. 그런데 다른 모든 아름다운 것은 생성되고 소멸되지만, 그 원형적인 아름다움은 늘어나지도 않고 줄어들지도 않는 것은 물론이고, 그 어떤 영향도 받지 않지요.

b

---

69 "아름다움의 원형"은 "기원, 원래의 형태"를 뜻하는 그리스어 '피시스'와 "아름답다"를 뜻하는 '칼로스'가 결합된 어구이다. 따라서 이 어구는 모든 아름다운 것들을 파생시킨, 가장 먼저 존재했고 영원부터 존재했던 원초적인 아름다움을 가리킨다. 이것은 아래에서는 "형상"으로 번역되는 '에이도스'나 "아름다움 그 자체"로 표현되는데, 이러한 어구들도 영원부터 실제로 존재하는 "원형"을 가리킨다.

따라서 어떤 사람이 자신의 연인인 소년을 올바르게 사랑함으로써 그런 아름다움을 보는 것에서 시작해서, 결국에는 그런 것을 뒤로 하고 점점 올라가서 저 원형적인 아름다움을 직관하기 시작한다면, 그는 최종 목적지에 거의 도달한 것이지요. 스스로, 또는 다른 사람의 인도함을 받아서, 에로스와 관련한 것에서 올바르게 나아간다는 것은 그런 아름다운 c 것에서 시작해, 그것을 사다리의 계단으로 삼아서, 저 원형적인 아름다움에 도달하기 위해 계속 올라가는 것이기 때문이지요.

한 사람의 아름다운 몸에서 두 사람의 아름다운 몸으로 올라가고, 두 사람의 아름다운 몸에서 모든 사람의 몸으로 올라가며, 아름다운 몸들에서 아름다운 일들로 올라가고, 아름다운 일들에서 아름다운 지식들로 올라가며, 아름다운 지식들에서 저 최종적인 지식, 즉 오로지 저 원형적인 아름다움을 아는 지식으로 올라갔을 때, 마침내 그는 아름다움 그 자체를 알게 되는 것이지요.'

만티네이아 출신의 그 이방 예언녀는 말했다네.   d

'친애하는 소크라테스여, 인생을 살아가면서 가치 있는 삶이 있다면, 그것은 아름다움 그 자체를 관조하는 삶일 거예요. 지금 그대를 비롯한 많은 사람은 자신이 연애하는 어린 연인을 보고서는 넋이 나가서, 그들과 늘 함께 지낼 수만 있다면, 먹거나 마시지 않아도 좋으니, 그저 오로지 그들만을 바라보며 함께 지내고 싶겠죠. 하지만 그대가 '아름다움 그 자체'를 보게 된다면, 그때는 황금이든 좋은 옷이든 아름다운 소년과 청년이 그것과 비교되어서 다르게 보일 거예요.

불순물이 전혀 섞여 있지 않아서 티 하나 없이 맑고 깨끗하여, 인간 e 의 살과 피부를 비롯해서 덧없이 사라질 수많은 허접한 것들에 오염되지 않은, 신을 닮은 저 단일한 형상의 아름다움 그 자체를 누군가가 직관할 수 있다면, 그대는 그것을 어떻게 생각하나요? 그 사람이 거기로 눈 212a 을 돌려 그것을 바르게 관조하며, 그것과 함께 지내는 것이 무분별하고 형편없는 삶으로 생각되나요?

그 사람은 오직 그렇게 할 때에만 아름다움 그 자체를 볼 수 있기 때문에, 그런 식으로 그것을 관조하면서 겉보기에 미덕처럼 보이는 그런 미덕이 아니라 참된 실체를 지닌 미덕을 낳게 된다는 것을 그대는 알지 못하겠나요? 그 사람은 미덕처럼 보이는 것을 접한 것이 아니라, 참된 미덕을 접하고 있기 때문이지요. 참된 미덕을 낳아서 기르는 사람은 신들의 사랑을 받는 자가 되겠고, 만일 사람들 중에서 영원히 죽지 않는 사람이 존재한다면, 바로 그 사람일 거예요.'

b   파이드로스와 이 자리에 있는 여러 사람들이여, 여기까지가 디오티마가 내게 해준 말이고, 나는 그녀의 말이 옳다고 확신한다네. 사람이 신들의 사랑을 받고 영원히 죽지 않는 자가 되는 목표를 이루고자 할 때, 인간의 본성과 함께 일하며 도울 자로서 에로스보다 더 나은 존재를 구하기가 쉽지 않을 것이네. 다른 사람들에게 이것을 확신시키려 하는 것도 나 자신이 그렇게 확신하기 때문이라네.

그래서 나는 모든 사람이 에로스를 귀히 여기는 것이 마땅하다고 단언하고, 나 스스로 에로스와 관련된 것들을 소중히 여겨 각별한 열심으로 훈련하면서, 다른 사람에게도 그렇게 하라고 권하고 있다네. 그리고 지금은 물론이고 이후에도 늘 나는 에로스의 능력과 용기를 최선을 다해 예찬할 것이네.

c   그러니 파이드로스, 자네가 원한다면, 내가 지금까지 한 얘기를 에로스에게 바치는 찬가로 생각해주게나. 하지만 자네가 그렇게 생각하고 싶지 않다면, 내가 한 이야기에 자네 마음에 드는 어떤 이름을 붙여 그 이름으로 불러주게나."

10. 알키비아데스의 소크라테스 예찬

소크라테스께서 이렇게 말씀하시자, 다른 사람은 모두 찬사를 보냈지만, 아리스토파네스는 소크라테스께서 얘기를 하시는 도중에 어떤 말이 떠올라 할 말이 있는 것 같았다고 하네. 그런데 갑자기 술 취한 사람들이 대문을 요란하게 두드리는 듯한 소리가 났고, 피리 부는 소녀의 목소리도 들렸다고 하네. 그러자 아가톤이 말했다네.

"여봐라, 무슨 일인지 살펴보아라. 내가 아는 사람이면 안으로 모시고, 내가 모르는 사람이면, 연회가 이미 끝나서 지금은 술을 마시지 않는다고 말하거라."

얼마 지나지 않아서 마당에서 알키비아데스의 목소리가 들렸다고 하네. 잔뜩 술에 취해서, 아가톤은 어디 있느냐고 하면서 자기를 아가톤에게 안내하라고 고래고래 고함을 질렀다고 하네. 그래서 그를 따라온 몇몇 사람과 피리 부는 소녀가 그를 부축해서 그들에게 데려왔다고 하더군. 그는 담쟁이덩굴과 제비꽃을 엮어 만든 화관을 쓰고, 아주 많은 리본을 머리에 두르고서는,[70] 방문 앞에 서서 말했다고 하네.

"이보시게들, 안녕하신가. 잔뜩 술에 취해서 고주망태가 된 사람이라도 술친구로 받아주겠는가, 아니면 우리는 아가톤에게 화관을 씌워주려고 온 것이니, 그 일만 하고서 그냥 갈까?

어제는 내가 올 수가 없어서, 지금에서야 머리에 리본을 두르고 이렇게 온 것이라네. 내 머리에 있는 것을 벗어서, 가장 지혜롭고 가장 아름다운 이의 머리에 씌워주며, 바로 그가 이런 사람이라고 큰 소리로 외치

---

[70] 담쟁이덩굴은 술의 신 디오니소스와 관련이 있고, 제비꽃은 아름다움의 여신 아프로디테와 관련이 있다. 여기에 언급된 '리본'은 그리스어로 '타이니아'다. 고대 그리스에서는 사람들이 거룩한 의식을 행할 때에 머리에 두르거나 공경의 의미로 거룩한 것들에 둘렀다. 따라서 '타이니아'를 둘러주는 것은 대단한 영예로 생각되었는데, 이 때 화관에 '타이니아'를 묶어서 줄 때 더 큰 영예로 여겼다.

고 싶어서지. 내가 그렇게 한다면, 자네들은 내가 술에 취해 그러는 것이
213a 라고 비웃으려나? 하지만 자네들이 비웃는다고 해도, 나는 내가 진실을
말한다는 것을 잘 알고 있지.

내가 온 목적은 이미 말했으니, 이제 어서 말해주게나, 내가 들어가도
되겠는가, 안 되겠는가? 나와 함께 술을 마실 텐가, 마시지 않을 텐가?"

그래서 모두가 큰 소리로 반기고 박수를 치기도 하며 들어와서 앉으
라고 했고, 아가톤도 그에게 들어오라고 했다네. 그는 자기와 함께 온 사
b 람들의 부축을 받고 들어와서는, 아가톤에게 둘러주기 위해 자신의 머리
에 있던 리본들을 풀다가 시야가 가려서 소크라테스 선생님을 보지 못
하고, 아가톤 옆에 앉았다네. 이렇게 해서 그는 아가톤과 소크라테스 선
생님의 중간에 앉게 되었다고 하네. 소크라테스께서 그가 앉을 수 있도
록 옆으로 비켜나서 자리를 만들어주셨기 때문이었다네. 그는 옆자리에
앉자마자 아가톤을 포옹하고 나서, 리본 장식이 달린 화관을 아가톤에게
씌워주었다네. 그러자 아가톤이 말했다고 하네.

"여봐라, 우리 세 사람이 나란히 앉을 수 있도록, 알키비아데스 님의
신발을 벗겨 드려라."

알키비아데스는 말했다네.

"당연히 그래야지. 그런데 우리와 함께 술을 마실 또 한 분은 대체 누
구신가?"

그는 이렇게 말함과 동시에 몸을 돌리면서, 소크라테스 선생님을 보
게 되었고, 선생님을 보자마자 갑자기 벌떡 일어나더니 말했다네.

c "오, 헤라클레스시여,[71] 이게 무슨 일입니까? 이분이 소크라테스 선

---

71 헤라클레스는 그리스 신화에 나오는 가장 힘이 세고 유명한 영웅이다. 그는 그를 미워
하던 여신 헤라의 저주로 정신착란을 일으켜서 자신의 아내였던 메가라와의 사이에서
태어난 자식들을 죽인다. 이 일 후에 제정신을 차린 그는 자신의 죄를 씻기 위해 델포이
의 신탁을 따라 티린스의 왕 에우리스테우스를 12년 동안 섬기면서 그의 명령을 따라
12가지 엄청난 과업들을 해내고 공을 세워 불사의 존재가 된다. 여기에서는 소크라테스
를 무적의 용사에 빗댄 것이거나, 생각지도 못한 괴물을 맞닥뜨려서 소스라치게 놀랐

생님이 맞는가? 전에도 선생님이 계시리라고 전혀 예상하지 못했던 곳에 불쑥 나타나시더니, 이번에도 여기에 몰래 앉아서 매복한 채로 나를 기다리고 계셨군요. 그런데 오늘은 무슨 일로 여기에 와 계시는 것이죠? 그리고 왜 여기에 앉아 계시는 것이죠? 아리스토파네스의 옆자리도 아니고, 웃기기를 잘하는 사람이나 웃기고 싶어 하는 사람의 옆자리도 아니고, 이 안에 있는 사람들 중에서 가장 아름다운 사람의 옆자리에 앉으려고 수를 쓰신 것이죠?"

그러자 소크라테스께서 말씀하셨다네.

"아가톤, 자네가 나를 도와줄 방법이 없는지 한번 찾아봐주게. 여기 이 사람에 대한 나의 에로스가 골치 아픈 일이 되어 버렸기 때문이네. 내가 이 사람을 연애하게 된 때부터, 아름다운 사람을 쳐다보거나 대화하는 것이 내게 단 한 차례도 허용되지 않았다네. 내가 그렇게 하려고 하면, 이 사람은 질투가 일어나고 화를 내면서, 이상한 짓들을 하고 험한 말들을 쏟아내며, 손이 근질거려서 가만히 두지를 못한다네. d

그러니 자네가 이 사람이 지금 그런 짓을 하지 못하게 감시해주고, 우리를 화해시켜주든가, 아니면 이 사람이 폭력을 행사하려고 할 때에 그것을 막아주게. 이 사람이 자기를 연애하는 사람에게 보이는 이런 광기 어린 집착이 나는 두렵다네."

알키비아데스가 말했다네.

"하지만 저와 선생님 사이에 화해는 없을 겁니다. 선생님이 말씀하신 그런 것들에 대해선 나중에 응징하기로 하고, 아가톤, 지금은 이분의 경탄스러운 머리에 리본을 둘러 드려야 하겠으니, 자네의 리본 중에서 몇 개만 내게 주게. 그래야만 이분이, 내가 자네에게는 리본을 둘렀으면서도 자기에게는 둘러주지 않았다고 나를 비난하지 못하실 것이 아니겠는가. 자네는 최근에 한 번 우승했지만 선생님은 사람들과 얘기할 때마다 e

---

다는 뜻을 표현한 것으로 보인다.

항상 모든 사람을 이기셨으니까."

그는 그렇게 말함과 동시에 아가톤에게서 리본 몇 개를 받아 소크라테스 선생님에게 둘러 드린 후 자리에 앉았다네.

그리고 자리에 앉고 나서는 이렇게 말했다네.

"그건 그렇고, 이보시게들, 내가 보기에 자네들은 마치 술을 마시지 않은 사람처럼 말짱한 것 같네. 그래서는 안 되네. 자네들은 더 마셔야 하네. 그것이 우리가 합의한 것일세. 그래서 자네들이 충분히 마실 때까지 이 술자리 좌장은 내가 맡기로 하겠네. 아가톤, 큰 술잔이 있으면 가져오라고 하게. 아니, 그럴 필요가 없겠어. 여봐라, 거기 있는 술동이를 가져오너라."

214a 그는 8코틸레[72] 이상 들어가는 술동이를 보고 그렇게 말했고, 거기에 술을 가득 채워서, 자기가 먼저 마셔서 다 비운 후에, 소크라테스 선생님에게 부어 드리라고 하면서, 이렇게 말했다네.

"이보시게들, 내가 어떤 술수를 써도 소크라테스 선생님에게는 아무 소용이 없다네. 선생님은 누가 권하든 다 마시면서도 전혀 취하지 않으시기 때문일세."

노예가 술동이에 술을 가득 붓자, 소크라테스께서는 그것을 마시고 계셨는데, 에릭시마코스가 말했다네.

"그런데 알키비아데스, 지금 우리가 무엇을 하고 있는 것인가? 대화
b 를 하는 것도 아니고, 노래를 부르는 것도 아니고, 이런 식으로 술잔을 돌리면서 그저 마치 갈증 난 사람들처럼 술만 마셔댈 것인가?"

그러자 알키비아데스가 말했다네.

---

72 고대 그리스에서 사람들은 언제나 포도주를 물에 희석시켜서 마셨고, 이 둘을 섞을 때에는 '크라테르'라 불리는 큰 그릇을 사용하였다. 그리고 그 전에 포도주를 차게 해두기 위해 '프식테르'라 불리는 술동이에 담아 두었는데, 여기에서 "술동이"로 번역된 것이 바로 그것이다. '크라테르'에서 희석된 포도주는 '키아토스'로 불리는 잔에 부어서 마셨는데, 물이나 술을 담는 작은 그릇인 '코틸레'는 '키아토스'의 여섯 배의 용량으로 대략 0.28리터였다. 따라서 8코틸레는 2.4리터 정도이다.

"이보시게 에릭시마코스, 가장 훌륭하시고 현명하신 아버지의 가장 훌륭하신 아드님이시여, 안녕하신가."

에릭시마코스가 말했다네.

"자네도 안녕하신가. 그런데 우리는 무엇을 해야 하는가?"

"자네가 하자고 하는 대로 해야지. 우리는 자네가 하자고 하는 대로 하는 것이 마땅하네. '의사 한 사람의 가치가 일반인 다수의 가치와 맞먹는다'는 말도 있지 않는가. 그러니 자네가 원하는 대로 명령을 내리게."

에릭시마코스가 말했다네.

"그렇다면 들어보게나. 자네가 들어오기 전에, 우리는 오른쪽으로 돌아가면서 한 사람씩 차례로 각자가 할 수 있는 한 가장 아름다운 말로 에로스를 예찬하기로 정했고, 자네를 제외한 모든 사람이 말을 마쳤네. 그런데 자네는 술은 이미 마실 만큼 다 마시고도, 아직 말을 하지 않았으니, 이제 자네가 말하는 것이 옳네. 그리고 자네가 말을 마친 후에는, 소크라테스 선생님에게 자네가 원하는 것을 하시게 하게. 그러면 선생님은 자신에게 부여된 것을 하시고 나서, 오른쪽에 앉아 있는 사람에게 자신이 원하시는 것을 하게 하고, 나머지 사람들도 차례로 그런 식으로 하면 될 것이네."

알키비아데스가 말했다네.

"에릭시마코스, 자네 말이 옳기는 하네만, 술에 취한 사람과 술을 마시지 않아 정신이 말짱한 사람을 말로 경쟁시키는 것은 공평하지 않을 걸세. 게다가 이보시게, 자네는 소크라테스께서 조금 전에 하신 말씀이 사실이라고 생각하는 것인가? 모든 것이 선생님이 말씀하신 것과 반대라는 것을 자네는 알고 있는가? 만일 이분이 옆에 계실 때에 내가 신이든 인간이든 다른 누군가를 예찬하고자 하면, 내게 바로 주먹을 날릴 사람은 바로 이분이기 때문이네."

"입 다물지 못하겠는가?"라고 소크라테스께서는 말씀하셨고, 그러자 알키비아데스가 말했다네.

"포세이돈을 걸고 맹세하건대,[73] 선생님이 옆에 계실 때에는 나는 다른 누구도 예찬하지 않을 것이니까, 거기에 대해서는 아무 말씀도 하지 마십시오."

에릭시마코스가 말했다네.

"그럼, 자네가 원한다면, 바로 그렇게 하게. 소크라테스 선생님을 예찬하란 말일세."

알키비아데스가 말했다네.

"지금 자네 무슨 말을 하는 것인가? 정말 내가 그렇게 해야 한다고 자네는 생각하는 것인가, 에릭시마코스? 내가 자네들 앞에서 이분을 공격해서 복수하라는 말인가?"

소크라테스께서 말씀하셨다네.

"이 사람아, 자네 지금 무슨 생각을 하는 것인가? 자네는 나를 예찬해서 웃음거리로 만들려는 것인가? 아니면, 무엇을 하려는 것인가?"

"저는 진실을 말할 겁니다. 그러니 선생님은 허락해주실지만 생각해보십시오."

소크라테스께서는 말씀하셨다네.

"물론 진실을 말하는 것이야 내가 허락할 뿐만 아니라 명령하는 바이네."

e　알키비아데스가 말했다네.

"그렇다면 당장 그렇게 하겠습니다. 하지만 선생님이 해주셔야 할 게 있습니다. 제가 진실이 아닌 것을 말하는 경우에는, 원하신다면 제가 하는 말을 중간에서 가로막아 끊으시고서, 제가 거짓말을 하고 있다고 말

73　포세이돈은 그리스 신화에 나오는 바다의 신으로서 올림포스 열두 신 중 하나이다. 그의 힘을 상징하는 삼지창으로 바다에 거센 파도를 일으키기도 하고 대지에 지진을 일으키기도 하며, 하천과 샘이 솟아나게 하기도 한다. 따라서 포세이돈에게 맹세한다는 것은 자기 말을 지키지 못했을 경우에 그가 일으키는 거센 파도와 지진과 솟구쳐 터져 나오는 하천과 샘물에 뼈도 못 추리게 될 것이니 진실만을 말할 수밖에 없다는 의미로 보인다.

씀해주십시오. 저는 의도적으로 거짓말을 할 생각이 추호도 없으니까요. 하지만 제가 기억을 더듬어 이야기해 나갈 때에 순서를 뒤바꿔서 말한다고 해도, 조금도 이상하게 생각하지 마십시오. 이렇게 술에 취해서, 215a 선생님의 기이한 행적을 순서대로 술술 얘기해 나간다는 것은 어쨌거나 쉬운 일은 아니니까요.

이보시게들, 나는 다음과 같은 비유를 들어서 소크라테스 선생님을 예찬해보겠네. 아마도 이분은 내가 자기를 웃음거리로 만들려고 그러는 것이라고 생각하시겠지만, 비유는 웃기려는 것이 아니라 진실을 위한 것이라네. 그러니까 나는 이분을 조각가의 작업실에 놓인 실레노스들[74] b 과 아주 닮았다고 단언하는 바네. 조각가들은 분명히 목적牧笛(목자의 피리)이나 피리를 들고 있는 실레노스들을 만들었는데, 그것을 양쪽으로 열어젖히면, 그 안에 신상들이 나타나거든. 또한 나는 이분은 사티로스 중 하나인 마르시아스[75]를 닮았다고 단언한다네.

소크라테스 선생님, 어쨌든 선생님의 외모가 그들과 비슷하다는 것은 스스로도 분명히 부인하지 못하실 겁니다. 하지만 내가 말하고자 하는 것은 그런 것 외에도 다른 점에서도 그들과 닮았다는 것이네.

선생님은 무례하고 방자한 분이죠.[76] 아닌가요? 선생님이 동의하지

---

74 실레노스들은 그리스 신화에서 산과 들에 사는 다이몬들인 "사티로스들" 중에서 늙은 자들을 가리킨다. 그중에서 대표적인 실레노스는 술의 신 디오니소스의 스승으로 등장하는 실레노스이다. 뚱뚱하고 못생겼으며 대개는 술에 취한 모습으로 표현되는데, 머리가 벗겨진 배불뚝이 노인으로 늘 술에 취한 채로 노새를 타고 다닌다. 항상 술에 취해 있지만 지혜로운 자로 유명했고, 예언 능력도 있었다. 사티로스를 소재로 한 극에서 실레노스는 사티로스들의 우두머리로 등장한다.

75 사티로스들은 반인반수의 다이몬들로서 디오니소스를 따르는 무리이다. 장난이 심하고 주색을 밝혀 늘 요정들의 꽁무니를 쫓아다닌다. 그중에서 마르시아스는 사티로스 중 한 명으로, 피리를 발명한 자라는 설도 있고, 아테나 여신이 버린 피리를 주워서 피리의 명인이 된 자라는 설도 있다. 음악의 신인 아폴론과 피리 연주 시합에 도전했다가 져서 나무에 묶인 채로 살가죽이 벗겨지는 벌을 받았다.

76 알키비아데스는 소크라테스를 사티로스처럼 "무례하고 방자한 분"이라고 말한다. 앞에서 말했듯이, 사티로스들은 장난이 심하고 특히 주색을 밝혀 요정들을 쫓아다니며 무

않으신다면, 저는 증인들을 댈 겁니다. 어쨌거나 선생님은 피리 연주자가 아닌가요? 그것도 마르시아스보다 훨씬 더 기가 막히게 피리를 연주하는 분이죠.

마르시아스는 입에서 나오는 힘을 가지고 악기로 사람들을 홀렸고, 마찬가지로 지금도 여전히 그의 곡을 피리로 연주하는 자는 누구든지 사람들을 홀린다네. 내가 이렇게 말하는 이유는 올림포스[77]가 연주한 곡들은 그를 가르친 마르시아스의 곡들이라고 보기 때문이네. 훌륭한 피리 연주자가 연주하든, 피리 부는 미천한 소녀가 연주하든, 오직 마르시아스의 곡들만이 신적인 것이어서, 사람들을 신들리게 하여 신들을 필요로 하고 비의秘義에 입문해야 할 자들이 누구인지를 드러낸다네.[78]

선생님이 마르시아스와 다른 점은 단 한 가지라네. 그러니까 선생님은 악기 없이 오로지 말씀만으로 그렇게 하신다는 것이네. 우리는 다른 사람이 어떤 말을 하는 것을 들을 때에는, 그가 아무리 훌륭한 웅변가라고 할지라도, 한마디로 말해 전혀 신경을 쓰지 않네. 하지만 누군가가 선생님이 하시는 말씀을 듣거나, 다른 사람이 전해주는 선생님의 말씀을 들을 때는, 그 말씀을 전해주는 사람이 아무리 미천하고, 듣는 사람이 나이가 많든 적든, 넋이 나가고 신들리게 된다네.

그래서 이보시게들, 자네들이 내가 술에 취해 고주망태가 되어서 이런 말을 하는 것이라고 생각하지만 않는다면, 내가 전에 이분의 말씀을

례하고 방자하게 제멋대로 행하였기 때문이었다. 하지만 나중에 알키비아데스가 들려준 일화에 나오듯이, 이것은 알키비아데스가 소크라테스의 연인이 되기 위해 적극적으로 유혹했고 그 후로도 지금까지 계속 그런 마음을 보이고 있는데도, 소크라테스가 그의 그러한 바람을 전혀 거들떠보지도 않고 퇴짜를 놓아버린 것에 대한 서운함을 표현한 반어법이다.

77 올림포스는 소아시아 프리기아 지방의 전설에 나오는 피리의 명인이다.

78 "신적인 것"은 최고로 아름다우며 참되며 훌륭한 것, 즉 완전한 것을 의미한다. "신들을 필요로 하고 비의에 입문해야 할 자들"은 신적인 것, 즉 완전한 지혜와 덕을 추구해야 할 자들로 신에게 부름받은 자들을 가리킨다.

듣고 무슨 경험을 했고, 지금도 여전히 무엇을 겪고 있는지를 자네들에게 맹세로써 말하고자 하네.

이분의 말씀을 들을 때마다, 나는 그 말씀으로 코리바스들[79]보다 더 $\qquad$ e
심하게 신들린 상태가 되고, 내 심장은 미친 듯이 뛰며, 눈물은 하염없이 줄줄 흘러내린다네. 그리고 나 외에도 수많은 사람이 나와 같은 경험을 하는 것을 본다네. 페리클레스[80]를 비롯한 훌륭한 웅변가가 하는 말을 들을 때는, 말은 참 잘한다는 생각은 들지만, 그런 경험을 해본 적은 없네. 내 영혼이 혼란에 빠진 적도 없었고, 내가 노예나 다름없는 처지라고 여겨져 화가 난 적도 없었다는 것이네. 하지만 여기 이 마르시아스를 닮은 분 때문에, 나는 그런 경험을 자주 하게 되어서, 내가 선생님이 말씀하시는 그런 처지에 있는 자라면 살아서 뭐하나 하는 생각이 들곤 한다네.

소크라테스 선생님, 선생님은 이것이 진실이 아니라고 말씀하지는 216a
못하실 겁니다. 지금도 마찬가지로 이분 말씀에 내 귀를 내어 드린다면, 꼼짝없이 동일한 경험을 하게 될 수밖에 없음을 나는 잘 안다네. 나 자신이 많이 부족한데도 자신을 돌보는 일은 소홀히 하고서 아테네 사람들의 일에 신경 쓰고 있음을 인정하지 않을 수 없게 만드실 것이 뻔하기 때문일세.[81] 그래서 나는 이분 옆에 앉아 있다가는 제 명에 죽지 못할 것 같아서, 마치 세이렌들[82]이 부르는 노래를 듣지 않으려고 그러는 것처럼,

---

79 코리바스들은 소아시아 프리기아의 대지의 어머니 여신인 키벨레를 섬기는 사제들로서 반신반인의 존재였다. 그들은 북을 치고 피리를 불며 격렬한 춤을 추고 노래하는 의식을 행했는데, 이것이 사람들을 "신들리게" 하여 치료하는 효과를 지녔다고 한다.

80 페리클레스는 기원전 495-429년경에 활동한 정치가이자 군인으로서, 고대 아테네의 정치개혁을 이끌어서 민주정의 전성기를 이루어냈다. 뛰어난 용모에 인품도 훌륭했고, 웅변술은 당대에 당할 사람이 없었다. 학자들이나 예술가들과도 친해서, 철학자 아낙사고라스, 프로타고라스, 작가 소포클레스, 조각가 페이디아스 등과 평생 친구로 지냈다고 한다.

81 알키비아데스가 이렇게 말하는 것은 그는 정치가로서 아테네 사람을 상대로 국정을 살피는 일을 하고 있었기 때문이다.

82 세이렌들은 그리스 신화에 나오는 반은 여자이고 반은 새인 바다 요정들이다. '세이

b   내 귀를 틀어막고서는 그분을 피해 도망쳐나오지 않을 수 없다네.

아무도 내 안에 있을 것이라고 생각하지 못했을 그런 감정, 그러니까 어떤 사람 앞에 섰을 때에 느끼는 부끄러움을 나는 다른 사람 앞에서는 느끼지 못했고, 오직 이분 앞에서만 느꼈다네. 오직 이분 앞에서만 부끄러움을 느낀다는 말이네. 나는 이분이 하라고 명령하는 대로 해야 한다는 것을 부인할 수 없으면서도, 이분과 헤어지고 나서는 대중이 주는 명

c 예 앞에서 나 자신이 힘없이 굴복하고 만다는 것을 잘 알기 때문이네. 그래서 나는 도망한 노예처럼 이분을 피해 달아난 후에, 다시 이분을 만나게 되면 내가 이분 앞에서 동의했던 것들 때문에 부끄러움을 느낀다네.

그리고 사실 나는 이분이 세상에서 더 이상 존재하지 않는 것을 보면 마음이 기쁠 것 같다는 생각을 자주 하지만, 정작 그런 일이 일어난다면 내 마음이 훨씬 더 괴로울 것임을 잘 안다네. 그래서 나는 이분을 어떻게 해야 할지를 모르겠다네.

여기 이 사티로스를 닮은 분이 피리를 불며 들려준 곡조들 때문에, 나를 비롯해서 많은 사람이 그런 경험을 해온 것이라네. 그러면 이제는 내가 비유로 든 그런 것들과 이분이 얼마나 닮았고, 얼마나 놀라운 능력

d 을 지니고 있는지 말해볼 터이니 들어보게나. 자네들 중 아무도 이분을 제대로 알고 있지 못하다는 것을 명심하게. 이분에 관한 얘기를 시작했으니, 내가 제대로 알게 해주겠네.

자네들도 보았듯이, 소크라테스께서는 아름다운 사람을 연애하시고, 그런 사람들에게 빠져 늘 그런 사람들 주위에 계시네. 아울러, 어쨌든 겉으로 보기에는, 이분은 모든 것에서 무지하고, 아는 것이 전혀 없어 보이네. 이것은 실레노스의 모습이 아니겠는가? 정말 영락없이 말일세. 하지만 이런 것들은 저 조각된 실레노스의 외관처럼 단지 겉모습일 뿐이라네.

렌'은 "옴짝달싹 못하게 얽어매는 자"라는 뜻인데, 바닷가 외딴 섬에 살면서 매혹적인 노래를 불러, 근처를 지나가는 배에 탄 뱃사람을 홀려서 배들을 좌초시켰다.

하지만 이보시게 술친구들이여, 이분의 속을 열어서 보면, 그 안이 얼마나 많은 절제로 가득 차 있는지를 자네들은 아는가? 어떤 사람이 아름다운지 어떤지 그런 것은 이분에게는 전혀 관심사가 아니고, 도리어 ^e 그 누구도 상상할 수 없을 정도로 그런 것을 하찮게 여기신다는 것을 자네들은 반드시 알아야 하네. 또한 이것은 어떤 사람이 부자이거나, 많은 사람들이 축복받은 것이라고 여기는 어떤 영예를 지니고 있느냐 아니냐 하는 것도 이분에게는 전혀 관심사가 아니라네. 이분은 사람들이 지니고 있는 그런 모든 것들을 아무 가치가 없는 것으로 여기고, 내가 말하건대, 우리도 이분에게는 아무런 가치가 없다네. 오직 이분은 아무것도 모르는 척하고서는, 평생을 계속해서 사람들과 함께 장난치고 놀면서 보내시는 것이라네.

누군가가 이분 안에 있는 신상들[83]을 본 적이 있는지는 모르겠지만, 217a 나는 전에 본 적이 있다네. 이분이 진지해져서 자신을 열어 보여주셨을 때, 그 안에서 드러난 신상들은 황금으로 만든 신상처럼 지극히 아름답고 경이로운 것들로 보였다네. 한마디로 말해서, 나는 소크라테스께서 하라고 하시는 것은 무엇이든지 다 그대로 해야 할 것만 같은 생각이 들었다네.

그런데 나는 이분이 내 청춘의 미모에 관심을 갖고 계신다고 생각했고, 그것은 신이 내게 주신 선물이자 나 자신에게 주어진 기막힌 행운이라고 생각했다네. 내가 이분의 연인이 된다면, 이분이 알고 있는 모든 것을 다 듣게 될 것으로 생각했기 때문이네. 내 청춘의 미모에 대해서는 놀라울 정도로 대단한 자부심이 있었거든. 전에는 시종 없이 혼자서만 이분과 있어본 적이 없었지만, 그런 생각을 하게 된 뒤에 한번은 시종을 돌려보내고 오직 이분과 단 둘이만 있게 되었다네. b

---

83 여기에 언급된 "신상들"은 앞에서 언급된 실레노스들을 양쪽으로 열어젖혔을 때 그 안에서 드러나는 신상들과 연결된다. 신상들이라는 것은 "신적인 것들"을 비유적으로 말한 것이다.

나는 자네들에게 오직 진실만을 말해야 하니, 자네들은 집중해서 들어주고, 소크라테스 선생님, 선생님은 제가 거짓말을 하면 반박해주십시오.

이보시게들, 나는 오직 이분과 단 둘이만 있게 되었고, 그래서 연애하는 자들이 자기 연인과 은밀하게 나누곤 하는 그런 대화를 이분이 나와 나누실 것으로 생각하고서 기뻐하고 있었다네. 하지만 그런 일은 전혀 일어나지 않았고, 이분은 평소처럼 나와 대화를 나누며 그날을 함께 보내고는 떠나셨네.

그 후에 나는 내 목적을 달성하기 위해서는 뭔가 다른 방법을 써야겠다고 생각해서 이분에게 함께 운동하자고 제안했고, 실제로 함께 운동도 했다네. 그래서 우리는 다른 사람이 아무도 없을 때에 자주 함께 운동도 하고 레슬링도 했네. 하지만 굳이 말할 필요도 없겠지만, 그렇게 해서 내가 얻은 소득은 전혀 없었네.

그런 식으로 해서 얻은 것이 아무것도 없자, 나는 이 일을 이미 시작했으니 여기에서 그냥 포기하지 말고 이분에게 정면으로 부딪쳐서, 이 일이 도대체 어떻게 된 영문인지를 알아내야겠다고 결심했다네. 그래서 나는 함께 식사하자고 이분을 초대했네. 이것은 마치 연애하는 자가 자신이 연인으로 삼고 싶어하는 젊은이에게 작업하려고 하는 그런 모양새였다네. 이분은 내 초대를 금방 받아주지는 않았지만, 시간이 조금 흐른 뒤에는 승낙을 하셨지. 이분이 처음에 오셨을 때에는 식사를 마치자마자 가시려고 했고, 나는 그때는 부끄러운 마음이 들어서 이분을 그냥 보내드렸다네.

하지만 다음 번에는 계책을 생각해내서, 식사 후에 밤늦도록 대화를 나누었고, 그러다가 이분이 가시려고 하자 시간이 늦었다는 구실을 내세워서, 자고 가시라고 억지로 붙들었다네. 그래서 이분은 자신이 식사하실 때 앉으셨던 그 긴 의자, 그러니까 내가 앉은 의자 바로 옆에 놓인 바로 그 긴 의자에 누우셨고, 그 방에서 자는 사람은 우리 외에 아무도 없었다네.

여기까지는 아무에게나 말해주어도 괜찮은 것이지. 하지만 지금부터 하는 얘기는 두 가지 이유가 아니었다면 내게서 결코 들을 수 없었을 것이네. 첫 번째는 속담에도 말하듯이, 술은 어린아이가 있는 자리에서든 없는 자리에서든 진실만을 말하게 하기 때문이고, 두 번째는 소크라테스 선생님을 예찬한다고 해놓고서는, 그분이 행한 대단한 일을 은폐해버리는 것은 부당하다고 생각되기 때문이네.

게다가, 지금 나의 심정은 독사에 물려 본 사람만이 느끼는 그런 심정이라네. 그런 일을 겪은 사람은 그 고통을 다른 사람에게는 말하지 않고, 오직 자기처럼 독사에 물려본 사람에게만 말한다고 하네. 극심한 고 218a 통 때문에 무슨 짓을 하고 무슨 말을 하더라도, 그들만은 자신을 이해하고 공감해주기 때문이라네.

그런데 나는 독사보다도 더 큰 고통을 주는 것에 물렸고, 그것도 사람이 물릴 수 있는 곳 중에서 가장 고통스러운 데를 물렸다네. 그러니까 나는 심장 또는 영혼이라고 부를 수 있는 바로 그곳을 철학적인 변증들로 두들겨 맞고 물려버렸다는 말이네. 그런 철학적인 변증들은 유능한 젊은이들을 사로잡아 독사보다 더 지독하게 물고 늘어져서, 무슨 짓이라도 하고 무슨 말이라도 하게 만든다네. 소크라테스 선생님은 굳이 언급할 필요도 없고, 여기 있는 파이드로스, 아가톤, 에릭시마코스, 파우사 b 니아스, 아리스토데모스, 아리스토파네스를 비롯한 다른 많은 사람이 그런 사람들이지. 그들은 모두 철학에 미쳐서 황홀경을 맛보는 경험을 공유한 사람들이기 때문이네.

그래서 나는 자네들 모두에게 내 얘기를 들려주려는 것일세. 자네들이라면, 내가 그때 행한 짓과 지금 이런 말을 하는 것을 공감하고 용서해 줄 것이기 때문이네. 하지만 노예들을 비롯해서 거룩한 비의에 입문하지 않은 속된 자들이 이 자리에 있다면, 자기 귀 앞에 큰 대문을 세워 두거라.

이보시게들, 등불이 꺼지고 노예들이 나간 후에, 나는 이분에게 복잡 c

하게 이리저리 돌려서 말하지 말고, 내가 생각하던 것을 허심탄회하게 말씀드려야겠다고 마음을 먹었다네. 그리고 이분에게 손을 대서 살짝 흔들면서, "소크라테스 선생님, 주무세요?"라고 말했네.

"안 자네"라고 이분은 말씀하셨지.

"그러니까 제가 무슨 결심을 했는지, 선생님은 아세요?"

"그게 무엇인가?"라고 이분은 말씀하셨네.

내가 말했지.

"제 생각에 선생님은 제가 지금까지 만난 사람 중에서 유일하게 저를 연애해주실 분이 되기에 충분한 자격을 갖추고 계신 것 같은데, 제게 그런 말씀을 하는 것을 주저하시는 것처럼 보입니다. 그런데 제 마음은 이렇습니다. 저는 이 일[84]만이 아니라, 저의 재산이든 제 친구들이든, 선생님이 필요로 하시는 것이라면 어떤 것이든, 선생님의 청을 들어 드리지 않는 것은 정말 어리석은 짓이라고 생각합니다. 할 수 있는 한 제가 가장 훌륭한 사람이 되는 것보다 더 중요한 일은 없고, 그 일에서 저를 도와주실 분으로 선생님보다 더 권위 있는 사람은 아무도 없다고 생각하기 때문입니다. 제가 선생님의 구애를 받아들임으로써 지각없는 많은 사람에게 받게 될 수모보다도, 선생님의 구애를 받아들이지 않음으로써 지각 있는 사람들 앞에서 느끼게 될 수치심이 훨씬 더 클 것 같습니다."

이분은 내가 말하는 것을 듣고 나서는, 평소에 늘 보여주셨던 그 특유의 방식으로 딴청을 부리시며 이렇게 말씀하셨다네.

"이보게 알키비아데스, 만일 자네가 나에 대해 말한 것이 사실이어서, 자네를 더 훌륭한 사람으로 만들 수 있는 어떤 능력이 내게 있다면, 자네 수완이 정말 보통이 아닌 것 같네. 자네 말대로라면, 자네의 아름다운 용모와는 비교도 되지 않을 정도로 지극한 아름다움을 내게서 본 것

---

84 "이 일"은 소크라테스의 연인이 되는 것을 말한다. 알키비아데스는 소크라테스가 자신의 아름다운 미모에 끌려서 자신을 연인으로 삼고 싶어 한다고 오해한 것이다.

이 아니겠는가. 그래서 자네는 나의 그러한 아름다움을 보고서는 나와 거래하여, 자네의 아름다움과 나의 아름다움을 맞바꾸어서, 내게서 적지 않은 이득을 챙기려는 속셈인 것이지. 따라서 그것은 겉으로만 아름다워 보이는 것을 내주고 진정으로 아름다운 것을 얻으려고 하는 것이니, 정 녕 청동과 황금을 맞바꾸려고 하는 것이 아니겠는가.[85]

하지만 축복받은 사람이여, 사실 나는 아무것도 아닌데, 자네가 그것을 못 보고 있는 것일 수도 있으니, 잘 살펴보게나. 육신의 눈으로 보려는 것을 멈추었을 때, 마음의 눈이 선명하게 볼 수 있는 것이라네. 하지만 자네가 그렇게 되려면 아직 한참 멀었다네."

나는 그 말씀을 듣고 나서 이렇게 말했지.

"제 생각은 앞에서 말씀드린 그대로이고, 제가 마음속에서 생각한 것과 다르게 말씀드린 것은 전혀 없습니다. 그러니 선생님과 저에게 최선이라고 생각하시는 것이 무엇인지를 숙고해주십시오."

이분은 말씀하셨네.

"그래, 그 말은 정말 좋은 말이네. 앞으로 이 일만이 아니라 다른 일 b 에 있어서도 어떻게 하는 것이 우리 두 사람에게 최선인지를 서로 상의해서 해나가세."

이런 말들을 주고 받으면서, 내가 쏜 화살이 이분을 맞춰 쓰러뜨렸다고 나는 생각했네. 그래서 나는 이분이 더 이상 말씀을 하지 못하시도록 자리에서 벌떡 일어난 다음에, 내 외투를 이분에게 둘러 드리고—그 때는 겨울이었기 때문에— 실밥이 다 드러나도록 해진 이분의 옷 아래로 c 들어가서, 진정으로 신령하고 경이로운 이분을 나의 두 팔로 껴안고선 온 밤을 누워 있었다네. 소크라테스시여, 지금 제가 하는 이 말들이 거짓말이라고 하지는 못하시겠지요.

---

85 이 말은 호메로스의 『일리아스』에 나오는 일화를 간접 인용한 것이다. 트로이아 전쟁에 지원군으로 참여한 리키아의 장군 글라우코스는 아르고스의 왕 디오메데스에게 자신의 황금 무구를 주고 그 대신 청동 무구를 받았다고 말한다.

배심원 여러분, 내가 그렇게까지 했고 나는 내 청춘을 대단한 것이라고 생각했는데, 이분은 나의 청춘을 거들떠보지도 않았고 완전히 멸시했으며, 비웃고 모욕했다네. 내가 자네들을 배심원이라고 부른 것은 자네들은 소크라테스 선생님의 무례함과 오만방자함을 심판할 사람들이기

d 때문이라네. 신들과 여신들을 걸고 맹세하건대, 그날 나는 평소에 아버지나 형과 함께 자고 일어났던 때와 조금도 다름없이 소크라테스 선생님과 함께 자고 일어났다는 것을 명심하게.

자네들은 이 일이 있은 후에 내 마음이 어떠했을 것으로 생각하는가? 물론 나는 내가 무시당했다고 생각했지만, 이분의 인품과 절제와 용기에 경탄했다네. 지혜로움과 불굴의 인내심을 겸비한 사람은 절대 만날 수 없다고 생각했는데, 이렇게 만났기 때문일세. 그래서 나는 이분만 보면 화가 나는데도 이분과 함께하는 것을 그만둘 수 없었네. 그렇다고 해서, 이분을 사로잡아서 내 것으로 만들 뾰족한 수도 없었네. 어떤 무기로

e 공격해도 아이아스[86]에게 상처를 입히기 어려웠다고 하지만, 이분을 돈으로 공격해서 상처를 입히는 것은 아예 불가능하다는 것을 나는 잘 알고 있었고, 내 청춘의 아름다움이야말로 그분을 사로잡을 수 있는 유일한 수단이라고 생각했지만, 이분은 그것에서도 이미 빠져나가 버렸기 때문이네. 그래서 나는 이러지도 저러지도 못한 채, 그 어떤 노예도 이런 노예가 없다고 할 정도로 이분의 노예가 되어 버렸네.

이런 온갖 우여곡절을 겪고 나서, 우리 두 사람은 포테이다이아[87]로

---

86 아이아스는 그리스 신화에 나오는 트로이아 전쟁의 영웅으로서 그리스군 진영의 용맹한 장군이었다. 그는 늘 최고의 영웅인 아킬레우스에 이은 제2인자로 묘사된다. 아킬레우스가 힘도 세고 달리기도 빠르고 머리도 좋은 만능의 천재라면, 아이아스는 엄청난 거구 때문에 조금 둔하고 미련해 보이지만 누구보다도 힘이 세고 잘 싸우는 걸출한 용사였다. 게다가 그에게는 일곱 겹으로 된 방패가 있어서, 그에게 상처를 입히기는 대단히 어려웠다.

87 포테이다이아는 에게해 북안에 있는 도시이다. 아테네와 스파르타 간의 패권 다툼이었던 펠로폰네소스 전쟁은 기원전 431년에 시작되어 404년에야 끝났다. 이 전쟁이 시작되기 1년 전부터 아테네는 포테이다이아를 포위공격했고 430년에 결국 함락시켰다. 소

함께 출전했고, 거기서 함께 생활하게 되었는데, 가장 먼저 말하고 싶은 것은 힘든 일을 하거나 견디는 것에서 나를 비롯한 다른 모든 사람은 이분을 도저히 따라갈 수 없었다는 것이네. 전쟁을 하다 보면 종종 있는 일 220a 이지만, 우리가 어딘가에서 보급이 끊겨 아무것도 먹지 못하고 지내야 했을 때, 그것을 참고 견뎌내는 인내심에서 이분과 견줄 사람은 아무도 없었다네.

반면에, 보급이 잘되어 잔치를 벌였을 때 그것을 제대로 즐길 줄 아는 사람 역시 이분뿐이었네. 이분은 술 마시는 것을 좋아하지는 않으셨지만, 마시지 않을 수 없게 되면 아무도 이분을 당하지 못했다네. 하지만 그중에서도 가장 놀라운 일은 소크라테스 선생님이 술에 취해 있는 모습을 본 사람이 아무도 없었다는 것이네. 내 생각에는 이것이 사실임을 보여주는 증거를 우리가 곧 직접 볼 것이네.[88]

또한 그곳의 겨울은 끔찍할 정도로 극심하게 추웠는데, 이분은 그 겨울의 추위를 참고 견디는 일에서도 여러 가지로 사람들을 놀라게 했다네. 한번은 아주 혹독한 서리가 내려서, 모두가 밖에 나갈 엄두가 나지 b 않아 막사 안에 머물러 있었지. 혹시라도 밖에 나갈 일이 있으면 많은 옷을 두껍게 껴입는 것은 물론이고, 신발을 신은 발을 다시 짐승의 털로 만든 천과 양가죽으로 꽁꽁 싸매고 나서야 나갔다네. 그런데 이분은 그런 혹한에도 평소 늘 입고 다니던 겉옷만 걸치고 밖에 나가셨다네.

게다가, 신발 없이 맨발로 다니셨는데도 신발을 신은 다른 병사들보다 더 거뜬히 얼음 위를 걸어다니셨지. 그래서 병사들은 이분이 자신들 c 을 무시하고 깔보는 것이라고 생각해서 이분을 흘겨보았다네. 이 얘기는

크라테스는 30대 초반에 이 전쟁에 참여했고, 그 후로도 델리온(기원전 424년), 암피폴리스(기원전 422년) 등 몇 번의 전투에 보병으로 참여했다.

88 이 연회가 끝났을 때에 그것이 사실로 증명될 것이라는 뜻이다. 조금 후에 나오지만, 실제로 끝까지 술을 마신 사람은 소크라테스였고, 그럼에도 술에 취하지 않은 사람도 소크라테스였다.

이 정도로 해두겠네.

'이 인내심이 대단한 사람이 그때 그 전쟁 중에 어떤 일을 해내고 견뎌냈는지'[89]에 관한 얘기는 들어볼 만하다네. 어느 이른 새벽에 이분은 어느 곳에 서서 무엇인가를 깊이 생각하며 서 계셨고, 아무리 해도 풀리지 않았음에도 포기하지 않고, 그 자리에 서서 계속 생각을 해나가셨다네. 그러다 보니 이미 정오가 되었고, 사람들이 이분을 알아보고는 소크라테스께서 새벽부터 무엇인가를 깊이 생각하며 서 계시는 것이라고 놀라워하며 서로 수군댔네. 이윽고 저녁이 되었고, 몇몇 이오니아 사람들이 저녁 식사를 한 후에, 땅에 깔 것들을 가지고 나와—그때는 여름이었네— 시원한 곳에서 잠을 청하면서, 이분이 과연 온 밤을 거기에 서 계실지를 지켜보았다네. 그런데 이분은 밤새도록 거기 서 계시다가, 동이 트고 해가 뜨고 나서야, 비로소 해를 향해 기도하고서는 그 자리를 떠났다네.

또한 자네들이 원한다면, 실제 전투에서 이분이 어떠하셨는지에 대해서도 말해볼까 하네. 이것도 이분이 마땅히 받으셔야 할 몫이기 때문이네. 한번은 전투가 벌어졌고, 거기서 장군들은 가장 용감하게 싸운 병사에게 주는 상을 내게 주었다네. 그런데 그 전투가 벌어졌을 때, 나를 구해준 사람은 바로 이분이었네. 그 전투에서 나는 부상을 당했는데, 이분은 그런 나를 버려두고 가지 않았고, 내 목숨은 물론이고 나의 병장기들까지 다 구해주셨네.

그리고 소크라테스 선생님, 그때 저는 사실 그 상은 선생님께 드려야 한다고 장군들에게 강력히 주장했습니다. 제가 이런 말을 한다고 해서, 선생님이 나를 꾸짖거나 내가 거짓말을 하는 것이라고 말씀하지는 못하실 겁니다. 하지만 장군들은 저의 사회적 지위를 생각해서 제게 상을 주기를 바랐고, 선생님은 자신이 아니라 제가 상을 받아야 한다고 장군들

---

89 호메로스의 『오디세이아』에서 인용한 구절이다. 알키비아데스는 소크라테스의 인내심을 온갖 역경을 헤치고 고국으로 돌아온 영웅 오디세우스의 인내심과 비교하고 있다.

보다도 더 적극 주장하셨죠.

하지만 이보시게들, 우리 부대가 델리온[90]에서 퇴각할 때에 소크라테 221a
스께서 보여주신 모습은 한층 더 볼 만했다네. 거기에서 나는 기병대에
속해 있었고, 이분은 중무장보병이셨지. 병사들은 이미 뿔뿔이 흩어졌
고, 이분은 라케스와 함께 퇴각하고 있었네. 그리고 나는 어떻게 하다 보
니 우연히 두 분을 만나게 되었고, 두 분을 보자마자 힘내시라고 격려하
면서, 두 분 옆을 떠나지 않겠다고 말했다네. 거기에서는 포테이다이아
에 있을 때보다도 소크라테스 선생님의 모습을 더 잘 지켜볼 수 있었다
네. 말을 타고 있어서 두려움을 덜 느꼈기 때문이네.

무엇보다도 먼저 이분은 침착함에 있어서 라케스를 훨씬 능가하셨 b
네. 다음으로는 이분은 거기에서도 여기에서처럼, 아리스토파네스의 말
을 빌리자면, '위풍당당하게 활보하면서 양쪽을 곁눈질로 주시해서,'[91]
아군과 적군을 둘 다 침착하게 면밀히 살피며 행군하시는 것으로 내게
는 보였네. 누군가가 이 사람을 건드리려고 할 때에는 아주 강력한 저항
에 부딪쳐서 격퇴될 것임을 모든 사람, 심지어 멀리 떨어져 있는 사람까
지도 분명히 알 수 있었다네. 그 덕분에 이분과 라케스는 무사히 그곳을
벗어날 수 있었지. 전쟁터에서는 그런 식으로 행동하는 사람을 공격하는
경우는 드물고, 온 힘을 다해 재빠르게 도망치는 사람들을 추격하는 것 c
이 일반적이기 때문이네.

이런 것들 외에도 소크라테스께서 행하신 다른 많은 놀라운 일들을
들어 이분을 예찬할 수 있고, 이분이 행한 다른 일들은 아마도 다른 사람
에 대해서도 똑같이 적용될 것들이네. 그런데 가장 놀라운 것은 고금에

---

90 펠로폰네소스 전쟁에서 아테네는 기원전 424년에 그리스의 남북을 연결하는 요충지였
던 보이오티아 지방의 '델리온'을 장악하여 요새로 만드는 데 성공한다. 하지만 이 일을
성공적으로 마치고 돌아가던 아테네군은 스파르타의 브라시다스가 이끄는 보이오티아
군의 공격을 받아 참패한다. 라케스는 아테네의 장군으로 소크라테스의 친구였다.

91 아리스토파네스의 『구름』에 나오는 구절이다.

걸쳐서 이분 같은 사람은 없었다는 거야.

예컨대, 아킬레우스가 어떤 사람이었느냐고 물으면 브라시다스[92]와 비슷한 부류였다고 말할 수 있고, 페리클레스가 어떤 사람이었느냐고 물으면 네스토르와 안테노르와 비슷했다고 말할 수 있을 것이고, 다른 사람에 대해서도 똑같은 방식으로 할 수 있네.

d   반면에, 이분으로 말하자면 사람 자체는 물론이고, 이분이 하시는 이야기들도 너무나 특이하고 기발해서, 지금 살아 있는 사람 중에서든 이전에 살았던 사람 가운데서든 이분과 비슷한 사람을 찾아보려고 해도 도저히 찾을 수가 없다네. 그래서 앞에서 이미 말했듯이, 우리는 이분을 인간과 비교할 수는 없고, 실레노스나 사티로스들과 비교할 수밖에 없다네.

내가 서두에서 한 말 중에서 빼먹은 것이 하나 있네. 이분의 대화술은 그 안을 열어젖혀 놓았을 때의 실레노스와 아주 흡사하다는 것이네.

e   소크라테스 선생님의 이야기를 들어보면, 처음에는 우스꽝스럽고 우스워 보이는데, 그 이유는 무례하고 방자한 사티로스의 살가죽 같은 느낌의 단어와 어구들이 그 이야기의 겉을 둘러싸고 있고, 이분은 짐을 나르는 데 사용되는 큰 나귀와 대장장이, 갖바치와 무두장이들에 대해 말하는데, 늘 똑같은 말로 똑같은 얘기를 하는 것처럼 보이기 때문이라네. 그래서 이분을 잘 알지 못하고 지각이 없는 사람들은 그 얘기들을 듣고선 비웃기 십상이라네.

222a   하지만 이분의 이야기를 열어젖히고서 그 안에 있는 것들을 보게 된 사람은 먼저는 오직 이분의 이야기만이 그 안에 참다운 의미를 지니고 있다는 것, 다음으로는 가장 신적이고, 그 안에 미덕의 신상을 아주 많이

---

92 브라시다스는 펠로폰네소스 전쟁 때에 활약한 스파르타의 유명한 장군이다. 기원전 422년 암피폴리스 전투에서 젊은 나이로 전사한다. 네스토르는 필로스의 왕으로서 트로이아 전쟁에 그리스군의 최고령 장수로 참여하여 노련하고 현명한 조언자 역할을 한 영웅이다. 안테노르는 트로이아 전쟁에서 트로이아의 왕 프리아모스의 친구이자 조언자로서 화평론을 주장하며 트로이아 진영에 현명한 조언을 해준 원로였다.

지니고 있어서 아름답고 훌륭하게 되려는 사람이라면 반드시 숙고해야 할 아주 많은 것들, 아니 모든 것을 담고 있음을 발견할 것이네.

이보시게들, 이상이 소크라테스 선생님에 대한 나의 예찬이네. 아울러 나는 이분이 내게 어떤 무례와 방자함을 보였는지에 대해서도 말함으로써, 내가 이분에게 지니고 있는 불만도 거기에 함께 섞어 넣었다네. 그런데 이분은 단지 나에게만 그렇게 하신 것이 아니라, 글라우콘의 아들 카르미데스와 디오클레스의 아들 에우티데모스[93]를 비롯해서 아주 많은 사람에게도 그렇게 하셨네. 이분은 자신이 그들을 연애한 것이 아니라, 도리어 그들이 선생님을 연애하여 자신들의 연인으로 삼고 싶어 했다는 점에서, 그들을 속인 것이네.

그래서 아가톤, 내가 이런 말을 하는 것은 자네만큼은 이분에게 속지 말고, 우리가 겪은 일들을 보고 깨달아서 조심하라고 말하기 위한 것이네. 속담에서 말하듯이, 직접 겪어보고 나서야 깨닫는 어리석은 자가 되지 말라는 것이네."

알키비아데스가 이렇게 말하자, 그가 솔직하고 거침없이 말하는 바람에 좌중에서는 한바탕 웃음이 터져나왔다고 하네. 그는 소크라테스 선생님에 대한 연애 감정을 여전히 버리지 못하고 있는 것으로 보였기 때문이었다네. 그러자 소크라테스께서는 말씀하셨다고 하네.

"알키비아데스, 내가 보기에 자네는 술 한 방울도 마시지 않은 말짱한 사람 같네. 만일 정말로 취했다면, 자네가 무엇 때문에 이 모든 말들을 한 것인지를 지금까지 철저하게 포장해서 숨겨 놓았다가, 이렇게 마지막에 와서야 별것 아닌 말인 것처럼 슬쩍 덧붙일 생각을 하지는 못했

b

c

---

93 글라우콘은 이 글의 서두에서 아폴로도로스에게 이 연회에서 오고간 이야기를 물은 인물이다. 그의 아들 카르미데스는 플라톤의 조카이자 정치인으로서 소크라테스의 추종자였다. 그는 미남이어서, 소크라테스가 그의 미모에 흥분을 느끼는 장면이 플라톤의 『카르미데스』에 나온다. 에우티데모스도 소크라테스의 추종자로서 아름다운 용모를 지닌 청년이었다. 소피스트인 에우티데모스와는 다른 인물이다.

을 것이기 때문이네. 사실 자네는 내가 오직 자네만을 연애하고 다른 그 누구도 연애해서는 안 되며, 아가톤은 오직 자네의 연애만을 받아들여야 하고 다른 그 누구의 연애도 받아들여서는 안 된다고 생각해서, 나와 아가톤을 갈라놓기 위해 이 모든 얘기를 한 것이 아니던가.

하지만 자네는 내 눈을 속이지는 못했네. 자네가 전개한 드라마가 사티로스 극[94]이고 실레노스 극이라는 것이 탄로났다는 말일세. 그러니 친애하는 아가톤, 그의 뜻대로 되게 해서는 절대로 안 되네. 아무도 자네와 나를 갈라놓지 못하도록 자네가 뭐라도 해보게나."

그러자 아가톤이 말했다네.

"소크라테스 선생님, 선생님 말씀이 맞는 것 같습니다. 생각해보니 그가 나와 선생님 사이에 앉은 것도 우리를 갈라놓기 위한 것으로 보입니다. 그러니 그의 뜻대로 되지 않게 하기 위해, 제가 선생님 옆으로 가서 앉겠습니다."

소크라테스께서는 말씀하셨다네.

"바로 그것이네. 이쪽으로 와서 내 오른쪽에 앉게나."

알키비아데스가 말했다네.

"제우스시여, 이거 보십시오. 제가 이번에도 또 당했습니다. 이분은 모든 일에서 저를 이겨 먹어야 한다고 생각하시죠. 하지만, 오, 놀라운 분이시여, 다른 건 몰라도 아가톤이 우리 사이에 앉아 있는 것 정도는 허락해주셔야죠."

소크라테스께서는 말씀하셨다네.

"그렇게 할 수는 없네. 자네가 나를 예찬했듯이, 이제 나도 내 오른쪽

---

94 "사티로스 극"은 고대 그리스의 디오니소스 축제에서 공연된 것으로서, 먼저 3부작으로 이루어진 '비극'이 끝난 후에 제4부로 짤막하게 공연된 희극이었다. 사티로스들은 디오니소스를 따라다니던 자들이었기 때문에, 그들을 소재로 해서 희극이 꾸며졌다. 주색을 밝혔던 사티로스들에 걸맞게, 사티로스 합창단에서는 이따금 음탕한 유머를 노래하기도 했다.

에 앉아 있는 사람을 예찬해야 하기 때문일세. 그런데 아가톤이 자네 오른쪽으로 가서 앉게 되면, 그는 내게서 예찬을 받기 전에 나를 또다시 예 223a
찬하게 될 것이 아니겠는가. 그러니 고귀한 자여, 이쯤 해두고, 내가 이 젊은이를 예찬하는 것을 시샘하여 불만을 품지 말게나. 나는 그를 정말 칭찬해주고 싶기 때문이네."

아가톤이 알키비아데스에게 말했다네.

"이런이런, 알키비아데스, 이제 나는 이 자리에 그대로 머물러 있고 싶어도 그렇게 할 수 없게 되었네. 소크라테스 선생님으로부터 예찬을 받으려면 자리를 옮겨 앉을 수밖에 없기 때문이네."

알키비아데스는 말했다네.

"늘 이런 식이라네. 소크라테스께서 계시는 자리에서는 다른 사람이 아름다운 사람을 차지하는 것이 불가능하지. 지금도 아무도 반박할 수 없는 이유를 아주 손쉽게 찾아내셔서, 여기 이 사람을 기어코 당신 옆에 앉히고 마시지 않는가."

11. 향연의 마무리

b

이렇게 해서 아가톤은 소크라테스 선생님 옆에 앉으려고 일어났는데, 바로 그때 갑자기 술 취한 사람들이 아주 많이 대문 앞에 왔다가, 누군가가 막 밖으로 나가느라고 대문을 여는 것을 발견하고서는, 곧바로 들어와서 자리를 잡고 앉았다고 하네. 연회장은 온통 왁자지껄 떠드는 소리로 가득 찼고, 모든 것이 아수라장이 된 상태에서 사람들은 엄청난 양의 술을 마셔대야 했다네.

그러자 아리스토데모스의 말에 의하면, 에릭시마코스와 파이드로스 c
를 비롯한 몇몇 사람들은 떠나버렸고, 자기는 잠이 들었는데, 그때는 밤이 긴 때여서 오랜 시간 잠에 곯아떨어져 있다가, 동이 틀 무렵에 수탉들이 우는 소리를 듣고서야 깨어났다고 하네.

그가 깨어나서 보니, 다른 사람은 잠들어 있거나 떠났고, 아가톤과 아리스토파네스와 소크라테스 선생님만이 여전히 깨어서, 큰 술통을 오른쪽으로 돌려가며 거기에서 술을 퍼서 마시고 있었는데, 소크라테스 선생님은 그들과 대화를 나누고 계셨다고 하네.

d   아리스토데모스의 말에 의하면, 자기는 처음부터 그 대화를 듣고 있지 않았던 데다가 잠에 취해서 졸고 있어서, 그들이 나눈 얘기를 다 기억하지는 못하지만, 그 요지는 이런 것이었다고 하네. 소크라테스께서는 희극을 쓸 줄 아는 사람은 비극을 쓸 줄도 알기 때문에, 어떤 사람이 비극을 전문으로 하는 작가일지라도 그는 희극작가이기도 하다고 말씀하시면서, 그들에게 동의하도록 강요하셨네. 그들은 그런 식으로 강요를 받았지만, 조느라고 그 얘기를 잘 따라가지 못하다가, 아리스토파네스가 먼저 잠이 들었고, 동이 틀 무렵에는 아가톤도 잠이 들었다네.

그러자 소크라테스께서는 그들이 잠드는 것을 보신 후에, 일어나서 떠나셨고, 아리스토데모스는 평소처럼 그분을 따라갔다고 하네. 소크라테스께서는 여느 때와 마찬가지로 리케이온[95]으로 가서서 몸을 씻으시고 나서 하루의 나머지 시간을 보내셨는데, 그렇게 시간을 보낸 후에 저녁이 되어서야 집으로 가서서 쉬셨다고 하네.

---

95 리케이온은 고대 그리스에서 아테네의 동쪽 교외 숲속에 있던 공공장소였는데, 거기에는 체육장과 공중목욕탕 등도 있었다. 리케이온이라는 이름은 그들의 수호신이었던 아폴론 리케이오스에서 유래했다. 나중에 기원전 334-335년에 아리스토텔레스는 거기에 학교를 세우고 철학을 강의했다.

해 제

박문재

1. 플라톤과 소크라테스

(1) 플라톤이라는 인물

이 책에 수록된 네 편의 글은 모두 소크라테스의 언행과 사상을 중심으로 하고 있지만, 어디까지나 저자는 플라톤이다. 플라톤은 기원전 427년경에 고대 그리스의 아테네에서 가장 부유하고 영향력 있는 가문 중 하나에서 태어났다. 그의 아버지 아리스톤은 아테네의 전설적인 왕 코드로스의 후손이고, 어머니 페리크티오네는 그리스의 일곱 현인 중 한 사람이었던 솔론의 후손이었다. 형제들로는 아데이만토스와 글라우콘이 있었다.

플라톤은 스무 살경에 소크라테스의 문하로 들어갔다. 어린 시절에는 유명한 문인들로부터 주로 문학을 공부했지만, 이때부터는 철학에 매진하였다. 그러다가 기원전 399년에 소크라테스가 사형을 당한 후에는 크게 실망해서 다른 제자들처럼 아테네를 떠나 메가라, 이탈리아, 시칠리아, 키레네 등을 여행하며 다양한 종파와 사상을 접했다. 이러한 경험은 그의 사상과 저작에 밑거름이 되었다.

마흔 살이 되어 아테네로 돌아온 플라톤은 서양 문명에서 가장 오래된 학문 연구기관 중의 하나인 "아카데메이아"(아카데미아)를 창설했다.

이 학교는 아테네에서 1킬로미터 정도 떨어진 곳에 있던 아카데무스의 숲이라 불리던 곳에 세워져, 기원전 84년에 술라에게 파괴될 때까지 운영되었다. 여기에서 저 유명한 아리스토텔레스가 배출되었다.

기원전 366년과 361년에는 두 번에 걸쳐 이탈리아의 시칠리아 섬에 있던 도시국가 시라쿠사에 가서 자신의 정치철학을 현실에서 실천하려고 했지만 결국 실패했다. 죽을 뻔한 고비를 넘긴 후에 다시 아테네로 돌아온 후에는 기원전 347년에 죽을 때까지 자신이 세운 아카데미아에서 제자들을 가르치고 학문을 연구하는 일을 하였다.

(2) 소크라테스는 누구였는가

서양철학의 창시자 중 한 사람이자 최초의 윤리철학자로 평가받는 소크라테스는 기원전 469년경에 아테네에서 조각가이자 석공이었던 아버지 소프로니코스와 산파였던 어머니 파이나레테 사이에서 태어났다. 그가 태어난 곳은 아테네의 알로페케였고, 아테네의 열 개 부족 중에서 안티오키스 부족 소속이었다. 어린 시절과 청년 시절에 대해서는 알려진 것이 거의 없지만, 그는 젊어서 자연철학에 관심을 갖고 탐구했고, 아낙사고라스의 책들도 읽었으며, 펠로폰네소스 전쟁에 여러 차례 참전하기도 했다. 관직에 나가지는 않았지만, 아테네 민주정에서는 열 개의 부족에 속한 자유민들이 차례로 돌아가면서 평의회 의원을 했기 때문에, 그도 평의회 의원과 그 집행위원이 되었다. 그가 전쟁에 참전했을 때와 평의회 집행위원이었을 때의 일화는 이 책에 수록된 네 편의 글에 나온다.

소크라테스는 말년에 정치적 문제에 휘말려서, 결국 불경죄와 청년들에게 궤변을 가르쳤다는 죄목으로 사형을 당하게 된다. 당시 아테네에는 기존의 민주정 세력과, 스파르타의 법을 새롭게 차용하고자 한 귀족적인 과두정 세력 간의 갈등이 지속되고 있었다. 그 와중에서 민주정 세력은 과두정 세력에 경고하는 의미로 소크라테스를 처형했다. 그는 현실 정치에 참여하지는 않았지만, 그의 가르침들은 민주정을 비난하고 과두정을 옹호하는 것처럼 보였고, 그의 제자와 친구들 상당수가 과두정 세력에 서 있었기 때문이었다.

그의 생애와 사상을 전해주는 문헌은 주로 그의 제자였던 플라톤과 크세노폰의 글들인데, 그 글들에 의하면 소크라테스의 두드러진 특징 중 하나는 못생겼다는 것이고, 다른 하나는 탁월한 지성을 지니고 있었다는 것이다.

2. 그들의 시대와 아테네

소크라테스와 플라톤이 살았던 아테네는 고대 그리스의 아티케 지방에 자리잡고 있던 유명한 도시국가였다. 솔론의 개혁 후에 페이시스트라토스(기원전 600-527년경)가 참주(비합법적으로 정권을 탈취하여 통치자가 된 독재자, 그리스어로는 '티란노스')가 되고 나서, 그의 아들인 히피아스(기원전 527-510년)를 끝으로 참주정은 막을 내렸다. 클레이스테네스(기원전 570-508년경)는 참주 히피아스를 몰아내고, 기원전 508년에 기존의 전통적인 부족체제를 없앤 후, 아테네를 열 부족 174구역 체제로 바꾸었으며, 도편추방제를 도입하여 민주정의 토대를 닦았다. 얼마 후에 페리클레스(기원전 495-429년경)가 등장하여, 아테네의 민주정은 전성기를 맞이하고 민주정은 확고해졌다.

아테네는 기원전 492-479년까지 지속된 페르시아 제국의 침략을 격퇴하고 나서, 그리스 도시국가들을 규합하여 델로스 동맹을 맺어 맹주가 되어 패권을 행사하였다. 그러다가 기원전 431-404년에 아테네와 스파르타가 각각 자신의 동맹군들을 거느리고 패권 전쟁인 펠로폰네소스 전쟁을 벌였다. 스타르타의 승리로 끝났지만, 이 전쟁을 계기로 고대 그리스는 쇠망의 길을 걷게 된다. 이후에 아테네에서는 기원전 338년에 마케도니아 왕국의 필리포스 2세에게 정복당할 때까지 170여 년 동안 잠시

동안의 30인 참주정을 제외하고는, 매우 안정적인 민주정 체제가 지속되었다.

이 시기에 아테네에는 유명한 철학자들과 소피스트들이 모여들었다. 자연철학자였던 아낙사고라스(기원전 500-428년경)는 페리클레스의 초청으로 아테네에 와서 30여 년을 머물며 합리적인 자연철학을 전파했고, 소크라테스는 젊은 시절에 그의 책들을 읽었다. 가장 유명한 소피스트였던 프로타고라스(기원전 485-414년경)도 여러 차례 아테네를 방문하여 소피스트 특유의 인간중심적인 상대주의적 지식론을 가르쳤다. 또 한 명의 유명한 소피스트였던 고르기아스도 기원전 427년에 아테네로 와서 그 현란한 수사학으로 사람들을 매료시켰다. 하지만 아테네는 종교적으로는 대단히 보수적이었고, 거기에 정치적인 의도까지 더해져서, 아낙사고라스와 프로타고라스를 불경죄로 추방하였고, 소크라테스까지 신의 존재를 믿지 않는 소피스트로 몰아 불경죄로 사형에 처한다.

3. 플라톤의 저작들과 그의 철학사상

(1) 플라톤의 저작들

그의 저작 대부분은 대화 형식으로 이루어진 대화편으로서, 모두 25편이 전해지는데, 저작 연대와 사상 경향에 따라 세 가지로 구분된다.

첫 번째는 『소크라테스의 변명』, 『크리톤』, 『프로타고라스』, 『고르기아스』 등과 같은 초기 저작들로서, 윤리를 중심으로 소크라테스의 사상을 정립하여 제시하는 글들이다. 『소크라테스의 변명』은 소크라테스가 불경죄와 청년들을 궤변으로 선동했다는 죄목에 대해 자기 재판에서 변론하는 내용이고, 『크리톤』에서는 탈옥을 권유하는 그의 친구 크리톤에게 탈옥이 불가한 이유를 제시하며, 『프로타고라스』와 『고르기아스』에서는 당시 가장 유명했던 두 소피스트와의 논쟁을 통해 미덕이 무엇인지를 밝힌다.

두 번째는 『메논』, 『파이돈』, 『파이드로스』, 『국가』 등과 같이 여러 곳을 여행한 후에 플라톤이 독자적인 사상을 완성해나가던 시기의 중기 저작들이다. 『메논』에서는 미덕과 지식의 관계 그리고 전생에 대해 다루고, 『파이돈』에서는 영혼불멸과 '이데아'를 다루며, 『파이드로스』에서는 영혼과 몸의 '이데아'와의 관련성을 다루고, 『국가』에서는 '이데아'를 기반으로 한 정치철학을 다룬다.

세 번째는 『티마이오스』, 『정치가』, 『법률』 등과 같은 노년기의 말기 저작들이다. 『티마이오스』는 우주와 대지의 생명을 '이데아'라는 관점에서 바라본 자연철학적 논의이고, 『정치가』와 『법률』에서는 플라톤의 구체적인 정치철학이 제시된다.

(2) 플라톤의 철학사상

앞에서 이미 보았듯이, 플라톤의 철학은 '이데아론'이라 지칭되는 사상을 중심으로 전개된다. 이 해제의 목적은 플라톤의 철학사상을 자세하게 살펴보는 것이 아니라, 이 책에 실린 네 편의 글을 읽고 이해하기 위한 정지작업을 하는 것이기 때문에, 그의 이데아론을 중심으로 살펴보려고 한다. 이데아는 이 글들의 핵심 키워드이기도 하다.

플라톤이 이렇게 이데아론을 주창한 데에는 당시에 유행했던 소피스트들의 사상이 큰 역할을 했다. 자연철학에 집중했던 이전의 철학자들은 절대적인 진리와 우주의 궁극적 원리가 존재한다고 믿었던 절대주의적인 세계관을 지니고 있었다. 반면에, 당시에 현자들이라 불렸던 소피스트들은 상대주의적 세계관과 가치관을 기반으로, 현실세계와 그 법칙에 대한 탐구를 수행하여, 천문과 지리 등 여러 전문 지식을 아는 실용적인 지식을 추구하고, 특히 수사학과 논쟁술을 강조하며 여러 곳을 순회하며 그런 것을 가르쳤다. 최초이자 가장 유명한 소피스트였던 프로타고라스(기원전 485-414년경)는 "인간은 만물의 척도"라는 말로 상대주의를 설파

했고, 고르기아스(기원전 483?-376년경)는 '논증'이라는 의미에서의 '로고스,' 즉 언어의 힘을 강조했으며, 수사학으로 유명했던 트라시마코스(기원전 459-400년경)는 "정의는 강자가 자신의 이익을 위해 만들어낸 것"이라고 말했다.

소피스트의 등장은 시대의 요구에 따른 것이었다. 페르시아 전쟁에서 승리한 후에 그리스는 번영을 구가하게 되었고, 특히 아테네는 그 번영의 중심지로, 물질문명과 정신문명 양면에서 풍요를 누렸다. 그러면서 정치와 법률은 물론이고 온갖 분야의 전문 실용지식이 절실하게 필요했고, 각계각층의 의식과 교양 수준이 높아지면서, 사람들을 설득하기 위한 논쟁술과 수사학이 큰 인기를 끌었다.

이러한 상대주의적이고 실용적인 '지식들'을 '지혜'라고 부르는 것에 대항하여 전혀 다른 패러다임을 제시한 인물이 바로 소크라테스였고, 그의 사상을 정립하고 발전시켜 표현해낸 인물이 플라톤이었다. 이 두 사람이 절대적인 세계관과 가치관을 정립하기 위해 내세운 개념이 바로 '이데아'였다. 이데아는 경험적인 현실세계에 맞닿아 있고 이 세계를 지배하면서도 경험 세계를 초월해서 원초적으로 존재하는 궁극적인 실재이기 때문이다. 그들은 경험 세계에 존재하는 모든 것들은 그러한 이데아의 파편들로서 불완전할 수밖에 없고, 절대적으로 완전한 것은 오직 이데아뿐이라고 보았다.

(3) 플라톤의 이데아론

플라톤의 저작에서 이데아는 주로 그리스어 '이데아' 또는 '에이도스'로 표현된다. 이 두 단어는 모두 "보다"를 뜻하는 단어들에서 파생된 명사로서, "보이는 것," 즉 "형상, 형태"를 의미한다. 실제로 이 책에 수록된 대화편에서 이 단어들은 그런 일반적인 의미로 사용된다. 따라서 "아름다움의 이데아"라고 했을 때, 그 의미는 "아름다움이라는 형상," 즉 "아름다움이라고 하는 것"을 의미한다. 이런저런 온갖 "아름다운 것들"이 존재하는 것과는 별개로, 그 모든 것들의 원형이 되는 "아름다움"이라고 하는 어떤 참되고 궁극적인 실재가 존재한다는 것이다. 즉, "아름다운 것"과 "아름다움"은 각각 별개로 존재하는 실체들이다. 『파르메니데스』에서는 "이데아들은 이를테면 사물들의 본성 속에 고유하게 존재하는 원형들"이라고 정의한다.

플라톤은 오직 지성을 통해서만 이데아를 인식할 수 있다고 보았고, 영혼이 이데아를 발견하는 방식을 세 가지로 제시했다.

첫 번째는 '상기'(그리스어로 '아남네시스')이다. 인간의 영혼은 육체 속으로 들어오기 전에 이미 저승에 존재했고, 거기에서 '이데아들'을 알고 있었다. 따라서 인간의 영혼에는 이데아에 대한 지식이 선험적으로 존재하고 있다. 다만 태어나면서 망각하는 과정을 거치는 까닭에, 인간은 사물과의 감각적인 접촉을 통해 배움의 과정을 거치면서 그 망각되었던 이데아에 대한 지식을 다시 기억해내게 된다는 것이다.

두 번째는 '변증', 즉 논리적 추론이다. 인간은 현실세계에 대한 관찰을 통해서는 불완전한 지식밖에 얻을 수 없고, 오직 이성을 통한 논리적인 추론을 통해서만 참되고 온전한 지식, 즉 이데아들에 대한 지식을 얻을 수 있다. 따라서 육체의 감각들은 영혼이 변증을 통해 얻으려고 하는 참된 지혜에 도달하는 것을 방해할 뿐이다.

세 번째는 '에로스'이다. 모든 인간 속에는 '에로스'를 추구하는 본성이 내재되어 있고, 이 본성이야말로 참된 지혜, 즉 이데아의 세계에 도달하고자 하는 욕망이다. 에로스는 아름다움에 대한 욕망을 말하는데, 사람들은 처음에는 아름다운 육체에서 시작해서 아름다운 미덕들과 아름다운 일들로 나아가고, 최종적으로는 "아름다움"이라는 이데아로 나아간다는 것이다.

이 세 가지 중에서 첫 번째와 두 번째는 『파이돈』에서 다루어지고, 세 번째는 『향연』에서 다루어진다.

4. 『소크라테스의 변명』

소크라테스는 기원전 399년에 불경죄와 청년들을 부패시킨 죄로 고발되어 재판을 받는다. 이 글은 그 재판정에서 그가 행한 변론들로, "청년들을 부패시키고", "나라가 믿는 신들이 아니라 아테네 사람들이 알지 못하는 새로운 잡신들을 믿는다"는 고발에 대해 자신을 변호했던 내용이다. 플라톤은 이 글을 비롯해서 『에우티프론』, 『크리톤』, 『파이돈』 등 네 편의 대화편을 통해 소크라테스 최후의 나날들을 자세하게 묘사한다.

소크라테스는 전문 기술자인 장인들과 정치인을 대변하는 '아니토스'와 직업적인 수사학자의 이익을 대변하는 '리콘', 그리고 이 두 사람이 명목상으로 내세운 청년 '멜레토스'가 자기를 고발하기 이전에도, 이미 자기는 많은 사람으로부터 미움을 받고 소피스트로 오해를 받고 있었다고 말한다. 그러면서 아리스토파네스(기원전 445-385년경)라는 희극작가를 거론하는데, 그는 기원전 423년에 이미 『구름』이라는 희곡을 써서, 소크라테스는 신을 믿지 않는 소피스트이며 거액을 받고 사람들을 가르치는 인물이라고 희화화한 자였다.

하지만 소크라테스는 자기 친구가 델포이 신전에서 "가장 지혜로운 자는 소크라테스"라는 신탁을 받은 것이 무슨 의미인지를 알기 위해 소위 지혜롭다고 하는 많은 사람을 찾아다니며 대화하다가, 그들이 진정으로 지혜로운 것이 아님을 알게 되었고, 그런 과정에서 많은 미움을 사게 된 것이 진정한 원인이라고 말한다. 그리고 그때부터 자신의 그러한 대화를 지켜보던 청년들이 그를 따르며 모방하게 된 것일 뿐이라고 말한다. 따라서 자기는 신탁에서 출발해서, 그 후로도 신의 음성을 들으며 한 푼의 돈도 받지 않고 가정도 돌보지 않은 채로 오직 진리를 찾기 위한 대화와 탐구를 계속해나갔다고 밝힌다. 그는 자신의 이익을 위한 일이나 국가의 일에 관심을 갖기 전에, 먼저 진리를 아는 일에 관심을 가져야 한다고 가르치는 것을 평생의 업으로 삼고 살아왔다고 말한다.

5. 『크리톤』

『크리톤』은 아테네에 중요한 종교행사가 있어서 사형 집행이 미루어지고 있다가, 이제 사형이 집행될 날이 코앞에 다가온 시점에서, 소크라테스가 자신의 친구 크리톤에게서 탈옥을 하라는 권유를 받고서, 거기에 관해 대화하는 내용을 담고 있다. 소크라테스는 자신은 이성을 따라 정의로운 것으로 밝혀진 것을 따라 살아왔다고 말하면서, 자기가 탈옥해서는 안 되는 이유들을 제시한다. 따라서 이 글은 정의와 불의 그리고 정의에 대한 올바른 태도를 다루고 있다고 볼 수 있다.

죽마고우인 크리톤은, 친구들이 소크라테스를 살리지 않는다면, 충분히 살릴 수 있는데도 살리지 않았다는 욕을 먹게 될 것이고, 소크라테스가 살 수 있는데도 죽음을 택한다면 적들의 의도를 도와주는 셈이 될 것이며, 게다가 자식들에 대한 도리도 다하지 못하게 된다는 것을 탈옥의 이유로 제시한다.

거기에 대해 소크라테스는 대중들의 생각이나 견해는 고려할 것이 되지 못하고, 오직 그 분야에 전문가이자 지혜로운 사람들의 말을 들어야 하는데, 이 문제에서 그런 역할을 하는 것은 이성과 논증이라고 말한다. 그리고 그랬을 때에 고려해야 할 것은 오직, 탈옥이 과연 정의로운가 하는 것이다.

여기에서 그는 아테네의 법을 의인화해서 법이 들려주는 말을 대변하는데, 근대에 등장한 사회계약론과 비슷한 이론이 제시된다. 즉, 자기는 이미 오랜 세월 동안 아테네에 살면서 그 법에 복종하기로 합의한 사람이기 때문에 탈옥해서 어디에 가더라도 법을 깨뜨린 자로 낙인찍히게 될 것이고, 심지어 나중에 저승에 가서도 그런 자로 취급받아 가혹한 심판을 받게 되리라는 것이다. 그러니 불의한 일을 당했다고 해도 불의로 갚지 말고, 변함없이 정의를 행하는 것이야말로 이승에서나 저승에서나 좋은 일이라고 소크라테스는 말한다.

6. 『파이돈』

『파이돈』은 소크라테스의 사형 집행이 예정되어 있던 날에 평소처럼 아침 일찍부터 친구들과 추종자들이 감옥으로 몰려와서, 해가 져서 독약을 마실 때까지 "영혼불멸"이라는 주제를 놓고 대화를 나누는 내용을 담고 있다. 이러한 주제가 설정된 것은 소크라테스가 철학자의 죽음은 화(재앙)가 아니라 복이고, 이승에서 저승으로 가는 것은 영원히 축복받은 자들의 땅으로 가는 것이며, 이승에서의 철학자의 삶은 그 준비 과정이었기 때문에 도리어 기쁜 마음으로 그 죽음을 받아들인다고 말했기 때문이었다. 이렇게 해서 과연 사람이 죽어도 영혼은 영원히 죽지 않고 불멸하는가 하는 문제가 화두로 등장한다.

소크라테스는 만물의 생성과 소멸의 원리를 제시하는 것으로 논증을 시작한다. 즉, 만물은 끊임없이 변화하는데, 그 변화의 원리 그러니까 생멸의 원리는, 모든 대립하는 것들은 자신과 대립하는 것으로부터 생성되어 사멸해나가면서 자신과 대립하는 것을 생성해낸다는 것이다. 예컨대, 살아 있는 것으로부터 죽어 있는 것이 생성되고, 죽어 있는 것으로부터 살아 있는 것이 생성된다. 한 사람은 영혼이 육체와 결합되면서 살아 있는 것이 되고, 영혼이 육체와 분리됨으로써 죽어 있는 것이 된다. 그리고 이 과정은 무수히 반복된다.

여기에서 영혼이 육체와 결합되기 이전에 존재하는가 하는 문제가 대두되기 때문에, 소크라테스는 학습상기설을 거론한다. 예컨대, 사람이 어떤 아름다운 것을 보았을 때 그것이 아름다운 줄을 아는 것은, 그에게 아름다움에 관한 어떤 지식이 이미 존재하기 때문이다. 그렇다면 그 지식은 그 사람이 태어나기 전에 영혼이 이미 지니고 있었던 것이다. 따라서 영혼은 육체와 결합되기 이전에 존재한다고 볼 수 있다.

하지만 케베스는 영혼이 사람의 죽음 이후에도 과연 존재하는지는 아직 증명되지 않았다고 하며 이의를 제기한다. 여기에서 소크라테스는 본격적으로 이데아론을 전개한다. 현실세계에서 모든 아름다운 것들은 아름다움이라는 '이데아'를 그 속에 지니고 있기 때문에 아름다운 것으로 인식된다. 그리고 이데아는 영원히 변하지 않는 궁극적인 실재이기 때문에 사멸될 수 없다. 따라서 아름다운 것들은 사멸하지만, 그 속에 있는 이데아는 사멸하지 않고 단지 그 사물로부터 물러날 뿐이다. 마찬가지로, 영혼도 합성물이 아니고 단일체이고 생명 그 자체이기 때문에 파괴되거나 사멸되지 않고, 단지 죽은 사람의 몸으로부터 물러나 이승에서 저승으로 갈 뿐이다.

그런 후에 소크라테스는 지구의 참모습이 어떤 것이고, 사후세계는 어떤 모습인지를 설명한다. 철학자는 이승에서 육체와 감각에 사로잡히는 일 없이 그런 것들로부터 떠나 순수한 사유 속에서 이성적 변증과 직관을 통해 이데아들을 아는 지식인 참된 지혜를 얻는 훈련을 함으로써 자신을 정화해나간다. 이것은 사후에 그들을 위해 준비된 "축복받은 자들의 땅," 즉 신들이 사는 곳에서 신들과 함께 살아가기 위한 훈련이고, 따라서 죽는 연습이기도 하다. 반면에, 이런 정화 과정을 거치지 않은 사람들은 이승에 머물렀다가 자신의 습성과 비슷한 생물로 태어나거나, '타르타로스'라 불리는 저승으로 내려갔다가 다시 이승으로 태어나는 윤회 과정을 반복한다.

여기에서 소크라테스는, 철학은 참된 지혜를 추구하는 것이고, 참된 지혜는 육체의 모든 감각의 방해를 단절하고 오직 순수한 사유와 변증을 통해서만 얻어지는 이데아들에 대한 지식에 도달하는 것임을 밝힌다. 이것은 당시에 소피스트들이 상대주의적인 가치관 속에서 현실 경험 세계에서의 실용적인 지식을 추구했던 것을 정면으로 반박하는 것이었다.

7. 『향연』

『향연』은 기원전 416년에 아가톤이라는 비극작가가 아테네의 비극 경연에서 우승한 것을 기념하여 베푼 연회에 참석했던 소크라테스와 그의 추종자들이 연애의 신인 '에로스'를 예찬하는 이야기를 돌아가면서 한 내용을 담고 있다. 『향연』의 그리스어 제목인 '심포시온'은 "함께 모여 술을 마신다"는 뜻이다. '에로스'는 신의 이름이기도 하고 '연애'를 가리키는 명사이기도 해서, 이 글에서는 이 둘이 서로 겹쳐 나온다.

'에로스'는 일반적으로 "사랑"으로 번역되지만 이 글에서는 "자신에게 결핍되어 있는 아름다움을 소유하고자 하는 욕망"으로 정의된다. 그래서 신들은 참된 지혜에 대해 '에로스'의 감정을 갖지 않는다. 참된 지혜는 "아름다운 것"이긴 하지만 신들에게 "결핍된" 것은 아니기 때문이다. 하지만 우리말이나 영어에서 "사랑"은 "결핍된 것"이냐 아니냐를 따지지 않는다. 신들은 참된 지혜를 그 자체로 "사랑한다." 감정적인 측면에서, 에로스는 자신에게 결핍된 것을 소유하기 위해 격렬히 욕망하고 사모하며 오매불망 그리워하며 함께 있고자 하고, 그것을 향유하기 위해서는 죽음이라도 마다하지 않는 아주 뜨거운 감정이다. 따라서 이런 여러 특징을 표현하는 데 가장 적절한 단어로 "연애"를 선택했다.

우리말의 "사랑"을 표현하는 말이 그리스어에는 세 가지가 있다. '철학'을 뜻하는 그리스어 '필로소피아'에서 사용된 '필리아'는 부모와 자식 간의 사랑, 친구 간의 우애, 철학에 대한 사랑 같은 것을 가리키므로 "친애하는"이라고 말할 때의 "친애"에 해당한다. 다음으로는 '아가페'가 있는데, 이 단어는 존경의 뜻을 담은 사랑을 의미하는 까닭에, "경애하는"이라고 말할 때의 "경애"에 해당한다. 그렇다면 '에로스'는 무엇일까? '에로스'는 성애를 포함한 "연애"를 가리키는 열렬한 감정이자 욕망이다. "친애"와 "경애"에는 자신이 친애하고 경애하는 대상을 향유하고자 하는 욕망이 없지만, "연애"에는 그러한 욕망이 죽음보다 더 강하게 내포되어 있다.

이 연회에서 소크라테스보다 앞서 에로스를 예찬한 사람들은 모두 에로스 신을 자신의 연애 대상 또는 예찬의 대상으로 여기고서, 에로스 신은 완전하고 온전히 아름답다는 전제하에서 예찬을 이어간다.

첫 번째 화자인 파이드로스는 에로스가 우리 인간에게 가장 훌륭한 미덕을 행할 동기를 부여해준다고 말한다. 그러면서 연애 감정을 품은 윗사람과 그의 연인인 소년이나 젊은이가 에로스로 묶여 있을 때, 이 두 사람은 서로를 의식해서 모든 일에서 미덕을 추구하게 된다고 주장한다. 이렇게 이 글에서 에로스는 일차적으로 에로스의 감정을 품은 성인 남자와 그가 연애하는 자기 연인인 소년이나 젊은이 간의 동성애에 적용된다. 즉, 에로스의 전형은 동성애였다.

두 번째 화자인 파우사니아스는 에로스 신이 하나가 아니라 둘이라고 말한다. '범속의 에로스'는 성애를 중심으로 성적인 욕망을 추구하는 사람들 속에서 활동하고, '천상의 에로스'는 진정한 "연애" 속에서 아름다운 미덕을 추구하는 사람들 속에서 활동한다. 여기에서 우리는 성애를 추구하는 일반 사람들의 연애가 '에로스'라 불렸고, 그러한 에로스는 아름다운 미덕에 대한 사랑을 중심으로 이루어지는 진정한 연애의 타락한 형태로 여겨지고 있음을 본다. 이러한 관점에서 보았을 때, 그들의 눈에는 용기와 절제 같은 미덕을 갖춘 소년이나 젊은이를 연애하는 동성애가 주로 성애를 중심으로 갖는 이성애보다 우월한 것이었다. 즉, 그들은 성애를 중심으로 한 동성애를 두둔하거나 찬양한 것이 아니었다.

세 번째 화자인 에릭시마코스는 모든 사람 안에서는 '에로스 신'이 활동하고 있는데, 그것을 단지 사람들 사이의 연애로만 국한하는 것은 부당하다고 말한다. 즉, 모든 전문 기술자(장인)의 일 속에서도 에로스가 작용하고 있다는 것이다. 에로스는 자신에게 결핍된 아름다움을 욕망하고 추구하는 것이라는 점에서, 전문 기술들도 에로스의 대상임을 보여준다.

네 번째 화자인 아리스토파네스는 에로스가 자신의 반쪽을 찾아서 완전함을 이루고자 하는 욕망이라고 말한다. 아주 오랜 옛날에 인간에게는 남성, 여성 그리고 남성과 여성을 둘 다 가진 남녀추니가 존재했고, 인간의 능력도 대단해서 신들에게 반기를 들려고 했다. 그러자 제우스 신이 인간의 힘을 약화하기 위해 반으로 쪼개놓았고, 그래서 모든 사람은 자신의 반쪽을 찾아 완전함을 이루기 위해 목숨을 걸고 찾아다니게 되었는데, 이것이 '에로스'라는 것이다.

소크라테스는 지금까지는 모두가 에로스 신을 예찬의 대상으로 보고 이야기를 해왔지만, 자기는 에로스 신의 입장에서 객관적으로 얘기해 보겠다고 말하면서, 젊었을 때 '디오티마'라는 이방 예언녀에게서 들은 얘기를 들려주는 방식으로 논의를 전개한다. 먼저 에로스의 탄생과 기원에 대해 들려주면서, 에로스는 신이 아니고 신과 인간의 중간에 위치한 존재, 즉 '다이몬'(정령 또는 신령)이라고 말한다. 이것은 에로스가 자신에게 결핍된 것을 향유하고자 하는 욕망임을 보여준다. 그리고 에로스는 "자신에게 결핍된 아름다움"을 향유하고자 하는 욕망으로 정의되지만, 사실은 아름다움을 향유하여 그 안에서 불멸과 불사를 출산하고자 하는 욕망이기도 하다. 즉, 에로스의 원인이자 목적은 영원히 죽지 않는 불사의 신들과는 달리, 죽을 수밖에 없는 필멸의 존재들이 불멸과 불사를 획득하려는 것이다. 이러한 욕망을 지칭하는 에로스는 모든 사람이 태어나면서 잉태하고 있다가, 아름다운 것을 만나서 그 안에 출산하게 된다. 이렇게 해서 결국 에로스는 불멸과 불사에 대한 욕망과 추구를 지칭하는 것이다.

소크라테스는 다음과 같이 주장한다. 에로스는 한 사람의 아름다운 몸을 연애하는 것에서 시작하여, 아름다운 일과 미덕을 연애하는 것으로 발전하고, 거기에서 아름다움 그 자체, 즉 이데아를 관조하고 직관하는 경지로 올라갔을 때에 완성된다. 그리고 철학이라는 것은 궁극적으로 이데아를 직관하기 위한 것이고, 철학의 수단은 이성에 의거한 추론과 변증이다. 따라서 철학을 하는 것, 즉 이성적인 변증을 통해 참된 것들인 이데아들에 대한 지식을 얻어 진정한 지혜에 이르는 것이야말로 고유한 의미에서의 에로스가 된다.

8. 텍스트

이 책의 그리스어 원전 번역과 각주를 위해 사용한 메인 텍스트는 Oxford Classical Text로 나온 『Platonis Opera』(Oxford University Press)이다. 이와 함께 활용한 원서로는 『Plato: Euthyphro, Apology, Crito, Phaedo』(Loeb Classical Library Book 36, Harvard University Press), 『Plato, Defence of Socrates, Euthyphro, Crito』(Oxford University Press), 『Plato Phaedo』(Cambridge Greek and Latin Classics, Cambridge University Press), 『The Last Days of Socrates』(Penguin Classics), 『Plato Volume III, Lysis, Symposium, Gorgias』(Loeb Classical Library, Harvard University Press)을 비롯해서 여러 텍스트를 참조했다.

오늘날 소크라테스 연구에 관한 자세한 책으로는 『The Cambridge Companion to Socrates』(by D. R. Morrison, Cambridge University Press), 381-390을 참조하라. 온라인상으로는 International Plato Society에서 매년 갱신되는 서지를 참고할 수 있다.

그리스어로 된 모든 고유명사는 외래어 표기법을 따랐다.

연표

478년	페르시아 전쟁(492-479년)이 끝나고 아테네를 맹주로 델로스 동맹이 결성됨.
461년	페리클레스가 집권하여 이후 32년 동안 아테네의 민주정을 확립함.
469년	소크라테스가 아테네에서 석공 아버지와 산파 어머니 사이에서 태어남.
432년	소크라테스가 포테이다이아 전투에 참전함.
431년	펠로폰네소스 전쟁이 발발하여 404년까지 지속됨.
427년	유명한 소피스트인 고르기아스가 아테네에 와서 활동함.
424년	소크라테스가 델리온 전투에 참전함.
423년	소크라테스를 희화화한 아리스토파네스의 희극 『구름』이 공연됨.
423년경	플라톤이 아테네에서 가장 부유하고 영향력 있는 가문에서 태어남.
422년	소크라테스가 암피폴리스 전투에 참전함.
404년	펠로폰네소스 전쟁이 끝나고 아테네에 스파르타의 괴뢰정권인 30인 참주정이 수립됨.
403년	30인 참주정이 붕괴되고, 민주정이 회복됨.
403년경	플라톤이 소크라테스의 문하생으로 들어감.
399년	소크라테스가 사형선고를 받고 독약을 마시고 죽음.
	플라톤이 스승의 죽음에 실망하여 아테네를 떠나 메가라, 이탈리아, 시칠리아 등지를 여행함.
384년	아리스토텔레스가 태어남.
383년경	플라톤이 아테네로 돌아와서 "아카데메이아"를 창설함.
367년	아리스토텔레스가 "아카데메이아"에 입학함.

366년	플라톤이 첫 번째로 시칠리아의 도시국가 시라쿠사에 가서 자신의 정치철학을 펼치고자 함.
361년	플라톤이 두 번째로 시라쿠사로 갔다가 죽을 위기를 겪고, 아테네로 돌아와서 평생을 제자 양성과 연구에 전념함.
348년	플라톤 사망.
338년	마케도니아 왕국의 필리포스 2세에 의해 아테네가 정복당함.

* 기원전(B.C.) 표시는 생략함.

현대지성 클래식 살펴보기